21世纪高等学校经济管理类专业精选教材

经济学研究方法论

——理论与实务

（第2版）

JINGJIXUE YANJIU FANGFALUN: LILUN YU SHIWU

□ 文传浩 程 莉 张桂君 张必兰 等 编著

重庆大学出版社

内容提要

经济学研究方法论是对如何从事各种不同类型的经济研究或关于经济学中研究的一般途径或路径的分析。本书在融合东西方经济学研究方法的基础上,创建了一个经济学研究方法的新的理论体系。本书共分为9章,主要涵盖了经济学研究的基本方法、经济学发展简史及其研究方法变迁、经济学研究的数量分析方法、经济学研究的学术规范和科学素养、文献检索基本知识、学术论文与研究报告的写作,以及科研项目申报的相关程序指导等。

本书可作为高等院校财经类学生学习经济学研究方法的教材或参考读物,也可供从事经济研究的实际工作者阅读。

图书在版编目(CIP)数据

经济学研究方法论:理论与实务 / 文传浩等编著
. --2 版. --重庆:重庆大学出版社,2019.8(2025.7 重印)
ISBN 978-7-5624-9062-3

Ⅰ.①经… Ⅱ.①文… Ⅲ.①经济学—研究方法
Ⅳ.①F0-3

中国版本图书馆 CIP 数据核字(2019)第 163533 号

经济学研究方法论:理论与实务
(第 2 版)

文传浩 程 莉 张桂君 张必兰 等编著
责任编辑:尚东亮 版式设计:尚东亮
责任校对:邹 忌 责任印制:张 策

*

重庆大学出版社出版发行
社址:重庆市沙坪坝区大学城西路 21 号
邮编:401331
电话:(023) 88617190 88617185(中小学)
传真:(023) 88617186 88617166
网址:http://www.cqup.com.cn
邮箱:fxk@ cqup.com.cn(营销中心)
全国新华书店经销
重庆市国丰印务有限责任公司印刷

*

开本:787mm×1092mm 1/16 印张:17 字数:414 千
2019 年 8 月第 2 版 2025 年 7 月第 5 次印刷(总第 7 次印刷)
印数:10 001—11 000
ISBN 978-7-5624-9062-3 定价:49.00 元

序 言

从事研究需要对研究进行计划、设计、实施,并完成所做的分析和传播研究成果。如果对所研究的问题或研究目的没有清晰的认识,或者对前人所做的相关研究没有深入的了解,便着手研究,就会陷入盲目研究的境地。当前,在经济学课程中,往往是经济学方法论、经济思想的发展代替了经济学研究方法论。经济学研究方法论不是经济学方法论(经济学推理),也不是经济学研究方法(经济分析所使用的工具和技术),本书涉及的经济学研究方法论,研究的是如何从事各种不同类型的经济研究,是关于经济学中研究的一般途径或路径的分析,为如何着手和组织经济研究提供理论与程序化方面的指导,用以提高研究过程的效率。

经济学研究方法论作为经济学研究生实用性课程,经过多年的发展,其新的理论体系还未建立起来。我们在继承重庆工商大学赖景生、廖元和等老一辈经济学家有关经济学方法论的教学和实践基础上,通过多年的研讨和集思广益,在融合东西方经济学研究方法的基础上,初步提出经济学研究方法的理论体系。在本书体系结构中,共分为9章。主要涵盖了经济学研究的基本方法、经济学发展简史及其研究方法变迁、经济学研究的数量分析方法、经济学研究的学术规范和科学素养、文献检索基本知识、学术论文与研究报告的写作,以及科研项目申报相关的程序指导等。本书在内容上,基于这样的安排,目的是使读者尤其是经济学研究生明了如何进行经济研究并对如何进行经济研究提供指导。

本书是我们在重庆工商大学应用经济学博士点和硕士点多次开设《经济学研究方法论》博、硕士主修课程的基础上,由重庆工商大学博导、教授和博士组成的《经济学研究生科学研究方法体系研究》《应用经济学研究生教育改革创新综合试点》等重庆市教委、重庆工商大学教改重点课题研究组经过多年边教学边研究边调查,先后多次集体讨论、教学和实践的研究成果。其间,我们研究了中外有关资料,分头草拟了三套写作方案,通过论证,提出了适用于当代经济学研究生新的经济学研究方法的学科体系及内容。然后按照结合中西、贯通古今、联系实际、兼容并蓄的方针进行创新,形成了本书。与此同时,我们在校内外教学和经济学科研工作过程中发现,有不少年轻教师尤其是青年博士,尽管经过了系统的学术规范训练,但在科研项目申报以及学术论文之外的一些学术成果如研究报告撰写、学科专业分类等方面都相对薄弱,本书在后半部分重点增加了相关经济学学术研究的规范和实践案例。

参加本书编写的主要作者有:第一二章为张桂君、程莉,第三章为陈纪平、张桂君、李颖慧、程莉,第四章为张文爱、程莉,第五章为李颖慧、程莉,第六章为张必兰、肖敬欣、张见玲,魏霞,第七章为程莉、文传浩,第八章为程莉、刘蓉、文传浩,第九章为文传浩、孔芳霞、何强、夏宇。全书总体框架体系及大纲由文传浩制定,程莉协助各章节进展和进度,并负责统稿,最后由文传浩总纂定稿。

本书在写作过程中,承蒙重庆工商大学王崇举教授、杨继瑞教授、黄志亮教授、廖元和研究员、曾庆均教授、余兴厚教授、杨文举教授、唐路元教授、罗家君等同志的大力支持和关心。当然，我们团队的科研和教学工作自始至终都离不开重庆工商大学何勇平副校长的关心和支持。本书在编写过程中历届研究生对书稿部分章节提出了宝贵的修改意见。此外，还有长江上游经济研究中心李春艳、滕祥河、谭红英、孔芳霞、王琴、何强等博士生、硕士生进行了资料收集、整理，参与相关图标制作和书稿讨论，并协助对书稿进行校正、打印等，在此致以谢意。尤其要感谢为本书编写过程提供有关案例材料的邵腾伟博士、刘蓉博士，感谢为本书有关章节写作提供宝贵建议的贺渝博士，还要特别感谢本书编写过程中使用到有关资料而因疏漏未能明确标注的文献作者，并请有关文献作者发现后及时联系我们以便及时更正。

最后，本书的出版得到了 2017 年重庆市第五批研究生教育优质课程建设项目"经济学研究方法论"资助。"路漫漫其修远兮，吾将上下而求索"，我们希望本书的出版能够有助于经济学研究生经济学研究能力的提高，也希望本书成为我们与学界同仁继续就此深入研究的一个基础。另外，本书的许多理论和实践问题尚处于探索之中，如有纰漏和不足之处，尤其是希望今后每年能够在我们的教学和科研实践过程中，以及各位读者的宝贵建议基础上，对本书进行不断的连续修订出版，愿请读者批评指正。

编　者

重庆工商大学

2019 年 5 月 21 日

目 录

第 1 章

导 论

自经济学成为一门独立的社会科学以来,世界经济的中心就成为世界经济学的研究中心,随着中华民族在 21 世纪的伟大复兴,中国的经济问题在国际经济学界将会成为越来越热门的问题(林毅夫,2005)。科学的现代经济学是马克思主义经济学及其当代的新发展,如何在千变万化的经济现象中总结、提炼和归纳出符合我国经济社会发展的理论和运行规律,推动我们经济社会的发展,不仅是我国经济学家未来的努力方向,而且是正处在研究生阶段学习中或正在中国经济改革大潮中从事实际工作的学者们努力的方向。经济学研究方法论是进行经济研究的"基石"和"平台","工欲善其事,必先利其器"。经济学研究方法论为经济研究提供了一个基本和基础性范式,了解其构成组分和基本分析框架,掌握经济研究的基本方法,再立足于我国本土问题的研究,有助于更好地解释我国的经济现象,并以此为指导,促进我国经济更好的发展。

1.1 相关概念界定

1.1.1 经济、经济学

我国古代就有"经济"这个词,指经世济民,含义很广,直到清末科举考试的"经济特科",也是选拔"洞达中外实务"者。在日常生活中使用的"经济"这个词,仅指节约,含义很窄①。当今世界,各种经济形式层出不穷,知识经济、信息经济、网络经济、新经济等,加之传统社会的农业经济、工业经济,经济可谓无所不包。按照传统认识,经济一般有三种解释:第一种是马克思主义的观点,指社会生产关系的总和,即经济制度;第二种指物质资料的生产、交换、分配、消费等,即经济再生产的循环运动;第三种指节省、节俭,即财富与资源的合理利用②。

①黎诣远.西方经济学[M].北京:高等教育出版社,2002:1.
②杨悦."经济"的知识论与目的论——经济学与经济哲学的区别[J].自然辩证法研究,2002(5):18-21.

经济学,是一门研究财富的学问,同时也是一门研究人的学问,是一门研究人类行为及如何将有限或者稀缺资源进行合理配置的社会科学。自 1776 年亚当·斯密的《国富论》奠立了古典政治经济学基石以来,经济学作为一门关于财富创造的学问,占据了西方学术的主流。经济学研究是对经济学研究过程中新知识的钻研和探索,是在经济学研究中发现新的经济现象、新事物,或提出新的经济理论、观点,揭示经济内在规律。经济学研究的对象,包括经济现象、经济思想、经济理论、经济模型和经济政策,其中,经济理论处于核心地位。历史表明,新的经济理论首先以论文的形式出现,然后由论文形成专著,最后,普遍认同的专著会进入教材,并用于决策。经济理论既可以使一国经济起飞,也可使一国经济崩溃①。经济学研究的任务就是如何通过经济机制,在全社会范围内进行具有稀缺特性资源的有效利用②,以求人类无限欲望的最大满足。

总体而言,经济是一种实践——一种伦理的或道德的实践,这种实践所遵循的不仅仅是基于自然之上的科学规律,而且还必须遵循人的意志、需求与目的,是一种遵循自然概念的实践和遵循自由概念的实践的统一。经济学则是一个关于解释经济充分而全面的理论认知体系③,经济研究蕴含于经济学研究。

1.1.2 研究、方法与方法论

1)研究

从我国的汉语词典中可以看到,研究就是钻研和探索。《韦伯斯特大学生词典》(1977)将研究定义为"认真地调查或考查,特别是针对事实的发现和解释所进行的调查或实验,根据新的事实对已接受的理论或法则进行修正,或将这些新的、已修正过的理论或法则运用于实践"。同时一些学者也给予了不同的定义,方法论专家唐·埃思里奇的定义是"研究是获取新的可靠知识的系统方法"(唐·埃思里奇,2003)④,是一个探索新知识的过程,需要有条理地组织执行,以便能够对所获得知识的可靠性进行严谨的检验。

研究不是偶然发现,但偶然发现可能导致有成效的研究;研究并非是汇集数据和以某种形式表示出数据;研究不是概括总结已有的成果。研究是寻找对应研究问题的解释、确定因果关系的过程,其目的是揭示事物的本质和规律。而且,研究是一个创造过程,是积累、评价和质疑我们称之为科学的那些知识的手段,是一个生成新知识并检验其有效性的过程,通过这个过程,科学能够得以扩展,现有的科学在正确性或有效性方面得到检验。

对于不同的学科,研究就是获取该学科领域的新知识的钻研和探索,研究活动的成果可以用作决策依据。研究需要我们掌握现有的专业基础知识、专题知识以及对策知识(科学);同样,只有通过产生新的可靠知识,我们才能扩展现有的知识。

研究有不同的分类标准,根据内容的不同,可以分为基础研究和应用研究,专业基础研究、专题研究和对策研究,分析研究与描述研究。

---

①黎诣远.西方经济学[M].北京:高等教育出版社,2002:4.
②黄群慈,刘爱群.经济学和管理学:研究对象与方法及其相互借鉴[J].经济管理,2001(2):62-68.
③杨悦."经济"的知识论与目的论——经济学与经济哲学的区别[J].自然辩证法研究,2002(5):18-21.
④唐·埃思里奇.应用经济学研究方法论[M].北京:经济科学出版社,2003:17.

表 1.1.1 研究的分类及其内涵特点

研究分类	内涵与特点
基础研究	试图在一个专业或领域确定或建立基本事实和关系,不太强调在现实世界中政策和管理问题的应用
应用研究	为获得解决某个特定问题的信息所进行的特定研究,强调对现实问题的研究
专业基础研究	研究专业内的理论、基本关系以及分析的程序和技术
专题研究	基于一批决策者感兴趣的一批实际问题的研究,倾向于遵守一个专业内的专题界限,本质上属于多学科研究
对策研究	为特定决策者解决特定问题的研究,常常是对决策或行动提出对策建议
分析研究	试图确定所研究的问题的原因,即为什么是那样的或者如何是那样的
描述研究	试图确定、描述或识别所研究的问题是什么,常常是综合而不是分析

资料来源:唐·埃思里奇.应用经济学研究方法论[M].北京:经济科学出版社,2003.

2) 方法

研究需要掌握一定的方法。翻开《新华字典》可以看到"方法"的解释主要有两个:古代主要是指量度方形的法则;现代是关于解决思想、说话、行动等问题的门路、程序等。而引证的解释有 4 个,分别是:测定方形之法;办法;门径;方术,法术;法则。据说"方法"一词来源于中医,一位和尚采用适合的方加上适合的法医好了皇帝的病,使皇帝发出"方法,方法。有方还要有法,光有方不行。服法也有学问,方与法结合才行"的感叹,这便是"方法"二字的由来。在英文中,"方法"一词的单词为"method"。这个词来自于希腊文,是由希腊文的"meta"和"hodos"合成的。"meta"的意思是"沿着","hodos"的意思是"道路"。从一般意义上说,方法是指人们为了解决某种问题所采取的特定活动方式,是用于完成一个既定目标的具体技术、工具或程序,或者认识世界、改造世界的一系列途径、策略手段和操作技术。

按照普遍性程度的不同,科学的方法可以由低到高大体分为 3 个层次:①具体研究方法(如投入产出表、统计抽样、计量经济学等),它们属于各门科学本身的研究对象;②一般性研究方法(数学、逻辑学),适用于自然科学和社会科学;③哲学方法(认识论、辩证法),适用于所有学科。

3) 方法论

从字面释义来看,方法论(methodology)是一种以解决问题为目标的体系或系统,通常涉及对问题阶段、任务、工具、方法技巧的论述,是对一系列具体的方法进行分析研究、系统总结并最终提出较为一般性的原则,往往解释为"关于沿着某一道路正确行进的学问"。方法论是指处理问题和(或)从事活动的方式,它构成了我们完成一项任务的一般途径或路线,而不是告诉我们如何完成任务的具体细节。方法论是对方法的理论探讨,是关于认识世界和改造世界的方法的理论体系。它是从认识论的角度总结人类认识世界和改造世界的经验,探讨各种方法、性质和作用以及方法间的联系,概括出关于方法的规律性知识。方法论不同于方法,是对具体方法的系统化和规则化,是探索方法的一般规律,它高于方法,方法论对方法进行指导。

方法论在不同层次上有哲学方法论、一般科学方法论、具体科学方法论之分。关于认识世界、改造世界、探索实现主观世界与客观世界相一致的最一般的方法理论是哲学方法论;研究各门具体学科,带有一定普遍意义,适用于许多有关领域的方法理论是一般科学方法论;研究某一具体学科,涉及某一具体领域的方法理论是具体科学方法论,是一门学科的概念、理论体系和基本推理规则,即应用于该学科的科学哲学。有没有充实完善的方法论不仅是一门学科是否成熟的标志,而且是其能否不断发展的基本前提和必要条件。

1.1.3　经济学方法论、经济学研究方法与经济学研究方法论

1)经济学方法论

经济学方法论就是要从人们一般的认识规律和经济活动特征的结合上,探讨人们怎样获取经济知识,怎样将这些知识构建为理论以及理论结构与发展方式等规律。它以人们对客观经济活动的认识方法为对象,研究的是人们运用怎样的观点考察经济活动,并把认识加工成为系统化的理论结构,是对经济学推理的一般途径的研究(唐·埃思里奇,1998)。经济学方法论注重于经济信息和知识的形成过程,它既能提供应用知识,又能提供对专业基础的新的解释。其主要关注经济理论的来源与形成方式、经济理论的结构与发展方式、经济活动的基本认识方法、经济理论结构的组织和安排方法。

2)经济学研究方法

研究方法是任何一门学科的重要组成部分,它提供了人们在该学科领域内分析问题的视角、工具和分析框架,同时它也是不同学科之间相互渗透和相互借鉴的桥梁(刘灿,2012)[①]。经济学研究方法包括了很多这种程式化的研究方法,或者是研究固定化的东西。包括各种形式的回归分析、数理分析、运筹研究技术、文献综述、数据收集、对所选择出的理论结构的运用以及其他一些程序,并包括了各种技术的联合运用。在经济学研究方法中,不可能采取像物理学、化学等自然学科中广泛采用的控制实验方法。经济学家通常依赖统计归纳和抽象演绎等逻辑推理方法进行研究,因而经济学研究中包括价值判断、思维规范选择等主观因素。经济学研究方法受经济社会发展、经济思想、哲学观等各种因素的影响。18 世纪以来,经济学不断变化,新的问题不断出现,其分析工具也在发生着不断变化,并具有了自己的分析语言和评价体系。由于经济学家所处的历史时期不同,价值标准和思维方式不同,于是就产生了一个问题有多种答案的情况。

3)经济学研究方法论

在著名的方法论专家唐·埃思里奇(2003)的《应用经济学研究方法论》专著中对经济

---

①刘灿.20 世纪经济学的发展与中国经济改革之 20 世纪西方经济学的发展[R].2012.

学研究方法论进行了准确的定义:"经济学研究方法论是对经济学中研究的一般途径的研究。"

经济学研究方法论涵盖两个方面的内容:一方面,以经济研究过程作为实际范例来阐述方法论的一些原理。另一方面,经济学中有许多程式化的研究方法,是一种固定的模式。例如先是一个框架,然后给出动态最优、目标函数及约束条件和解决方法,而经济学研究方法就是包括了很多这种程式化的研究方法,或者是研究固定化的东西。因此,经济学研究方法论包括经济学研究方法。然而,经济学研究方法论不仅涵盖诸如具体的数量分析方法(经济学研究方法),更为深层次的还包括了诸如经济研究的学术规范和具体实践。而且,经济学研究方法论也不同于经济学方法论,但它们相互之间又具有联系。经济学的推理或逻辑及经济学知识的形成,都是经济研究过程中一个必不可少的构成部分;反之,我们从事经济研究的方法又会反作用于我们所积累的经济知识和概念。如果在研究过程中,不从根本上区分它们,就会出现差错。例如,把选择计量经济学中的时间序列模型的过程当作评价时间序列模型是否适用的过程,在给定的情况下,认为这个模型适用,与检验或评价它是否适用是不同的。所以,在某些方面,经济学研究过程作为发展和评价经济理论的一个手段,经济学研究方法论又可以被看成经济学方法论的一个子集。然而,从为更准确的层面上而言,经济学研究方法论与经济学方法论相互共生、相互支持。例如,在有关城乡收入差距的影响因素分析这一总题目下,Anne Krueger,et al(1991)和 Michael Lipton(1997)以及其他一些著作展现了城乡收入差距分析的理论基础。在从事城乡收入差距的影响因素的研究中需要用到研究方法论。如何进行这一分析过程,需要研究方法论参与其中,即创建模型(以理论为基础,而这一理论又是与经济学方法论相连的)分析其中的关系和参数;选择或获取数据,以及估计其中的关系和检验假设;评价这种关系和含义;等等。反之,这些知识又可以对各因素是如何影响城乡收入差距的变化提供进一步的认识,深化我们对城乡收入差距变化的理解。这种新的理解和认识又会为理论的扩展提供基础在此基础上建立起进一步的研究。

表 1.1.2　经济学方法论、经济学研究方法和经济学研究方法论的内涵特点

分　类	内涵与特点
经济学方法论	以人们对客观经济活动的认识方法为研究对象,研究人们运用怎样的观点考察经济活动,并把认识加工成为系统化的理论结构
经济学研究方法	指各种形式的回归分析、数理分析、运筹研究技术、文献综述、数据收集、对所选择出的理论结构的运用,以及其他一些程序、技术的联合运用
经济学研究方法论	对经济学中研究的一般途径的研究,不仅涵盖诸如具体的分析方法(经济学研究方法),还包括经济学研究的学术规范和具体实践等知识体系

本书包括经济学的具体研究方法,如一般研究方法、数量分析方法,也涉及经济学方法论,但主要探讨的是经济学研究方法论,即经济学系列内容的研究方法的规则和范式,为经济学研究提供了组织、计划和实施研究的系列原则。

1.2　国内外关于经济学研究方法论的研究概况

1.2.1　国外研究概况

经济学恐怕是各门科学中最为复杂的科学之一，因为以物质生产为中心的经济活动一方面处处受到生产中的自然规律的影响，另一方面又受到一定社会关系的无形制约。此外，经济活动作为人们有意识的活动，在具体环节上总是受到人的思想意识支配。所以，经济学家们在认识经济活动的基本方法上存在着巨大的分歧。

在经济学方法论中，既存在马克思主义的历史唯物主义方法，也存在西方经济学的个人主义方法、主观主义方法等各种方法。这些方法的运用使得同一个经济世界在不同的经济学家眼中呈现出不同的结构与状态，由此，他们构建出截然不同乃至根本对立的经济理论。这也是当前经济学领域存在着许多不同的理论体系、流派的根本原因。经济学方法论的研究较早始于约翰·斯图亚特·穆勒的文章《政治经济学的定义及其恰当研究方法》（1836）。穆勒认为经济学的根本基础是建立在内省基础上的心理命题，以及直接建立在实验基础上的技术命题[1]，但他认为经济学是"建立在假设基础上，是一门关于趋势的科学，趋势是可以被干扰因素掩盖"的。穆勒的方法论观点在 19 世纪和 20 世纪早期占据主导地位，包括约翰·内维尔·凯恩斯的《政治经济学的范围和方法》，马克斯·韦伯的《客观性和经济学中的理解》都采纳和沿用了穆勒的观点。实现经济学方法论实质性变革的是从古典到新古典经济学的转变，以路德维格·冯·米塞斯、弗兰克·奈特和莱昂内尔·罗宾斯为代表的新古典理论主要探讨个体决策行为，比古典理论更深刻地认识和评价个人主义和主观主义理论，成为 20 世纪早期经济学方法论著作的重要理论贡献。弗里德曼在 1953 年发表的论文《实证经济学方法论》，主导经济学方法论 20 年之久，尽管几乎所有的回应都是批评的，但是也不影响其是 20 世纪最具影响力的经济学方法论论著。除了主流经济学的方法论外，还有一些不同于主流经济学的方法论，如关于实证经济学与规范经济学的关系问题、对计量经济学的讨论、对公司理论的讨论，以及现代经济学的方法论等。

在经济学研究方法论上，美国作者唐·埃斯里奇（1998）[2]撰写的《应用经济学研究方法论》，对经济学研究方法论的程序化方面进行了深入叙述，把研究的程序分成了研究计划的设计、研究型问题的提出和表述，文献的检索、评论和参考文献的注名，概念框架和理论假说的建立与逻辑检验，经验方法和检验程序以及研究论文的写作等。他提出，一项经济研究至少应包括以下 6 个步骤：①领会与你的研究有关的文献；②把问题尽可能压缩到最简单最有条理的程度；③确定可应用的经济理论；④用一个基本模型开始分析概念化过程；⑤将分析模型的分析扩大到问题的其他方面；⑥从概念分析中发展出有关的和可检验的理论假说，并尽量按逻辑顺序给出。

---

①丹尼尔·豪斯曼.经济学的哲学[M].上海:上海人民出版社,2007：34-35.

②唐·埃思里奇.应用经济学研究方法论[M].北京:经济科学出版社,1998.

1.2.2 国内研究概况

在有关经济学的研究方法上,杨小凯在《现代经济学的分析框架》(2004)[1]一文中提出:"以某种方式将概念组织成由子系统构成的结构,称为经济学的分析框架。"他认为经济学框架的构成要素是组织程度、概念和演绎的严格程度、一般性程度、内生程度、内洽程度、强壮程度以及可处理程度。评价框架的标准是框架的组织程度越高,则框架的质量越高;还有就是概念和演绎的严格程度以及逻辑内洽程度;设定较具一般性的模型优于设定较为特殊的模型;被内生化的变量较多的框架质量较好,还有就是强壮程度对框架中得出所必需的假设和组织结构的小变动不敏感。钱颖一(2002)在其《理解现代经济学》[2]一文中提出:现代经济学本身就代表了一种研究经济行为和现象的分析方法或框架,作为理论分析框架,它由 3 个主要部分组成:视角、参照系或基准点和分析工具,理解和接受现代经济学要从这 3 个方面着手。他认为这 3 个部分是接受现代经济学理论训练的核心内容,也是理解现代经济学的关键所在,是一种科学的研究方法,是当代在世界范围内唯一被经济学家们广泛接受的经济学范式。田国强(2005)[3]在《现代经济学的基本分析框架与研究方法》一文中指出:现代经济学按照科学的方法并运用分析工具——通过观察、理论和再观察——来系统地探索人类经济行为和社会经济现象,从而它是一门科学,代表科学的分析框架和研究方法。他认为一个规范经济理论的分析框架基本上由 5 个部分或步骤组成:界定经济环境、设定行为假设、给出制度安排、选择均衡结果、进行评估比较。任何一篇逻辑清楚、层次分明、论证合理的经济学论文,无论结论如何或是否作者意识到,都基本上由这 5 部分组成。可以说,写经济学方面的论文,就是对这些部分进行具有内在逻辑结构的填空式写作。掌握了这些组成部分,就掌握了现代经济学论文的基本写作方式,更容易学习和研究现代经济学。

经济学的发展也从来没有离开方法论的嬗变。关于经济学研究方法论的研究,国内学者做了许多相关研究。傅耀、颜鹏飞(2003)[4]认为西方经济学方法论的发展经历了前后具有内在逻辑关系的前实证主义、实证主义、证伪主义、历史主义 4 个阶段,由于实证主义和证伪主义有其弊端所在,实验经济学和行为经济学的崛起则较好地弥补了主流经济学方法论的不足。强天雷、任保平(2001)[5]认为当代西方经济学作为研究资源配置问题的学科,运用的方法主要是个量和总量研究法、均衡分析法、静态和动态研究法、实证研究和规范研究法、数理模型分析法和制度分析法。

朱成全(2003)[6]认为经济学研究方法论包括概念框架、研究课题和目标、研究计划、文献评价和研究报告。冯金华(2004)[7]则提出了组成经济学研究方法论体系的 4 个基本组成部分是研究对象、研究结果、研究过程和叙述方法。研究对象是现实具体;研究结果是思维具体;研究过程的任务则是如何实现从现实具体到既符合实际又符合逻辑的思维具体;叙述方法涉及

①杨小凯.经济学:新兴古典与新古典框架[M].北京:社会科学文献出版社,2003.
②钱颖一.理解现代经济学[J].经济社会体制比较,2002(2):1-12.
③田国强.现代经济学的基本分析框架与研究方法[J].经济研究,2005(2):113-125.
④傅耀,颜鹏飞.西方经济学方法论的演变和最新发展[J].国外社会科学,2003(2):24-31.
⑤强天雷,任保平.当代西方经济学主要研究方法述评[J].经济评论,2001(3):52-55.
⑥朱成全.经济学方法论[M].大连:东北财经大学出版社,2003.
⑦冯金华.关于经济学研究方法的几个问题[J].行政学院学报,2004(3):42-50.

的则是思维具体的"外化"（如发表的论文、著作）。从现实具体（研究对象）到思维具体（研究结果），再到思维具体的外化（论文和著作），构成了全部研究过程的一个完整的周期。经济学研究方法演化需要依次经历3个阶段：偏重于经济思想性的传统定性化研究时期，偏重于经济实证性的现代定量化研究时期，以多学科、多领域交叉研究为特征的大规模集成研究时期（王菲，2013）[①]。其一般特征体现在4个方面：个体主义占主导、与哲学紧密相连、深受自然科学研究方法的影响，以及广泛应用数学作为分析手段（张东辉，2004）[②]。借助方法论的变革，现代经济学的研究领域不断拓展，尤其是新制度经济学、演化经济学、行为经济学和实验经济学等经济学分支的兴起与发展。随着经济活动复杂性的不断提高，经济研究不仅包括复兴历史方法与制度分析法等传统经济学研究方法以还原经济行为人的社会性与生物性，进而打破以理性经济人最优化行为为基本逻辑的数学化经济学，而且还创造性地将实验技术方法、心理分析法及神经研究技术方法引入经济研究（严维石，2013）[③]。现代经济学正日益向经济现实回归，学科知识、研究方法的交叉化都是为了构建经济学更为真实合理的行为基础，提高经济学的解释力和科学性（祖强，2003）[④]。这样，经济学研究内容不断深化，经济学的体系越来越完善，从严格假定到步步放松假定，从逻辑演绎到事实验证，从抽象到具体，其理论越来越逼近现实（周文，2005）[⑤]。现代经济学研究方法通过不断采用数学化、数量化方法，广泛采用博弈论、多学科的方法，使得研究方法走向多样化，研究方位不断扩大化，促进着现代经济学的发展（洪涛、范瑛，2008）[⑥]。在经济学发展过程中，机制分析、数量分析、制度分析这三大分析体系的演进，有力地推动着经济学理论的发展。新的研究方法的创造和运用，以及对已有研究方法的综合，促进了研究方法的创新，其中，当前经济学研究方法创新的着力点在于研究方法的综合（顾钰民，2003）[⑦]。未来，经济学要进一步发展，需要从以下4个方面作出努力（陈华、高艳兰，2013）[⑧]：与非主流经济学融合发展、从自由市场经济转变到道德市场经济、注重汲取发展中国家的经验，以及借鉴马克思主义有关资本主义制度的研究，从资本主义制度寻求解决危机的根本之道。

改革开放以来，我国的经济学研究方法经历了从排斥到学习和借鉴西方经济学方法、从较为单一的分析方法到多元分析方法的发展，逐渐与国际经济学界接轨和开展对话交流（张华荣，2008）[⑨]。林毅夫1995年在《经济研究》上发表的文章《本土化、规范化、国际化》提出了对经济学研究、教育的看法及努力的方向：本土化就是研究对象本土化；规范化是除了研究、发表形式的规范化外，更重要的是在经济学界建立一个大家能够有共识的理论创新、接受、修改和摒弃的规范机制；国际化就是研究水平的国际化。而在2001年发表的《经济学研究方法与中国经济学科发展》[⑩]一文对除了研究对象的本土化外，就研究方法的规范化和其他几个方法论

①王菲.经济学的研究范式：演化与思辨[J].中州大学学报,2013(2):25-27.

②张东辉.经济学研究方法的变革与现代经济学发展[J].东岳论丛,2004(1):44-49.

③严维石.经济学研究方法演变[J].中央财经大学学报,2013(3):39-44.

④祖强.经济学研究方法的重大突破——解读2002年诺贝尔经济学奖[J].世界经济与政治论坛,2003(2):87-91.

⑤周文.经济学研究方法的嬗变与现代经济学的发展[J].云南财贸学院学报,2005(4):22-25.

⑥洪涛,范瑛.现代经济学分析方法及其发展趋势[J].北京工商大学学报,2008(6):111-116.

⑦顾钰民.经济学研究方法创新与经济理论发展[J].同济大学学报(社会科学版),2003(6):29-33.

⑧陈华,高艳兰.西方主流经济学：演化、面临的危机及其革命[J].经济学家,2013(3):100-104.

⑨张华荣.经济学方法论研究三十年[J].福建师范大学学报(哲学社会科学版),2008(6):9-16.

⑩林毅夫.经济学研究方法与中国经济学科发展[J].经济研究,2001(4):74-81.

的问题做了进一步的阐述。首先要实现研究对象的本土化,要用比较规范的方法研究中心问题。在国外期刊发表论文,必须遵守一定的写作规范。例如,提出自己对某一无难题的论点前必须先整理文献,归纳别人对这一问题已有的研究成果,引用他人的观点必须注明出处,学术杂志对稿件应该请专家匿名审稿。这些形式的规范化是我国经济学研究成为可积累的科学研究的起码条件[①]。方法规范化的第二个要求:严格检验那些依照理论逻辑推演产生的推论是否与所要解释的经验事实相一致。他提出经济研究要遵循内部逻辑一致和逻辑推论与经验事实一致、理论假设一致、理论模型中的限制条件、实证检验等,提出进行经济学研究,在读经典文献时,不应该只关心观点而应该去体会大师们如何观察现象、提出问题、选择给定条件,从方法论上去揣摩。他总结出了本质特性分析法、当代横向归纳法、历史纵向归纳法和多现象综合归纳法的"一分析,三归纳"方法来构建理论模型。

在新的历史条件下,我国经济学研究方法论要深刻理解和始终坚持马克思主义经济学的基本方法,积极借鉴西方经济学方法论中的科学因素,大胆吸收和借鉴以下4类方法,兼收并蓄,推进研究方法论的创新:①经验的、实证的方法,把握正在发展变化的经济现实;②理论的、规范的方法,认识和预见过渡和发展的趋势;③历史与归纳的方法,克服照搬照抄解决中国问题;④逻辑的、数理的、统计的方法,探求经济发展的真实面目。要实现中国经济学理论的发展与创新,应当结合经济学前沿领域及边缘领域研究方法的新进展,遵循假设前提相关性、理论内洽性、对现象具有解释力与预测力等方法论原则进行理论创新,特别是要结合实际(景玉琴,2007)[②]。马克思主义经济学是在批判地继承古典政治经济学基本原理和方法的基础上发展起来的,马克思主义经济学本身也是由若干基本原理和方法论组成的,特别是随着中国特色社会主义经济迅速发展,首先要坚持马克思主义政治经济学的方法论原则,其中包括科学抽象法、矛盾分析法、中介分析法、一般特殊个别的辩证法、历史唯物主义方法论、人类社会发展的最终目标和实现手段的选择,以及逻辑批判与逻辑一致性原则等。我们只有坚持马克思主义经济学的这些方法论原则,才能联系当代资本主义和社会主义的实践,不断开拓当代中国马克思主义经济学新视野,构建起中国特色社会主义经济学体系,以指导中国的改革开放和经济发展(蔡继明,靳卫萍)[③]。

经济学研究方法的纠偏与发展的相关研究。过去100多年,主流经济学的各种创新都没能摆脱新古典理论的范式,加里·贝克尔(Gary Becker)曾冠之"经济学帝国主义"。然而,经济学也存在着诸多问题,经济分析并不是贝克尔式的万能工具、能对各种人类行为作出统一的解释。譬如对经济学基本问题的认识上,就存在着许多不同的意见,最为典型的就是历史上最著名的经济学斗争——凯恩斯与哈耶克关于"政府是否应该干预市场""政府对市场的干预应该保持在何种程度"的争论。从凯恩斯政府干预解救了20世纪30年代的经济危机,到其无法解决20世纪70年代经济滞涨问题,转而推崇哈耶克的自由市场理念、减少政府干预,再到2008年世界性金融危机的爆发,自由主义经济政策的失效,凯恩斯政府干预政策的复兴,经几十年的辩论及实践,目前还没有一致公认的结论[④]。在经济学研究上,弗里德曼在为新古典经济学的辩护中,认为理论的正确与否和假设没有联系,假设条件不需要限制,甚至假设条

①王小卫,宋澄宇.经济学方法——十一位经济学家的观点[M].上海:复旦大学出版社,2005:12.
②景玉琴.经济学研究方法的创新[J].经济学家,2007(3):17-21.
③蔡继明,靳卫萍.构建中国特色社会主义政治经济学的方法论原则[J].国家行政学院学报,2016(2):34-44.
④王元丰."经济学帝国主义"该歇息了[EB/OL].2014-06-23.

件越不现实,理论才越好。而且,新古典经济学不研究发展,无法解释经济周期,出现了发展经济学、宏观经济学,无法形成良好的统一的经济学,呈现出多元化的发展趋势。张维迎认为经济学出现许多问题,其重要的原因之一是受数学应用的束缚。数学作为经济学研究的工具,促进了经济学的发展,但如今,经济学几乎变成了数学的奴隶。因为数学上没办法处理分工和技术进步,经济学家们放弃了亚当·斯密的分工交易、规模经济等重要理论,只留下均衡。企业家作为市场经济中最主要的推动力,因为无法用数学来模型化企业家的决策,从而难以在主流经济学中看到企业家的身影。现今许多人在进行经济论文的写作中,设置假设是为了在数学上有较好的处理,这无疑是本末倒置,削足适履。诺贝尔经济学奖得主经济学家阿马蒂亚·森(Amartya Sen)在其《伦理学与经济学》中说:经济学大多采取了一种"工程学"的方法,这种"工程学"方法的特点是,只关心最基本的逻辑问题,而不关心人类的最终目的是什么,以及什么东西能够培养"人的美德"或者"一个人应该怎样活着"等这类问题①。保罗·克鲁格曼说"经济学是沿着数学阻力最小的方向前进",经济学要真正进步,一定要放下数学这个包袱②。

尹世杰(2005)③认为在经济学研究中,要避免采取唯"数学化"的单一方法,要采取多元化的研究方法,定性分析与定量分析相结合,多运用演绎法、归纳法、实证分析法、规范分析法、综合分析法、比较分析法等。陈孝兵(2012)④认为从亚当·斯密到现代的主流经济学,不同理论主张的传承、融合、分化和对立从来没有停止过,但唯一没有变化的还是对人类行为的经济人假设,他批判了经济人假设的个人主义局限性,经济研究一方面要承认传统的经济人假设还无法理解无条件的利他主义,另一方面,也要树立新的利他主义的利益观。并且,那些来自人类社会长期积累并被积淀下来的社会的、历史的、文化的、制度的、价值的、心理的因素在逐渐被认识过程中显示出了巨大的不可替代性(杜金沛、邢祖礼,2005)⑤,相应方法在经济研究中,也日益显现出不可抗拒的重要性。许敏(2018)⑥认为要批判地看待西方主流的现代经济学及其方法论,科学的现代经济学是马克思主义经济学在当代的发展,所以对西方主流经济学的假设等要批判地继承,而不是一味地照搬,才能真正指导新时代中国特色社会主义建设。

1.2.3　研究述评

国内外的现有研究为编著本书奠定了理论基础,特别是美国学者唐·埃斯里奇(1998)的《应用经济学研究方法论》、我国学者朱成全关于经济学研究方法论的界定。然而,关于经济学方法论、经济学研究方法论和经济学研究方法的概念界定上,尽管三者之间有联系,但也有区别,现有些文献存在着对三者研究内容和对象分辨不明晰、混用的情况。在经济学这门学科的研究方法论探讨上,很多都是基于理论上的探讨,缺乏实践性、操作指导性的文献。经济学研究方法论的落脚点是为了指导实践。理论论证深刻的同时,在实践指导上

①阿马蒂亚·森.伦理学与经济学[M].北京:商务印书馆,2000:10,11.
②张维迎.反思经济学(下)[EB/OL].2014-05-05.
③尹世杰.也谈经济学研究方法的多元化问题[J].经济评论,2005(4):10-14.
④陈孝兵.经济学的方法论与经济学的发展[J].学术研究,2012(2):73-79.
⑤杜金沛,邢祖礼.实证经济学与规范经济学:科学标准的辨析[J].财经研究,2005(12).
⑥许敏.现代经济学的本质——与田国强教授商榷[J].当代经济研究,2018(07):37-46.

的疏忽难免会限制经济学研究生或者经济学科研工作者的研究或是学术发展。在经济学领域,研究方法论不仅仅体现了要重视和掌握研究方法的相关理论或研究的工具和技术,也内在地涵盖了经济学研究生或经济学科研工作者在运用这些方法研究经济问题时,所具备的具体层面的实践操作技能或能力,以及研究实施程序。这些能力包括了诸如经济研究中的学术规范和科学素养是否具备、文献查找的方法是否精通,而研究实施程序,则包括了论文写作和项目申报的方法或步骤是否通晓等,这对于增进经济学专业研究生或经济学科研工作者的研究过程的效力和效率具有重要意义。因此,本书的重点是经济学领域研究方法论,就如本书开篇第一节中所界定的,既不是经济学方法论或科学哲学,也不是研究的工具和技术,而是基于经济学研究方法的理论与实践的综合分析,是对经济研究计划、设计和实施的具体的程序指导。

1.3　经济学研究方法论的源流、演变与发展

1.3.1　经济学研究方法论的来源——哲学

经济学研究方法论是一门交叉学科,同时具备经济学和哲学的特性。哲学立场是思想的基础,同时也是各种经济学研究方法论的基础。经济思想和经济学研究方法论会受到不同哲学的影响,在经济研究的活动中,每一种哲学都会影响研究的态度、方法和结果。进行经济学研究不仅要有方法论意识,还要有哲学意识。

1) 哲学与经济学

哲学是系统化、理论化的世界观,是自然知识、社会知识和思维知识的概括和总结,以最普遍的范畴构成的理论反映社会存在的意识形态,是世界观的学问,对实践和各门具体科学有普遍的指导意义。经济学是研究各种经济关系和经济活动规律的科学,是具体科学,属于社会科学。经济学与哲学的关系是具体科学与哲学的关系。

哲学通过对自然科学和社会科学等具体科学进行总结和概括,把具体科学对客观世界的认识上升到世界观的层次,回答世界最本质的问题,所以,哲学对经济学等具体科学具有普遍的指导作用。具体说来,哲学对经济学的影响主要通过对从事经济活动的科研工作者在研究思想和研究方向等方面进行指导,研究成果与研究者的哲学主张密切相关;同时,研究者借助哲学的概念范畴等思维形式,借助演绎、分析和综合、抽象和具体、逻辑和历史的哲学思维方法,对经济现象进行概括、总结和评价。世界上的事物相互影响和相互制约而发展,哲学的根基深深扎根于社会经济的沃土之中①,哲学的抽象和升华离不开经济社会的发展。所以,在经济学的研究过程中,经济学研究方法论在经济研究中的活动、态度以及使用的方法方面受到不同哲学主张的影响。经济学家和从事经济学研究的学者对不同哲学主张和哲学主张对经济学研究方法的影响存在着较大的分歧,作为经济学专业的研究生,更多的应该是了解不同哲学主张的观点,以及如何辩证地看待这些主张对经济学研究方法论的作用。同时抛开各种哲学争

---

①陈太福.经济哲学的沉思[M].北京:中国社会科学出版社,2005:2.

论,在工作和学习中如何为我所用。目前存在着很多的哲学价值主张,本书主要讨论3种哲学价值主张:实证主义、规范主义、实用主义。它们在形成经济思想以及从事经济学研究的观念中发挥着重要作用。

2) 实证主义

实证主义是现代西方哲学中科学主义思潮的开创性流派,产生于19世纪30—40年代的法、英两国,19世纪50—70年代得到广泛传播。法国哲学家孔德、英国哲学家斯宾塞、奥地利哲学家马赫、德国哲学家阿芬那留斯是实证主义的主要代表人物。以孔德为代表的实证主义称为老实证主义,20世纪盛极一时的逻辑实证主义称为新实证主义。实证主义在现代西方哲学中具有重要的地位,对经济思想和经济研究产生了深远影响,特别是对专题研究和对策研究,以及20世纪美国的经济研究产生了重大影响。

(1) 老实证主义

孔德因为最早提出实证主义原则而被人们称为实证主义的开创者,他认为实证主义的原则是:一切科学知识必须建立在经验事实基础上,经验是知识的唯一来源和基础。实证主义的原则主要针对的是传统的形而上学,针对的是传统哲学中的超验事物的学问,他认为传统哲学中的超验事物学问不能进入人的直接经验,不能为人们所感知,所以他认为实证主义哲学是"科学的哲学",所有现象都服从不可改变的自然规律,这些自然规律属于经验现象中的东西,造成这些现象的原因是什么以及现象背后的本质是什么、规律是什么,不属于实证知识的范畴。孔德肯定实验、经验,反对超验的形而上学问题,科学只能叙述事实,不能说明事实,只问是什么,不问为什么,因而是一种主观唯心主义哲学。

逻辑实证主义也称逻辑经验主义或新实证主义,认为世界的本质就是感觉经验,物质与精神、主观与客观、意识与存在的区别只是感觉经验内部的区别,哲学的任务是将具体科学联系起来,建立综合哲学体系,是"科学认识论"。新老实证主义在经验证实的原则上是一致的,但在理解什么是经验命题以及经验命题的证实上是不一致的,不同的学派具有不同的观点。总的来说实证主义将哲学的任务归结为现象研究,以现象论观点为出发点,拒绝通过理性把握感觉材料,认为通过对现象的归纳就可以得到科学定律,把处理哲学与科学的关系作为其理论的中心问题,并力图将哲学溶解于科学之中。

(2) 新实证主义

实证主义特别是逻辑实证主义是新古典学派经济学方法论的哲学基础。实证分析方法是西方经济学研究方法的核心,实证研究方法所覆盖的经济理论内容——实证经济学——是主流经济学派运用的重要方法之一。逻辑实证主义对新古典经济学及其方法论的影响由于现代物理学和数理经济学的发展而得到进一步深化,从实际出发的数理统计方法取代以往古典数学函数运算的实证研究技术,使经验实证技术获得了前所未有的进步,所有这些都使西方经济学的研究更加实用化。19世纪以后,经济学研究的一个显著特征就是十分强调利用数学工具来完成对其理论的演绎推理过程。实证经济学家认为,经济学原理都应该是从公式化的理性假设中推演出来的,数学方法成为主流的分析工具。从假设检验的角度看,数学方法的运用无疑能够提高理论假说推理过程中的逻辑严密性和精准度,提高检验理论假说的可能性和可靠性,代表了实证方法论的主要发展方向,提出了一般实证分析过程的4个步骤。同时关于经验实证分析有两个派系:一派以弗里德曼为代表,认为经验实证的具体对象是理论假说的结论及其预测,而不是其假设条件。如果假设和预言符合现实,则接受,反之,则抛弃;由于假设的虚假性、抽象性,经验检验同假说的真伪无关。另一派以萨缪尔森为代表,认为经验实证的具体对象是理论假说成立的有关假设条件的真实性,就是说经验检验是可以假设的。

实证主义对经济学研究方法的影响主要体现在3个方面:①在可能的情况下,更多地强调计量和数量;②将注意力集中于实证性知识的价值知识上;③在经济实践中强调客观性的重要性①。

3)规范主义

规范主义则是哲学的集成。经济学研究中的规范主义引入了价值判断问题,并以此作为规则性主张的基础②。法国古典经济学的完成者西斯蒙第曾说道,"经济学不是单纯计算的科学,而是道德的科学"③。他认为经济学的目的不是告诉人们经济的运行机制及如何利用这种机制以区别目标,而是告诉人们合理的经济应当如何运行。从这种观点出发,他强调了经济学的伦理性质。信奉实证主义的西尼尔和穆勒,他们也不怀疑实证主义判断的正当性,进而在经济研究中不仅考虑了某一情形的经济因素,还适当考虑了非经济的因素④。德国历史学派更是把经济学看成一门伦理科学,认为它不仅涉及"是什么"的问题,而且涉及"应该是什么"的问题。历史学派认为经济研究只有结合宗教、法律、民俗、艺术、历史等,才能够有所成就。历史学派是典型的进化论者,认为各种社会现象是进化的,或者与进化相关,而进化与进步被等同起来后,则具备了一种价值判断(沈小波,2000)⑤。约翰·内维尔·凯恩斯(约翰·梅纳德·凯恩斯的父亲)在其《政治经济学的范围与方法》中,不再把价值判断与科学相分离,而是把科学分为两类:一类是实证科学,它是一套关于"是什么"的系统化知识;另一类是规范科学,它是一套关于"应该是什么"的系统化知识。

在规范主义方面,经济学家并没有接受所有传统的规范主义哲学主张。规范主义以客观主义和基础主义为前提,西方近代哲学在笛卡尔和培根那里就已开始确立的认识论,正是以绝对的客观性为基础,强调科学是一项客观性的事业,科学研究必须尽量排除各种人为因素、社会因素的影响。在现代经济理论研究中,一般采用的是客观规范主义,它强调了经济研究中使用的价值性知识和规则性知识必须是客观的,其目的就是避免个人判断的干扰,并将注意力集中于具有内在和外在价值的公共知识上,而不是私人知识上。实际上,客观规范主义对于价值知识以及逻辑实证主义对于现象知识客观性的追求殊途同归。西方经济学研究之所以如此注重客观性,是因为经济理论的研究者把目标定位在了将经济学最终发展成为与自然科学一样严密的学科。

规范主义作为经济学和经济研究的一个固有部分,在专题研究和对策性研究中运用较多,强调那些应该有价值的问题,如效率、福利、收入、生活标准、生活质量指标等。例如,对于规范主义者来说,当研究与提高农民收入、缩小城乡收入差距的政策决定或建议相关时,在指定规

---

①周文.经济学研究方法的嬗变与现代经济学的发展[J].云南财贸学院学报,2005(4):22-25.
②叶焕庭,贾裕泉.关于经济学研究方法论的几点思考[J].清华大学学报,2000(5):22-28.
③西斯蒙第.政治经济学新原理[M].北京:商务印书馆,1977:45.
④约瑟夫·熊彼特.经济分析史(第二卷)[M].北京:商务印书馆,1992:250,98.
⑤沈小波.经济学中的实证主义和规范主义——兼论中国经济学的建设和发展[J].东南学术,2000(6):32-36.

则的过程中,好和坏的考虑是最重要的因素。

4) 证伪主义

源自物理学革命的证伪主义哲学又称批判理性主义哲学,是英国著名哲学家波普尔在批评逻辑实证主义的归纳主义和经验证实原则的基础上建立起来的,它不仅对 20 世纪50—60年代初的西方哲学繁荣起了很重要的作用,也对西方 20 世纪 50—80 年代的经济学方法论研究的逐步理论化产生了深远的影响。

证伪主义认为,理论不能被证实,而只能被证伪。一个理论是否科学,其判断的根据不是它能否被证实,而是它能否被证伪。在研究过程中,如果一个理论或命题不能被证伪,则就是科学的;反之,一旦一个理论或命题被证伪,普遍性的全称命题都被证伪,则就是非科学或伪科学①。证伪主义否定归纳法,推崇理性演绎主义,认为从逻辑上看,归纳推理是不合理的,只能告诉人们过去,不能告诉人们未来。归纳法不是科学的方法,演绎法才是科学研究的正确方法,科学的理论或命题不能被经验证实,却可以被证伪。提出了"科学发现的逻辑",认为科学哲学主要不是研究科学知识的结构,而是研究科学知识的发展,不是以分析元科学概念为目的,而是以建立方法论的规则为自己的任务。主张经验科学和形而上学的分界点在于前者是可证伪的,而后者则不是,用"经验证伪原则"取代了"经验证实原则",并且用可证伪性划分科学与非科学的标准。

根据波普尔的证伪主义原则,科学总是处于不断革命的状态,猜想—反驳(证伪)—新的猜想—新的反驳(新的证伪)……即不断地猜想与反驳就是科学的进化模式。波普尔哲学给经济学带来的启示是理论应从问题开始,凭借逻辑演绎的方法得出一种预言、一种假说、一种理论体系,并采取证伪的方式进行验证②。实证主义在被现实世界"证实"之后,证伪主义出来用事实和理论推导提出质疑,一切方法论规则都应当保证经验科学的可证伪性,只有通过严格的批判和证伪,科学才可能进步。

5) 实用主义

实用主义认为,对于描述性知识而言,实用主义强调对眼前问题的合理解决。实用主义者相对不太注意理论逻辑以及诸如实证主义的非价值性知识等抽象概念之间的区别。实用主义者不仅认为实证主义的非价值性知识和规范主义的价值性知识相互依赖,而且也认为获得知识的手段和产生知识的目的也是相互依赖的。例如,按照某种研究规则得出的研究结果可能并不是合乎人们需要的研究结果。实用主义者是根据概念在解决现实问题中的实用性而不是它们自身来评价概念的,即是说明实用主义注重应用概念解决问题。实用主义在某种程度上,一般都以某种决策科学体现出来,或者是,应用于政策或管理的所有研究基本上都来源于要将其应用的实用主义兴趣。例如,实用主义深深地影响了美国的教育和政治制度,政府往往习惯于关心问题的解决和实用性。

20 世纪 20 年代,制度主义者的出现使得实用主义哲学成为经济学研究方法论的重要影响力量。制度主义者强调社会制度在经济研究中的重要性,深受实用的制度主义观点影响,经

①答百洋.波普尔证伪主义对经济学方法论的影响[J].陕西师范大学学报(哲学社会科学版),2009(7):63-64.
②邓春玲.论经济学的哲学基础——兼谈我国政治经济学学科体系的建立和发展[J].长白学刊,2006(1):64-68.

济研究的注意力逐渐集中于解决经济问题上,从而制度经济学兴起,成为改变经济学主流的重要力量。

实用主义哲学对经济思想和经济产生了深远影响,尤其是在专题和对策的研究上,特别是一些非专业基础问题的研究上。例如,在经济学里,一些个人、群体和组织比起其他一些个人、群体和组织,会将实用主义哲学视为更重要的哲学。农业经济学,一个明显倾向于实证主义哲学的学科,来自农学而非经济学,在它发展的早期阶段,纯粹是缺乏理论的经验主义式的学科①。

1.3.2 经济学研究方法论的演变和发展

经济学研究方法论的发展反映为与经济现象的认识深度和对经济问题的研究深度联系在一起的分析体系的拓展和研究方法的演变。在经济学的发展中,机制分析、数量分析、制度分析这三大分析方法在经济学发展的过程中占有重要的地位。它们从不同的角度对经济问题进行分析和研究,揭示了经济活动的内在规律,为人们认识经济现象、解决实际经济问题提供方式方法。与此同时,研究方法的拓展也有力地推动了经济学理论的发展。

1) 证伪主义普遍化

事实上,证伪主义方法论首先由哈奇森的《经济理论的意义和基本假设》引入经济学,而后由布劳格在其《经济学方法论》中推到经济学研究方法论中的中心位置。从此,波普尔的证伪主义方法论在经济学领域产生了强烈的"波普尔效应",尤其是在 20 世纪 30 年代的西方经济危机后,证伪主义被引入经济学研究中,是最有活力和革命性的思想,是 19 世纪和 20 世纪经济学方法论的"新旧观点的分水岭",从此以后,波普尔的思维方式被经济学家越来越多地使用。"证伪主义者,整个 20 世纪的故事"②。20 世纪 70—80 年代,在西方经济学界,证伪主义几乎在当时出版的 50 多本经济学方法论著作中都有影子,1991 年,当代西方经济学家达成的 13 点共识中,和证伪主义有直接关联的就有 7 点③。

任何一种方法都有其科学性,也有其不足。波普尔式的证伪主义过于强调证伪的绝对性和证实的相对性。实际上,理论必然需要在证伪与证实的共同影响下才能发展起来。例如,如果要对一些经验数据进行分析,并且对理论加以验证,那么既需要对理论假说提出证伪式的质疑,也要在经验数据的基础之上认同基于理论的某些变量的因果联系(证实)。另外,经济理论所预设的前提中,包括了经济社会现实的本质,而证伪主义方法在普遍化被运用之时,在这方面缺乏关怀。只有运用适用于研究对象本质的理论构建,并基于哲学思辨来抽象理解经济现实的本质,才能正确理解和把握经济学研究方法论。

2) 分析工具数量化

19 世纪末 20 世纪初,边际分析方法在经济学领域中兴起,微分概念的引入,使得数学方法从此被广泛运用于经济问题的解决。数学语言、图表和曲线在经济学中的运用,使得经济学

①唐·埃思里奇.应用经济学方法论[M].北京:经济科学出版社,1998:76.
②布劳格.经济学方法论[M].北京:北京大学出版社,1990.
③郑秉文.20 世纪西方经济学发展历程回眸[J].中国社会科学,2001(3):82-92.

所要分析的各种变量关系变得十分清晰、可靠,提高了经济学的精确性。这时,数量分析方法以一种新的研究方法出现于经济学研究之中,并逐渐占据重要地位,日益成为经济研究的一个基本方法。第二次世界大战以来,数学在经济学中的应用是如此的专门化、技术化、职业化,甚至到了登峰造极的程度,使得经济分析更为严密,表达更准确,思维更成熟。计量经济学的崛起,尤其是宏观经济计量模型的运用,以及2000年微观计量经济学的诞生与随后的发展,并且统计学在经济学中的大规模运用,博弈论的引进,使得数学化不断成为经济学发展的主流趋势。

在数学化运用的载体上,计算机不断发展,一些如SPSS、EVIEWS、EXCEL等操作工具给研究主体从事经济研究和分析提供快捷的通道,加快了研究速度,节约了研究时间,减少了研究成本。数量分析方法在经济学中的广泛应用,通过数学模型和数学公式的应用与推算,能够精准地分析各种经济变量之间的关系,深化人们对经济活动中各种变量之间关系的认识。并且,在分析经济行为的决策上,数量化还有助于提供一个精准的蓝图。对经济问题的分析和解释尽可能地定量和精确化,才能更好地制定相应的经济对策;对经济政策效果的分析、论证尽可能地精细化,才能满足政策操作性的要求。

然而,在经济研究中,过分数量化会使经济学没有生机,远离现实世界。经济学研究方法不能从一个极端走向另一个极端,方法应该多元化,数学方法不能取代非数学方法。数学仅是经济学研究的工具,数学语言是为经济分析服务的,绝不能为了数学上表达的方便,随意采用不适当的假设,以致追求数学技巧而脱离经济实际。

3) 研究对象个量化

个量研究是以单个经济主体的活动为研究对象,在假定外部环境不变的情况下研究个体经济活动,其特点是把一些复杂的外在因素排除掉,以突出个体运行的现状和特征。总量研究方法是以经济发展的总体或总量为着眼点的研究方法,它把制度因素和国民经济的个量都看成是不变的和已知的。个量和总量不是简单的加和关系,一些经济现象从个体和总体不同的视角来观察,其结果往往不同。

亚当·斯密在《国富论》中最先提出了经济学的范式,他通过对“经济人”和“看不见的手”的假设分析,奠定了个人利己主义的研究方法论基础。新古典经济学研究方法继承了个体主义的原则,进一步强化了“经济人”假设,无论是马歇尔的厂商理论,希克斯的无差异分析还是瓦尔拉斯的一般均衡理论都是以“经济人”假定为研究的出发点。“凯恩斯革命”则使得总量分析方法在主流经济学中第一次受到全面重视。与此同时,个量分析还受到了德国历史学派、美国旧制度经济学等非主流经济学的批评和质疑。但随着20世纪70年代后经济“滞胀”的到来,凯恩斯主义式的总量分析法逐步落寞,取而代之的是个量分析方法的日益凸显,尤其是随着证明一般均衡存在性的阿罗-德布鲁定理(Arrow-Debreu Theorem)、贝克尔的人力资源理论、卢卡斯和萨金特的理性预期理论(新古典宏观经济学)的发展,特别是随着博弈论被引入微观经济分析,个量分析法得到进一步加强并日趋主导化[①]。

然而,德国历史学派、旧制度学派都对个体主义分析方法进行过有力的批判,例如制度学派认为人的行为直接依赖于他生活在其中的文化环境;结构主义学派认为要从结构联系的角

①张东辉.经济学研究方法的变革与现代经济学发展[J].东岳论丛,2004(1):45-49.

度去分析经济发展的过程。无疑,主张整体主义、总量分析方法的经济学家认为,经济和社会的整体不是个体的简单加总,经济研究对象的个量化存在一定的局限性。

4) 研究手段交叉化和古典分析的回归化

当代科学研究的一个重要趋势是:相关学科相互交叉、相互渗透,利用相关学科的有关知识,来研究相关的问题①。随着人类社会的不断进步,现代经济学及其研究的方法论不断发展,学科之间出现相互交叉、相互促进的趋势。如经济学、管理学、社会学(环境分析)、心理学(效用理论)、计量经济学和统计学、行为学、实验学、物理学、生物学等,以经济学为其核心,又与许多其他学科相互交叉和融合。在决定经济的各种因素中,非经济因素的影响日益增强。如果凭借经济学或者经济学的研究方法来解决这些问题,可能有时在解释力和科学性上会有所缺陷。经济学牵涉的面很广,相关学科、交叉学科很多,更需要适当吸收相关学科的某些理论和方法,如哲学、社会学、文化学等学科中与当前经济学相关的内容,综合进行研究,有的问题还可合作进行具体研究。现代经济学正日益向经济现实回归,越来越讲究多学科知识的交叉,从而构建经济学更为真实、合理的行为基础,以期提高经济学研究的解释力和科学性,比如将心理学分析方法与经济学研究有效结合②,以及随着数据挖掘和分析技术的不断提高,基于大数据方法对经济学的研究日益增多③,这不仅能开拓创新经济学理论,也有助于丰富经济学的研究方法。这一发展趋势在引领经济学研究方法前沿的同时,对那些片面强调数学化、具有工具主义倾向的人给予了一定的冲击。在经济学研究的方法中,我们不是反对将数理分析方法运用其中,而是拒绝在经济研究中滥用数学。

实际上,研究手段的学科交叉化也是经济学研究方法演变的结果。以理性经济人最优化行为为逻辑的数学化经济学使得经济行为人丧失了社会性和生物性,诸如行为经济学、实验经济学和神经经济学等交叉性学科的发展,正是基于破除这样的不足而出现。在研究方法上,它们不仅复兴历史分析方法与制度分析法等传统经济学研究方法,而且创造性地将实验技术方法、心理分析法以及神经研究技术方法引入经济研究,丰富了经济学的研究方法④。本质而言,研究手段的学科交叉化所导致的分析方法的变革是对古典经济学分析方法的回归⑤。经济学的研究方法没有新古典时期的那么狭窄和单一,古典时期,诸如斯密、马克思和穆勒这些经济学家,能以一种宽容和包容的方式定义经济学,他们能就经济问题和社会制度进行研究,并得出深刻的见解。并且,这种研究方法古典式的回归是基于数理分析方法上的更高层次的回归。数理分析方法虽然有不足,但数理分析可以对现实问题进行理性分析,在此基础上,我们才可以针对问题运用社会的、心理的、人类的各种方法来进行解释。

在知识经济和信息革命时代,重要的因素是"新偏好"的形成、技术和制度的创新以及新资源的创造等,换言之,新奇事物的创造才是关键,而不是既定资源的配置。21世纪的经济学

---

① 尹世杰.也谈经济学研究方法的多元化问题[J].经济评论,2005(4):10-14.

② 2002年诺贝尔经济学奖获得者丹尼尔·卡尼曼成功地把心理学分析方法与经济学研究结合在一起,从而为一个新的研究领域奠定了基础。他的主要贡献是发现了人类的决策不确定性,即发现人类的决策常常与根据标准的经济学理论作出的预测大相径庭,用他的理论可以解释很多传统经济学理论无法解释的问题。

③ 李华杰,史丹,马丽梅.基于大数据方法的经济研究:前沿进展与研究综述[J].经济学家,2018(06):96-104.

④ 郑秉文.20世纪西方经济学发展历程回眸[J].中国社会科学,2001(3):82-92.

⑤ 安佳,陆跃祥.经济学分析方法的变革和研究范围的拓展[J].江苏社会科学,2003(3):10-14.

正面临着一种革命性的变化,新古典主流也将从前沿走向传统,时代呼唤着经济学的发展和转变,而这样的转变又有待于经济研究方法的拓展,在这个过程中,研究方法的交叉化和古典回归化则日益成为新时期经济研究的主流。

1.4 经济学研究方法论的内容与作用

1.4.1 经济学研究方法论的内容

从事研究需要对研究进行计划、设计、实施,并完成所做的分析和传播研究成果。从事经济学研究,如果对所研究的问题或研究目的没有清晰的认识,或者对前人所做的相关研究没有深入的了解,便着手研究,就会陷入盲目研究的境地。当前,在经济学课程中,往往是经济学方法论、经济思想的发展代替了经济学研究方法论。前文已经论述过,经济学研究方法论不是经济学方法论(经济学推理),尽管本书会涉及经济学方法论的内容;经济学研究方法论也不是经济学研究方法(经济分析所使用的工具和技术),尽管本书将经济学研究方法,例如一般分析方法、数量分析方法纳入分析,因为这些也是经济学研究方法论的重要组成部分。然而,本书集中讨论的是经济学研究方法论,研究的是如何从事各种不同类型的经济研究,是关于经济学中研究的一般途径或路径的分析。

从本书而言,经济学研究方法论的内容主要涵盖了以下 5 个方面:①有关研究的一般的、具体的方法及其在经济学学说史上的变迁;②经济学研究中主要的几种数量分析方法;③经济学研究中,研究者所必备的学术规范和科学素养;④文献检索的基本知识;⑤学术论文、研究报告的写作,科研项目的申报相关的程序指导。本书在内容上,基于这样的安排,目的是使读者尤其是经济学研究生明了如何进行经济研究并对如何进行经济研究提供指导。

1.4.2 经济学研究方法论的作用

经济学研究方法论提供了组织、计划和实施研究的基本原则。学习经济学是为了尽可能完成给定的、有实际目标的研究项目,经济学研究方法论以及对它的学习则是要对所学的经济学领域中研究方法的各个组成部分作出整合。它能够将我们对经济学的各种方法和技术的支离破碎的注意力集中到一起,形成连贯的完整的看法。从某种意义上而言,经济学研究方法论正是把经济学研究方法融为一体的科学和艺术,它构成了经济学研究生完成经济研究的一般途径或路线。

如果要促进我们对经济学领域相关问题的理解,必须对研究方法论有更为全面的认识,并借助于经济学研究方法论对经济问题进行研究。学习经济学研究方法论,有助于经济学研究生在"知"的经济学基础上,提升其"行"的经济学知识;有助于帮助经济学研究生清楚感知到研究方法论的需要,从而促进其集中注意力,取得研究经验和对经济问题的认识。

研究任何经济理论必须运用一定的研究方法。这些方法实际就是在经济学的现象逐渐达到本质的过程中,人们所借助的工具及途径以及借助这些工具及途径的表现形式。因此,从这个角度而言,讨论与研究经济学研究方法论的目的,就在于使用这些研究方法去探索经济现象,揭示经济规律,从而解决经济社会的各种矛盾及问题①,其作用在于搜集、处理、归纳经济现象的信息及资料,演绎、剖析、显露出经济现象之间的本质联系即规律。经济学研究方法论运用的目的在于研究经济现象及找寻经济规律,数理方法如果不能达到这种作用,就不能成为经济学的唯一研究方法。如上所述,经济学研究方法被用于两种相反的用途。一是用来表明经济学的科学性;二是用来揭示经济现象背后的经济规律。

总之,经济学研究方法论能够扩展我们对经济问题、经济现象的理解和认识,使得我们的认识更贴近现实世界;掌握了现代经济学的研究方法后,就不会被那些抽象的模型和高深的数学所迷惑,不会被弄得昏头涨脑;并且,经济学研究方法和分析问题的框架的学习有助于经济学研究生如何思考问题、如何更好地处理日常事务,更好地学会待人接物,有助于培养经济学研究生深刻而具见识的思想和良好的工作能力。

---

①蒋南平.经济学研究方法之辨[J].经济理论与经济管理,2013(10):10-12.

第 2 章
经济学研究的基本方法

经济学研究的基本方法泛指在进行经济学研究中采用的一般性的分析方法,主要包括演绎与归纳、实证与规范、个量与总量、定性与定量、动态与静态分析方法,在经济学研究生或经济学研究科研工作者对经济问题的分析中,这些一般性的分析方法总领和指导着研究的开展和实施。

2.1　归纳法与演绎法

2.1.1　归纳法与演绎法的内涵

在科学哲学的发展历史上,17 世纪英国的培根和法国的笛卡尔把归纳法和演绎法对立起来,形成了两大派别:归纳主义学派和演绎主义学派,两大派别在思想方法上的争论,就是归纳主义方法论和演绎主义方法论之争。

归纳主义的基本观点是:科学研究从观察开始,由观察而获得事实(在逻辑形式上表现为普遍陈述);然后经由归纳发现定理和理论(在逻辑形式上表现为普遍陈述),即运用归纳方法从单陈述推出普遍陈述,最后从定理、理论和先行条件的合取中演绎出预见和解释,如果预见和解释被证实,定理和理论也就被确证了①。所以归纳主义学派认为,科学研究主要来源于观察,经验事实是科学研究的基本素材,这是科学发现的基本支撑点,从认识论的角度来看,这是传统的经验主义观点,重视经验在认识中的作用,至于经验如何得到,并不是经验主义者所关注的,不是归纳主义方法论所探究的。

归纳法是建立在分析、观察、实验的基础上,产生和推出公理的有效方法。归纳法先摆事实,后求结论,从个别到一般,寻求事物普遍特征,其中个别或特殊事物是基础,而且必须真实。在西方逻辑史中,亚里士多德奠定了归纳法的基础。他在其主要著作《工具论》中,对归纳法的多种形式都有论述。他认为归纳法应包括不完全归纳法、直觉归纳法、形式归纳法和一般归纳方法。其中,不完全归纳法是指不能穷尽所有被观察的对象和分析所有的样本,所归纳的只

---

①申仲英,萧子健.自然辩证法新论[M].西安:陕西人民出版社,2000:187.

是以有限的经验得出全称肯定判断,有其不完全性、不可靠性。不完全归纳法又可以分为简单枚举法和科学归纳法。弗兰西斯·培根的"科学归纳法"主要由 3 个步骤构成①:①三表法,②排除法,③从具体渐次上升到普遍的严格归纳程序②。

演绎法则与归纳法相反,是从普遍性结论或一般性事理推导出个别性结论的论证方法,这是一个从普遍到个别的推理过程,由较大范围,逐步缩小到所需的特定范围。强调演绎方法是获取知识、建立理论的基本方法,通过一组确实可靠的公理,运用演绎逻辑的推理来获取确定性知识,建立理论体系,是形成理论的一种可靠途径。相对应于归纳推理,演绎主义者主要采用演绎推理。但演绎推理所产生的结论对于它的前提具有高度灵感性。演绎不能够给既定知识增加新的内容,也就是不能增加前提中所没有包含的东西。但是,前提中所包含的东西不一定是看得出来或充分理解的东西。通过演绎可以把包含在前提中的东西用一种简洁、明了的方式演绎出来③。一个完全符合逻辑的演绎所产生的结论,则可能由于其理论前提错误而使整个理论错误。但我们改变演绎的前提条件从而使它更正确,则必然有利于经济学理论的创新。

演绎法主要有三段论、关系推理、联言推理、选言推理、假言推理和二难推理等。演绎法的基本形式是三段论式,包括:大前提,是已知的一般原理或一般性假设;小前提,是关于所研究的特殊场合或个别事实的判断,小前提应与大前提有关;结论,是从一般已知的原理(或假设)推出的对于特殊场合或个别事实作出的新判断。

2.1.2　归纳法与演绎法的联系与区别

归纳法与演绎法的特点决定了二者之间的区别:①归纳是从认识个别的、特殊的事物推出一般的原理和普遍的事物,能体现众多事物的根本规律,且能体现事物的共性;演绎则由一般(或普遍)到个别,由根本规律等出发一步步递推,逻辑严密结论可靠,且能体现事物的特性。演绎法和归纳法在认识发展过程方面,方向是正好相反的。归纳法是概括事物的过去,它主要是用于对事物过去现象的解释而难以概括事物的发展和未来;而演绎法主要用于预测未来。②归纳(指不完全归纳)是一种或然性的推理;而演绎则是一种必然性推理,其结论的正确性取决于前提是否正确,以及推理形式是否符合逻辑规则。归纳的结论超出了前提的范围,而演绎的结论则没有超出前提所断定的范围。

归纳法和演绎法是两种不同的研究方法,具有各自的特点,归纳法不局限于前提,运用逻辑推理,是普遍适用的理论;演绎法基于假设,运用科学方法验证假设的正确与否,归纳法不局限于前提进行论证,演绎法运用已知理论提出假设,假设就是结果的范围。在经济学发展中,新古典经济学凭借数学工具,使得运用演绎法成为经济学的时尚。然而,任何演绎法都必然建立在使用不完全归纳法的基础之上,错误地使用不完全归纳法就会割裂理论与现实的关系。

---

①肖德武.从归纳法的兴衰看西方科学哲学的演变[J].山东师范大学学报(人文社会科学版),2007(3):28-32.

②第一步,把基于观察的有关资料编制成三张表:(1)肯定事例表,把具有所研究性质的所有种类的事例填入此表;(2)否定事例表,把貌似具有所研究的性质而实则没有这种性质的所有种类的事例填入此表;(3)程度表或比较表,把在大小不同的程度上具有所研究性质的事例填入此表。第二步,使用排除法,将上述 3 种表格中与所研究性质无关的事例排除,余下来的就是能把所研究的性质赤裸裸地单独呈现出来的例证。第三步,循序渐进地进行归纳,先从具体事例上升到普遍性最低的理论,再从普遍性最低的理论逐步上升到普遍性较高的理论,而后再逐步上升到最一般的理论。

③余永定.经济学中的方法论[EB/OL].2010-07-28.

经济学的根本功能在于改造世界,而不是提出各种各样矛盾重重的全方位解释。新古典经济学形而上学、封闭式的方法论片面强调演绎法是不妥的,科学的经济学理论必须辩证地同时使用归纳和演绎(王今朝、龙斧,2012)①。

随着经济现象的多样性、经济运行的随机性、不确定性,使得人们难以从对经济活动的观察、实验、分析研究中找出规律,这就要求人们既要使用从许多个别事实推出普遍原理、规则的归纳法,又要使用由假设、抽象、逻辑推理的演绎法(王德忠,1999)②。将两者综合起来,就是假设演绎法——经济学研究中最重要的方法,即把演绎与归纳加以结合的一种发现普遍规律的研究方法。其基本内容是,从观察或经验材料出发进行归纳,得出作为假设的某个或某些全称肯定判断,然后把提出的假说翻译成数学语言,并通过数学的各种变化把包含在其中的各种含义表达出来。第一步提出假说,这个假说是全称肯定判断,并来源于已有的知识和实践。这个假设需要能够被翻译成数学模型,演绎、推理不能给前提增加任何东西,但演绎和推理所能得出的结果却能给我们提供无法从前提中直接看出和利用的知识。把语言模型翻译成数学模型,在假设推理中起着决定性作用。第二步把假说翻译成数学语言,通过数学机械演算得出一系列结论,这些结论再经过检验,当通过检验后,就完成了整个科学研究的过程,也就找到了普遍性。我们把观察到的普遍性所隐含的更多的其他内容演绎出来,而这种演绎出来的结果或者说前提正确与否可以通过实验加以检验,此时,假设演绎法也就完成。综上,假设演绎法包括4个步骤:提出假说、翻译成数学语言、进行数学推导、对结论进行检验。此外,提出假说需要灵感,真正的创造也在于提出正确和有益的假设。数学作为一种高效可靠的演绎工具,对于经济学科研人员而言,数学能力不一定很强,但至少能把假说提出,并把假说翻译成数学语言。然而,具备良好的数学功底,更有助于经济学研究工作的有效推进③。因此,在经济学的探究和学习中更多的是将二者结合起来,随着经济学研究方法论的发展,二者更多的是一种融合的趋势。

2.2　实证分析与规范分析

2.2.1　实证分析与规范分析的内涵

1) 实证分析

实证分析法就是在观察到事实的基础上运用科学的抽象法通过分析推理对经济现象的因果关系进行客观的指示,对有关现象将来会出现的情况作出预测。实证研究(Positive study)试图解释说明事物是怎样(What it is),可以验证陈述是正确的还是错误的,可以通过将理论与实际进行比较来检验理论。实证研究主要有案例研究和计量分析两种方法④。

①王今朝,龙斧.经济学方法论中演绎与归纳之争的终结[J].国外社会科学,2012(1):123-130.
②王德忠.论经济学研究方法[J].四川师范学院学报(社会科学版),1999(3):33-36.
③余永定.经济学中的方法论[EB/OL].2010-07-28.
④武永花.经济学的分析方法———实证分析和规范分析[J].价值工程,2008(3):11-12.

　　案例研究指对一个或几个具有代表性的典型实例进行研究，从而发现该类事物一般规律的研究方法。案例研究可以保证研究的真实性且易于处理。现实经济关系是错综复杂的，许多因素难以量化。比如，制度不仅包括正式制度（法律、法规等），还包括非正式制度（文化、习俗等），到目前为止，非正式制度还不能完全用数量关系精确计量，而采取案例研究不失为一种好的方法。通过现实中的一个个案例，发现问题，在此基础上进行理论提炼和逻辑演绎，用所得的知识对真实的经济世界进行解释，并预测未来经济的发展。北京天则经济研究所张曙光编著的《中国制度变迁的案例研究》就是一个例证。

　　计量经济分析是对经济学进行实证研究的主要方法。计量经济学模型的重要意义在于发现理论、检验理论，并进行经济预测和相应的政策选择。例如，当经济学研究着眼于经济运行的内在因素的分析，着重于揭示经济运行的内在逻辑和经济变量之间的客观关系时，通过建立计量经济模型进行实证分析就变得尤为重要。

　　实证分析方法（主要指计量分析方法）是西方经济学研究方法的核心，实证研究方法所覆盖的经济理论内容——实证经济学——是主流经济学派运用的重要方法之一。实证经济学家认为，经济学原理都应该是从公式化的理性假设中推演出来的，数学方法应成为主流的分析工具。从假设检验的角度看，数学方法的运用无疑能够提高理论假说推理过程中的逻辑严密性和精准度，提高检验理论假说的可能性和可靠性，代表了实证方法论的主要发展方向。

　　实证研究的过程主要分四步走：

　　第一，提出理论假说的假设条件和中心内容。这是实证研究过程中首要的也是最困难的一步。理论实证在高度简化的形式下，研究几个主要变量之间的关系，而其他变量则被舍去。其中，主要变量的基本关系特征及其相关性的取舍很大程度上取决于实证者对相关问题的理解角度和深度。

　　第二，建立假说模型，这是实证研究的核心部分。在一定假设条件和理论假说构思的基础上，构造理论假说模型主要问题是寻找模型的具体形式，即作出数学形式的表述，也可以用几何图形或文字表格等加以直观或通俗地表述。理论模型确立后，依据数学推理的逻辑一致性要求，对应到各主要变量之间在各种状态下相关性的数量特征，并同时对这些数量关系特征的经济意义作进一步的分析，直至得出与假说构思相吻合的有关结论为止。完成这一步骤需要一定的数学思维和逻辑推理能力，并且需要掌握导数与微分的运算技巧，以及几何与代数的基本性质等。建立的模型要能清楚地说明现实经济关系，经济含义明确，推导过程严密，得到的结论可以检验。

　　第三，理论假说模型的经验检验。对理论假说的假设条件进行验证，对理论模型推导出的主要结论进行验证。验证的主要技术手段是经济计量学中有关回归分析和统计假设的检验方法。所以，有关概率论和数理统计方法是进行理论假说检验的基础，也是正确理解验证结果并进一步修正原有模型的基础。检验有两大意义：一是通过已有经验事实和资料论证理论假说的真实性，进一步增强其说服力；二是通过经验检验，寻找假说不足或将其证伪，修正原有理论，不断推动理论向纵深发展。

　　第四，验证理论假说，并由此展开深入的理论分析。经验检验得出的具体数据结论往往不能一目了然，甚至模糊不清，存在矛盾。有时因缺乏数据，只能间接或部分检验理论假说的内容等。因此，解释验证结果工作有时很复杂，需要作深入细致的分析。它尽管无统一标准，但涉及理论假说本身的价值，不能轻易地肯定或否定。同时，在实际研究中，这一步骤往往不是实证研究的终点，而可能是新一轮研究的开始，使实证研究循环下去，推动理论不断进步。

以上只是从逻辑关系角度，简略地讨论了实证研究的一般过程。在实际实证研究过程中，不是严格地遵循这 4 个步骤的逻辑顺序，而是更多地交错甚至是不断地重复进行这 4 个步骤。

2）规范分析

规范研究（Normative study）试图论证如何做是最好的（What should be），其依赖于研究者个人的价值判断，无法检验对错，规范研究需要以实证研究为基础。规范分析来源于历史主义的代表人物库恩提出的"范式"概念，认为"规范"与"科学共同体"这个概念密切相关，是"科学共同体"所共有的"模型或模式"，或是"理论上或方法上的信念"等，把规范看作一种"信念"，就必然包括价值观，这样就将"规范"与"价值观"联系起来了。库恩强调价值观判断在科学研究中的作用，企图融合规定和描述，从而从科学史中演绎出科学方法论来。

规范经济学涉及对经济行为和经济政策对人们福利的影响和评价问题，涉及是非善恶，合理与否问题，与伦理学、道德学相似，具有根据某种原则规范人们行为的性质。由于人们的立场、观点、伦理和道德观念不同，对同一经济事物、经济政策、经济问题会有迥然不同的意见和价值判断。对于应该做什么，应该怎么办的问题，不同的经济学家可能会有完全不同的结论。

规范分析法给经济运行所指的方向是积极的，对未来经济的发展具有指导意义，社会发展的方方面面也都离不开规范分析，例如，文化经济建设的需要和制度建设的需要。规范的、先进的文化能够推动经济发展，消极的、腐朽的文化则会阻碍经济建设；相应地，规范的制度有利于避免有些人钻法律的空子，做一些损人利己的事情，导致无效率的制度安排，而且规范的制度还有利于良好秩序的形成，提高人们的积极性。

2.2.2 实证分析与规范分析的联系与区别

实证分析方法是在分析经济问题和建立经济理论时，撇开对社会经济活动的价值判断。只研究经济活动中各种经济现象之间的相互联系，运用"大胆假设、小心求证，在求证中检验假设"的方法，在作出与经济行为有关的假定前提下，分析和预测人们经济行为的后果。实证经济学所力图说明和回答的问题是：①经济现象是什么？ 经济事物的现状如何？ ②有几种可供选择的方案，将会带来什么后果。它不回答是不是应该作出这样的选择的问题。即它企图超脱和排斥价值判断（即关于社会的目标应该是什么，经济事物是好是坏，对社会有无意义的价值判断），实证经济学所研究的内容具有客观性，是说明客观事物是怎样的实证科学。

规范分析方法是以一定的价值判断为出发点和基础，提出行为标准，并以此作为处理经济问题和制定经济政策的依据，探讨如何才能符合这些标准的分析和研究方法。规范经济学研究和回答的经济问题是：①经济活动"应该是什么"或社会面临的经济问题应该怎样解决；②什么方案是好的，什么方案是不好的；③采用某种方案是否应该，是否合理，为什么要作出这样的选择。

作为研究和叙述的方法，两者只是适用的条件、服务的目的不同而已，但两者又是相互联系的。一方面在运用规范分析时常常要运用实证分析的方法来论证研究对象与给定准则之间的符合程度;另一方面,在运用实证分析方法研究某类问题时,常常需要运用某些既定准则来验证分析结果。某些规范分析的准则实际也是在实际探索的基础上,运用实证分析方法概括和总结出来的,人们不清楚"是什么",也难以断定"怎么样"。反过来,人们在实证"是什么",特别是"将怎样"时,也不可能完全排除价值的判断。[1]

实证分析一直在主流经济学占主导地位,但一些主流经济学家已注重实证分析和规范分析的结合(朱成全,2005)[2]。规范以实证为基础,其分析的前提和成果均须经过实证检验;实证以规范为出发点,将包括政策建议在内的规范分析成果用来指导实践。这一目的成为推动实证分析靠近规范分析的动因。一个典型例子是回答失业和通胀问题,早期的实证研究表明一国的通胀率和失业率之间存在着一定的替代关系,此时的规范研究就是要确定以牺牲多少通胀率来提高现实就业率才是社会可以接受的。这样一来,实证研究为规范研究提供了载体,规范研究为进一步的实证研究指明了方向。规范分析的结论需要运用实证分析,因为实证分析可以使规范分析的论证表现得更精确。如福利经济学是一门规范经济学,但研究越细化,就越需借助实证的方法,也就出现了一批专门研究福利经济学的实证工具。

2.3 定性分析与定量分析

2.3.1 定性分析与定量分析的内涵

定性分析揭示事物的规定性及其本质属性,探析能将事物区分开来的矛盾的特殊性,把人类的研究活动归纳为一个从现象到本质的认识过程。如果从研究对象来看,定性研究注重事物的本质属性。如果从研究特征分析,定性研究注重揭示事物的本质。如果从研究的价值取向而言,定性分析往往掺揉着分析主体的价值判断,在这个意义上,定性分析和规范分析具有一致性。如果从与定量分析的联系上讲,定性分析的结论一般采用语言描绘,具有专门性、初步性和主观性特征。

定性分析方法包括比较分析法、系统分析法、历史分析法、逻辑分析法。其内涵和特点如表 2.3.1 所示。

表 2.3.1 定性分析的分类及其内涵特点

分 类	内涵与特点
比较分析法	把两类事物进行对比,从而确定其相同点和不同点的逻辑分析方法。在社会经济调查中经常采用的方式有纵比分析(对不同国家、不同地区、不同部门的同类事物进行比较,从中找出差距,判断优劣)、横比分析(对同一事物不同时期的状况的特征进行比较,从而认识事物的过去、现在及其发展趋势)和类比分析(以两个事物具有相同属性的判断为前提,由此推出两者的其他某个属性也相同的结论)

①黎诣远.西方经济学[M].北京:高等教育出版社,2002:14.
②朱成全.对实证分析和规范分析争论的科学哲学的思考[J].江西财经大学学报,2005(3):5-8.

续表

分　类	内涵与特点
系统分析法	以系统理论为基础,按照系统理论和方法的基本原则与要求,对调查对象的整体进行分析,找出它的结构和层次,分析其组成要素的作用和功能,研究怎么样使整个系统最优化。在分析调研对象时,要把它作为一个从周围环境中划分出来的系统来认识,同时还要把系统内部的各个环节、各个部分看成是相互联系、相互影响、相互制约的。同样的,对任何一种社会经济现象都需要将其放在大的背景中加以考察和研究
历史分析法	通过对研究现象的历史资料进行科学分析,根据事物在不同时段中的不同表现进行历史比较和探究,即为什么这一阶段表现出的特征与上一阶段不同,是哪些因素发生了变化,为什么在不同时段中,都会存在某种因果关系,分析事物的历史与现状的关系。目的在于弄清事物在发生、发展过程中的"来龙去脉",从中发现问题,启发思考,以便能够认识现在和推断未来
逻辑分析法	归纳和演绎

定量分析主要包括描述分析、统计分析、数学模型分析,各自特点如表 2.3.2 所示。在定量分析中,数学模型根据划分类型的不同而不同,可以从以下 7 个方面来说明[①]。

表 2.3.2　定量分析法的分类及其内涵特点

分　类	内涵与特点
描述分析	利用统计指标或调查资料描述研究对象的重要特征,常用手段为图形和表格。在解释结果时需要注意,描述只反映事物变化的过程和特点,并不能揭示出因果关系
统计分析	利用统计指标对研究对象进行描述的方法,这些统计指标包括平均值、标准差、变异系数、中数、众数、离差/极距、方差分析、波动周期等
数学模型分析	对事物在质的分析基础上作数量分析,包括事物的规模、发展程度、速度以及构成要素在空间上的排列组合等。定量分析在定性分析的基础上展开,是对事物认识过程的深化和精确化。在哲学意义上,一定程度的范围内,量的增减不影响质的稳定性。具有敏感性、精确性和客观性特征

1) 按地域范围划分

按地域范围划分,可以分为企业/农户模型、地区模型、国家模型和世界模型。企业/农户模型是以单个企业或农户为对象的模型,适用于微观决策支持;地区模型是以特定地区为对象,完整反映该地区的经济活动的模型,适用于地方政府决策支持;国家模型是以整个国家为对象的模型,适用于政府决策支持;世界模型是以世界经济体系为对象的模型,一般侧重于分析国家间的经济联系,适用于政府决策支持。

---

①来自 2005—2006 学年河北农业大学农业经济管理专业博士研究生课程讲义:经济学研究方法。

2) 按模型体现的时序特性划分

数学模型按照模型体现的时序特性来看,可以分为静态模型和动态模型。静态模型是反映在特定经济机制下某商品市场或整个经济体系在特定时点实现的均衡状态,用于模拟政策变化或外部环境变化导致的均衡变化,从而确定在不同政策和市场环境下经济变化的方向及可能的规模,较适用于中期政策分析。动态模型用于反映研究对象的动态变化轨迹,经常涉及如投资和资本形成、人力资本形成、环境变化、技术进步等问题。动态模型需要包括反馈机制。可用于模拟政策或外部环境变化导致的动态调整过程,提供短期和中长期预测。动态模型外推远期结果时可能由于误差的累积性影响而出现偏差。

3) 按模型解的性质划分

按模型解的性质划分,可以分为优化模型和非优化模型。优化模型的一般形式为在特定约束条件下优化单一目标或多个目标。目标函数可以包括经营利润、产出(总产值)、社会福利、风险等;约束条件包括可利用资源、可支配收入、技术水平等。目标函数和约束条件均可以表达为线性或非线性形式。后者在求数值解上仍存在一些困难(全局最优/局部最优、允许的控制变量数量)。所得结果为相对于选定的目标而言的最佳解,因而从方法论角度说,这类模型属于规范性模型。非优化模型仅给出与特定外生变量组合相对应的内生变量数值,并不涉及整个系统是否处于最佳状态。当模型用于短期预测时,一般根据预期最可能出现的外生变量作出一组预测,或利用统计技术提供出预测指标可能分布的区间。当用于政策评价时,习惯采用的方法是设计若干供选择的方案(scenario),然后利用模型计算出相对应的评价指标数值,据其比较不同政策造成的社会经济效果。非优化模型体现了设计者的理论偏好,隐含了与特定理论相一致的合理化行为规则或调节机制。

4) 按系统的理论性质划分

按系统的理论性质划分,可以分为局部均衡模型(Partial equilibrium model)、(可计算)一般均衡模型(Computable general equilibrium model,简称 CGE 模型)和非均衡模型(Disequilibrium model)。

局部均衡分析是在其他条件不变的情况下,个别商品的均衡产量和均衡价值的形成过程。即在某种商品的需要量和供应量相等时为均衡产量,此时的价格为均衡价格。局部均衡模型广泛应用于分析单一商品或若干商品市场,可给出在特定外部环境下出现的均衡数量和价格。局部均衡分析是在"其他条件不变"的情况下的抽象,能够较好地揭示事物的实质。但是在现实世界,只有在纯理论的推导中才存在"其他条件不变"的前提,在真实的世界,各种因素相互交织,相互作用和影响,局部均衡分析局限性较大。

一般均衡是在市场上商品的供给、需求、价格相互影响的条件下,所有的商品供求达到均衡状态。(可计算)一般均衡模型自 20 世纪 60 年代产生以来,在发达国家与发展中国家被广泛应用于税收、贸易、环境保护、能源使用、收入分配与发展策略等问题的分析之中。CGE 模型能够反映整个国民经济,但通常高度简化。CGE 模型不仅考虑到经济体系的整体性,而且具有 3 个重要优点:①承认要素之间的可替代性;②在运用投入产出分析社会总产值的基础上,延伸出要素分配、税收、资金流动影响分析等;③市场的均衡是建立在各微观主体最大化福利函数的基础上的①。一般均衡分析才更接近现实生活状况。然而,均衡在经济运行中并非常态,非均衡才为常态。

非均衡分析采用动态分析方法所研究的是实现某个均衡的过程以及均衡变动的过程,而在这些过程中所呈现出来的,正是一个个连续的非均衡状态。非均衡模型中,非均衡(持续性短缺)是传统计划经济的一个重要特征。非均衡是与均衡相对而言的,它意指系统处于不稳定状态,具有向其他状态转变的暂时性和过渡性,或是向均衡收敛,或是越来越偏离均衡值。非均衡理论强调预期的不确定性,它打破了几百年来统治着经济学界的均衡观。均衡理论正是凭借着舍弃上述现实生活中的复杂性才得以存在的。非均衡分析正是要将这些复杂性考虑在内,立意创建一套更加逼近现实生活的理论。就建立模型而言,除模型依据的理论不同于市场经济外,一个主要问题是在官方统计中没有反映短缺程度的指标。就商品模型而言,这类模型一般需要包括库存量调整。非均衡分析对于解释失业与通货膨胀等宏观经济现象提供了一个切合实际的微观分析基础。

5) 按模型中函数的数学性质划分

按模型中函数的数学性质划分,可以分为线性模型和非线性模型。线性模型包括线性回归模型、方差分析模型、协方差分析模型和线性混合效应模型(或称方差分量模型)等,易于求解,但往往高度简化经济、技术关系。非线性模型反映现实,但求解存在某些技术困难,一般需要进行线性化处理求解。

6) 按模型参数的性质划分

按模型参数的性质划分,可以分为随机参数模型和确定性模型。随机参数模型中,模型参数来自某个已知或利用实际数据估计得出的统计分布,因而模型的数值解同样为随机变量。求解需要利用统计模拟技术,在应用研究中使用较少,多用于理论及方法学研究。确定性模型中,假定模型参数固定不变或按照已知速率变化,与任一组外生变量相对应,只有唯一的一组数值解,应用模型多数采用该方法。这也可以说,模型参数均取其期望值,相应的分析预测亦为期望值。

7) 按模型建立方法划分

按模型建立方法划分,可以分为投入产出模型、数学规划模型、系统动力学模型、控制论模型、数学模拟模型以及混合(杂交)模型。

投入产出模型反映部门间的联系和平衡关系,从性质上归类于可计算的一般均衡模型。投入产出模型较多应用于宏观经济分析,但很多国家也编制了农业部门投入产出表,用于分析农业部门内部及与非农业部门的联系,评价农业政策(如西方国家的生产控制等政策)对收入分配及就业的影响。投入产出模型为静态均衡模型,但近年也出现包括多个时期的所谓动态投入产出表及包括多个地区的跨地区投入产出表。

数学规划模型为优化模型,包括线性规划、非线性规划、动态规划等多种方法。可以分析较复杂的情况,能够反映多种约束,但对结果的可靠性无法有效地验证,参数的确定具有较大

①林伯强,牟敦国.能源价格对宏观经济的影响[J].经济研究,2008(11):88-101.

随意性,因而结果也具有随意性。

系统动力学模型适用于长期、动态和对战略性趋势作分析,侧重点是系统的动态行为。由于模型中的方程参数一般由研究者经验设定或参照计量经济学估计结果确定,模型预测不具有统计意义。分析结论的可靠性依赖初始值、方程体现的动态调整机制及设定参数值。对模型结果常常需要利用敏感性分析来确定可信度。

控制论模型具有与系统动力学类似的性质,但突出系统的调控机制。模型适用于各种时限的预测和发展战略研究。实际数据往往不足以支持估计经验性的控制论模型,由于模型多为非线性,当政策变量多的可能出现计算上的困难,分析长期发展时还需要考虑调控机制变化的可能性(需要对模型重新进行设计和估计)。

对于数学模拟模型而言,构造模拟模型的一般做法是,设计者根据一定的理论框架,利用统计技术估计模型或利用非统计技术设定模型(如利用从文献资料中得到的参数或由设计者经验设定的参数),然后确定若干政策方案进行模拟,在比较结果的基础上提出分析报告。模拟模型可以使用专用或通用计算软件作为载体。

混合(杂交)模型是将上述两种或更多方法结合应用的分析技术,可弥补单一分析技术存在的缺陷。

2.3.2　定性分析和定量分析的联系和区别

定性分析和定量分析是用经济理论阐述经济现象的两种基本手段,前者是揭示事物本质、把握事物本质属性的过程,后者是在前者的基础上对事物进行的量的考察,两者在哲学上反映为事物的质量互变规律。经济研究过程是人文特质和科学特质的完美统一,因而经济分析史中随处可见定性分析和定量分析的印记。

首先,两者的哲学基础不同。定性分析与定量分析所遵循的方法论,在以下两个层面上存在着差异:一是在"质"与"量"的分界面上,存在着整体论与还原论的不同;二是在自然科学与社会科学的分界面上,具有实证主义和人文主义的分歧。

其次,两者的研究程序和研究方法有所不同,具体表现为资料收集和逻辑分析顺序不同。定性分析是以归纳逻辑为主的探索性研究,研究过程比较灵活,富有弹性。一般没有预先设计的研究假设,只有针对研究问题提出的大致思路,并随着研究进展,根据新问题,适时调整研究方向。资料的收集和分析是同步进行的,收集资料采用观察、定性实验和历史文献等方法;分析运用定性的、逻辑的、理论的方法,包括因果分析、类型比较法、功能分析等,以归纳和概括出基于经验材料的实质性理论。而定量分析则遵循演绎为主的假设检验逻辑,在研究程序上比较刚性,要先提出明确的研究假设,然后采用观察、实验、问卷、统计报表等方法收集资料,再通过清晰的数学语言和严谨的逻辑推理进行定量分析。从其研究过程看,资料收集和分析方法都具有较强的结构性,即收集的资料、观测的变量以及变量之间的内在逻辑结构和分析框架都是预先设计和确定下来的。

由于任何事物都同时具有质和量两个方面,因此,定性分析同定量分析相结合,是事物质量互变规律所决定的,也是科学认识发展到一定阶段的必然要求,尤其对于经济学这个兼容自然科学与社会科学性质的学科。

结合国内经济学研究的现状,有两种倾向值得关注:一种是拒绝采用数学方法,对经济现象的研究只作泛泛的定性描述,在粗糙的文字堆砌下给出似是而非的政策建议,其政策的可操作性和针对性都要打上个问号。即便是从国际上业已普遍采用数学形式定义经济学问题的方向来看,拒绝数学的做法只能使自身的研究处于非主流的地位。另一种倾向是唯数学论,在现代主流经济学中体现得最为明显,定量分析已经被视为唯一最好的方法,定性分析在很大程度上只是附属性的。一些简单的经济概念间的联系也力求要用深奥的数学形式加以表达,尽管一般都具有较好的数学功底,但缺乏对经济现象的直观判断,更有甚者为了追求论文"漂亮"的数学形式,变造经济数据,拼凑参数范围,从而得到"理想"的实证结果,这些均不可取。

2.4　个量分析与总量分析

2.4.1　个量分析和总量分析的内涵

个量分析,又称个体分析或微观经济分析,是以单个行为主体的经济活动作为研究对象,假定其他条件不变,舍弃一些复杂的外在因素,突出经济个体运行的主要特征,研究经济变量单项数值决定的方法。个量分析是微观经济学的主要研究方法,萨缪尔森强调微观经济学个量分析的特征:是关于经济中单个因素——诸如一种产品价格的决定或单个消费者或企业的行为的分析,马歇尔《经济学原理》的诞生开创了以个量分析为主的微观经济学。

总量分析,又称整体分析或宏观经济分析,是以整个经济的运行状况作为研究对象,以经济增长、经济波动、总消费与总投资、国际收支平衡,以及通胀与失业等作为研究内容。两种含义的总量:一种是个量的加总,例如国民收入是组成整个经济的各个单位的收入之总和;另一种是平均量,如价格水平是各类商品与劳务价格的平均值。宏观经济学涉及诸多总量指标,运用整体分析方法,因此宏观经济学也被称为"总量经济学"。例如,魁奈的《经济表》,用几个大线索,表明国民生产的一个有定额价值的年产品,在其他事情保持不变,简单再生产得以进行的条件下,是怎样经过流通而进行分配的①。凯恩斯《通论》的问世缔造了经济学中主张采用总量分析的宏观经济学。

因此,划分宏微观的依据实际上并非它们的研究内容,而是两者的研究方法:微观经济学的方法论基础是个量分析,宏观经济学的方法论基础是总量分析,也就是说,无论所要研究的经济体能够覆盖的地理范围有多大,只要是采用了经济变量单项数值决定的方法,就属于微观经济学的研究范畴;而即使是在讨论一个厂商的经济行为时,采用的是平均价格水平等总量分析工具,也要归属于宏观经济学。

2.4.2　个量分析方法和总量分析方法的联系与区别

在分析方法上,个量分析和总量分析都具备敏感性、精确性和客观性等定量分析的主要特征。定量分析基本方法一般都适用于个量分析和总量分析,两者在均衡分析,边际分析,静态、比较静态和动态分析,以及数理经济分析和计量经济分析等不乏共同之处。个量分析和总量

---

①强天雷,任保平.当代西方经济学主要研究方法述评[J].经济评论,2001(3):52-55.

分析都属于定量分析手段,它们的相同点在于都能运用具体的定量方法精细客观地描述经济对象。然而,更重要的是它们之间的区别,个量分析和总量分析作为微观经济学和宏观经济学的方法论基础,造就了西方经济学宏微观分立并进的学科体系。

个量分析和总量分析之间有许多不同点。两者关注的经济视角不同:个量分析或微观经济学更多地关注于个体经济的行为与动机;总量分析或宏观经济学的视角是关注经济的总体运行,有 4 个主要内容:经济增长、价格稳定、失业和通货膨胀现象以及国际收支平衡。对于一个具有复杂系统的研究对象而言,个量分析虽然是总量分析的基础,但总量并不完全等同于个量的简单相加,这可以通过哲学上部分与整体之间的辩证关系加以理解:整体大于部分之和。例如,从马克思对个量和总量研究方法的运用中,可以发现,马克思的总量分析总是以个量分析作为前提,因而对资本主义经济的宏观分析具有坚实的微观基础,具有内在的逻辑一贯性①。

为此,个量分析和总量分析必须互为前提,综合利用。同一个经济变量,在个量分析中可能是内(外)生变量,而在总量分析中可能是外(内)生变量。如国民收入总产量在个量分析中一般是模型的外生变量,由已知条件事先确定,而在总量分析中成为有待模型去解释的内生变量;在总量分析的外生变量中,如产量、就业量和总支出量在各厂商商品和劳务中的分配,在个量分析中成为内生变量。

个量分析和总量分析方法在经济学上的具体运用形成了微观经济学和宏观经济学的差异,这两种分析方法相对应的哲学基础是个体主义和整体主义。

2.5　静态分析和动态分析

2.5.1　静态分析和动态分析的内涵

静态分析是研究经济变量在同一时期内的相互关系,主要说明经济运行的短期情况,难以说明经济运行的长期变化过程。动态分析则是研究经济变量在不同时期的变化规律,主要说明经济运行的长期情况,并解释经济运行过程及其变化原因。

2.5.2　静态分析和动态分析的联系和区别

静态分析和动态分析的基本区别在于,前者不考虑时间因素,而后者考虑时间因素。换句话说,静态分析考察一定时期内各种经济变量之间的相互关系,而动态分析考察各种经济变量在不同时期的变动情况。静态分析主要是一种横截面分析,不涉及时间因素所引起的变动;而动态分析是一种时间序列分析,要涉及时间因素所引起的变动。或者说静态分析研究经济现象的相对静止状态,而动态分析研究经济现象的发展变化过程。静态分析方法是抽象掉了时间因素和变化过程而静止地分析问题的方法,主要致力于说明什么是均衡状态和均衡状态所要达到的条件,而不管达到均衡的过程和取得均衡所需要的时间。当

---

①强天雷,任保平.当代西方经济学主要研究方法述评[J].经济评论,2001(3):52-55.

已知条件发生变化以后,均衡状态会由一种状态转化到另一种状态。不论简单静态分析还是比较静态分析,都只集中在均衡位置上面。它既不涉及达到一个均衡位置所需要的时间,也不涉及各个变量向均衡状态变化所经过的路线。然而,动态分析则就需要考虑这些问题,动态分析是对经济体系变化运动的数量进行研究,通过引进时间的因素来分析经济事件从前到后的变化和调整过程。

在经济分析中,静态分析必须同动态分析相结合,但更应坚持以动态分析法作为主要的经济研究方法。如果只着眼于前后两个均衡状态的比较,而不考虑从一个均衡点到另一个均衡点的移动过程和经济变化中的时间延滞,则被称为比较静态分析方法。

第 3 章
经济学发展简史及其研究方法变迁

笛卡尔说过,最有价值的知识是关于方法的知识。任何一门学科都有自己独特的研究方法,而且这种研究方法不是先天俱来,更不是凝固不化,而是伴随着历史发展、社会经济进程而逐渐深化的。反过来,研究方法的每次革命、创新又推动着学科的成熟和向更高层次的推进。经济学教育与学科体系中的经济思想史,实际上指的是以经济学文献为基础的理论发展史。经济实践变迁、分析工具发展以及理论自身积累三方面因素之间的相互作用推动了经济思想的演化过程,而经济学分析方法及其规律性探讨活动也必然贯穿其中。因此,了解经济学的发展及其基本研究方法,不仅有利于我们从前人那里获得已有的经验及其有益的东西,而且也有助于我们认识经济学发展的规律和特点,对我们更好地进行经济研究而打好理论基础、提供方法指导具有重要意义。

3.1 18 世纪 60 年代以前

一般来讲,前古典经济思想的发展可以大体概括为古希腊哲学家的贡献、罗马帝国体现在法律体系当中的经济思想、中世纪经院学者的贡献,以及古典经济学产生之前的"准备阶段",即重商主义和重农主义经济理论。

3.1.1 古希腊、罗马帝国到中世纪的经济思想

在经济学的古典时代之前,财富的生产与分配等经济活动隶属于政治或宗教,经济学也不是脱离其他社会思想而独立存在的理论分支。这两个方面决定了经济思想在前古典时期数量的匮乏和表达的哲学、法律或宗教教义形式。

古希腊城邦制是一个上层"公民体制"与下层"奴隶制"混合的社会统治状态,市场交易是极其偶然的现象。这种背景下希腊哲学家对经济现象的探讨便集中在奴隶主管理其庄园奴隶劳动的效率方面,就其与现代经济学的联系来讲,经济效率、分工、资源配置、主观效用和边际效用递减原理都得到讨论,经济学(Economics)一词也来自色诺芬的《经济论》(Economicus)一书。

罗马帝国取代希腊成为西方政治文化中心之后,商业已经得到了相当大的发展,市场交易

也比较常见。但这一时期的经济理论都没有进展，相关文献也鲜有出现。罗马帝国对现代人类文化的最大贡献是其法律，他们对于经济学后来发展的影响也与此相关，即自然法原则与现代市场交易的基本原则。经济学赖以建立的基本前提，即包括经济活动在内的人类社会活动具有客观规律的认识，在欧洲起始于自然法原则。

公元476年，西罗马帝国最后一个皇帝奥古斯都被废除，欧洲进入中世纪，其间西方处于衰落状态，从而被称为黑暗时代。与此同时，东方的阿拉伯世界兴起，从而在文化方面将罗马帝国所中断的古希腊文明重新引入西欧。中世纪欧洲经济组织的支配形式是封建主义，而经济思想则是由作为"学问垄断者"的经院学者贡献的。经院学者对经济思想的主要贡献包括对价值理论的劳动成本和效用两方面的探讨，以及高利贷现象的分析，其中前者可以看成后来劳动价值学说和效用学说的基础。

3.1.2　重商主义

经济思想史语境中，重商主义（Mercantilism）通常具有3个不同的指向：一是作为经济思想体系的重商主义，指以亚当·斯密《国民财富的性质和原因的研究》（通常简称为《国富论》）为标志的古典时期之前17—18世纪的西欧经济学说；二是作为经济政策体系的重商主义，指在西欧社会从封建时代向资本主义时代过渡时期的17、18世纪，英法等国家对外实行贸易保护主义，对内实行管制和寻租体制，即一系列的政策措施构成所谓的重商主义政策体系；三是作为经济时代的重商主义，特指西欧经济体从封建体制向资本主义的过渡过程。

1）历史背景：作为经济时代的重商主义

封建主义是欧洲中世纪时期的社会经济制度，其基本特征是封建阶级与农奴阶级的庇护、管制与进贡、奴役关系。在欧洲，西罗马帝国逐渐衰落并最终灭亡，其西欧领地上的社会经济活动失去往日帝国法律所提供的秩序，取而代之的即封建等级制度。封建等级制度以分领地为基本工具，首先由处于等级制度顶端的国王将土地分封给大封建主，大封建主作为回报向国王提供贡赋、劳役和武装服务。大封建主以同样的方式向小封建主分封土地并获得相应的回报，直至最后的庄园主。庄园主管理其领地上的农奴和佃农耕种土地、放牧以及非生产性活动，同时为这些农奴和佃农提供保护，农奴的劳动成果以封建义务形式被庄园主分割，并按照上述封建等级关系逐级向上分配。

与此同时，封建时代的西欧社会中存在着一些制造业集聚的城市，统治城镇非农产业的封建主体是行会，和土地分封一样，行会对制造业从业者实行封建义务与从业权利的管制，同样也以习俗和惯例存在。

随着技术进步和经济的积累，长途贸易在欧洲日益繁荣起来，丰厚并不断提高的商业利润刺激着长途贸易商人和封建主，通过武装和制度创新使得长途贸易快速发展，结果就是不断扩大的制造业和城市规模。在封建主义社会经济制度框架下，这些日益增长的商业和制造业的公共管理模式必然不同于现代市场经济体制下的政策体系，而这些经济因素又和封建主义制度格格不入。如此背景下，产生了由封建主义向资本主义制度过渡的政策体系，即重商主义政策体系。

2）贸易保护与管制经济：作为政策体系的重商主义

一般来讲，经济政策是由政策主体以自身利益最大化为目标而制定并实施的经济行为公共管理准则，包括国家政府和其他权力部门。封建主义时期的西欧，以英国为典型代表，国家内部目标存在并不完全一致的政策主体：国王、法院、议会。这些权力机构以出售许可证换取工商业从业者的财富，即所谓寻租行为，并对其进行管制。大体说来，重商主义政策分为对外贸易政策和对内贸易政策两部分。

以纺织业为代表的国际贸易在重商主义时期获得巨大发展。由于每个民族国家都以增加货币财富为目标，因此各个国家都实行支持出口、限制甚至禁止出口的"以邻为壑"贸易保护主义政策。初期的重商主义政策严格控制进口以防止货币外流，后期则更为关注贸易条件，以追求贸易顺差为目标。

重商主义对国内经济政策的关键词是寻租，然而其设租主体的变化也反映了封建主义向资本主义、封建体制向单一民族国家转移的历史过程。王室以许诺垄断权的方式支持资产阶级，并换取其财富支持，两者以这种方式最终合作打败了封建势力。

3）货币就是财富：作为经济理论的重商主义

作为经济理论的重商主义，其实是一个非常松散的经济思想集合，其作者群体包括官员、商人、法官，甚至医生等，没有稳定的学术团体和学术活动，也没有相对一致的纲领。大体来讲，16 世纪 20 年代到 18 世纪 70 年代的英国贡献了绝大部分的重商主义文献，其中的代表人物有托马斯·孟和爱德华·密塞尔登等。这些文献的共同主张在于在国家层面将货币等同于财富，国家应该通过国际贸易尽量增加本国的财富水平。

即使用当时的理论水平来衡量，将货币等同于财富也显得过于荒唐，因此许多当代经济学家认为重商主义理论需要进一步注入合理的评价。主要的观点是认为重商主义实际上是现代有效需求原理在当时社会经济状况下的一个具体形式而已：当时的西欧，主要是英国，为了应对对外贸易竞争日益激烈、国内由于圈地运动引起了严重失业，为了提高工商业人数而实施的货币政策。

从方法论的角度，重商主义者从人文角度来观察和研究经济现象，不再从圣经教义出发寻找答案，同时破除了二分法褒贬原则。重视经验总结，把现实生活中观察到的经济现象加以分析研究、整理、归纳，从而得出经验主义的结论。他们从经济发展中总结普遍规律，具有归纳主义方法论的特征。

3.1.3　重农学派

重农学派被视为经济学科历史上第一个真正的学派，它以法国学者同时也是社会改革家的弗朗西斯·魁奈为核心，是由 18 世纪前、中叶法国社会改革家组成的前古典经济学学术团体。

17 世纪末到 18 世纪初的法国在资本主义工商业和农业两个方面的发展都落后于英国，各种封建势力顽固而且十分强大，在农村为维持封建庄园制，在城市进行十分恶劣的寻租行为，税赋混乱、公平性极差，对工商业实行严重的压制和剥夺。在这种情况下，以魁奈为代表的学者以自然秩序为哲学原则，构建了以农业生产为核心的经济循环运行模型，提出了废除封建行会制度,对混乱的税赋制度和管制措施进行改革,制定统一的农业单一税收制度,以此削弱这些制度对资本主义工商业的阻碍。

重农学派的经济思想主要反映在魁奈的著作《经济表》当中。在《经济表》中,魁奈构建了一个宏观经济模型,其中每一笔收入和支出在农民、工人阶级、资本家和地主之间进行循环。在魁奈看来,上述 4 个阶级部门只有农民的劳动属于生产性劳动,其产品也称为纯产品,是社会经济活动所创造的剩余价值,这些剩余价值流向其他阶级都属于"价值瓜分"而不是交换行为。从现代经济理论的视角来看,《经济表》对经济的描述的错误是显而易见的,比如仅仅将农产品看作纯产品,仅仅将农业劳动看作生产性劳动,但在具体的历史环境当中,其对经济思想的发展有着开创性的贡献:

第一,《经济表》将经济分析从流通领域引入生产领域。仅仅承认农产品才是纯产品,才具有剩余价值性质,其他非农劳动是不创造价值的价值分割行为,这一观点显然是对重商主义将价值分析集中在流通领域做法的一种革命,因此被马克思称为"重农学派的功绩和特征"。

第二,在经济思想史上,第一次提出了社会经济活动存在客观规律。重农学派的哲学基点在于自然秩序,明确经济规律不以人的主观意志为转移的客观性,经济研究工作的目标即是寻找经济活动的规律。

第三,《经济表》的部门分析方法构成了现代宏观经济分析的简单雏形。多部门价值循环的均衡分析,为后来的马克思政治经济学当中的再生产理论、凯恩斯的宏观经济分析传统,都提供了基本的思路。

然而,魁奈力求把一般规律贯穿于各个特殊问题之中,来阐明这些问题的成因与解决办法。他运用了从一般推论特殊的演绎方法,他过分重视推论、分析,而忽视了对经济材料的归纳。他收集材料是为了找论据,而不是从材料中研究出问题的原因和联系,因此他的方法具有片面性。

古典经济学时代的开创者亚当·斯密于 1764 年至 1776 年在法国广泛地接触了重农学派的主要代表人物,因此从其经济思想史的贡献角度来讲,重农学派是经济学发展历程当中重要的阶段。随着重农学派最具政治活动影响力的成员——杜尔阁失去财政部大臣的职位之后,重农学派对法国社会的影响基本告终。

3.2 18 世纪 60 年代—19 世纪 60 年代

1776 年,苏格兰哲学家亚当·斯密出版了其著名的《国民财富的性质和原因的研究》,标志着经济思想史进入古典时代。这一时期的研究成果为现代经济分析奠定了思想和方法基础,一般认为结束于 19 世纪 70 年代的"边际革命"。

进入 18 世纪的英国,由于快速增长的海外市场迎来了制造业的大发展时期,巨大的国际需求在技术层面引发了意义深远的工业革命,在制度层面催生了资本主义生产方式。这种生产方式在突破了封建主义的阻碍,并经历了重商主义的过渡形式之后,在 18 世纪后 30 年的英格兰、苏格兰基本成熟并逐步扩展到西欧其他国家。全新的经济实践需要经济学以不同于以往的分析框架和逻辑模式,来分析经济活动当中人与组织的行为规律,以及对社会总体福利水平的影响机制。在这些创造性的知识活动当中,亚当·斯密、大卫·李嘉图、托马斯·马尔萨斯、让·萨伊、纳索·威廉·西尼尔和卡尔·马克思等有着重要影响。

3.2.1　古典学派

1)体系的创造者亚当·斯密

亚当·斯密是因著作《道德情操论》而初具声望的社会哲学家,于1776年出版了经济学著作《国民财富的性质和原因的研究》(简称《国富论》),在经济思想发展史上第一次创立了独立的、比较完备的经济学理论体系,也为其奠定了古典政治经济学的代表人物和创立者的地位,更被后人看作现代经济分析的鼻祖。经济学从此以独立完备的学科体系存在于科学知识系统当中,这一转变被当代经济学家成为"斯密革命"。"国民财富的性质和原因的研究"可以看作迄今为止最为恰当的经济学定义。

(1)经济哲学

看不见的手原理,或者是自由放任原理,至今仍作为经济思想史和政策设计的主要标尺,是亚当·斯密的经济分析所坚持的经济哲学理念。在斯密的理论体系当中,自然法则是所有理论推演和政策设计的哲学基础。如前所述,自然法则被法国重农学派首次纳入社会分析中,认为人类社会经济活动有着其自身的规律。自然法传统可以追溯到古希腊时期的哲学研究,中世纪的经院学者采用自然神学的形式对其进行论述,其根本的哲学主张在于自然法是创造物主思想的反映,和逻辑结合,从而有着比人为制定法律更强的约束力,因此后者应该尽可能地减少。在经济领域,自由放任自然成为斯密的主张。在自由放任状态下,尽管没有政府专门为公共利益即国民财富的增长进行设计和实施,经济主体在追求自身利益的过程当中,会在自然法则的约束下,被一种自然力量引导着提高社会福利水平,即所谓的"看不见的手原理"。需要说明的是,看不见的手原理最充分的表述是在亚当·斯密的《道德情操论》当中,《国富论》则更多论述其作用机制。

(2)经济增长理论

《国富论》首篇即是经济增长专题,基本观点为分工深化是提高生产力的机制和条件。首先,斯密提出了分工深化提高生产力的统计规律,然后以制针工厂为例,给出了分工水平的增加如何提高劳动生产率的3个缘由。斯密的分工理论高度简化,但给出了分工与专业化经济的主要内容。在其开创性著作的基础上,至少有3个有重要影响的理论和学派对其进行了发展:马克思分工理论,杨小凯延续杨格的研究工作而创立的新兴古典经济学框架,哈耶克的市场理论。哈耶克认为,市场体制的最大好处在于知识的分工——如果没有知识的分工,所有工人都在使用相同的知识,那么所有人都相当于在使用一个大脑,从而知识的创造和使用效率就极低。如果每个人都在思考生产活动的局部,然后生产出产品共享,就会极大地提高劳动生产率。

从产业组织的视角来看,斯密论证了市场规模对分工水平的限制作用,过小的市场规模导致分工上的生产规模不足,因此增加国民财富的前提条件就是扩大市场规模,从而对资本主义制度的建立和完善提出了要求。与此同时,资本积累也同样是分工提高国民财富水平的前提之一——资本积累的结果即资本存量越大,工资基金规模越大,也就允许大量工人从事生产活动,提高分工水平增加国民财富水平。

(3)价值理论

分工就意味着交换,巨大的国民财富的产生需要大规模的市场交易行为作为基础,斯密对交换中的价格现象进行了分析,开创了古典价格理论传统,即成本分析传统。斯密是从价值悖论开始展开他的价值理论,即劳动价值论的。有的东西很有用处,可是市场价格并不高,相反,一些价格昂贵的东西对人的用处并不大,从而商品的使用价值和交换价值脱节。对此斯密提出衡量一件商品交换价值大小的尺度也是生产其所花费的劳动量。需要说明的是,斯密虽然从价值悖论问题开始他的价格理论,但他并未解释这一问题。而且,在叙述完劳动价值论之后,斯密又将商品的交换价值分解为工资、利润和地租,而且将这3个部分看成是交换价值的源泉,未能区分价值的创造和分配过程。更为重要的是,由于缺少劳动力产品范畴,所以不能解释劳动与资本等价交换的不平等后果现象,即资本总公式的矛盾。这些只有在后来的马克思主义经济学框架中才得以解决。

(4)经济研究的抽象演绎法

抽象演绎法主要用于分析当时的资本主义经济,如把工农业统一起来考察,寻求资本主义经济运动中的一些本质因素,初步形成了劳动价值论。从劳动价值的角度,抽象演绎出工资、利润、地租概念。归纳法主要用于分析资本主义经济运动外部所表现出来的经济现象,以及经济现象之间的联系,用经济现象之间的联系归纳出经济的本质。亚当·斯密采用归纳法和演绎法系统地论述了自己的经济思想,成为古典经济学的奠基人,使经济学成为一门独立的学科。亚当·斯密的方法论的二重性奠定了后来方法论发展历史上的归纳法和抽象演绎法的两条主线。

斯密经济学方法论的哲学基础是"自然秩序"。他以自然秩序为依据,一方面认为人的利己心是经济行为的动力,必将为社会带来公益。另一方面认为政府不应该干预经济,而崇尚经济自由主义。要论证经济规律的自然性是自由竞争的学说,斯密认为,这必须使用抽象法才能实现。这实际上已涉及斯密的经济学方法论。斯密经济学方法论的二重性,通常又被有的人称为抽象演绎法和历史描述法。前者又称比较静态学方法,主要用于《国富论》的第一篇和第二篇。后者属于所谓苏格兰历史学派方法论。其特点有二:一是信奉历史阶段论。认为各个历史阶段是建立在各种非永恒的生产模式和人类本性永恒原理的相互作用的基础之上。二是主张文体的简洁和优美。认为这是科学完美论述的最高准绳。

总之,由于斯密经济学方法论的二重性,在他的经济学体系中,既有从劳动价值论对资本、雇佣劳动、利润、工资、地租等的系列解释,也有从3种收入价值论——工资、利润、地租出发所进行的另一系列的解释。从而,其理论体系陷入了不可自拔的矛盾,这也是以后经济学中分化出来的原因所在。比如,马克思主义的政治经济学和通常被人们所称的西方经济学都是在斯密经济学基础上分行和发展起来的。

事实上,对于斯密方法论的二重性,尽管看似矛盾,但在斯密的著述中,在描述现象、探讨本质时,是将两者内在地联系在一起,并相互补充,并非是"毫无生气"的混合。从大的思路看,斯密努力在现象背后寻找一条链条,以此把握事物之间本质的联系。但在这根链条的每一环节,斯密都是非常谨慎地借助于现实生活中的现象给予佐证和解释。因此在他的著作中,总能看到大量的事例,或许初见这些事例给人以杂乱的印象,但这些事例围绕和说明的都是一根链条的各个具体环节,从总体上又是连贯一致的。也许在理论上有时表现出不一致,但这种方法能够避免脱离实际、走向极端[①]。

---

①胡怀国.对斯密研究方法的评价与新评价[J].学术研究,1999(5):19-25.

2) 理性主观主义经济学说

理性主观主义经济学说以 17 世纪的西欧盛行个人主义的契约型社会哲学思潮为基础,获益于边沁的功利主义著作,以效用价值论和自利假设为核心,其代表人物包括法国的让·萨伊和英国的西尼尔等。

斯密在《国富论》当中认为个人试图改善生活状况并避免代价的动机是其自利行为的本质内容,同时代的边沁则明确提出了"快乐痛苦原理",并致力于研究这种快乐与痛苦的计算,为新古典经济学框架的核心概念效用奠定了基础。

法国古典经济学家萨伊被大多数人知晓要归功于被凯恩斯当作其理论对立面的"萨伊定律",但其真正的贡献却不在此。萨伊自称是亚当·斯密理论的宣传者,在法国将其理论学传统系统地叙述出来,并附带修改了斯密所犯的一些小错误。然而,萨伊修改的小错误确实不算"小",成为了后来古典经济学分裂为马克思主义经济学和马克思称为庸俗经济学的新古典主义经济学的重要内容。萨伊反对斯密将劳动视为价值源泉的观点,认为交换价值的基础是商品给人们所带来的满足程度。关于市场的功能,尽管斯密、边沁和李嘉图都坚持经济和谐论,认为市场会自动地创造出充分就业,不会出现有效需求不足的问题,但萨伊将其明确提出并加以强调,成为此观点的代名词。反对萨伊定律的经济学者包括马尔萨斯、马克思以及后来的凯恩斯。英国经济学家西尼尔在他的《政治经济学大纲》当中第一次明确地阐述了经济研究方法论,对经济分析当中的实证和规范命题作了非常成熟的交代。另外,西尼尔对经济社会行为进行了总结,抽象出 4 个基本命题,作为经济理论分析的原始命题,类似现代的公理化体系。4 个基本命题当中,第一个基本完整地阐述了新古典经济学的经济人假设——每个人都希望尽可能减少牺牲而获取更多的财富。

古典时期的理性主观效用经济理论的发展,从思想体系上为新古典经济学的框架奠定了基础,19 世纪 70 年代的边际革命所做的贡献,在一定程度上,也就是给这些思想加上了数学分析的形式而已。

3) 悲观的经济增长:从马尔萨斯到李嘉图

作为古典时期著名的经济学家,托马斯·罗伯特·马尔萨斯的名字总是和《人口原理》联系在一起,其实马尔萨斯在经济学发展的贡献还包括了经济增长理论、宏观经济分析。1798 年出版的《人口原理》主要目的是反对当时高涨的社会改良思潮,即以戈德温为代表的激进知识分子提倡对资本主义社会经济结构进行改造、增加工人阶级的福利水平。马尔萨斯提出两个基本的公理性命题:工人阶级的情欲不能被有效控制从而人口会以几何指数增长,而粮食产量则由于优质土地有限而以递减的速度递增。两个命题的自然结论就是工人阶级只能处于生存状态,因为经济剩余会被人口-粮食增长速度差异所消耗。《人口原理》是马尔萨斯的其他两个理论的前提基础,既然工人阶级的收入只能用来生存,资本家的收入也只用于投资目的的资本品购买,只有地主阶级才是大量消费品的购买者,但是其规模明显不足,因而资本主义会经常性地有效需求不足。经济增长方面,人口增长与资本积累之间最终会因为利润率下降而达到一个静止状态,资本存量不会再增长,人口也被限制在一定水平,经济增长停滞。这就是悲观的经济增长模型,李嘉图则从另一个侧面论述了同样的观点。

马尔萨斯的人口论及其阐述的人口原理,主要运用了 4 种方法,即公理分析法、直觉归纳法、现象推理法以及文献研究法①。①公理分析法。马尔萨斯提出两个公理作为他的整个人口原理的前提。马尔萨斯的上述提法把全书分成2类:一类为公理,一类由公理导出陈述(从公理中演绎和产生出来的)。人口论的食欲与情欲就是全书的2个公理;人口论中的2个级数、2种抑制、3个结论等是公理的延伸。②直觉归纳法。直觉归纳法是借助心理机制,在从特殊的感觉向上发展的过程中,认定当初那个"直觉"最后具有"普遍"的意义。马尔萨斯是以"直觉归纳法"为其研究人口的方法之一。他在3个结论中提到的第一个结论,即"人口必然为生活资料所限制",马尔萨斯认为这个结论不需要什么例证来说明。他认为阻碍人类走向幸福的原因,是因为一切生物都有超越为它准备的养料的范围而不断增殖的恒常趋势。③现象推理法。比如人口自然增殖的现象,它符合生物学上品种的繁衍特征;人口与生活资料协调发展的现象。马尔萨斯通过概念和对事物的判断来进行推理,构成一个周期的认识循环过程。④文献研究法。马尔萨斯的理论,不仅阅读了大量前人或同时代人的书籍,如富兰克林、薄莱士、威廉·配第、亚述·杨格、休谟、华莱士、亚当·斯密等,而且他为了说明人口增长要与生活资料增长相适应,还引用了大量的历史资料。这样的调查研究精神,体现了他对追求科学真理的执着。

大卫·李嘉图是亚当·斯密之后对经济学学科发展具有里程碑影响的古典经济学家之一,他所构建的抽象演绎经济分析模型是现代主流经济分析框架的基础。除了价值理论即劳动价值论、资本边际生产力递减、比较贸易优势理论之外,李嘉图的经济静止状态是经济增长理论的主要模型之一。在方法论方面,李嘉图一个不良遗产就是所谓的"李嘉图恶习":使用假设其他条件不变,大量简化相关变量来推演相关因素之间的作用关系,并用此结论来解释现实问题,被熊彼特称为"李嘉图恶习"。

4)古典经济学的终结

一般认为,约翰·斯图亚特·穆勒是古典经济学最后的代表人物。在德国历史学派、马克思主义政治经济学的批判环境当中,古典经济学理论体系越来越不能支撑。随着边际效用理论的兴起,经济思想开始了新古典时期,一般认为穆勒宣布放弃"工资基金学说"则被视为古典经济学时期衰落的重大标志和影响因素。

所谓工资基金学说,即认为生产开始前,资本当中的流动部分既已确定,从而工人工资总量即工资基金总额在生产阶段开始就决定了,从而价格的变动并不能有效调整供求不均衡等问题。这种宏观角度的工资描述显然过于粗糙,至少忽略了资本个体加总后投资的连续性。

穆勒经济学方法论的理论尤其哲学基础是其实证主义哲学和其归纳逻辑。穆勒作为早期实证主义代表人物之一,在当时实证自然科学基础上,提出了"实证主义原则",即任何思想必须局限于感觉、经验范围之内,否则,是无意义的,应该被排斥掉。由此,他认为,通过感觉、经验,人们可以认识的是现象及其现象之间的联系(即规律),不可能认识现象内部的本质。归纳法是主要的认识方法,是人们所取得的一切可靠性认识的终极源泉和唯一源泉。穆勒认为,不仅在自然科学,而且在社会科学,特别是政治经济学的研究,都应贯彻归纳法。于是,他提出了在逻辑学发展史上非常有名的"归纳五法",即求同法、求异法、求同求异并用法、共变法、剩余法。这通常又被人们称为"穆勒五法"。

---

① 杨中新.马尔萨斯人口原理方法论特征[J].南方人口,2000(3):9-12.

穆勒认为,探索现象的本质仍然需要演绎法。穆勒在经济学中的演绎法,通常被称为假设演绎方法论,即经济学是由假设出发所演绎出来的理论体系。这一方法论在以后的西方经济学中一直处于主导地位。演绎法建造富有哲理的模型,在经验中找不到,它所借以推倒的假设需要以经验为依据,但这种经验不是归纳法所要求的特定的具体的经验,而是人们的内省和观察,因此,假设不具有直接的事实依据。建立在演绎法基础上的政治经济学结论,就像几何学原理一样,其真实性需要借助于思索和联想才能认识到。在《逻辑体系》一书中,穆勒认为归纳法和演绎法对数学、自然科学和社会科学的作用是不相同的。在作为实验科学的自然科学和作为半实验科学的数学中,演绎法的作用是有限的,相反,归纳法才是发现新知识的有效的方法。但是,在社会科学中,归纳法失灵,只有演绎法才是应当加以应用的方法,经济学也是如此。这主要是由于在社会科学领域,所研究的因果关系相互交织、复杂而不可控。因此,穆勒建议用3种方法:①几何学的或抽象的方法;②物理学的或具体演绎法;③历史的或反演绎法。他又认为,第1种方法只适用于一切结果均由单一的原因所产生的场合;第3种方法主要用于在某些有关人类本性的普遍原理的基础上建立有关历史变化的真正法则的场合。这2种方法对政治经济学都不太适合①。只有第2种方法才是政治经济学加以采用的方法。所以,穆勒根据经济人概念,得出了政治经济学是许多演绎分析的集合。

3.2.2　历史学派

弗里德里希·李斯特(1789—1846)是19世纪上半期德国著名的经济学家。李斯特是德国历史学派的先驱,他把英法古典经济学作为批判对象,从历史视角解释经济发展。李斯特注意从西欧各国的经济发展史中归纳出自己的理论体系。他既重视成功国家的经济发展经验,也不忽视那些曾经是先进但后来衰落的国家的教训,从各国经济的兴衰中总结出对发展德国经济有用的政策结论。这种方法被称为历史归纳法,为后来的历史学派所沿用,形成整整一个学派在方法论上的特征。他与以罗雪尔为代表的历史学派有很大不同:一是他并不忽略演绎方法;二是他善于驾驭历史资料,从中得出为当时德国所需的结论。他是为了解决实际经济问题而去了解历史的,相比于长于堆砌历史资料的历史学派,更富有务实感。

威廉·罗雪尔(1817—1894)是德国历史学派(旧历史学派)的奠基者和代表人物。他明确提出了历史方法的原则和与其他经济学研究方法的区别。他认为历史的方法就是通过对历史过程的研究,发现各个国家经济发展过程中的特殊条件和规律。而方法论的特征就是强调整体性和联系性(韩永进,2000)②,在使用历史归纳法时,强调收集材料的整体性、区域性、多元性,并且对收集的历史资料只进行归纳总结,不进行评价。

罗雪尔的方法论主要包括两大部分:一是对以前的政治经济学方法的批判,另一个是对"历史的方法"的论证:他认为,"历史的方法"是研究政治经济学最好的方法。首先,他认为以前的政治经济学方法是哲学的方法,同时也包含"数学的方法"。他认为,哲学的方法"是理想主义的方法",是尽可能抽取一切时间和空间的偶然性,去追求普遍性的概念和判断的体系,所以,只有将哲学的方法与历史的方法相结合才能更好地描述复杂多变的经济生活。其次,他把经济学中的历史方法归纳为4条基本原理或特征:①国民经济学的"目的在于论述各个国民

---

①姚开建.经济学说史[M].2版.北京:中国人民大学出版社,2011:182-183.
②韩永进.西方经济学方法论——科学哲学方法论与经济学方法论变革研究[M].北京:中国经济出版社,2000:185.

在经济方法想了些什么,要求了些什么,发现了些什么;他们做了些什么努力,有了些什么成就;以及他们为什么要努力,又为什么获得成功。这样的论述只有同有关国民生活的其他科学,特别是同法制史、政治史以及文化史紧密地结合起来,才能做到"[1]。[2]研究国民经济不能仅仅满足于对现代经济关系的观察,对过去各文化阶段的研究同样重要。[3]为发现事物本质和规范性,可采用类比方法从过去的国民经济与新国民经济的比较中得到启示。[4]历史的方法对任何一种经济制度绝对不轻易地一律予以颂扬或一律予以否定。罗雪尔认为,经济学的主要任务在于指出:为何以及如何逐渐发生从合理的变为不合理的,从幸福的变为有害的。罗雪尔的研究方法丰富了经济学方法论,对经济学方法发展作出了贡献。

3.2.3　马克思主义经济学

卡尔·亨利希·马克思(1818—1883)是伟大的革命家、科学家、科学共产主义的奠基人。他与恩格斯共同创立了马克思主义政治经济学。马克思主义经济学说是人类社会经济发展客观规律的反映。它提供的不是现成的教条,而是进一步研究的出发点和提供这种研究使用的方法。马克思经济学方法论核心内容是历史唯物主义、辩证法和科学系统的研究方法。

历史唯物主义是马克思主义经济学方法论的重要组成部分,科学的社会历史观和认识、改造社会的一般方法论,亦称唯物史观。"历史唯物主义"这个名词来表述这一科学的社会历史观:"认为一切重要历史事件的终极原因和伟大动力是社会的经济发展,是生产方式和交换方式的改变,是由此产生的社会之划分为不同的阶级,是这些阶级彼此之间的斗争。"

马克思把辩证法建立在唯物主义的基础之上,创立了唯物辩证法。辩证法三大规律,是黑格尔在《逻辑学》中首先阐述出来的,恩格斯则将它从《逻辑学》中总结和提炼出来,从而使辩证法的规律变得更加清晰。三大规律即对立统一规律、量变质变规律、否定之否定规律,其中:基本规律、核心规律是对立统一规律,其他两个规律都是对立统一规律的展开形式。因此,三者之间不是并列的关系,而是一分为二的关系。这3个辩证法规律在哲学上普遍性达到极限程度。

《资本论》具有科学系统的研究方法,除唯物辩证法这一基本方法之外的各种具体方法主要体现在它的研究方法和学术方法上,其他还有在叙述上的逻辑方法和历史方法,在研究中的抽象方法、数量分析法、动态分析法以及系统方法、批判方法等。其中,叙述方法是指由抽象上升到具体的方法,研究方法则是从现象到本质,从具体到抽象,从复杂到简单的科学方法。张昆仑(2007)把马克思主义经济学的研究方法分为九大类[2],即对比分析法、变换角度分析法、递进分析法、例证分析法、深层原因探寻法、排除法、条分缕析法、归谬论证法和假设前提法。中国老一辈经济学家孙冶方还把马克思主义经济学"具体—抽象的研究方法"与"抽象—具体的叙述方法"称为"脱衣法"和"穿衣法"。学者们认为,马克思主义经济学研究方法的种类比西方经济学更丰富,从多角度来揭示规律,注重规范分析与实证分析的结合,包容了西方经济学的一些方法。

研究和掌握马克思主义经济学的方法论,可以更加系统和全面地掌握马克思主义经济科学,同时,对社会主义政治经济学的研究有着指导意义。

---

①罗雪尔.历史方法的国民经济学讲义大纲[M].北京:商务印书馆,1981:7-8.
②张昆仑.马克思《资本论》研究方法新探[J].经济评论,2007(6).

3.3　19 世纪 70 年代—20 世纪初

古典时期,经济学沿着劳动价值论为核心的客观成本传统和以效用价值论为核心的理性主观传统两个主线在发展,这种态势到 19 世纪 70 年代彻底明朗化——马克思以科学的方式继承并发展了古典经济学,形成了马克思主义政治经济学,杰文斯、门格尔和瓦尔拉斯以边际效用价值理论发展了理性主观经济理论,新古典经济学兴起。并且,随着新古典经济学的兴起,德国新历史学派和美国制度学派也不断发展。

3.3.1　边际效用学派

1871 年,英国的威廉·斯坦利·杰文斯出版《政治经济学理论》,奥地利的卡尔·门格尔出版《国民经济学原理》,1874 年,法国人里昂·瓦尔拉斯出版《纯粹经济学纲要》,三人独立出版的著作论述重点各有不同,但思想体系的贡献和特征基本一致,是边际效用学派的代表人物。实际上,被视为革命运动的边际革命并未在 19 世纪 70 年代一经发生就产生巨大影响,而是到了 1890 年马歇尔《经济学原理》出版之后才被广泛地接受与应用。

首先,采用理性主观效用价值概念,对价值悖论至少给出了逻辑自洽的解释。其次,三人的理论继承并发展了巴师夏的经济和谐论。在看不见的手和价格作用下,整个经济总会在整体上处于均衡状态,不会出现过剩与不足的活动,这是理性主观经济理论的经济哲学基础。再次,边际三杰都将当时的古典数学分析方法融入到经济学分析当中,为现代经济学的科学化奠定了良好基础。最后,他们将物理等自然学科所采用的公理化科学体系思想引入经济学。公理化科学要求作为经济分析最基本的假设必须符合常识并被大多数人接受,而且其推理过程要严格遵守逻辑规则,现代经济学公理化体系就此初具雏形。

3.3.2　新古典经济学

阿尔弗里德·马歇尔(1842—1942)是新古典经济学的主要代表。他的《经济学原理》自 1890 年出版到 20 世纪 30 年代,被英国用作大学的教科书,是古典经济学的继承和发展,是现代微观经济学的基础。马歇尔的贡献首先在于将古典成本分析传统和边际革命的产物——效用与需求分析结合起来,构建了完整的供求均衡经济分析框架,马歇尔也因此被称为新古典经济学的集大成者。

在研究方法上:第一,马歇尔发展并完善的局部均衡分析方法一直是经济分析的主要方法,是对不同理论分枝和现实问题有效的连接装置和分析工具。第二,马歇尔从心理学角度论述了经济学的对象、范畴与规律[①]。他认为,"经济规律,即经济倾向的叙述,就是与某种行为有关的社会规律,而与这种行为有主要关系的动机的力量能用货币价格来衡量。"[②]第三,马歇尔在其《经济学原理》一书中效仿了亚当·斯密的方法论,将理论抽象法和历史分析法结合起来,将演绎法和归纳法结合起来,但总的说来,马歇尔认为经济学的主要研究方法是理论分析,

---

[①] 马歇尔.经济学原理[M].上册.北京:商务印书馆,1964:34.

[②] 马歇尔.经济学原理[M].上册.北京:商务印书馆,1964:53.

历史分析只起辅助的作用。

3.3.3　德国新历史学派

19世纪70年代到20世纪初,德国历史学派在新的历史条件下获得了进一步发展。古斯泰夫·施穆勒(1837—1917)是德国新历史学派的创始人。他在《一般国民经济大纲》总论的第三和第四节中,系统地阐述了他的经济学方法。他把他的研究方法称作"历史统计方法",主张通过大量搜集和利用统计资料及历史资料,并运用当时已经逐渐发展起来的统计学方法研究经济问题,然后运用归纳法从中得出结论。

施穆勒对归纳法是这样描述的:归纳法是从已知的分析或综合的真理出发,再去发掘新的真理,遇到复杂的现象则试着运用已知的真理去解释。因此,他认为历史是现实的前提,要研究现实的经济问题,就必须研究历史。要从对历史的研究中得出真理和概念来推断现实问题。他对观察和表述关系进行了论述,认为要通过多人次的反复观察,消除主观臆断和错误想法的观察才能成为客观观察,客观观察的结果才是表述。表述应该是完整的、明确的与知识的前提条件等各个部分进行综合比较,成为一幅完整的国民经济图景。而他的历史归纳法就是从这些已知的分析和综合的真理中归纳总结出新的理论,用这些新的理论去解释所面临的复杂经济现象。

施穆勒认为新旧历史学派的区别在于:新历史学派不急于求得普遍的结论,而是感到有更大的需要去从历史综合的阐述出发,循序渐进,以达到特定的各个时代各个民族和经济状态的专项研究。在特别强调归纳法的同时,他也谈到了演绎的作用。认为在表述时演绎的作用就突出了,表述本身不等于归纳,演绎是表述归纳到结论的手段,演绎是从属于归纳的。

总之,新历史学派注重运用统计资料和统计方法从事经济研究,确有可取之处,同时他们注重对历史资料的整理,为后人提供了一大批经济史的研究成果。他们的方法虽然不能替代抽象演绎分析方法,但不失为后者的有益补充。

3.3.4　美国制度学派

制度学派方法论是由历史学派方法论发展而来的,出现在19世纪末20世纪初,其代表人物有凡勃伦(1857—1929)、康芒斯(1862—1944)和米契尔(1874—1948)。制度学派是以采取制度分析或结构分析方法为特征,与西方经济学中以数量分析和边际分析为特征的"主流"经济学方法论相抗衡的,对资本主义现状表示"不满",主张从结构方面"改良"的一个庞杂、独特的重要经济学流派的经济分析方法总称。虽然制度学派没有一个明确、系统和统一的理论体系,可是,把制度主义结合起来的,并不是因为他们各自为同一理论作出了贡献,而是因为他们有一个共同的说明方法,即心理的、演进的、整体的、结构的、规范的制度经济学的分析方法。

第一,心理学的制度分析方法。制度经济学对制度这个最根本的概念的解释是杂乱的、模糊不清的。它既指机构、组织,也包括无形的"制度",如所有权、社会习俗、生活方法等。一般来说,制度是指思想习惯、非经济因素。

第二,整体的制度分析方法。制度学派反对那种把个人从社会及其历史中抽象出来,以孤立的个人的经济行为来说明社会经济现象的抽象演绎法,而强调与演进联系的整体的方法。

第三,演进的制度分析方法。制度经济学家主张要从根本上改变现代经济理论的方法论。

根据他们的观点,资本主义制度和社会结构并非静止不变的,而总是处在由于技术的不断变革所引起的持续的演变过程中,所以经济学要研究变化,研究过程,而不是研究静止的横断面,这就是经济研究中的演进的方法。

第四,制度结构分析方法。制度学派的制度结构分析方法主要包括:①权力分析。它认为在分析社会经济活动时,要着重分析权力问题,尤其是"决策的权力"问题。②利益集团分析。它把社会划分为若干利益不同的集团,且考察其相互关系及其变化等。③规范分析。他分析"价值判断"的依据、人们动机和习惯的形式、行为选择等对社会经济变化的影响,以及社会政治和经济制度的分析。

第五,规范的制度分析方法。制度经济学家都以资本主义的现实"批判者"的面目出现,他们认为,判定社会的利弊得失,要有一套自己的价值标准,即评价社会经济活动是好是坏的标准。

3.4 20 世纪以来

3.4.1 新古典经济学的发展

1) 从竞争到垄断

在马歇尔的模型当中,经济主体所处的环境只有两种抽象类型:完全竞争和完全垄断,因而在外在现实一致性上是不足的。一些经济学家着手改善新古典经济学的这个缺陷,作出开创性贡献的是英国经济学家琼·罗宾逊和美国经济学家爱德华·张伯伦,其中前者的贡献在于垄断和价格歧视,后者的贡献在于垄断竞争理论。之后,新古典经济学框架基本形成并稳定,关于市场垄断性的研究在产业组织理论当中继续进行,并引入了博弈论的分析方法。

2) 新制度经济学

传统的新古典经济学教科书当中,厂商和企业一直被当作一个黑箱,市场当中的交易部分地被视为"快速而免费"的动作,这些都依赖于瓦尔拉斯的那个万能的拍卖者。然而事实并非如此,企业为什么会存在?为什么同样的要素和技术在不同的市场环境当中生产效率会有巨大的差异?科斯在 1937 年发表的"企业的性质"和 1960 年发表的"社会成本问题"两篇论文,引发了将新古典分析方法引入到社会制度分析的新制度经济学热潮,其结果反而为新古典经济学框架引入了制度因素,其中最为关键的概念就是交易费用和产权。在新制度经济学研究当中,作出突出贡献的有科斯、阿尔钦、威廉姆森、诺斯与巴泽尔等。

新制度经济学派是在批判新古典经济学的基础上加以继承、发展和扬弃的。新古典经济学的基础是一些有关理性和信息的苛刻假设,假设制度是既定的,更多地关注经济的效率对经济绩效的影响。新制度经济学则更注重从生活的实际问题出发,通过对现实生活的详细考察,寻求解决问题的答案,其研究方法具有 3 个鲜明的特点[①]:①重视制度对经济绩效的影响;

---

①李怀,邵慰.新制度经济学的研究方法解析[J].经济纵横,2009(3):14-17,29.

②试图从文化、心理、历史、法律的角度寻找制度产生的原因和存在的基础;③注重经验和案例的研究。

3)博弈论

虽然新古典经济学从方法论上是方法论个体主义的,在分析当中确实只见市场不见人——价格的形成并没有经济个体的影子,被神奇的拍卖者所替代。这种代表个体的方法在分析竞争市场时问题并不大,但在分析市场主体数量较少、行为相互影响明显的一些非竞争市场行为时,理论的现实一致性便存在严重问题,需要改进分析方法。1944 年,美国数学家冯·诺依曼和摩根斯坦出版了《经济行为和博弈论》,博弈论作为一种理论出现,1950 年美国经济学家数学家纳什发表论文证明了纳什均衡的存在性,由此奠定非合作博弈论的发展基础。之后经过泽尔腾、海萨尼等博弈论专家的发展,非合作博弈论得到快速发展。20 世纪 80 年代开始,博弈论已经统治了微观经济学分析的几乎所有领域。然而,近年来由于均衡限制条件越来越复杂,导致非合作博弈论的困境重重。这种背景下,演化博弈论应运而生。

4)有限理性理论

理性经济人假设是传统新古典经济学框架的根基性条件之一,约束条件下的最大化是这一思想在现代数理化经济体系当中的标准分析方法。这一假设要求信息是完备的,经济主体的信息处理效率也是极高的,甚至是不需要过程的,这种和现实相差太远的假设前提引起了经济学家的挑战。经济学家罗伯特·西蒙认为应该放弃理性假设,进而提出了有限理性假设和满足标准,用更为现实的社会人假设代替了原来的经济人假设,从而发展出了有限理性模型。

需要说明的是,有限理性模型的发展和应用并未形成多大影响,人们更倾向于使用分析信息不完全条件下理性经纪人进行决策的信息经济学来处理有限理性问题。

5)宏观经济学

(1)宏观经济学的发展

尽管总体经济活动是单个经济主体活动的结果,但总体结果往往会脱离单起个体经济主体的行为规律和初衷,并拥有自身的特征和规律,宏观经济学就是探讨由个体经济行为无法预测的总体经济活动规律的。古典经济学坚持看不见的手原理及由其引申而来的经济和谐论,认为资本主义市场制度的经济总体后果总是经济增长与供求均衡(马尔萨斯除外)。因此货币数量论也许是古典宏观经济学理论的主要部分。1929 年开始的资本主义经济危机以残酷的方式证实古典宏观经济理论的缺陷,也引起经济学家探索新的经济学说。1936 年,凯恩斯《就业、利息和货币通论》,从一个完全不同于新古典经济学的方法论个体主义的角度论证了资本主义长期失业的可能性及其机制,标志着现代宏观经济学产生。也就是说,虽然我国经济学教育体系当中宏观经济学和微观经济学被列为西方经济学的两门基本课程,但两者从一开始就是分裂的,宏观经济学的发展史就是调和宏观经济理论和微观经济理论的尝试过程。

最初的尝试是由有保罗·萨缪尔森进行的,他将希克斯对凯恩斯原始理论的模型化成果 IS-LM 模型和新古典理论结合起来,被称为新古典综合理论。宏观理论与微观理论的首次结合是生硬的,仅仅说当政府采取措施将失业消除后,微观理论还是起作用的。这种理论统治了第二次世界大战结束到 20 世纪 60 年代的宏观经济理论。20 世纪 60 年代末期、20 世纪 70 年代初期持续出现的滞涨对新古典综合理论提出了严重的挑战。这种背景下,由卢卡斯、华莱士和萨金特所倡导的使用新古典货币方法分析经济周期的理论成为新的具有广泛影响力的宏观经济理论,即新古典宏观经济学理论Ⅰ。依据理性预期假设,用货币错觉来解释经济波动,是宏观理论向微观理论妥协的一次尝试。20 世纪 80 年代,这种货币意外的宏观经济理论逐渐让位,接替其显学地位的是真实商业周期理论,被称为新古典宏观经济学Ⅱ。相比之下,真实商业周期理论比货币意外模型走得更远,认为市场总是出清的,经济波动是由技术变动等真实原因造成的,因此这一理论也是宏观理论适应微观方法的结果。时间进入 20 世纪 90 年代,新古典宏观经济学遭到了凯恩斯主义的反击。新凯恩斯宏观经济学在更为细致地对微观基础进行构建之后卷土重来,以价格黏性代替传统凯恩斯的价格刚性概念,将经济活动解释为货币的不均衡冲击。总体而言,新古典主义宏观经济学是让宏观理论适应微观理论,凯恩斯主义则相反,让微观理论向宏观理论妥协。

虽然宏观经济学自从产生之日起,处于"显学"位置的宏观理论有着比较清晰的更迭过程,但并非是替代过程,实际状况是各种理论都不具备压倒其他理论的外在一致性和内在逻辑一致性,因此宏观经济理论的现状是不同理论并存,并在动态中发展。

（2）宏观经济学的研究方法

凯恩斯作为宏观经济学的奠基人,以其为例,其研究方法主要体现在以下 5 个方面。

①"心理规律"是凯恩斯经济学方法论的出发点和主要依据。凯恩斯运用心理预期分析方法,推导出"三大基本心理规律",以此说明资本主义社会有效需求不足和经济周期波动的原因。首先,凯恩斯以人们的"心理上的消费倾向"引出消费需求不足。凯恩斯高度重视消费倾向规律对资本主义经济发展的影响,他称,解决实际问题的关键,就是在这个心理规律上。其次,凯恩斯分析了"心理上对资本未来收益预期"失去信心和"心理上的灵活偏好"太强导致投资需求不足。"三大基本心理规律"不仅会造成总需求不足,而且会造成总投资不足,从而引起了有效需求的不足,最终导致了生产过剩的经济危机。

②总量分析法。凯恩斯认为,以前的经济学主要分析个别家庭、个别企业或个别部分的供给、需求、价格、工资、利润、地租等,也只把社会看成是众多单个个人、家庭和企业的总和,但不是一个有内在联系的经济实体。可称这种方法为"个量分析法"。凯恩斯所考察的是总供给、总需求、总价格、总生产、总收入、总消费、总投资、总储蓄、总就业量等,即一个国家为单位的"总量"。他的方法被人们称之为"总量分析法"。

总量分析方法可以分为流量分析方法和存量分析方法、静态和移动的总量均衡分析方法、短期的和比较静态的总量均衡分析方法。凯恩斯将马歇尔的微观经济学局部均衡分析方法发展为总量的局部均衡分析方法,将之用于分析某类总体商品市场中的总体商品的价格决定只取决于其本身市场的供求均衡状况,而不受其他总体商品市场的总体商品价格与供求均衡与否的影响。当然,凯恩斯之后,希克斯、汉斯又把凯恩斯的总量局部均衡分析方法发展为总量一般均衡分析方法。

③非均衡分析方法。非均衡分析方法是用在不完善市场条件下各种经济变量如何被调整到均衡状态的一种经济分析方法。

凯恩斯所阐述的收入、就业等宏观经济理论,就包括了非均衡分析方法思想。这主要有:第一,突出地强调了经济的"不确定性"、未来是不可知的、经济行为人所获得的信息是有限的。第二,引进了数量变量。比如说,在消费价格函数中,消费不是价格的函数,而是数量变量收入的函数。这在下面所说的数学方法中还将继续论述。第三,货币市场的均衡不能保证商品市场的同时均衡,而商品市场的均衡不能保证劳动力的充分就业。所以,会出现货币市场均衡或商品市场均衡和失业均衡同时存在的局面。第四,理论分析的前提——社会经济资源的闲置,就明确说明了资本主义市场是处在非均衡状态之中。第五,"非自愿失业"的存在是一般情况,充分就业的国民收入均衡只是特例。这就是说,依靠市场自身的调节一般不足以达到充分就业时国民收入的均衡,而是小于充分就业的均衡。

④对数学方法的看法。凯恩斯的总量分析方法还重视使用数学方法,即采用了梳理经济学的一般方法。他的有效需求理论及以此为基础的就业理论、货币理论、物价理论都应用了弹性分析、边际分析、乘数分析、函数关系分析、经济模型分析等。

但是,凯恩斯非常怀疑经济数学方法会比语言分析高明。他认为,论证经济问题的使用形式是语言叙述,而不是用符号的假数学形式。这是因为语言叙述能清楚地知道文字代表什么意义、能使研究者知道自己各个因素绝对独立。他认为,数理经济学太繁杂,其假定不精确,整个推论和结论也不精确,由此,他批评了数学经济学家们沉迷于神气十足但毫无用处的符号迷阵之中,把现实经济世界中的复杂性置于脑后。

⑤规范分析方法。在进行总量分析时,凯恩斯大都采用的是实证分析方法,即力图说明国民收入的变动在就业、物价等方面所引起的反应或后果。但是,凯恩斯也使用了规范分析方法,集中阐述了其就业理论所引出的社会哲学结论和带有制度性的政策建议。

3.4.2　美国新制度学派

美国制度学派自19世纪末建立以后曾颇为流行,20世纪40年代以后,凯恩斯主义的日益盛行,使得制度学派显得相对消沉,50年代开始,又继续发展,并在六七十年代产生了广泛的影响,被称为新制度学派,其代表人物是加尔布雷斯和鲍尔丁。新制度学派和旧制度学派一样,没有自己完整的理论体系,但在方法论上却有共同的特点,即重视历史和制度对经济生活的影响作用,是演进的、整体的(evolutionary and wholistic)方法。首先,新制度学派主张用"演进"的概念来代替传统经济学的"均衡"概念,因此,它反对新古典学派的静态均衡分析法,反对正统经济学的抽象演绎法。其次,新制度学派的整体方法和演进方法是相互联系的。它认为,在经济学研究中,应该把注意力从传统经济学作为选择者的个人和企业,转移到作为演进过程的整个社会。再次,新制度学派反对单纯的数量分析,排斥某量等于某量的均衡概念,主张把制度因素的分析放在首位,所以,人们通常把新制度学派的分析方法概括为结构分析法或制度分析法①。

3.4.3　新剑桥学派

新剑桥学派(Neo-Cambridge School)是20世纪50年代中期在英国伦敦剑桥大学形成的,由琼·罗宾逊夫人、斯拉法、卡尔多等人所组成的一个派别。他和马歇尔等老牌剑桥学派的观点相对立,而被人们称为"新剑桥学派"。它对"新古典综合派"进行了全面批判,一方面是为了维护凯恩斯主义的"纯洁",另一方面为了争夺凯恩斯学派的"正宗"和"掌门人"的地位。

---

①姚开建.经济学说史[M].2版.北京:中国人民大学出版社,2011:424-425.

新剑桥学派方法论的特点主要体现在以下 3 个方面:①以历史分析方法为基本特征,强调规范经济分析方法的重要作用,注重历史(特别是时间)、制度(尤其是私有财产权)、关系(重点是劳资关系)等,摒弃新古典学派的均衡分析方法;②主张把凯恩斯的宏观经济分析方法与李嘉图的古典微观分析方法相结合,并将凯恩斯的短期、比较静态、实证、封闭体系为主的分析方法发展为结合收入分配问题的长期、动态、规范、开放体系分析方法的理论经济综合分析方法体系;③确定结构分析与制度分析,摒弃边际分析。

3.5　现代非主流经济学

3.5.1　发展经济学

发展经济学(Development Economics)是针对发展中国家和地区经济如何实现工业化、摆脱贫困并走向富裕的经济学分支。由于不满意新古典主流经济学的假设条件和解释能力,一大批西方经济学家在二战后开始以独立民族国家经济实践为基础,创立并发展专门针对这些经济的模型。著名的模型和理论包括罗森斯坦-罗丹的大推动理论、刘易斯的二元经济模型、普雷维什的中心-外围理论、罗斯托的经济成长阶段论及其起飞模型等。这些发展经济理论采取了和主流经济学完全不同的分析视角和方法,历史经验法特征明显,依据发展中经济的结构十分不均衡特征而制定特别的发展措施,因此也被称为结构主义(structuralism)。20 世纪 70年代以后,发展经济学逐渐向着新古典的方向发展。

具体而言,发展经济学可以分为结构主义思路、新古典主义思路、新古典政治经济学思路和激进主义思路[1],因此,研究方法也因派别的不同而不同。

结构主义方法重视整体主义,主张从经济整体性和结构分解的角度分析经济的发展问题,其原因在于经济系统的行为是由系统的结构所决定的,比如刘易斯的二元结构分析、罗森斯坦-罗丹的均衡增长理论等。该思路认为,经济中普遍存在的是持续的不均衡状态,这种不均衡的主要根源在于部门间的结构差异。经济发展的新古典主义思路强调边际分析,将经济发展看作是一个渐进、连续的过程,需要以边际调节来实现经济发展;同时强调均衡分析,认为均衡状态是稳定的,价格机制是一切调节的原动力,是经济发展的重要机制。经济发展的新古典主义思路继承了传统的个体主义,在均衡框架内以最大化和最优方式来处理经济变化,并且认为存在一种在一切时间和地点都适用的规律,即主张"单一经济学",因而这种分析是一种非历史的分析方法。新古典政治经济学思路既是新古典复兴思潮的反动,重视制度分析经济问题,也是新古典经济学思路的延续和发展,既继承了新古典经济学的一些基本范畴,也沿袭了新古典经济学的均衡分析,成本—收益分析等分析方法。激进主义思路的研究方法最显著特点就在于它是涉及跨学科、历史变革的、制度的分析,反对纯经济学分析和以单一学科来考察经济问题,注重历史分析,认为只有在现实的基础上构建理论结构,才是经济学分析的适当方法[2]。

①谭崇台.发展经济学[M].太原:山西经济出版社,2001.
②张建斌,刘清华.发展经济学的学派划分及其研究方法[J].内蒙古财经大学学报,2013(6):1-5.

3.5.2 新兴古典经济学

斯密开创的古典经济学传统的重点是分工与专业化对经济增长的作用，以及价格机制如何作用于分工专业化水平。这个传统在边际革命之后让位于新古典主义对价格制度的资源配置功能之上。以华裔经济学家杨小凯为核心创建的新兴古典经济学（New Classical Economics），使用现代数学的非线性规划工具，重回古典传统，在新的高度上研究分工与专业化经济，形成了大量的文献。在新兴古典经济学框架当中，没有宏观与微观之分，分析方法是超边际分析，即不连续的拓扑分析，是对整体经济理论进行重构最成功的尝试。

3.5.3 演化经济学

社会经济是演化的还是理性设计的，是经济研究另一个角度的方法论问题。新古典主流经济学当中，经济主体的决策是条件最优化，其正确性是靠理性保证的。然而现实当中更普遍的情况是人们根据历史经验和大多数人的反映进行决策，其正确性的基础是历史结果的力量。演化经济学（Evolutionary Economics）即是基于演化角度来重估经济学理论，20世纪80年代以来得以迅速发展。一般认为马克思、凡勃伦和马歇尔是经济演化思想的先驱，例如马歇尔在《经济学原理》当中就认为经济学的目标应当在于经济生物学，而不是经济力学。现代演化经济学形成的标志是理查德·纳尔逊（Richard Nelson）和悉尼·温特（Sidney Winter）的《经济变迁的演化理论》。演化经济学当中，动态、惯例、创新和选择环境是核心的概念，将市场的自然选择力量作为更重要的经济行为动力进行经济分析。

主张用具有历史时间概念的"共同演化"模式，将主流经济学忽略的诸如制度、文化、习惯等因素纳入经济学分析，将理性分析和制度分析、历史分析和心理分析结合起来，为现代经济学的发展提供了一种新的研究范式。演化经济学的研究方法就在于以动态演化的视角理解社会经济过程，强调历史分析与回溯法、强调异质性与分类法，以及时空特定性[1]，促进了经济研究方法的多元化发展。实际上，多样性是进化的动力源泉，经济学研究就应该提倡多元化的研究方法，失去了多样化研究范式的竞争，经济理论的进化就会停滞[2]。

3.5.4 后凯恩斯经济学

后凯恩斯经济学（Post-keynesian Economics）本身是一个十分松散的学派，他们共同的特征是反对新古典综合派对凯恩斯宏观经济思想的错误理论和不当发展。其核心人物以凯恩斯在剑桥时期的同事和学生为主，包括琼·罗宾逊、尼古拉·卡尔多等，他们坚持认为凯恩斯理论真正的目标是表明资本主义有效需求不足以及流动性偏好的重要作用，强调不确定性是资本主义经济不稳定的主要根源。总而言之，后凯恩斯主义理论基于货币非中性、非遍历不确定性以及对总体替代公理普遍性的否定，重新阐述凯恩斯理论，然而其发展的影响力和主流宏观经济学相比较是有限的。

---

①杨虎涛.演化经济学的方法和主题特征及其演变——一种以"另类教规理论"为例的解释[J].财经研究,2010(1):44-53.

②马涛.演化经济学对主流经济学的挑战及影响[J].学术月刊,2009(11):67-74.

3.5.5　比较经济学

比较经济学(Comparative Economics)是 20 世纪发展起来的一个经济学分支,它以世界各国经济体制的比较研究为对象,最初主要是笼统地比较社会主义和资本主义的经济体制,继而发展到对相同或不同经济制度下不同经济体制模式的探讨。比较经济学在第二次世界大战后,特别是 20 世纪五六十年代以后,逐渐成为一门独立的经济学科。它的研究方法一般是从对各种经济体制进行实证研究开始,整理、归纳、描述各种理论上的或实践中的经济体制,然后进行一定的比较,最后得出体制选择方面的结论或评价。主要体现在两个方面:一是采用模式比较的方法,即把各种现实的、理论的或历史的经济体制进行一定的抽象,分类归纳为一些体制模式,然后再进行分析、比较和研究;二是采取数量比较方法,例如在涉及包括经济增长率、国民收入水平、居民收入和分配状况、经济结构等体制绩效时。比较经济学的分析方法也有一定缺陷,那就是作为一种理论经济学,比较经济体制学缺乏一种理论规范,或者说对于经济体制的优劣、经济绩效的高低,尤其是体制的公平与否等涉及不同社会群体利益关系方法的评价,并没有一个规范、统一、客观的标准。

3.5.6　生态经济学

生态经济学(Ecological Economics)兴起于 20 世纪 60 年代,是生态学和经济学相结合形成的一门边缘学科,主要研究的是生态、经济复合系统的结构、功能及其运动规律。生态经济学的研究方法主要有 4 种:①价值方法:在价值之间建立联系,在效用和功能之间建立联系(环境和资源经济学常用的一些外部效用的内部化手段,如排污权交易、意愿调查法,影子价格等)。②系统方法:应用生态模型、空间模型和经济模型,把生态系统的效用和功能的评价联系到各个子系统(如系统动力学、熵值理论分析、系统能量评价、地理信息系统模型)。③情景分析:管理政策替代,内生参数,系统外部事件和过程的综合考虑。期望的情景模拟是基于系统未来满意的状态。映射或预测的情景模拟是基于对目前状态的自由延伸。④社会评价方法:既能评价经济价值,也能评价多维系统(建立绿色国民账户、投入产出分析等,可持续发展指标体系,生态系统的服务评价,能值评价方法,生态占用)[①]。

3.5.7　女性主义经济学

女性主义经济学(Feminist Economics)兴起于 20 世纪 80 年代中后期,是近年来经济学界最活跃、发展最快的领域之一,是跨学科的女性主义研究向经济学渗透和发展的结果[②]。女性主义经济学运用女性主义研究的独特视角,将性别分析方法应用于经济研究,通过引入性别角色的社会和文化建构思想,在全新阐释性别不平等和性别歧视问题过程中,从模型、研究方法、主题和内容等方面对主流经济学发起了全面挑战,有力地批判了现代经济学的研究范式。

在研究方法上而言,一直以来,主流经济学遭到的批评声不绝于耳。女性主义经济学批评的出发点不同于其他异端流派,它认为主流经济学为追求客观、精确,对形式化定量分析方法

---

①尤飞,王传胜.生态经济学基础理论、研究方法和学科发展趋势探讨[J].中国软科学,2003(3):131-138.
②贾根良,等.西方异端经济学主要流派研究[M].北京:中国人民大学出版社,2010:162.

的偏爱,反映了认识论中刚强与柔弱、逻辑与非逻辑、科学与非科学、精确与模糊、男性与女性相分离的二元论特征,所谓的客观性无非是男性化的客观性而已。

女性主义者认为经济学的数量化研究方法实际上并不客观,它只是"男性方法"的代名词而已。当然,女性主义经济学家并不是要完全否定数学化定量分析的作用,他们认为,完全男性价值取向的研究方法过于狭隘,应扩展经济学的方法论边界,比如将参与观察、深度访谈、测量研究、实地调查、人种史等方法引入经济学,特别是引入到女性主义经济研究中。例如,比特曼(1999)运用历史、政治、文化方法的专门数据解释了主流分析所忽略的现象,得出了用形式化模型和计量经济学方法无法得出的理论和政策见解。他的方法强调了理论通常可以通过文字得到更好的表达,而不是形式化的符号①。

3.6 经济学发展及其研究方法的总结与借鉴

每一个人的品质、优点和缺点往往并存,经济学发展史上每个学派也是如此。不同流派、不同经济学家对经济问题的研究方法各不相同、各有千秋,同时,各自也具有历史局限性。总的而言,现代主流经济学是基于实证主义的方法论,以及理性人的假设来抽象出这个世界某些重要的变量,依此构建出了相对完美的理论框架,对现实有很强的解释能力。但是,不能认为主流经济学在解释整个世界之余,就要忽略甚至排斥其他理论体系的研究方法或变量,这样的态度都是狭隘的。

从研究方法上来说,经济学是一个实证性很强的学科,社会的"客观"存在和可被观察、可被解释性使得经济研究往往倾向于定量分析。但实际上,定性分析也是理解社会现实的重要方法。另外,主流经济学强调演绎方法,它完整的理论框架能够使得很多经济问题从理论出发,演绎得到一个言之成理的解释,但经济研究不能只演绎解释现象,还要学会从归纳中得出结论,比如历史学派、演化经济学等经济学学派的研究方法是值得我们借鉴和掌握的。例如,对于亚洲四小龙的发展,很多经济学家往往只看到了市场经济的重要作用,而这又主要是基于新古典经济学逻辑演绎的结果——自由市场经济能够促进经济发展。当他们发现市场的作用可被验证后,就更加相信理论,往往就不会再去思考有无其他未被阐述的重要变量在起作用。就此而言,林毅夫通过对比亚洲四小龙和其他未能发展起来的国家的异同,归纳出了四小龙所共有而其他未发展起来的国家所欠缺的变量——比较优势和自生能力。因此,主流经济学的研究方法,我们应该选择性地加以运用,而不是过度崇拜。自由市场理论来自发达英美国家的经验,我们可以而且应该用这一套较为成熟的理论来解释这个世界,但不能仅仅以这一个视角去分析社会现实。每个国家和地区都有自己不同的约束条件,在很多这样的条件被现代经济学"简化"的同时,我们要结合自身实际去分析经济问题。因此,作为经济学研究人员,面对经济问题,在经济研究方法上,要注意实证主义结合规范主义,思维方法上演绎法结合归纳法。

①Bittman Michael.Parenthood without Penalty:Time Use and Public Policy in Australia and Finland[J].Feminist Economics,1999(5):3.

第 4 章
经济学研究的数量分析方法

我们研究经济问题,除了要会正确提出问题,并且还要把问题变化成为数学语言,然后进行纯粹的数学推导,进而得出科学的结论,而这就需要经济学研究生或科研人员掌握一定的数量分析方法。数量分析方法是经济研究的重要分析工具,能够让我们更好地用经济学的眼光观察世界和解释世界。

数量经济学与计量经济学既有联系又有区别。数量经济学原指经济数学方法,是一门用数学方法和计算技术,研究经济数量关系及其变化规律的科学。数量经济学更多强调数学方法,涵盖初等和高等数学、线性代数、数学规划等,其采取的计算工具,则是与现代化通信技术相结合的电子计算机。计量经济学中“计量”的意思是“以统计方法做定量研究”[①],是结合经济理论与数理统计,并以实际经济数据做定量分析,研究经济现象中的数量关系的一门学科,在强调数学方法的同时,更多强调的是统计学。计量经济学从属于数量经济学,是数量经济学的一个子科目。重视数量分析方法并不是将经济学数学化,数学仅仅是工具,掌握和运用数量分析方法是为了更好地证明理论假设、解释经济问题,它是我们进行良好经济研究的必要手段和有益补充。

4.1 数量分析方法概述

随着对经济研究精度的不断提高,经济研究的定量化分析成为其基本趋势——经济学作为一门“科学”,在本质上正是由于其数量方法的运用,使得其与其他自然科学一样具有研究范式的严密性和研究结果的可检验性。特别是在实践应用工作中,越来越多的研究者认识到数量方法的重要性和必要性,数量方法成为经济研究的基本手段,数量分析方法的大量使用,使得经济研究日益定量化、精确化。数量方法的发展不断由粗糙到精确、由不成熟到成熟,数量分析方法已经渗透到经济研究中的各个领域,成为经济政策评价、决策咨询的有效保障。本节旨在对经济数量分析方法[②]进行概略介绍。

---

① 参见《现代汉语词典》2012 年 6 月第 6 版“计量”条。
② 彭云飞,沈曦.经济管理中的常用数量方法[M].北京:经济管理出版社,2011;吴育华,刘喜华,郭均鹏.经济管理中的数量方法[M].北京:经济科学出版社,2008.

4.1.1　数量分析方法概念和特征

1)数量分析方法概念

什么是经济研究的数量分析方法？这是一个看似简单实则复杂的问题,事实上,国内学术界对于经济数量分析方法,并没有一个统一的共识性定义。一般认为,数量分析方法有广义和狭义之分。从广义上讲,数量分析方法系指研究事物的数量特征、数量关系和数量界限所采用的一系列研究方法的总和。从狭义上讲,数量方法是在一定的理论指导下,遵循数学和统计学的有关原理,通过处理有关数据,建立数量模型,从而对研究对象的数量特征、数量关系和数量界限进行分析,为科学研究等提供决策依据的一系列方法的总称[1]。

2)数量分析方法特征

数量分析方法重点在于对事物数量特征和数量关系的发掘。相对于定性研究方法而言,数量分析方法具有以下几个方面的特征[2]:

(1)科学性

数量方法是运用自然科学和社会科学的最新成就对管理对象和管理系统的量化分析与研究,它是一种决策分析的科学方法,它与管理之术相区别,灵感、情绪、猜测等都不属于数量分析的范畴。

(2)实践性

数量方法是一种决策分析方法,它主要是为了分析和解决庞大而复杂的决策问题。因为随着社会的发展、生产力的提高和科学技术的进步,人类面临需要解决的问题也日益复杂和多元化。世界就像一个巨大的有机联系的整体系统,这个整体系统又由许多大大小小的子系统组成,这些子系统各有差别,但又相互联系、相互影响。现代的经济管理决策者在决策时所面临的确定性因素减少,不确定性因素增加,特别是在公共政策以及一些大的系统工程领域,涉及千千万万个彼此不同又相互关联的问题,单纯靠以定性分析为主的决策方式已经远远不能满足需求,必须借助于现代自然科学和社会科学的最新成果,对管理对象进行量化研究和系统分析,从而做出最优规划和选择。

(3)准确性

通过数量方法得出的结论,不同于定性研究,没有大概、可能等类似的语言,它是可以测量和计算的。如果给出相同的质量控制数据,不管分析数据的人是谁,都可以通过计算得出比较精确的结论。

(4)系统性

数量分析方法是通过符号化的语言来描述一个系统的内部各因素或多个系统之间的相互关系,这些因素或系统之间不是各自分离的,而是紧密联系、互相影响的,要运用系统的观点、全面联系的观点、综合的观点来研究和看待系统内部各要素之间的相互关系,这样才能正确地使用数量方法来描述和解决实际问题。

---

[1]彭云飞,沈曦.经济管理中的常用数量方法[M].北京:经济管理出版社,2011:1.
[2]彭云飞,沈曦.经济管理中的常用数量方法[M].北京:经济管理出版社,2011:2.

（5）综合性

数量分析方法不单纯是一种数学方法，它综合了数学、统计学、系统工程、信息论、控制论、运筹学、电子计算机、管理科学等科学知识和手段，它是多学科交叉研究和应用的产物。运筹学、系统工程、统计学等促进了数量方法的产生，信息论、控制论、电子计算机以及管理科学的发展则进一步加速和丰富了数量方法在管理决策与其他领域的应用。

4.1.2　数量分析方法的发展历程

数量分析方法作为定量研究的方法体系，其自身的发展具有历史规律性。事实上，数量分析方法的产生与发展，往往来自于某一具体学科，例如统计学、经济研究、系统工程、控制论，以及模糊分析，等等。随着学科的发展，相关的数量分析方法也随之而发展，而学科之间不断加强的交叉性则使数量分析方法日趋成熟。

1) 数量分析方法的产生

作为数量分析方法的萌芽，最早可以追溯到 16—17 世纪。16 世纪，在哲学、宗教等方面的著作或政治家的工作中，数量分析开始萌芽。17 世纪在德国破土而出，其主要代表人物是赫尔曼·康林（1606—1681）和哥特弗里德·阿亨瓦尔（1719—1772），习惯用图表和对比方法研究经济问题。后来，丹麦的安彻逊（1700—1765）第一个编纂了欧洲 15 国的比较统计表，德国的克罗姆（1753—1833）第一个用几何图形来表示统计资料。在政治算数学派，1662 年，约翰·格朗特（1620—1674）发表《关于死亡公报的自然和政治观察》，分析了 60 年来伦敦居民死亡的原因及人口变动的关系，首次提出通过大量观察，可以发现新生儿性别比例具有稳定性和不同死因的比例等人口规律；并且第一次编制了"生命表"，对死亡率与人口寿命作了分析。他的研究清楚地表明了统计学作为国家管理工具的重要作用，从而开创了统计学研究的新纪元，也使数量分析方法正式登上历史舞台。1672 年，威廉·配第（1623—1687）出版《政治算术》一书，他运用统计方法对英国、法国和荷兰 3 国的国情国力，作了系统的数量对比分析，从而为统计学的形成和发展奠定了方法论基础，正式将数量分析方法应用于经济统计分析中。

18 世纪，日渐成熟的概率论为统计学的发展奠定了基础，19 世纪，以比利时的阿道夫·凯特勒（1796—1874）为代表，概率论逐步被引入统计学，形成了数理统计学派。该学派主张用研究自然科学的方法研究社会现象，诸如社会犯罪、道德等问题，使统计学在"政治算术"所建立的"算术"方法的基础上，精密化、数量化程度大为提高[1]。

作为现代意义上的经济数量分析方法，其起源则是由于 20 世纪 40 年代第二次世界大战的需要[2]。1935 年英国为防御德国战机袭击，在英国东海岸的奥福德纳斯（Orfordness）装备了雷达。使用中发现所传送的信号间常常相互矛盾。1938 年在波德塞（Bowdsey）由罗韦（A.P.Rowe）负责组建了一个研究机构，教军事领导人学会用雷达定位敌方飞机。Rowe 和 Robert Watson Watt 爵士主持了最早的两个雷达研究，并将之命名为"运筹学"（Operational research, OR。直译为"作战研究"）。波德塞因此成为 OR 方法的诞生地。1939 年，英国空军为了延长

---

①统计学是人类统计实践活动的理论概括。统计学与经济学都经历了古典、近代和现代相类似的发展历程，两者之间的关系主要体现在统计学能够提高经济学的理论化、科学化程度，提高经济学的说服力和解释力。

②吴育华，刘喜华，郭均鹏.经济管理中的数量方法[M].北京:经济科学出版社,2008:1.

雷达首次预警与敌机袭击之间的时间间隔,将波德塞 OR 小组领导人之一的 Williams 调至皇家空军作战指挥部的新工作组(由 Harold Lander 领导)。之后,皇家空军轰炸指挥部、海岸指挥部和英军防空指挥部均建立了 OR 工作组。由 OR 作代表的现代意义上的数量分析方法由此产生。

2)数量分析方法的发展阶段

现代数量分析方法在第二次世界大战之前,主要应用于军事领域;二战后,数量分析方法逐渐拓展到民用领域,并在经济管理研究中得到快速发展。由于战后经济不景气,如何发展经济、发展生产,成为战后各国政府和企业面临的首要问题。在此背景下,数量分析方法研究和应用的重心开始转向经济管理工作,以便提高生产效率,促进经济发展。在英国,大量从事数量分析方法研究的工作者由军队转至政府及产业部门。工业中最早从事数量分析方法研究的是国家煤炭委员会,继而是电力和交通两个国有部门;部分私营产业,尤其是有合作研究协会的产业,如英国钢铁研究协会(BISRA),也陆续创立了数量分析方法(OR)工作小组。到了 20世纪 50 年代后期,因美国经济发展的刺激,英国的工业中使用数量分析方法的发展大大提速,数量分析方法被广泛应用于政府机构、国有部门、企业界。到 20 世纪 70 年代,数量分析方法已渗透到几乎所有的政府部门和企事业机构。

3)数量分析方法的成熟阶段

20 世纪 50 年代后,计算机的产生为数量分析方法的研究提供了迅速发展的基础,特别是计算机的商用化,以及计算机技术的发展,数据处理与运算能力的迅速提高,为经济管理中的难题提供了解决的捷径,数量分析中的障碍——"运算"问题得到有效解决,手工处理的艰辛不复存在,使得庞大的数据分析与处理变得轻松有趣,由此促成了一系列数量分析方法的产生发展,如计量经济学、多元统计分析方法、计算机模拟、系统分析、对策论、动态优化等,经济管理中的数量分析逐步成为一门系统的科学方法,标志着数量分析方法逐步走向成熟。到 20 世纪 90 年代,数量分析方法已经成为经济研究的最重要方法之一。1969 年,首届诺贝尔经济学奖,正式颁发给两位计量经济学开创者弗里希(Frish)和丁伯根(Tinbergen);而自 1969—2012年间 70 余位诺贝尔经济学奖获得者中,有 10 位直接因为对计量经济学发展的贡献而获奖,另有近 20 位担任过世界计量经济学会会长,30 余位在获奖成果中应用了计量经济学。

4.1.3　经济研究中的数量分析方法分类

经济数量分析方法现已经发展到几十种之多。这些方法有的宏观,有的微观;有的静态,有的动态;有的单维,有的综合……彼此联系,又各有侧重。如何对为数众多的方法体系进行归类,以便系统理解并掌握运用数量分析方法,是研究者必须面对的问题。目前,关于数量分析方法的分类,国内外还没有统一的认识。

基于"问题导向",即按照解决现实问题的一般过程,可以对数量分析方法进行归类①。一般来说,对现实问题的解决,通常可以分为 4 个阶段:提出问题、分析问题、解决问题和评价结果。由此可将数量分析方法归为 3 类,即预测类数量分析方法、决策类数量分析方法和评价类

①彭云飞,沈曦.经济管理中的常用数量方法[M].北京:经济管理出版社,2011:5.

数量分析方法。在经济研究中,预测类数量分析方法是通过经济活动过程的过去和现在的数量化特征,科学预测其未来的发展态势;并根据预测的结果制定相应的措施,以求经济活动按照人们的意愿发展。决策类数量分析方法即是基于定量化研究,对经济活动的方向、目标、原则和方法所做的决定。评价类数量分析方法是基于定量化分析结果,对经济活动的优缺点和价值进行判断。数量分析方法的目标就是要实现准确预测、正确决策、恰当评价。问题解决阶段与数量分析方法分类的对应关系如图 4.1.1 所示:

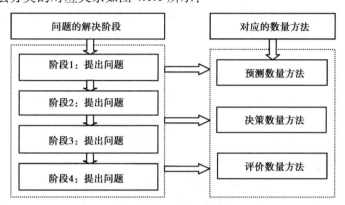

图 4.1.1　数量方法分类

资料来源:彭云飞,沈曦.经济管理中的常用数量方法[M].北京:经济管理出版社,2011:5.

4.1.4　数量分析方法的运用步骤

数量分析方法尽管具体内容不同,适用对象各异,但运用数量方法解决实际问题的基本步骤和程序是一致的。一般来说,运用数量分析方法遵循如下 7 个基本步骤:

1) 确定问题

对所研究的问题进行准确界定。这是问题分析的逻辑起点,对问题把握不准,或者分析不到位,都会直接影响到后续分析,使研究结论出现偏误。

2) 建立模型

依据对问题的准确剖析,选择适当的数量方法,建立理论模型。在数量分析中,理论模型通常是数学模型,可以有效实现对问题的数量特征的捕捉。

3) 输入数据

针对问题,收集整理得到样本数据,将样本数据输入理论模型。作为数量分析的原材料,准确、详尽的数据质量是直接决定问题研究的根本性因素。

4) 模型运算

与传统的手工运算不同,现代计算机的出现,可以使繁复的模型运算交由计算机完成。当然,运算的程序设计与控制仍需要由人来操纵实现。

5) 检验模型

运算完成的研究模型,能否用于对现实问题的分析,这有赖于对模型进行严格的检验,包括对模型结果本身的适当性和对所研究问题解决能力的评判。

6) 结果分析

对于经过严格检验的数量模型,可以用于对现实问题的分析,比如对经济结构的考察、经济总量水平与微观特征的分析,以及对经济政策效果的评判。

7) 结果应用

依据于模型分析的实际结果,提出现实问题的解决对策,并将对策措施付诸实践,实现对问题的有效解决。

综上所述,数量分析方法的运用程序,实际上体现了"从实践中来,再到实践中去"的研究过程,是科学研究方法的具体体现。

经济研究中的数量分析方法多达几十种,根据实际应用的广泛性,本章对经济研究中常用的几种数量分析方法进行简单介绍。主要包括:①指数研究方法;②层次分析法;③主成分分析法;④因子分析法;⑤DEA 方法;⑥SFA 方法;⑦模糊评价方法;⑧计量分析方法。以下章节依次对这几种数量分析方法进行介绍。

4.2 指数研究方法

指数是在测量各种各样经济变量变化水平时最常用的工具。与各种经济现象有关的指数通常都是编辑成册并予以出版公布的。用于衡量部分消费品和服务价格变动的消费价格指数(CPI)就是最广泛使用的经济指标。除此之外,其他重要的指数包括:国民总收入价格平减指数、道琼斯指数和进出口价格指数,等等。

本节的主要目的是要使读者熟悉指数的各种形式,例如拉斯贝尔指数(Laspeyres)(简称拉氏指数)、帕斯契指数(Paasche)(简称帕氏指数)、费希尔指数(Fisher)和屯奎斯特指数(Tornqvist)等;然后注意区分价格指数和数量指数的构建。

4.2.1 基本概念

指数是指衡量一篮子相关变量变化的一个实数值。从概念上来说,指数可以用来进行时间比较、空间比较或两者同时比较。指数可用于衡量不同时期的价格和数量变化,也可以用于测量不同公司、产业、地区或国家之间的差异水平。价格指数可以指消费价格指数、投入产出价格指数、进出口价格指数等,而数量指数可衡量生产出的产量变化,或某公司、产业不同时期所使用的投入数量变化,或不同公司使用的投入量的不同。

指数在经济研究的发展中有着悠久的历史,其中最重要的贡献要归功于 19 世纪后期的拉斯贝尔(Laspeyres)和帕斯契(Paasche)。拉斯贝尔和帕斯契指数目前仍然得到世界上许多国民经济统计部门的采用。但是,1922 年费希尔出版了《指数的构建》一书,使人们意识到可以用许多统计公式推导出合适的指数,屯奎斯特(Tornqvist)指数(1936 年)就是其中一个在经济研究中对生产率进行测量时有重要作用的公式。

在本节中,我们遵循下述标注。用 p_{mj} 和 q_{mj} 分别表示第 m 种商品($m=1,2,\cdots,M$)在 j 时期($j=s,t$)的价格和数量。一般来说,s 和 t 除了可以代表时间,也可以指两个公司,数量可以表示投入或产出。

从概念上来说,所有指数衡量的是从一个参照期开始的一系列变量的变化水平。这个参照期就被称为"基期"(Base Period)。计算指数的时期被称为本期(Current Period)。用 I_{st} 表示一个基期为 s、本期为 t 的一般意义上的指数;更具体,用 V_{st}、P_{st}、Q_{st} 分别表示价值、价格和数量指数。

从 s 期到 t 期的价值变化是分别以 s 和 t 期价格计量的两期商品价值的比例:

$$V_{st} = \frac{\sum_{m=1}^{M} p_{mt}q_{mt}}{\sum_{m=1}^{M} p_{ms}q_{ms}} \tag{4.2.1}$$

指数 V_{st} 衡量的是从 s 期到 t 期,一篮子数量的 M 种商品总价值的变化。很明显,V_{st} 是价格和数量两种因素变化的结果。尽管 V_{st} 容易测量,但是要分解价格和数量变化的影响就比较困难。我们希望可以分解这两种影响,以便能用数量因素去测量数量变化。

如果在单一商品情况下,这种分解就很容易办到:

$$V_{st} = \frac{p_t q_t}{p_s q_s} = \frac{p_t}{p_s} \times \frac{q_t}{q_s} \tag{4.2.2}$$

这里,p_t/p_s 和 q_t/q_s 分别度量相对价格和相对数量变化,不涉及指数问题。

一般而言,当商品数量 $M \geq 2$ 时,我们将会面临汇总的问题。对每一种商品 m($m=1,2,\cdots,M$),价格比 p_{mt}/p_{ms} 度量第 m 种商品价格上的变化,数量比 q_{mt}/q_{ms} 度量第 m 种商品数量上的变化。

现在,我们要把 M 种不同的价格(数量)变化综合为一个实际的数值,即价格(数量)指数。以下我们主要介绍一些常用的度量价格和数量指数变化的公式。

4.2.2　价格指数

1)拉氏指数和帕氏指数

拉斯贝尔(Laspeyres)指数(简称拉氏指数)和帕斯契(Paasche)指数(简称帕氏指数)公式是实践中运用得最为广泛的。在定义指数时,拉氏价格指数用基期数量作为权重,而帕氏价格指数则用本期数量作为权重。

拉氏价格指数:

$$P_{st}^{L} = \frac{\sum_{m=1}^{M} p_{mt}q_{ms}}{\sum_{m=1}^{M} p_{ms}q_{ms}} = \sum_{m=1}^{M} \frac{p_{mt}}{p_{ms}} \times \omega_{ms} \tag{4.2.3}$$

这里, $\omega_{ms} = \dfrac{p_{ms}q_{ms}}{\displaystyle\sum_{m=1}^{M}p_{ms}q_{ms}}$ 是第 m 种商品在基期的价值份额。

公式 4.2.3 有两种解释:第一,拉氏指数是两种综合价值比,即以基期数量与本期价格计算的价值总额和基期数量与基期价格计算的价值总额之比。第二,它是以 M 种价格比例为权重平均的价值份额。这种价值份额反映了篮子中每种商品的相对重要程度。这里所使用的价值份额指基期份额。

帕氏价格指数:

$$P_{st}^{P} = \frac{\displaystyle\sum_{m=1}^{M}p_{mt}q_{mt}}{\displaystyle\sum_{m=1}^{M}p_{ms}q_{mt}} = \frac{1}{\displaystyle\sum_{m=1}^{M}\frac{p_{ms}}{p_{mt}} \times \omega_{mt}} \qquad (4.2.4)$$

公式 4.2.4 的前半部分表明,帕氏指数也是两种价值总和的比值,即 t 时期数量与 t 时期价格所得的价值加总同 t 时期数量与 s 时期价格所得价值加总的比值。公式的后半部分说明,帕氏指数是以本期价值份额为权重计算的相对价格的加权调和平均。

从公式 4.2.3 和 4.2.4 可以看出,拉氏和帕氏公式一定意义上代表着两个极端,一个公式注重基期数量,而另一个则注重本期数量。如果相对价格保持不变,也就是说如果 $p_{mt}/p_{ms} = c$（ c 为常数）,拉氏指数和帕氏指数一致,都等于常数 c。但当价格关系发生较大差异时,这两个指数则明显不同。两个指数的分歧程度取决于数量关系和价格与数量关系之间的统计相关性。

拉氏指数和帕氏指数相当流行,因为它们比较容易计算,并且有经济理论所确定的真实指数指标(true index)的范围区间。大多数国家的统计部门运用这些公式或由这些公式推导出的变形式来计算各种指标,如 CPI,其中拉氏指数的使用尤为普遍。

2) 费希尔指数(Fisher Index)

拉氏指数和帕氏指数之间的差异致使费希尔(1922 年)定义了一种这两种指数的几何平均数,作为另一种常用的指数:

$$P_{st}^{F} = \sqrt{P_{st}^{L} \times P_{st}^{P}} \qquad (4.2.5)$$

虽然费希尔指数(Fisher Index)是在两个极端之间构建的一种人工指数,但是它具有一些统计学和经济学理论的合理性特征。由于它所拥有的一些合理特征,费希尔指数也被称为费希尔理想指数(Fisher Ideal Index)。

3) 屯奎斯特(Tornqvist)指数

屯奎斯特(Tornqvist)指数已经在过去的 10 年间被多次用于全要素生产率研究。该指数也分为屯奎斯特(Tornqvist)价格指数和屯奎斯特(Tornqvist)数量指数。屯奎斯特(Tornqvist)价格指数是以 s 期和 t 期价值份额简单平均为权重的相对价格的加权几何平均:

$$P_{st}^{T} = \prod_{m=1}^{M}\left[\frac{p_{mt}}{p_{ms}}\right]^{\frac{\omega_{ms}+\omega_{mt}}{2}} \qquad (4.2.6)$$

屯奎斯特(Tornqvist)指数在表示和运用时,通常采取对数形式:

$$\mathrm{Ln}P_{st}^{T} = \sum_{m=1}^{M} \left(\frac{\omega_{ms} + \omega_{mt}}{2} \right) \left[\mathrm{Ln}p_{mt} - \mathrm{Ln}p_{ms} \right] \tag{4.2.7}$$

这种对数变化形式提供了一种便捷的计算形式。对数形式下,屯奎斯特(Tornqvist)指数是价格对数变化的加权平均。

4.2.3　数量指数

衡量数量变化可以通过两种方式实现。第一种是采用直接的方法,通过从单一商品具体数量变化(衡量为 q_{mt}/q_{ms})来推导一个公式。拉氏指数、帕氏指数、费希尔指数、屯奎斯特指数都可以直接用于衡量数量关系。第二种方法是一种间接方法,其基本思想是 s 期到 t 期的价值变化是由价格和数量两种要素变化的共同结果。因此,如果价格变化能用前面所述的公式直接测量,数量变化则能从总的价值变化中扣除价格变化而间接得到。

1) 直接方法

各种数量指数公式可以用价格指数简单变换一下价格和数量来定义。前面所述的公式就会变为:

$$Q_{st}^{L} = \frac{\displaystyle\sum_{m=1}^{M} p_{ms}q_{ms}}{\displaystyle\sum_{m=1}^{M} p_{ms}q_{ms}}, Q_{st}^{P} = \frac{\displaystyle\sum_{m=1}^{M} p_{mt}q_{mt}}{\displaystyle\sum_{m=1}^{M} p_{mt}q_{ms}}, Q_{st}^{F} = \sqrt{Q_{st}^{L} \times Q_{st}^{P}} \tag{4.2.8}$$

屯奎斯特数量指数,乘法形式和加法(对数变化)形式分别如下:

$$Q_{st}^{T} = \prod_{m=1}^{M} \left[\frac{q_{mt}}{q_{ms}} \right]^{\frac{\omega_{ms} + \omega_{mt}}{2}}, \tag{4.2.9}$$

$$\ln Q_{st}^{T} = \sum_{m=1}^{M} \left(\frac{\omega_{ms} + \omega_{mt}}{2} \right) \left(\ln q_{mt} - \ln q_{ms} \right) \tag{4.2.10}$$

2) 间接方法

间接方法通常用于不同时期的数量比较。这种方法运用的基本假设是价格和数量变化必须能够说明价值变化。

价值变化=价格变化×数量变化,即:$V_{st} = P_{st} \times Q_{st}$

因为 V_{st} 是 t 时期价值与 s 时期价值之比,Q_{st} 就能如下列等式(4.2.11)所示,表示成 P_{st} 的函数:

$$Q_{st} = \frac{V_{st}}{P_{st}} = \left. \frac{\displaystyle\sum_{m=1}^{M} p_{mt}q_{mt}}{\displaystyle\sum_{m=1}^{M} p_{ms}q_{ms}} \right/ P_{st} \tag{4.2.11}$$

表达式中的分子属于不变价格系列,这种系列通常使用于许多统计出版物中。从本质上说,这种方法表明数量指数能通过剔出考察时段内价格波动影响后的价值比率来得到。

4.2.4 几种常用的经济指数

1)恩格尔系数

(1)含义

恩格尔系数(Engel's Coefficient)是食品支出总额占消费支出总额的比重。19世纪中期,德国统计学家和经济学家恩格尔对比利时不同收入的家庭消费情况进行了调查,研究了收入增加对消费需求支出构成的影响,提出了带有规律性的原理,由此被命名为恩格尔定律。主要内容为:一个家庭收入越少,家庭收入中(或总支出中)用来购买食物的支出所占的比例就越大,随着家庭收入的增加,家庭收入中(或总支出中)用来购买食物的支出比例则会下降。推而广之,一个国家越穷,每个国民的平均收入中(或平均支出中)用于购买食物的支出所占比例就越大,随着国家的富裕,这个比例呈下降趋势。

(2)计算公式

$$食物支出对总支出的比率(R1) = \frac{食物支出变动百分比}{总支出变动百分比} \times 100\% \qquad (4.2.12a)$$

$$食物支出对总收入的比率(R2) = \frac{食物支出变动百分比}{总收入变动百分比} \times 100\% \qquad (4.2.12b)$$

(3)经济含义

由定义及其计算公式可知,在总支出金额不变的条件下,恩格尔系数越大,说明用于食物支出所占的金额越多;恩格尔系数越小,说明用于食物支出所占的金额越少,二者成正比。反过来,在食物支出金额不变的条件下,总支出金额与恩格尔系数成反比。因此,恩格尔系数是衡量一个家庭或一个国家富裕程度的主要标准之一。

一般来说,在其他条件相同的情况下,恩格尔系数较高,作为家庭来说则表明收入较低,作为国家来说则表明该国较穷。反之,恩格尔系数较低,作为家庭来说则表明收入较高,作为国家来说则表明该国较富裕。

恩格尔定律主要表述的是食品支出占总消费支出的比例随收入变化而变化的一定趋势。揭示了居民收入和食品支出之间的相关关系,用食品支出占消费总支出的比例来说明经济发展、收入增加对生活消费的影响程度。众所周知,吃是人类生存的第一需要,在收入水平较低时,其在消费支出中必然占有重要地位。随着收入的增加,在食物需求基本满足的情况下,消费的重心才会开始向穿、用等其他方面转移。因此,恩格尔系数越大则表明一个国家或家庭生活越贫困;反之,恩格尔系数越小,生活越富裕。

恩格尔定律是根据经验数据提出的,它是在假定其他一切变量都是常数的前提下才适用的,因此在考察食物支出在收入中所占比例的变动问题时,还应当考虑城市化程度、食品加工、饮食业和食物本身结构变化等因素。只有达到相当高的平均食物消费水平时,收入的进一步增加才不对食物支出产生重要的影响。

(4)联合国标准及国际现状

恩格尔系数是国际上通用的衡量居民生活水平高低的一项重要指标,一般随居民家庭收入和生活水平的提高而下降。联合国根据恩格尔系数的大小,对世界各国的生活水平有一个划分标准,即一个国家平均家庭恩格尔系数大于60%为贫穷,50%～60%为温饱,40%～50%为小康,30%~40%属于相对富裕,20%~30%为富足,20%以下为极其富裕。按此划分标准,20世纪90年代,恩格尔系数在20%以下的只有美国,达到16%;欧洲、日本、加拿大,一般在20%~30%,是富裕状态。东欧国家,一般在30%~40%,相对富裕,剩下的发展中国家,基本上分布在小康。中国在1978年时,农村家庭的恩格尔系数约68%,城镇家庭约59%,平均计算超过60%,属于贫困国家,温饱还没有解决。当时中国没有解决温饱的人口有两亿四千八百万。改革开放以后,随着国民经济的发展和人们整体收入水平的提高,中国农村和城镇家庭的恩格尔系数都不断下降。1990年,中国农村和城镇居民家庭恩格尔系数分别为58.8%和54.2%,属于基本温饱型阶段;到2000年时,这一数据分别为49.1%和39.4%,城镇地区基本迈入小康阶段;2003年,中国农村居民家庭恩格尔系数已经下降到46%,城镇居民家庭约37%,加权平均约为40%,就是说已经基本达到小康状态;2010年,这一数据进一步下降为35.7%和41.1%;2011年,这一数据下降为40.4%和36.3%。整体上,现阶段中国社会已经基本迈入小康社会阶段。

2)基尼系数

(1)含义

基尼系数(Gini Coefficient)为意大利经济学家基尼(Corrado Gini,1884—1965)于1922年提出的,定量测定收入分配差异程度。其值为0~1。越接近0就表明收入分配越是趋向平等,反之,则表示收入分配越是趋向不平等。按照国际一般标准,0.4以上的基尼系数表示收入差距较大,当基尼系数达到0.6时,则表示收入悬殊。

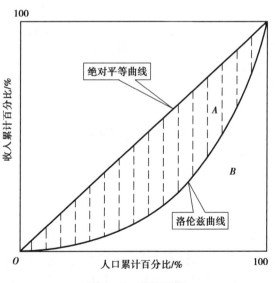

图4.2.1 基尼系数

如图4.2.1所示,横轴表示按收入由低到高排序的人口累计百分比,纵轴表示该比例的累计人口所拥有的财富占社会总财富的比重。45度表示绝对平均状态(即每个家庭拥有财富相同)下,低收入人群所占人口百分比和总收入百分比之间的关系(财富占比等于家庭数占比);洛伦兹曲线(Lorenz Curve)表示人口累计百分比与收入累计百分比的实际对应情况。图中不公平面积(A)越小,收入分配越平等。基尼系数表示的是不公平面积(A)与全部面积(A+B)之比。基尼系数越小,反映收入水平越平均;反之,则表明收入水平越不平均,财富向少数人集中。

（2）通行算法

基尼系数是根据洛伦兹曲线提出的判断分配平等程度的指标。设实际收入分配曲线（洛伦兹曲线）和收入分配绝对平等曲线（45度直线）之间的面积为 A,实际收入分配曲线右下方的面积为 B。以 A 除以（$A+B$）的商表示不平等程度。这个数值被称为基尼系数,有时也称为洛伦兹系数。如果 A 为零,则基尼系数为零,表示收入分配完全平等;如果 B 为零,则基尼系数为1,收入分配绝对不平等。收入分配越是趋向平等,洛伦兹曲线的弧度越小,基尼系数也越小,反之,收入分配越是趋向不平等,洛伦兹曲线的弧度越大,则基尼系数也越大。

在实际测算时,国内不少学者对基尼系数的具体计算方法作了探索,提出了多个不同的实际计算公式。其中一个简便易用的公式为:假定一定数量的人口按收入由低到高顺序排队,分为人数相等的 n 组,从第1组到第 i 组人口累计收入占全部人口总收入的比重为 w_i,利用定积分的定义将对洛伦兹曲线的积分（面 B）分成 n 个等高梯形的面积之和。则基尼系数计算公式为:

$$G = 1 - \frac{1}{n}\left(2\sum_{i=1}^{n-1} W_i + 1\right) \tag{4.2.13}$$

（3）经济含义

基尼系数的经济含义为在全部居民收入中,用于进行不平均分配的那部分收入占总收入的百分比。基尼系数最大为"1",最小等于"0"。前者表示居民之间的收入分配绝对不平均,即100%的收入被一个单位的人全部占有了;而后者则表示居民之间的收入分配绝对平均,即人与人之间收入完全相等,没有任何差异。但这两种情况只是在理论上的绝对化形式,在实际生活中一般不会出现。因此,基尼系数的实际数值只能介于0~1,基尼系数越小收入分配越平均,基尼系数越大则收入分配越不平均。通常把0.4作为贫富差距的警戒线,大于这一数值容易出现社会动荡。

（4）区间划分

联合国有关组织对基尼系数作了以下的区间划分:

低于0.2:收入绝对平均;

0.2~0.3:收入比较平均;

0.3~0.4:收入相对合理;

0.4~0.5:收入差距较大;

0.5以上:收入差距悬殊。

通常把基尼系数的0.4作为收入分配差距的"警戒线",根据黄金分割律,其准确值应为0.382。一般发达国家的基尼系数为0.24~0.36,美国偏高,为0.45。中国国家统计局公布基尼系数2010年为0.481,2012年为0.474,表明我国的收入差距过大,贫富差距问题已经成为我国亟待解决的问题。

（5）影响因素

贫富差距产生的原因包括经济发展水平、社会文化传统、政治经济制度等。其中的一个重要因素,是政策制定者希望以收入分配制度达到何种目标,是注重分配差异的刺激激励作用,还是注重分配政策的调节保障作用。

国际上,日本基尼系数较低的一个重要原因是政府通过实行高额累进税制"劫富济贫",高收入群体的最高所得税税率达到 75%,一般低收入群体只有 15%。美国普通中产阶级的税率大致为 15% 或 25%,比较富有的中产阶级可能要支付 35%。但由于超级富豪的投资收入适用的税率不超过 15%,比工资收入应缴的税率低不少,因此很多富翁的收入适用的税率远低于一般中产阶级。

在薪酬制度设计上注重薪酬保障作用的日本,薪酬收入差距较小;而注重激励作用的美国,薪酬收入差距往往达数十倍甚至上百倍。其结果是美国经济与社会具有较强的活力和创新力,但社会的割裂和碎片化明显;而日本则较为稳定,即使发生如 1998 年那样的大危机也未产生重大的社会问题,但社会活力和创新力又显得不足。

3) 消费者价格指数(CPI)

(1)简介

消费者价格指数(Consumer Price Index,简称 CPI)旨在反映一定时期内居民所消费商品及服务项目的价格水平的变动趋势和变动程度。CPI 的变动率在一定程度上反映了通货膨胀(或紧缩)的程度。通俗地讲,CPI 就是市场上的货物价格增长百分比。一般市场经济国家认为 CPI 增长率在 2%~3% 属于可接受范围,当然还要看其他数据。CPI 过高始终不是好事,高速经济增长率会拉高 CPI,但物价指数增长速度快过人均收入的增长速度就一定不是好事,而一般平均工资的增长速度很难超越 4%。

CPI 是度量居民生活消费品和服务价格水平随着时间变动的相对数,综合反映居民购买的生活消费品和服务价格水平的变动情况。它是进行国民经济核算、宏观经济分析和预测、实施价格总水平调控的一项重要指标,并且世界各国一般用消费价格指数作为测定通货膨胀的主要指标。

现阶段,中国全国居民消费价格指数(CPI)涵盖全国城乡居民生活消费的食品、烟酒及用品、衣着、家庭设备用品及维修服务、医疗保健和个人用品、交通和通信、娱乐教育文化用品及服务、居住等八大类、262 个基本分类的商品与服务价格。数据来源于全国 31 个省(区、市)500 个市县、6.3 万家价格调查点,包括食杂店、百货店、超市、便利店、专业市场、专卖店、购物中心以及农贸市场与服务消费单位等。

(2)计算

CPI 的计算公式:

CPI=(一组固定商品按当期价格计算的价值/一组固定商品按基期价格计算的价值)×100%。采用的是固定权数按加权算术平均指数公式计算,即:

$$\overline{K} = \frac{\sum KW}{\sum W} \qquad (4.2.14)$$

固定权数为 W,其中公式中的分子 K 为各种销售量的个体指数。

(3)CPI 的调整

为更好地适应我国经济社会发展和城乡居民消费结构变化,切实保障 CPI 计算的科学性和准确性,我国统计部门对 CPI 调查方案进行了调整,其中涉及对比基期、权数构成、调查网点和代表规格品的调整。

[1]从2011年1月起,我国CPI开始计算以2010年为对比基期的价格指数序列。这是自2001年计算CPI定基价格指数以来,第二次进行基期例行更换,首轮基期为2000年,第二轮基期为2005年。调整基期,是为了更容易比较。因为对比基期越久,价格规格品变化就越大,可比性就会下降。选择逢0逢5年度作为计算CPI的对比基期,目的是为了与我国国民经济和社会发展五年规划保持相同周期,便于数据分析与使用。

[2]根据2010年全国城乡居民消费支出调查数据以及有关部门的统计数据,按照制度规定对CPI权数构成进行了相应调整。其中居住提高4.22个百分点,食品降低2.21个百分点,烟酒降低0.51个百分点,衣着降低0.49个百分点,家庭设备用品及服务降低0.36个百分点,医疗保健和个人用品降低0.36个百分点,交通和通信降低0.05个百分点,娱乐教育文化用品及服务降低0.25个百分点。

[3]根据各选中调查市县2010年最新商业业态、农贸市场以及服务消费单位状况,按照国家统一规定的原则和方法,增加了1.3万个调查网点。采集全国CPI价格的调查网点(包括食杂店、百货店、超市、便利店、专业市场、专卖店、购物中心以及农贸市场与服务消费单位等)达到6.3万个。

[4]各选中调查市县根据当地居民的消费水平、消费习惯按照国家统一规定的原则和方法,对部分代表规格品及时进行了更新。

[5] 2011年1月开始实行的中国CPI构成和各部分比重如下:

①食品:31.79%

②烟酒及用品:3.49%

③居住:17.22%

④交通通信:9.95%

⑤医疗保健个人用品:9.64%

⑥衣着:8.52%

⑦家庭设备及维修服务:5.64%

⑧娱乐教育文化用品及服务:13.75%

4) GDP平减指数①

(1)基本含义

GDP平减指数(GDP Deflator),又称GDP缩减指数、GDP折算指数,是指没有剔除物价变动前的GDP(现价GDP)增长与剔除了物价变动后的GDP(即不变价GDP或实际GDP)增长之比。该指数也用来计算GDP的组成部分,如个人消费开支。它的计算基础比CPI更广泛,涉及全部商品和服务,除消费外,还包括生产资料和资本、进出口商品和劳务等。因此,这一指数能够更加准确地反映一般物价水平走向,是对价格水平最宏观的测度。

(2)计算

之所以有名义GDP与实际GDP的区别,是因为在一个宏观经济中,产品与劳务的市场价格总是处于不断的变动之中。而在同一年份中,名义GDP与以某一年为基期的实际GDP之间的差别则反映了当期相对于基期的价格变动。

---

①高鸿业.西方经济学(宏观部分)[M].5版.北京:中国人民大学出版社,2011.

由于 GDP 有名义 GDP 与实际 GDP 之分,为了反映两者之间的内在联系,必须去除价格变动的影响,由此提出了 GDP 平减指数的概念。其计算公式为:

$$GDP\ 平减指数 = \frac{名义\ GDP}{实际\ GDP} \times 100\% \tag{4.2.15}$$

(3)含义

由于在 GDP 平减指数的计算中包括了该国或地区所有产品与劳务的数量和价格信息,因此它可以被看作总物价水平一般性的衡量指标。很多国家就是根据 GDP 平减指数百分比的变化来判断一个经济中总体物价水平的变动状况。应该指出的是,GDP 平减指数仅仅是衡量总价格水平中若干指标中的一个。在美国,衡量家庭生活消费水平受价格变动影响的另一个重要指标是前述的消费者价格指数(CPI)。CPI 所涉及的产品范围比 GDP 平减指数要狭小一些,它仅代表了消费品的价格变动状况。而 GDP 平减指数则反映一国生产的所有产品价格变动情况,它既包括消费品,又包括投资品。

4.3　层次分析法

4.3.1　层次分析法概述

层次分析法(Analytic Hierarchy Process, AHP)[1]是美国运筹学家匹茨堡大学教授萨蒂(Saaty)于 20 世纪 70 年代初,在为美国国防部研究"根据各个工业部门对国家福利的贡献大小而进行电力分配"课题时,应用网络系统理论和多目标综合评价方法,提出的一种层次权重决策分析方法。

1)层次分析法定义

所谓层次分析法,是指将一个复杂的多目标决策问题作为一个系统,将目标分解为多个目标或准则,进而分解为多指标(或准则、约束)的若干层次,通过定性指标模糊量化方法算出层次单排序(权数)和总排序,以作为多目标(多指标)、多方案优化决策的系统方法。

2)基本思路

层次分析法首先通过分为不同的层次结构,然后用求解判断矩阵特征向量的办法,求得每一层次的各元素对上一层次某元素的优先权重,最后用加权和的方法递阶归并各备择方案对总目标的最终权重,此最终权重最大者即为最优方案。这里所谓的"优先权重"是一种相对的量度,它表明各备择方案在某一特点的评价准则或子目标,标下优越程度的相对量度,以及各子目标对上一层目标而言重要程度的相对量度。层次分析法比较适合于具有分层交错评价指标的目标系统,而且目标值又难于定量描述的决策问题。其用法是构造判断矩阵,求出其最大特征值。及其所对应的特征向量 W,归一化后,即为某一层次指标对于上一层次某相关指标的

---

①殷克东.经济管理系统分析技术方法论[M].北京:经济科学出版社,2009:163.

相对重要性权值。

3) 应用范围

层次分析法的整个运用过程,完整体现了人决策思维的基本特征,即分解、判断与综合。该方法使定性与定量相结合,便于决策者之间彼此沟通,是一种有效的系统分析方法。随着层次分析法研究的不断深入和发展,其应用范围日渐扩大。戈顿(Goldern,1989)调查后发现,在大约 29 种应用领域里,有 150 多种出版物应用了 AHP 方法进行建模和分析问题。在经济管理各相关领域,AHP 得到广泛应用。

4.3.2 层次分析法的基本步骤

1) 建立层次结构模型

在深入分析实际问题的基础上,将有关的各个因素按照不同属性自上而下地分解成若干层次,同一层的诸因素从属于上一层的因素或对上层因素有影响,同时又支配下一层的因素或受到下层因素的作用。最上层为目标层,通常只有 1 个因素,最下层通常为方案或对象层,中间可以有一个或几个层次,通常为准则或指标层。当准则过多时(譬如多于 9 个)应进一步分解出子准则层,如图 4.3.1 所示。

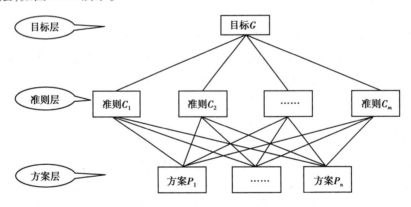

图 4.3.1 AHP 模型结构

2) 构造判断矩阵

从层次结构模型的第 2 层开始,对于从属于(或影响)上一层每个因素的同一层诸因素,用成对比较法和 1—9 标度法构造判断矩阵,直到最下层。

层次分析法的一个重要特点就是用两两重要性程度之比的形式表示出两个方案的相应重要性程度等级。如对某一准则,对其下的各方案进行两两对比,并按其重要性程度评定等级。记为第 i 和第 j 因素的重要性之比,表 4.3.1 列出 Saaty 给出的 9 个重要性等级及其赋值。按两两比较结果构成的矩阵称为判断矩阵。

表 4.3.1　判断矩阵标度及其含义

标度值	含　义
1	同等重要
3	稍微重要
5	较强重要
7	强烈重要
9	极端重要
2,4,6,8	两相邻判断的中间值

假定 C 层元素中 C_s 与下一层次中 $P_1,P_2,\cdots,P_n$ 有联系,则以 C_s 为标准,$P_1,P_2,\cdots,P_n$ 之间两两进行比较,结果记为 b_{ij},则一般可以写为如表 4.3.2 所示形式:

表 4.3.2　判断矩阵

C_s	P_1	P_2	$\cdots$	P_n
P_1	b_{11}	b_{12}	$\cdots$	b_{1n}
P_2	b_{21}	b_{22}	$\cdots$	b_{2n}
$\vdots$	$\vdots$	$\vdots$		$\vdots$
P_n	b_{n1}	b_{n2}	$\cdots$	b_{nn}

元素矩阵 B 称为对准则 C_s 的判断矩阵:

$$B = \begin{bmatrix} b_{11} & b_{12} & \cdots & b_{1n} \\ b_{21} & b_{22} & \cdots & b_{2n} \\ \vdots & \vdots & & \vdots \\ b_{n1} & b_{n2} & \cdots & b_{nn} \end{bmatrix}$$

判断矩阵表示针对上一层次某元素而言,下一层次中各相关元素的相对重要性的比值。判断矩阵 B 是正互反矩阵,具有如下性质:

① $b_{ii} = 1 (i = 1, 2, \cdots, n)$

② $b_{ij} = 1/b_{ji} (i, j = 1, 2, \cdots, n)$

③ $b_{ij} = b_{ik}/b_{jk} (i, j, k = 1, 2, \cdots, n)$

3)层次单排序及判断矩阵一致性检验

对于每一个成对比较阵计算最大特征根及对应特征向量,利用一致性指标、随机一致性指标和一致性比率做一致性检验。若检验通过,特征向量(归一化后)即为权向量;若不通过,需重新构造成对比较阵。

(1)层次单排序

层次单排序就是根据判断矩阵,以上一层次的某一个元素为标准,确定本层次元素对其的相对重要性,该相对重要性即为权重值。权重的计算的数学机理在于计算满足 $BW=\lambda_{\max}W$ 的特征根与特征向量,式中 $\lambda_{\max}$ 为 B 的最大特征根,W 为对应的正规化特征向量,W 的分量即为相应因素的排序的权重值。最常见的计算权重的方法有方根法与和积法。

（a）方根法（几何平均法）

步骤1:计算判断矩阵 B 每一行各个元素的乘积 W_i:

$$W_i = \prod_{j=1}^{n} b_{ij} \quad (i,j=1,2,\cdots,n)$$

步骤2:计算 W_i 的 n 次方根 $\overline{W}_i$:

$$\overline{W}_i = \sqrt[n]{W_i}$$

步骤3:对向量 $\overline{W}=[\overline{W}_1,\overline{W}_2,\cdots,\overline{W}_n]^{\mathrm{T}}$ 进行正规化(归一化)处理,即:

$$a_i = \frac{\overline{W}_i}{\sum_{j=1}^{n} \overline{W}_j}$$

则 $A=[a_1,a_2,\cdots,a_n]^{\mathrm{T}}$ 即为所求特征向量,该向量即为所求权重向量。

步骤4:计算判断矩阵的最大特征根 $\lambda_{\max}$。

$$\lambda_{\max} = \sum_{i=1}^{n} \frac{(BW)_i}{nW_i}$$

（b）和积法（正规化列平均法）

步骤1:将判断矩阵 B 中的每一列进行正规化变换,其元素的一般项为:

$$\overline{b}_{ij} = \frac{b_{ij}}{\sum_{k=1}^{n} b_{ij}} \quad (i,j=1,2,\cdots,n)$$

步骤2:将经过正规化后的判断矩阵元素按行相加:

$$\overline{W}_i = \sum_{j=1}^{n} \overline{b}_{ij} \quad (i=1,2,\cdots,n)$$

步骤3:对向量 $\overline{W}=[\overline{W}_1,\overline{W}_2,\cdots,\overline{W}_n]^{\mathrm{T}}$ 进行正规化(归一化)处理,即:

$$W_i = \frac{\overline{W}_i}{\sum_{j=1}^{n} \overline{W}_j} \quad (i,j=1,2,\cdots,n)$$

则 $W_1,W_2,\cdots,W_n$ 即为层次单排序权重。

步骤4:计算判断矩阵的最大特征根 $\lambda_{\max}$。

（2）一致性检验

根据矩阵理论,只有矩阵中的数据满足上述矩阵 B 的特征③时,判断矩阵才具有完全一致性。但由于客观事物的复杂性,人们在分析问题时,认识具有片面性,要求实际中的每一个矩阵都具有完全的一致性,往往很困难。因此,为了保证 AHP 结论的合理性,需要对判断矩阵的一致性进行检验。也就是说,当判断矩阵的阶数较大时,通常难于构造出满足一致性的矩阵来;但判断矩阵偏离一致性条件又应有一个度,为此,必须对判断矩阵是否可接受进行鉴别,这就是一致性检验的内涵。

为了检验判断矩阵的一致性,需要计算其一致性指标 CI

$$CI = \frac{\lambda_{max} - n}{n - 1}$$

当 CI 为零时,判断矩阵 B 具有完全一致性。CI 越大,一致性越差;CI 越小,表明判断矩阵越接近完全一致性。对于复杂问题进行判断时,做到完全一致性是困难的,但是必须要有“满意一致性”。所谓满意一致性,即是判断矩阵的一致性达到研究需要的目标水平。确定满意一致性需要用到“随机一致性”指标 RI,通过将 CI 与平均随机一致性指标 RI 进行比较,可以判断矩阵 B 的满意一致性水平。各阶 RI 值见表 4.3.3:

表 4.3.3　RI 值

阶　数	1	2	3	4	5	6	7	8	9	10
RI	0.00	0.00	0.58	0.90	1.12	1.24	1.32	1.41	1.45	1.49

在这里,对于 1,2 阶判断矩阵,RI 只是形式上的,因为 1,2 阶判断矩阵总是具有完全一致性;当阶数大于 2 时,判断矩阵的一致性指标 CI 与同阶平均随机一致性指标 RI 之比,称为随机一致性比率,记为 CR。

$$CR = \frac{CI}{RI} \tag{4.3.1}$$

一般规定,当 CR<0.1 时,判断矩阵 B 具有满意的一致性,可以进行 AHP 分析;否则,就需要对判断矩阵进行调整,以达到满意的一致性水平。

4)层次总排序与总体一致性检验

(1)层次总排序

进行层次总排序,就是确定递阶层次结构中的最底层(方案层)中的每一个元素(方案)在总目标(最上层元素)中的权重。

经过层次单排序,已经分别得出 $P_1, P_2, \cdots, P_n$ 对 $C_1, C_2, \cdots, C_m$ 的权重(W),以及 $C_1, C_2, \cdots, C_m$ 对目标 G 的权重($a_1, a_2, \cdots, a_m$)。现在的任务是求出 $P_1, P_2, \cdots, P_n$ 对 G 的权重。其计算思想如表 4.3.4 所示:

表 4.3.4　层次总排序计算方法

	C_1	C_2	$\cdots$	C_m	总排序结果
	a_1	a_2	$\cdots$	a_m	
P_1	W_1^1	W_1^2	$\cdots$	W_1^m	$\sum\limits_{j=1}^{m} a_j W_1^j$
P_2	W_2^1	W_2^2	$\cdots$	W_2^m	$\sum\limits_{j=1}^{m} a_j W_2^j$
$\vdots$	$\vdots$	$\vdots$	$\cdots$	$\vdots$	$\vdots$
P_n	W_n^1	W_n^2	$\cdots$	W_n^m	$\sum\limits_{j=1}^{m} a_j W_n^j$

（2）总体一致性检验

为了评价层次总排序的一致性，需要进行与单层排序类似的检验，称为层次总排序的一致性检验。其程序从高到低逐层进行。如果 B 层次某些因素对于 A_i 单排序的一致性指标为 CI_j，则相应的平均随机一致性指标为 RI_j，则层次总排序随机一致性比率为：

$$CR = \frac{\sum_{j=1}^{m} a_j CI_j}{\sum_{j=1}^{m} a_j RI_j} \qquad (4.3.2)$$

类似的，当 $CR<0.1$ 时，认为层次总排序结果具有满意的一致性；否则，需要重新调整判断矩阵的元素取值，以达到总体排序的满意一致性水平。

4.3.3　层次分析法的优缺点

1）优点

（1）系统性的分析方法

层次分析法把研究对象作为一个系统，按照分解、比较判断、综合的思维方式进行决策，成为继机理分析、统计分析之后发展起来的系统分析的重要工具。系统的思想在于不割断各个因素对结果的影响，而层次分析法中每一层的权重设置最后都会直接或间接影响到结果，而且在每个层次中的每个因素对结果的影响程度都是量化的，非常清晰、明确。这种方法尤其可用于对无结构特性的系统评价以及多目标、多准则、多时期等的系统评价。

（2）简洁实用的决策方法

这种方法既不单纯追求高深数学，又不片面地注重行为、逻辑、推理，而是把定性方法与定量方法有机地结合起来，使复杂的系统分解，能将人们的思维过程数学化、系统化，便于人们接受，且能把多目标、多准则又难以全部量化处理的决策问题化为多层次单目标问题，通过两两比较确定同一层次元素相对上一层次元素的数量关系后，最后进行简单的数学运算。即使是具有中等文化程度的人也可了解层次分析的基本原理和掌握它的基本步骤，计算也非常简便，并且所得结果简单明确，容易为决策者了解和掌握。

（3）所需定量数据信息较少

层次分析法主要是从评价者对评价问题的本质、要素的理解出发，比一般的定量方法更讲求定性的分析和判断。由于层次分析法是一种模拟人们决策过程的思维方式的一种方法，层次分析法把判断各要素的相对重要性的步骤留给了大脑，只保留人脑对要素的印象，化为简单的权重进行计算。这种思想能处理许多用传统的最优化技术无法着手的实际问题。

2）缺点

（1）不能为决策提供新方案

层次分析法的作用是从备选方案中选择较优者。这个作用正好说明了层次分析法只能从原有方案中进行选取，而不能为决策者提供解决问题的新方案。对于大部分决策者来说，如果一种分析工具能替我分析出我已知的方案里的最优者，然后指出已知方案的不足，又或者再提出改进方案，这种分析工具才是比较完美的。但显然，层次分析法还没能做到这点。

（2）定量数据较少，定性成分多，不易令人信服

在如今对科学的方法的评价中，一般都认为一门科学需要比较严格的数学论证和完善的定量方法。但现实世界的问题和人脑考虑问题的过程很多时候并不能简单地用数字来说明一切。层次分析法是一种带有模拟人脑的决策方式的方法，因此必然带有较多的定性色彩。这样，当一个人应用层次分析法来做决策时，其他人就会说：为什么会是这样？能不能用数学方法来解释？如果不可以的话，你凭什么认为你的这个结果是对的？你说你在这个问题上认识比较深，但我也认为我的认识比较深，可我和你的意见是不一致的，以我的观点做出来的结果也和你的不一致，这个时候该如何解决？

比如，评价一件衣服的指标往往是舒适度、耐用度，然而，这些指标对女士们却不然，美观度才是其最主要的评价指标，无论耐穿舒适与否，只要美观，穿一次也值得。这样，对于一个分析"购买衣服时的选择方法"的题目，则演变为"男士购买衣服的选择方法"。因此，当定性成分较多的时候，某一研究能解决的问题就会相对较少。

（3）指标过多时数据统计量大，且权重难以确定

当我们希望能解决较普遍的问题时，指标的选取数量很可能也就随之增加。这就像系统结构理论里，我们要分析一般系统的结构，要搞清楚关系环，就要分析到基层次，而要分析到基层次上的相互关系时，我们要确定的关系就非常多了。指标的增加就意味着我们要构造层次更深、数量更多、规模更庞大的判断矩阵。那么我们就需要对许多的指标进行两两比较的工作。由于一般情况下我们对层次分析法的两两比较，是用 1~9 来说明其相对重要性，如果有越来越多的指标，我们对每两个指标之间的重要程度的判断可能就出现困难了，甚至会对层次单排序和总排序的一致性产生影响，使一致性检验不能通过。也就是说，由于客观事物的复杂性或对事物认识的片面性，通过所构造的判断矩阵求出的特征向量（权值）不一定是合理的。不能通过，就需要调整，在指标数量多的时候这是个很痛苦的过程，因为根据人的思维定式，你觉得这个指标应该是比那个重要，那么就比较难调整过来，同时，也不容易发现指标的相对重要性的取值里到底是哪个有问题，哪个没问题。这就可能花了很多时间，仍然不能通过一致性检验，而更糟糕的是根本不知道哪里出了问题。也就是说，层次分析法里面没有办法指出我们的判断矩阵里哪个元素出了问题。

（4）特征值和特征向量的精确求法比较复杂

在求判断矩阵的特征值和特征向量时，所用的方法和多元统计所用的方法是一样的。在二阶、三阶的时候，我们还比较容易处理，但随着指标的增加，阶数也随之增加，在计算上也变得越来越困难。因此在实践中通常和积法、方根法作近似运算处理。

4.3.4　应用举例：层次分析法在工业项目厂址选择的应用

作为项目技术经济可行性研究的一项重要内容，厂址选择对工业项目成功实施的影响重大。无论企业生产什么，以何种工业设备生产，以及以多大规模生产，都必须以一定的地点作为平台。厂址一旦选定，就不易变动。厂址选择不当，会使项目的成本增加，建设工期拖长；所形成的资产将给企业带来先天不足，造成经济上的长期不合理，给所在城镇和地区的经济发展与环境保护带来长期不利的影响。厂址选择得当，则可以为企业的建设和生产创造良好的条件，从而保证投资项目顺利建成投产并在投产后有效地发挥作用。

1)工业项目厂址选择的层次结构

工业项目厂址选择,涉及指标众多,各企业在实施的过程中,可能会根据自身实际,选择相应的指标体系。本节依据原国家计委办公厅委托中国国际工程咨询公司编写的《投资项目可行性研究指南(试用版)》一书,工业项目厂址选择主要包括工程条件和经济条件,而后者又包括建设投资和运营费用两部分。据此,构建工业项目厂址选择层次结构图如图4.3.2所示。

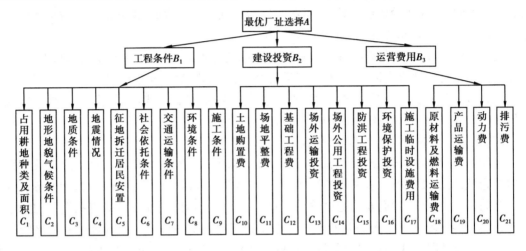

图4.3.2 工业项目厂址选择的层次结构

2)建立判断矩阵及单层次排序

采用1—9标度法,对各指标因素进行两两对比,通过专家群体对所有指标的相对重要性进行选择,建立如下判断矩阵,并采用方根法对各层次进行单排序,如表4.3.5—表4.3.8所示。

表4.3.5 A—B判断矩阵及权重

A	B_1	B_2	B_3	w_i
B_1	1	2	1/2	0.297
B_2	1/2	1	1/3	0.163
B_3	2	3	1	0.540

表4.3.6 B_1—C判断矩阵及权重

B_1	C_1	C_2	C_3	C_4	C_5	C_6	C_7	C_8	C_9	w_i
C_1	1	1/3	1/2	1/2	1/3	1	1/4	1/3	1	0.048
C_2	3	1	2	2	1/3	2	1/3	1	2	0.113
C_3	2	1/2	1	1/2	1/3	2	1/2	1/2	1	0.071
C_4	2	1/2	2	1	1/2	3	1/3	1	2	0.101
C_5	3	3	3	2	1	2	1	3	5	0.212

续表

B_1	C_1	C_2	C_3	C_4	C_5	C_6	C_7	C_8	C_9	w_i
C_6	1	1/2	1/2	1/3	1/2	1	1/4	1/2	1/2	0.048
C_7	4	3	2	3	1	4	1	4	6	0.249
C_8	3	1	2	1	1/3	2	1/4	1	3	0.106
C_9	1	1/2	1	1/2	1/5	2	1/6	1/3	1	0.052

表 4.3.7　B_2—C 判断矩阵及权重

B_2	C_{10}	C_{11}	C_{12}	C_{13}	C_{14}	C_{15}	C_{16}	C_{17}	w_i
C_{10}	1	3	1	1/2	1/2	3	2	2	0.147
C_{11}	1/3	1	1/2	1/4	1/3	1/2	1/2	1/2	0.050
C_{12}	1	2	1	1/2	2	2	2	1	0.145
C_{13}	2	4	2	1	1	4	2	2	0.223
C_{14}	2	3	1/2	1	1	3	2	3	0.184
C_{15}	1/3	2	1/2	1/4	1/3	1	1/2	1	0.065
C_{16}	1/2	2	1/2	1/2	1/2	2	1	3	0.108
C_{17}	1/2	2	1	1/2	1/3	1	1/3	1	0.078

表 4.3.8　B_1—C 判断矩阵及权重

B_3	C_{18}	C_{19}	C_{20}	C_{21}	w_i
C_{18}	1	1	4	3	0.413
C_{19}	1	1	2	2	0.314
C_{20}	1/4	1/2	1	1	0.132
C_{21}	1/3	1/2	1	1	0.142

3）一致性检验

对于判断矩阵 A—B，根据最大特征值公式，计算得到最大特征值为：$\lambda_{\max}=3.009$。将其代入一致性指标公式，得到：

$$CI=\frac{\lambda_{\max}-n}{n-1}=\frac{3.009-3}{3-1}=0.005<0.1 。$$将此结果代入随机一致性比率公式，得到：

$$CR=\frac{CI}{RI}=\frac{0.005}{0.58}=0.009\ <\ 0.1$$

故判断矩阵 A—B 具有满意的一致性。

同理,可以得到其他判断矩阵的一致性检验结果,将其整理为如表 4.3.9 所示的表格:

表 4.3.9 判断矩阵一致性检验

评判矩阵	阶　次	$C.I$	RI	CR	比　较	一致性判断
A—B	3	0.005	0.58	0.009	<0.1	一致
B_1—C	9	0.055	1.45	0.038	<0.1	一致
B_2—C	8	0.063	1.41	0.045	<0.1	一致
B_3—C	4	0.015	0.9	0.017	<0.1	一致

由检验结果可知,所建立的判断矩阵满足一致性要求。可以用于项目分析。

4)层次总排序

由此得出厂址选择的各因素的最后权重如表 4.3.10 所示:

表 4.3.10 各因素的最终权重

指标因素	权　重	指标因素	权　重	指标因素	权　重
C_1	0.014	C_{10}	0.024	C_{19}	0.170
C_2	0.034	C_{11}	0.008	C_{20}	0.071
C_3	0.021	C_{12}	0.024	C_{21}	0.077
C_4	0.030	C_{13}	0.036		
C_5	0.063	C_{14}	0.030		
C_6	0.014	C_{15}	0.011		
C_7	0.074	C_{16}	0.018		
C_8	0.031	C_{17}	0.013		
C_9	0.015	C_{18}	0.223	总权数	1.00

据此,可以得到厂址选择的评判方程:

$$G = 0.014 \times C_1 + 0.034 \times C_2 + 0.021 \times C_3 + 0.030 \times C_4 + 0.063 \times C_5 +$$
$$0.014 \times C_6 + 0.074 \times C_7 + 0.031 \times C_8 + 0.015 \times C_9 + 0.024 \times C_{10} +$$
$$0.008 \times C_{11} + 0.024 \times C_{12} + 0.036 \times C_{13} + 0.030 \times C_{14} + 0.011 \times C_{15} +$$
$$0.018 \times C_{16} + 0.013 \times C_{17} + 0.223 \times C_{18} + 0.170 \times C_{19} + 0.071 \times C_{20} +$$
$$0.077 \times C_{21}$$

5)方案选取

假设有一工业企业欲建新厂以扩大生产规模,现有甲、乙、丙 3 地可供选择作为厂址。根据《投资项目可行性研究指南》的要求,采用上述 21 个指标,进行厂址选择。通过专家对 3 地的实际考察比较,得分值如表 4.3.11 所示。

表 4.3.11　方案评分表

	C_1	C_2	C_3	C_4	C_5	C_6	C_7	C_8	C_9	C_{10}	C_{11}	C_{12}	C_{13}	C_{14}	C_{15}	C_{16}	C_{17}	C_{18}	C_{19}	C_{20}	C_{21}
甲	85	87	65	76	85	79	85	69	78	65	76	65	65	87	75	68	85	65	64	80	68
乙	65	65	73	80	68	67	75	84	67	68	65	78	85	80	64	76	68	67	65	69	67
丙	62	65	65	84	65	65	85	76	60	68	68	75	84	86	68	84	78	87	83	80	85

利用上述评判方程,计算求得甲、乙、丙 3 地的最终得分如表 4.3.12 所示。

表 4.3.12　方案最终得分表

厂　址	得　分	排　序
甲	71.945	2
乙	69.901	3
丙	80.056	1

因此,厂址首选丙地。

6)结论分析

由上述分析可知,在影响工业项目厂址选择的 21 个因素中,其最关键的因素为原材料及燃料运输费,其次为产品运输费,再次为工程条件中的交通运输条件,这与工业企业原材料、燃料及产品等运输量大从而运输成本高的现实情况是一致的。因此,在进行厂址决策时,应优先考虑这几个因素;在此基础上,结合其他各因素,利用上述厂址选择的评判方程,给各厂址打分,综合考虑,其得分最高者为厂址优先选择地。

把层次分析法应用于工业项目的厂址选择,有效地解决了厂址选择中由于因素众多所带来的决策困难,分析过程层次清楚,数学处理简单可行,具有很强的可操作性,为工业项目厂址选择提供了一种有效的决策手段。

4.4　主成分分析法

4.4.1　主成分分析法概述

1)主成分分析的概念

主成分分析(Principal Component Analysis,PCA)[①]也称主分量分析,旨在利用降维的思

---

①殷克东.经济管理系统分析技术方法论[M].北京:经济科学出版社,2009:94.

想,把多指标转化为少数几个综合指标。在实证问题研究中,为了全面、系统地分析问题,我们必须考虑众多影响因素。这些涉及的因素一般称为指标,在多元统计分析中也称为变量。因为每个变量都在不同程度上反映了所研究问题的某些信息,并且指标之间彼此有一定的相关性,因而所得的统计数据反映的信息在一定程度上有重叠。在用统计方法研究多变量问题时,变量太多会增加计算量和增加分析问题的复杂性,人们希望在进行定量分析的过程中,涉及的变量较少,得到的信息量较多。主成分分析在综合评价中能够较好地消除各个指标不同量纲的影响,消除由各指标之间相关性所带来的信息重叠,尤其是它能够克服综合评价中人为确定各指标权重系数的问题,在综合评价中显示了它的优越性。

2)主成分分析法的基本思路

主成分分析法是一种数学变换方法,它把给定的一组相关变量通过线性变换转成另一组不相关的变量,这些新的变量按照方差依次递减的顺序排列。在数学变换中保持变量的总方差不变,使第一变量具有最大的方差,称为第一主成分,第二变量的方差次大,并且和第一变量不相关,称为第二主成分。依次类推,I 个变量就有 I 个主成分。

具体的,设 L_i 为 p 维正交化向量($L_i * L_i = 1$),Z_i 之间互不相关且按照方差由大到小排列,则称 Z_i 为 X 的第 I 个主成分。设 X 的协方差矩阵为 $\sum$,则 $\sum$ 必为半正定对称矩阵,求特征值 λ_i(按从大到小排序)及其特征向量,可以证明,λ_i 所对应的正交化特征向量,即为第 I 个主成分 Z_i 所对应的系数向量 L_i,而 Z_i 的方差贡献率定义为 $\lambda_i / \sum \lambda_j$,通常要求提取的主成分的数量 k 满足 $\sum \lambda_k / \sum \lambda_j > 0.85$。

3)应用领域

主成分分析作为数理统计中一个常用方法,主要用在指标综合评价中,也可以应用到系统分析、统计分析、证券投资、医院事务管理、经济评价、教学质量评价、财务管理与分析等众多领域。

4.4.2　主成分分析的主要概念与数学模型

1)主成分分析的主要概念

（1）主轴与主坐标

设 $\lambda_1 \geq \lambda_2 \geq \cdots \geq \lambda_p \geq 0$ 为 $X'X$ 的特征值,$u_1, \cdots, u_p$ 为其对应的标准正交特征向量。则:

①称 u_i 为 X 在 R^p 中的第 i 个主轴向量(简称主轴),$i = 1, 2, \cdots, p$。

②称 $x'_i u_1, \cdots, x'_i u_p$ 为 x_i 的主坐标,$i = 1, 2, \cdots, n$。

（2）主成分与贡献率

①称 n 个样本点的第 j 个主坐标形成的向量 $y_j = X u_i = (x'_1 u_j, \cdots, x'_n u_j)'$ 为 X 的第 j 个主成分,$j = 1, 2, \cdots, p$。

②称 $a_k = \lambda_k / (\sum_{i=1}^{p} \lambda_i)$ 为第 k 个主成分 y_k 的方差贡献率。

③ 称 $M_k = \sum\limits_{i=1}^{m} \lambda_i / (\sum\limits_{i=1}^{p} \lambda_i)$ 为主成分 $y_1, y_2, \cdots, y_m$ 的累计贡献率。

（3）因子负荷

第 k 个主成分 y_k 与原变量 x_i 的相关系数 $\rho(y_k, x_i)$ 称为因子负荷。

因子负荷是主成分解释中非常重要的解释依据，由因子负荷在主成分中的绝对值大小来刻画该主成分的主要经济意义及其经济成因。

2）主成分分析的数学模型

设有 n 个样本，每个样本观测指标（即变量）：$X_1, X_2, \cdots, X_p$ 构成原始数据矩阵：

$$X = \begin{bmatrix} x_{11} & \cdots & x_{1p} \\ \vdots & \ddots & \vdots \\ x_{n1} & \cdots & x_{np} \end{bmatrix} = (X_1, X_2, \cdots, X_p) \tag{4.4.1}$$

其中，

$$X_i = \begin{bmatrix} x_{1i} \\ x_{2i} \\ \vdots \\ x_{ni} \end{bmatrix}, i = 1, 2, \cdots, p \tag{4.4.2}$$

用数据矩阵 X 的 P 个向量（即 p 个指标向量）$X_1, X_2, \cdots, X_p$ 做线性组合变换，得到综合指标向量为：

$$\begin{cases} F_1 = a_{11}X_1 + a_{21}X_2 + \cdots + a_{p1}X_p \\ F_2 = a_{12}X_1 + a_{22}X_2 + \cdots + a_{p2}X_p \\ \qquad\qquad \vdots \\ F_p = a_{1p}X_1 + a_{2p}X_2 + \cdots + a_{pp}X_p \end{cases} \tag{4.4.3}$$

简记为：

$$F_i = a_{1i}X_1 + a_{2i}X_2 + \cdots + a_{pi}X_p, i = 1, 2, \cdots, p \tag{4.4.4}$$

上述方程要求满足：

$$a_{1i}^2 + a_{2i}^2 + \cdots + a_{pi}^2 = 1, i = 1, 2, \cdots, p \tag{4.4.5}$$

且系数 a_{ij} 由下列原则决定：

① F_i 与 $F_j (i \neq j, i, j = l, \cdots, p)$ 不相关；

② F_1 是 $X_1, X_2, \cdots, X_p$ 的一切线性组合（系数满足上述方程组）中方差最大的；F_2 是与 F_1 不相关的 $X_1, X_2, \cdots, X_p$ 的一切线性组合中方差最大的；F_p 是与 $F_1, F_2, \cdots, F_{p-1}$ 都不相关的 $X_1, X_2, \cdots, X_p$ 的一切线性组合中方差最大的。

满足上述条件的 F_i 叫 $X_1, X_2, \cdots, X_p$ 的第 i 个主成分（其中 $i = 1, 2, \cdots, p$）。

由谱分解定理可知，$X_1, X_2, \cdots, X_p$ 的主成分 F_i 就是以数据矩阵 X 的协方差阵的第 i 个特征根 λ_i 的特征向量 $a_i = (a_{1i}, a_{2i}, \cdots, a_{pi})^T$ 为系数的线性组合，且有 $\text{Var}(F_i) = \lambda_i$（其中 $i = 1, 2, \cdots, p$）。

需指出的是当协方差阵未知时，可用其估计值样本协方差阵 S 来代替，而在实际应用中，为消除指标间量纲的影响，往往对原始数据标准化，这样一来样本协方差阵 S 和相关系数阵 R

相同。因此一般转化为求 R 的特征根和特征向量。

4.4.3 主成分分析的计算步骤

设有 n 个样本,每个样本观测指标(即变量):$X_1,X_2,\cdots,X_p$ 构成原始数据矩阵:

$$X = \begin{bmatrix} x_{11} & \cdots & x_{1p} \\ \vdots & \ddots & \vdots \\ x_{n1} & \cdots & x_{np} \end{bmatrix} = (X_1,X_2,\cdots,X_p)$$

则主成分分析的主要计算步骤如下:

步骤1:将逆指标(越小越好的指标)变换为正指标(越大越好的指标),通常取负或取其倒数。

步骤2:原始数据标准化,消除由于数据量纲不同带来的不利分析的影响。变量标准化公式为:

$$x_{ij}^* = \frac{x_{ij} - \bar{x_j}}{\sqrt{\text{var}(x_j)}},i = 1,2,\cdots,n,j = 1,2,\cdots,p \tag{4.4.6}$$

其中,$\bar{x_j}$ 和 $\sqrt{\text{var}(x_j)}$ 分别表示第 j 个变量的均值和标准差。

为方便记,假定原始数据经过标准化后仍然用 X 表示,那么,$X=(x_1,x_2,\cdots,x_p)'$ 的 p 个变量综合成 p 个新变量;新的综合变量可以由原来的变量 $x_1,x_2,\cdots,x_p$ 线性表示。即:

$$\begin{cases} y_1 = u_{11}x_1 + u_{12}x_2 + \cdots + u_{1p}x_p \\ y_2 = u_{21}x_1 + u_{22}x_2 + \cdots + u_{2p}x_p \\ \vdots \\ y_p = u_{p1}x_1 + u_{p2}x_2 + \cdots + u_{pp}x_p \end{cases} \tag{4.4.7}$$

并且满足

$$u_{k1}^2 + u_{k2}^2 + \cdots + u_{kp}^2 = 1,k = 1,2,\cdots,p \tag{4.4.8}$$

步骤3:建立数据阵 X 的相关系数矩阵:$R=(r_{ij})_{p*p}$。

步骤4:求 R 的特征根 $\lambda_1 \geqslant \lambda_2 \geqslant \cdots \geqslant \lambda_p \geqslant 0$ 及对应的特征向量 $e_i(i=1,2,\cdots,p)$。

步骤5:计算累计贡献率 M_k,并根据累计贡献率 M_k 的大小来确定主成分的个数。一般的,当 $M_k \geqslant 85\%$ 时,取前 k 个主成分来代替原来的 p 个指标变量的信息。其中,第 i 个主成分的表达式为:

$$F_i = a_{1i}X_1 + a_{2i}X_2 + \cdots + a_{pi}X_p,i = 1,2,\cdots,k \tag{4.4.9}$$

步骤6:计算主成分负荷:

$$\rho(F_k,x_k) = \sqrt{r_k}e_{ki},i,k = 1,2,\cdots,p \tag{4.4.10}$$

由此,可以进一步计算得到主成分得分:

$$Z = \begin{pmatrix} z_{11} & z_{12} & \cdots & z_{1m} \\ z_{21} & z_{22} & \cdots & z_{2m} \\ \vdots & \vdots & & \vdots \\ z_{r1} & z_{r2} & \cdots & z_{rm} \end{pmatrix} \tag{4.4.11}$$

4.4.4　主成分分析的主要用途

根据主成分分析的定义及性质可以发现,主成分分析主要有以下几个方面的用途:

第一,主成分分析能降低所研究的数据空间的维数。即用研究 m 维的 y 空间代替 p 维的 x 空间($m<p$),而低维的 y 空间代替高维的 x 空间所损失的信息较少。即使只有一个主成分 y_1($m=1$)时,这个 y_1 仍是使用全部 x 变量(p 个)得到的。例如要计算 y_1 的均值也得使用全部 x 的均值。在所选的前 m 个主成分中,如果某个 x_i 的系数都近似于零的话,就可以把这个 x_i 删除,这也是一种删除多余变量的方法。

第二,有时可通过因子负荷 a_{ij} 的结构,弄清 x 变量间的某些关系。例如在评价某企业的经济效益时,如果得税指标的负荷全为正值,产值指标的负荷全为负值,这似乎可以说明企业对国家的贡献主要来自于利税,利税指标是衡量企业贡献大小的主要指标。

第三,多维数据的一种图形表示方法。当维数大于 3 时便不能画出几何图形,而多元统计研究的问题大都多于 3 个变量,因此无法将问题用图形表示出来。然而,经过主成分分析后,选取前两个主成分或其中某两个主成分,根据主成分的得分,画出 N 个样品在二维平面上的分布情况,由图形可直观地看出各样品在主分量中的地位,进而还可对样品进行分类处理,图形发现远离大多数样本点的离群点。

第四,由主成分分析法构造回归模型。即把各主成分作为新的自变量代替原来自变量 x 作回归分析。

第五,用主成分分析筛选回归变量。回归变量的选择有着重大的实际意义,为了使模型能够更好地进行结构分析、控制和预报,应从原始变量构成的子集合中选择最佳变量,构成最佳变量子集合。用主成分分析筛选回归变量,计算量小,易于选择最佳变量子集合。

多元统计分析中的主成分分析法,以其理论的简洁性、赋权的客观性等特点被广泛应用于经济、社会、科教、环保等领域众多对象的评价和排序。这一方法的基本特征是应用数理统计和线性代数知识,通过寻找样本点散布最开的几个正交方向,对样本阵中的信息进行提炼和降维;再应用决策分析和泛函分析知识探索主成分价值函数的形成机理和结构形式。由于上述优点,主成分分析法在社会经济、企业管理及地质、生化等各领域都有其用武之地,如在综合评价、过程控制与诊断、数理压缩、信息处理、模式识别等方向都有广泛的应用,并取得了良好的运用效果。

4.5　DEA 方法

在生产理论研究中,考察生产单位的效率即生产率的研究是理论研究与实践工作者极为关注的内容。对生产率的研究,常用的方法有数据包络分析(Data Envelopment Analysis,DEA)方法和随机前沿分析(Stochastic Frontier Analysis,SFA)。本节介绍 DEA 方法,下节介绍 SFA 方法。

1978 年由著名的运筹学家 Charnes,Cooper 和 Rhodes 首先提出了 DEA 方法,他们的第一个模型被命名为 C^2R 模型。从生产函数角度看,这一模型是用来研究具有多个投入,特别是具有多个产出的"生产部门"的十分理想且卓有成效的方法。1984 年 Banker,Charnes 和 Cooper 提出了 BCC 模型。1985 年 Charnes,Cooper 和 Golany,Seiford,Stutz 给出了另一个模型(称为 CCGSS 模型),这两个模型是用来研究生产部门之间的"技术有效"性的。1986 年

Charnes,Cooper 和魏权龄为了进一步地估计"有效生产前沿面",利用 Charnes,Cooper 和 Kortanek 于 1962 年首先提出的半无限规划理论,研究了具有无穷多个决策单元的情况,给出了一个新的 DEA 模型——CCW 模型。1987 年 Charnes,Cooper,魏权龄和黄志民又得到了称为锥比率的 DEA 模型——CCWH 模型。这一模型可以用来处理具有过多的输入及输出的情况,而且锥的选取可以体现决策者的"偏好"。灵活地应用这一模型,可以将 CCR 模型中确定出的 DEA 有效决策单元进行分类或排队等。这些模型以及新的模型正在被不断地进行完善和进一步发展。

4.5.1　效率测算概念

Farrell(1957)提出企业效率主要包括两个组成部分:技术效率,反映在给定投入的情况下企业获得最大产出的能力;配置效率,反映给定各自投入价格和生产技术条件时,企业以最佳投入比例使用各项投入的能力。当两种方法结合起来使用时,我们便得到总经济效率。

1)投入导向的效率测算

Farrell 以基于常数规模报酬(Constant Returns to scale,CRS)假设下的两种投入(x_1 和 x_2)、一种产出(q)的企业模型展开讨论。在图 4.5.1 中,等产量曲线 SS' 表示技术完全有效率(技术等量曲线)。设企业以 P 点表示的投入生产一定的产出,则企业的技术无效率表示为图中线段 QP 的距离。当投入由 P 点等比例降至 Q 点时,产量并不减少。这里用 QP/OP 表示所有投入可以降低的比例从而实现企业技术效率。企业技术效率(Technical Efficiency,TE)可用如下方式表示:

$$TE_i = OQ/OP = 1 - QP/OP$$

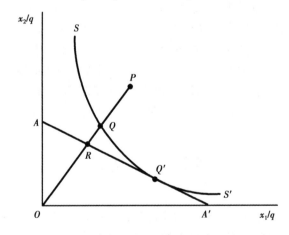

图 4.5.1　技术效率和配置效率

TE 在 0 到 1 之间取值,从而可对企业技术效率进行评价。$TE = 1$ 时,企业完全有效率。例如,位于等产量曲线上的点 Q 所表示的企业为完全效率企业。

如果已知投入价格比,即图 4.5.1 中 AA' 表示的等成本曲线,则在 P 点生产的企业的配置效率(Allocative Efficiency,AE)可表示为:

$$AE_i = OR/OQ$$

这是因为:线段 RQ 代表了与仅处于技术有效的 Q 点相比,处于配置有效(同时也是技术有效)的 Q' 点所能节约的生产成本。

总经济效率被定义为:

$$EE_i = OR/OP$$

线段 RP 的距离也可以看作成本的降低。可以看出技术效率和配置效率构成了总的经济效率,即:

$$EE_i = TE_i \times AE_i = (OQ/OP) \times (OR/OQ) = OR/OP$$

很显然,这 3 种效率的取值范围都为 0~1。

这些效率测算的方法通常都以假设生产函数已知为前提。事实上,技术等量曲线必须通过样本估计获得。Farrell(1957)提出应用非参数的分段线性的凸性等量曲线来表示生产曲线,从而使所有样本点不会落在曲线左侧或下方(见图 4.5.2);或者应用生产函数,如柯布-道格拉斯生产函数,从而所有样本点都不会落在左侧或下方。

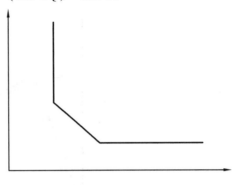

图 4.5.2 分段线性的凸性等量曲线

以上的效率测算均在常数规模报酬假设下进行。同样的测算也可在非常数规模报酬的情况下进行。通过调整图 4.5.1 中的坐标轴,将其改为 X_1 和 X_2 并假设等量曲线表示特定产出下的最低投入集,则有关效率测算可以作类似阐述。

2) 产出导向的效率测算

以上基于投入导向的技术效率测算针对这样一个问题:"在产出不变的情况下,投入会在多大程度上同比例降低?"我们也可以提出与此相关但不同的一个问题,即:"在投入不变的情况下,产出能在多大程度上同比例增长?"这即是产出导向下的效率测算问题。产出导向的效率测算可以采用与上述投入导向相反的方法。通过一个单一投入单一产出的模型可以清楚说明投入导向与产出导向的区别,见图 4.5.3(a)。图中生产函数为非递增规模报酬(Nonincreasing Returns to Scale,NIRS),以 $f(x)$ 表示,企业在无效率的 P 点生产。按照 Farrell 的理论,投入导向测算总效率(EE)为 AB/AP,按产出导向测算总效率(EE)为 CP/CD。只有

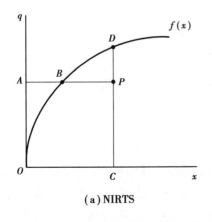

(a) NIRTS

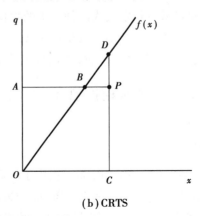

(b) CRTS

图 4.5.3 投入/产出导向的技术效率与规模报酬率

在常数规模报酬的条件下,投入导向与产出导向测算的技术效率才相同。图 4.5.3(b)为常数规模报酬,假设企业仍在无效率的 P 点生产,则显然有:$AB/AP = CP/CD$。

在两种产出(q_1,q_2)一种投入(x)的模式下也可进行基于产出导向的测算。如果投入量确定(控制)在一定水平上,技术可以表示为二维空间上的生产可能性曲线。如图 4.5.4 所示,ZZ'为生产可能性曲线,A 点相当于一个无效率的企业。由于 ZZ' 表示最大的生产可能性,因此 A 点位于曲线的下方。

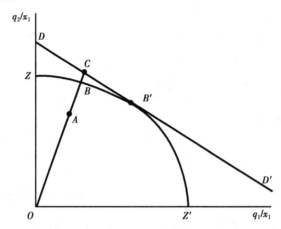

图 4.5.4 产出导向的技术效率与配置效率(两种产出一种投入)

Farrell 的基于产出导向的效率测算可做如下定义:如图 4.5.4 所示,线段 AB 表示技术无效率。也就是说,在不增加投入的情况下产出可增加的数量。因此,基于产出导向的技术效率为:

$$TEO = OA/OB$$

如果有价格信息可得到等收入曲线 DD',从而配置效率可定义为:

$$AEO = OB/OC$$

如果拥有了两种产出的价格信息,则可以得到由两种产出所决定的等收益曲线,如图 4.5.4 中的 DD',由此可得到配置效率:

$$AEO = OB/OC$$

总经济效率被定义为两种效率的乘积:

$$EEO = TEO \times AEO = (OA/OB) \times (OB/OC) = OA/OC$$

与投入导向一样,3 种效率的取值范围仍为 0~1。

4.5.2 常数规模报酬(CRS)的 DEA 模型

1)C^2R 模型

Charnes,Cooper 和 Rhodes 提出了常数规模报酬下的投入导向模型,记为 C^2R 模型。随后的研究开始考虑另一种假设。Banker,Charnes 和 Cooper(1984)在研究中提出了可变规模报酬的 BCC 模型。本节的 C^2R 模型从常数规模报酬的投入导向入手,因为这个模型是第一个被广泛应用的模型。

首先定义一些符号。设投入为 K,产出为 M,有 N 个企业。对第 i 个企业而言,投入和产出分别表示为列向量 x_i 和 y_i。

X 和 Q 分别表示 $K×N$ 维投入矩阵和 $M×N$ 维产出矩阵。

DEA 可直观地通过比率的形式引入。对每家企业而言,我们希望测度出所有产出和所有投入的比例,即 $u'q_i/v'x_i$。这里 u 是 $M×1$ 维产出权重向量,v 是 $K×1$ 维投入权重向量。最优权重通过求解数学规划模型问题得到:

$$
\begin{aligned}
&\max_{u,v}(u'q_i/v'x_i),\\
&\text{st}\quad u'q_j/v'x_j \leq 1,\quad j=1,2,\cdots,I\\
&\quad\quad u,v \geq 0
\end{aligned}
\tag{4.5.1}
$$

其中包括确定 u 和 v 的值,从而能够对第 i 个企业的效率在所有效率必然等于或小于 1 的限定条件下进行最大化测算。这个效率公式的问题在于有无穷多个解。为避免这种情况,可以增加 $v'x_i=1$ 的约束条件,从而公式变为:

$$
\begin{aligned}
&\max_{\mu,\nu}(\mu'q_i),\\
&\text{st}\quad \nu'x_i = 1\\
&\quad\quad \mu'q_j - \nu'x_j \leq 0,\quad j=1,2,\cdots,I\\
&\quad\quad \mu,\nu \geq 0
\end{aligned}
\tag{4.5.2}
$$

把公式中的 u 和 v 变为 μ 和 ν 以便和前面的线性规划问题相区别。式(4.5.2)的形式可看作是 DEA 线性规划模型的乘法形式。

应用二元线性规划,可以得到等价的包络模型:

$$
\begin{aligned}
&\min_{\theta,\lambda}\theta,\\
&\text{st}\quad -q_i + Q\lambda \geq 0\\
&\quad\quad \theta x_i - X\lambda \geq 0\\
&\quad\quad \lambda \geq 0
\end{aligned}
\tag{4.5.3}
$$

这里 θ 是一个标量,λ 是 $N×1$ 维常数向量。这种包络形式比乘法形式的约束条件减少很多($K+M<N+1$),因此是比较常用的模式。θ 的值是第 i 家企业的效率值,满足 $\theta \leq 1$。按照 Farrell 的定义,当 $\theta=1$ 时,表示该企业是效率前沿面上的点,因而处于技术有效状态。在模型中线性规划问题必须求解 N 遍,从而获得每家企业的 θ 值。

2) 松弛变量

DEA 模型中的线性分段前沿函数在效率测算过程中会遇到一些问题,其中之一在于线性分段前沿函数有一部分与坐标轴平行。为说明这个问题,参照图 4.5.5,投入组合 C 与 D 是两个有效率的企业,而 A 和 B 为无效率的企业。Farrell (1957)测量的技术效率,A 和 B 企业分别为 OA'/OA 和 OB'/OB。但是,问题在于 A' 是否为有效率的企业,因为当 X_1 投入不变而 X_2 减少 CA' 时,仍然可以达到相同的产出。这种情况称为投入松弛(input slacks)。同样,从产出方面考虑,类似情形成为产出松弛(output slacks)。

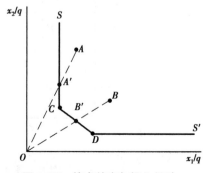

图 4.5.5　技术效率与投入松弛

现在我们规定对第 i 家企业而言,只有在同时满足 $Y\lambda - y_i = 0$ 且 $\theta x_i - x\lambda = 0$ 时,才能保证投入松弛为零且产出松弛等于零(给定最优 θ 和 λ 值)。

3)一个简单的数字例子

我们用 5 家企业的样本数据建立两种投入单一产出的模型进行常数规模报酬的基于投入导向的线性规划模型如表 4.5.1 所示:

表 4.5.1 C^2R 模型数学例子数据

$firm$	q	x_1	x_2	x_1/q	x_2/q
1	1	2	5	2	5
2	2	2	4	1	2
3	3	6	6	2	2
4	1	3	2	3	2
5	2	6	2	3	1

所用到的模型如下:

$$\min_{\theta,\lambda} \theta,$$
$$st \quad -q_3 + (q_1\lambda_1 + q_2\lambda_2 + q_3\lambda_3 + q_4\lambda_4 + q_5\lambda_5) \geqslant 0$$
$$\theta x_{13} - (x_{11}\lambda_1 + x_{12}\lambda_2 + x_{13}\lambda_3 + x_{14}\lambda_4 + x_{15}\lambda_5) \geqslant 0$$
$$\theta x_{23} - (x_{21}\lambda_1 + x_{22}\lambda_2 + \lambda_{23}\lambda_3 + x_{24}\lambda_4 + x_{25}\lambda_5) \geqslant 0$$
$$\lambda \geqslant 0 \qquad\qquad (4.5.4)$$

其中, $\lambda = (\lambda_1, \lambda_2, \lambda_3, \lambda_4, \lambda_5)$

模型投入/产出比率以及(4.5.3)式中定义的 DEA 模型相对应的 DEA 前沿如图 4.5.6 所示,图中 DEA 前沿是对 5 家企业的数据进行线性规划问题求解后的结果。

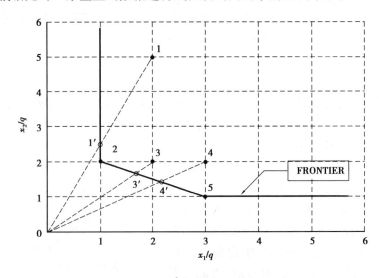

图 4.5.6 C^2R 模型数学例子

表 4.5.2　C^2R 模型数学例子结果

firm	θ	λ_1	λ_2	λ_3	λ_4	λ_5	IS_1	IS_2	OS
1	0.5	—	0.5	—	—	—	—	0.5	—
2	1	—	1	—	—	—	—	—	—
3	0.833	—	1	—	—	0.5	—	—	—
4	0.714	—	0.214	—	—	0.286	—	—	—
5	1	—	—	—	—	1	—	—	—

考察企业 3。这里 θ 和 λ 的值在表 4.5.2 的第 3 行中给出,可以看出第 3 家企业的总效率为 0.833。也就是说,第 3 家企业可以在保持产出不变的情况下减少原有投入的 16.7%,即可以使企业在图 4.5.6 中的点 3′ 的位置生产。这个点在点 2 和点 5 之间的连线上。企业 2 和 5 也就看作是企业 3 的同位格。把效率前沿上与表示企业 3 相关的点定义为企业 3 的有效生产点。点 3′ 是点 2 和 5 的线性组合,权重为表 4.5.2 第 3 行中 λ 的值。

许多 DEA 模型分析在讨论同位格的同时也探讨目标问题。在本例中企业 3 的目标就是有效率的点 3′ 在图中投影位置的坐标,等于 $0.833×(2,2)=(1.666,1.666)$。因此企业 3 可以用 $3×(1.666,1.666)=(5,5)$ 个单位的 2 种投入生产 3 个单位的产出。

可以用同样的方法对另外两家无效率企业加以讨论。企业 4 总效率为 $TE=0.714$ 并且与企业 3 有相同的同位格。企业 1 的总效率 $TE=0.5$ 并且以企业 2 作为同位格。可以看到企业 1 在坐标平面中的投影(即点 1′)落在前沿面上与 X_2 轴平行的部分。因此企业 1 并不是一个有效率的企业,当减少 0.5 单位 X_2 的投入(企业在点 2 生产)仍然可以获得同样数量的产出。因此我们可以说企业 1 在投入面上有 50% 的径向无效率并且在 X_2 的投入上有 0.5 单位的投入松弛。那么企业 1 的目标就是在所有投入都减少 50% 的基础上再减少 0.5 单位 X_2 的投入。调整后的企业目标 $(X_1=1,X_2=2)$ 也就是图中点 2 的坐标。

从表 4.5.2 可以看出,企业 2 和企业 5 拥有同样的总效率 $TE=1.0$ 因此他们的同位格为企业本身,也就是说企业都希望生产落在前沿面上。

4.5.3　可变规模报酬(VRS)的 DEA 模型

1) BCC 模型

常数规模报酬的假设只有在所有企业都是在最优规模下运行。不完全竞争、金融限制等都会导致企业无法在最优规模下生产。Banker,Charnes 和 Cooper(1984)提出用可变规模报酬模型代替常数规模报酬——BCC 模型。当企业未在最优规模下生产时基于常数规模报酬模型会导致总效率与规模效率的混淆。可变规模报酬模型去除了在计算总效率时规模效率带来的影响。

在常数规模报酬线性规划问题上加上一个 $N1'\lambda=1$ 的凸性假设就能够得到可变规模报酬模型,从而式(4.5.3)变为:

$$\min_{\theta,\lambda} \theta,$$
$$st \quad -q_i + Q\lambda \geq 0$$
$$\theta x_i - X\lambda \geq 0$$
$$N1'\lambda = 1$$
$$\lambda \geq 0 \tag{4.5.5}$$

这里 $N1$ 是一个 $N\times1$ 维的元素为 1 的单位向量。应用这种方法的凸性曲线所形成的相交平面与常数规模报酬下的圆锥曲线相比能更好地包络数据点（样本点），从而能够提供与常数规模报酬一样的或者比常数规模报酬模型下更精确的数据。在 20 世纪 90 年代后可变规模报酬模型成为最常用的模型。

凸性假设 $N1'\lambda=1$ 确保了无效率企业以相似企业为基准。也就是说，在 DEA 前沿上的投影点（本企业的）是所有样本企业的凸性组合。在常数规模报酬的情形中并没有这种凸性的限制。因此，在常数规模报酬的 DEA 模型中，企业可能会以一个规模远大于（或小于）自身的企业作为基准。在这种情况下 λ 权重将会过大或过小。

2) 对规模效率的测算

如果企业使用规模报酬递增的技术，便可获得每个企业的规模效率值。可以通过同时构建基于 CRS 和 VRS 的 DEA 模型实现这个过程。那么，一个基于不变规模报酬的 DEA 模型总效率可分解为两部分：一部分是由于规模无效率，另一部分是由于纯技术无效率。如果基于特定企业的 CRS 和 VRS 测算值有差别的话，那么该企业存在规模无效率的问题，并且可以通过比较 CRS 和 VRS 模型下的总效率 TE 的差别计算这种规模无效率（图 4.5.7）。

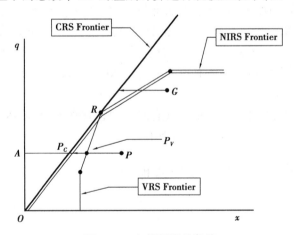

图 4.5.7　规模报酬的计算

在图 4.5.7 中，我们用单一投入单一产出模型说明这种规模无效率。CRS 和 VRS 下的生产前沿都在图中标出。在常数规模报酬下，P 点的基于投入导向的技术无效率为线段 PP_c。但是，在可变规模报酬下，技术无效率仅仅表示为线段 PPV。由规模无效率引起的两种方法测算的总效率差额为线段 P_cP_V。用比例形式表示为：

$$TE_{CRS} = AP_C/AP$$
$$TE_{VRS} = AP_V/AP$$
$$SE = AP_C/AP_V$$

这里所有效率值都为 $0 \sim 1$。我们同时发现：$TE_{CRS} = TE_{VRS} \times SE$

因为：$AP_C / AP = (AP_V / AP) \times (AP_C / AP_V)$

这样，常数规模报酬下的技术效率测算可分解为纯技术效率和规模效率。这里的规模效率可以粗略地解释为在 P_V 点生产的企业平均产量与在技术最优化规模点(点 R)生产的企业平均产量的比值。

这种规模效率的缺点在于无法判断一个企业是处于规模报酬递增还是规模报酬递减。这个问题可以通过求解另外一个基于非增规模报酬(NIRS)的 DEA 模型加以解决。通过将 (4.5.5)式中的约束条件 $N1'\lambda = 1$ 改为 $N1'\lambda \leqslant 1$ 即得到 NIRS 模型：

$$\min_{\theta, \lambda} \theta,$$
$$\text{st} \quad -q_i + Q\lambda \geqslant 0$$
$$\theta x_i - X\lambda \geqslant 0$$
$$N1'\lambda \leqslant 1$$
$$\lambda \geqslant 0 \tag{4.5.6}$$

基于 NIRS 的 DEA 前沿也在图 4.5.7 中标明。特定企业规模无效率的状态(由于递增或递减规模报酬引起)可以通过比较基于 NIRS 的总效率(TE)和 VRS 的总效率是否相等加以判断。如果两个总效率不相等(如图 4.5.7 中的 P 点)那么该企业为规模效率递增。如果两者相等(如图 4.5.7 中的 Q 点)那么该企业为规模报酬递减。

注意约束条件：$N1'\lambda \leqslant 1$ 保证特定企业不会以规模远超自身的企业为基准，但可能以规模小于自己的企业为基准。

4.5.4 投入导向或产出导向

在前述讨论的产出导向模型中，当保持产出不变时，我们认为企业技术无效率与投入同比例减少。这种情况与 Farrell 的基于投入的技术无效率测算相同。在投入不变的情况下，也可以测算企业产出同比增长的无效率状况。这两种方法求出的值在常数规模报酬的情况下相同，在可变规模报酬的情况下不相同。假定线性规划不会出现诸如联立方程偏差之类的统计问题，那么选择一种恰当的导向的重要性就不像在统计学估计中那么突出。在大量研究中，分析者倾向于选择产出导向模型，因为许多企业都有一定的秩序(例如在电力生产企业)，并且许多企业都把投入当作最为重要的决策变量，尽管并非所有的企业都是如此。在某些工业领域，在企业资源投入受到某些限制的同时要求企业尽可能多地扩大产出。在这种情况下，基于投入导向的模型更为适用。从本质上讲，在选择导向类型时应当考虑管理者对哪种变量(投入或产出)有较强的控制力。此外，在大多数情况下，导向类型的选择对测算数据的影响是很小的。

基于产出导向的 DEA 模型与基于投入导向的 DEA 模型有许多相似点。以下面的基于产出导向的可变规模报酬模型为例：

$$\max_{\theta, \lambda} \phi,$$
$$\text{st} \quad -\phi q_i + Q\lambda \geqslant 0$$
$$x_i - X\lambda \geqslant 0$$
$$N1'\lambda = 1$$
$$\lambda \geqslant 0 \tag{4.5.7}$$

这里 $1 \leqslant \phi \leqslant \infty$，且 $\phi - 1$ 是在投入不变的情况下特定企业产出的同比例增加值。$1/\phi$ 定义

了一个在 0 到 1 之间变化的总效率 TE。

基于产出导向的双投入 DEA 模型可以用线性分段生产可能性曲线描述,如图 4.5.8 所示。图中样本点均落在曲线下方,当某一生产点以径向扩张的方式投影到前沿曲线上与坐标轴成直角的部分时就会出现产出松弛。例如,点 P 径向扩展到位于生产前沿上的 P' 点。由于产出 q_1 可以在投入不变的情况下增加 AP',因此点 P' 并不是一个有效率的点。因此在这个例子中存在 q_1 的产出松弛 AP'。

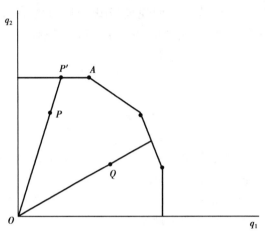

图 4.5.8　产出导向的 DEA 模型

值得注意的是投入或产出导向的模型基于相同的生产前沿测算,因而,按照定义,把同一样本集中的企业都看作有效率。只有在有效率和无效率的企业相互结合的时候两种方法才会出现偏差;在常数规模报酬的模型中,两种导向能够提供相同的测算值。

4.6　SFA 方法

4.6.1　SFA 方法概述

数据包络分析和随机前沿分析是用于前沿估计和效率测量的两种不同的方法。DEA 是一种线性规划技术,是根据多指标投入和多指标产出对决策单元(DMU)进行有效性分析的一种方法。SFA 则是一种生产前沿测算的参数法[1]。

本节是随机前沿模型和效率测量的一个简单介绍。只提供简单的方法介绍而不过多注意概念和技术细节的推理。

我们首先回顾一个 Farrell(1957)提出的测量公司效率的两个基本概念:TE,AE 和 EE。技术效率(TE)反映在给定投入情况下企业获取最大产出的能力,或者是在给定产出情况下企业所需最小投入的能力。配置效率(AE)反映给定投入价格时企业以适当比例使用各项投入的

[1]Coelli Tim, Rao, D S Prasada, Battese, George E. An Introduction to Efficiency and Productivity Analysis [M]. 2nd edition. Springer Science+Business Media, Inc, 2005:241.

能力。技术效率和配置效率两项测度结果组合成总的经济效率（EE）。前面这些定义的测量方法,包括投入导向和产出导向。

上面这些效率的测量方法都假定公司的效率生产函数已知。但实际中这些生产函数是未知的。Farrell 建议根据样本数据,利用非参数分段线性技术或参数函数来估计生产函数。例如,C—D 形式的函数。Charnes,Cooper 等利用分段线性技术提出了 DEA 方法。Aigner 等利用参数函数提出了随机前沿模型（SFA）。

Aigner 和 Chu（1968）利用 N 个企业的样本,估计了 C—D 形式的随机前沿生产函数,其模型为：

$$\ln q_i = x'_i \beta - u_i \tag{4.6.1}$$

其中,$\ln(q_i)$ 表示第 i 个企业标量产出的对数。

x_i 为 $(k+1)$ 组矢量投入,表示第 i 个企业从第一个到第 k 个元素的投入数量。β 为 $k+1$ 维的待定的参数向量。u_i 为非负的随机变量,用来表示公司的技术效率状态（技术非效率）。

利用第 i 个公司的观测产出比给定的投入可以定义第 i 个公司的技术效率 TE_i：

$$TE_i = \frac{q_i}{\exp(x_i\beta)} = \frac{\exp(x_i\beta - u_i)}{\exp(x_i\beta)} = \exp(-u_i) \tag{4.6.2}$$

这是 Farrel 的产出导向技术效率的测量表达式,其值介于 0 和 1 之间。它反映在给定相同投入量的情况下,相对于高效率的企业,第 i 个企业的相对产出能力。利用公式 4.6.2,可以估计得到生产效率,即产出的观测值与估计的前沿值的比例。其中,前沿面上的产出用 $\exp(x_i\beta)$ 来估计。

上面的模型实际上是确定性前沿模型。显然,在这个模型里对前沿面有冲击的误差和噪声没有被考虑进来。为了解决噪声问题,随机前沿分析方法被提出以用来解决噪音问题。

4.6.2　随机前沿生产函数

Aigner,Lovell,Schmidt（1977）与 Meeusen, van den Broeck（1977）分别独立提出随机前沿生产函数模型。在公式 4.6.1 里,对非负随机变量加上了一个随机游走变量（自由误差）v_i。

$$\ln q_i = x'_i \beta + v_i - u_i \tag{4.6.3}$$

随机项 v_i 用来解释测量误差和另外的一些自由冲击因素,如天气、罢工、运气等因素的影响,都作为产出变量,与不可定义的投入变量的影响结合在一起,共存于生产函数中。Aigner,Lovell,Schmidt（1977）假定 $v_i s$ 独立同分布（i.i.d）,且服从均值为 0 的正态分布 $N(0, \sigma_v^2)$,且与 $u_i s$ 相互独立；$u_i s$ 也是独立同分布,且服从半正态分布 $N(0, \sigma_u^2)$。

公式（4.6.3）所定义的模型,被称为随机前沿生产函数。这是由于产出量受到随机变量的约束。随机项 v_i 可以是正的,也可以是负的。因此随机前沿产出会随着前沿函数的定数部分的变化而变化。

随机前沿模型可以用图 4.6.1 所示的二维图形来解释。横轴代表投入,纵轴代表产出,前沿模型的定数用向量来表示,并且假定是规模报酬递减。图中有 i 和 j 两个公司的投入和产出,第 i 个公司投入量为 x_i,产出为 q_i,相应的投入和产出组合用 X 来表示。随机前沿产出用生产函数上方,这是由于随机游走变量 v_i 为正。同样,第 j 个公司投入水平用 x_j 表示,产出用 y_j 表示。但是前沿产出在生产函数的下方,这是由于随机游走变量 v_j 为负,$v_j < 0$。同时,随机前

沿产出 q_i^* 和 q_j^* 由于 v_i 和 v_j 不可观察而不可知。但是随机前沿模型中的确定性部分可以看出介于随机前沿产出的中间,当相应的自由误大于相应的非效率因素的效应时观测到的产出会大于前沿上的定数部分。

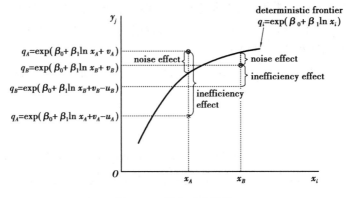

图 4.6.1　随机生产前沿

这个随机前沿模型可以用传统的最大似然估计来进行标准误和假设检验,在早期的定数模型中由于 ML 的规定的约束而不能进行这样的检验。

随机前沿模型也存在一定缺陷。最大的问题是对于任何所选择的 $u_i s$ 的特殊分布形式没有一个先验的标准。现在,更多的常用分布形式,例如半正态分布和截断正态分布可以部分解决这些问题。但是,效率测量的结果仍对分布假设非常敏感。

4.6.3　最大似然估计

公式 4.6.3 中的随机前沿生产函数的参数,可以用最大似然估计(ML)方法来估计。计算机软件,如 LIMDEP 经济包(Greene 1992)和 Frontier 程序(Coelli 1992,1996a)的使用,能自动运用 ML 方法估计随机前沿模型的参数。随机前沿模型中 ML 估计参数的基本方法如下。

先考察半正态分布。在半正态分布假设下,Aigner,Lovell,Schmidt(1977)引出了公式4.6.3所示的对数似然函数模型。公式中的 $u_i s$ 假定为 i.i.d 且服从截断的正态分布 $N(0, \sigma_u^2)$。V_i 也为独立一致且服从正态分布 $N(0, \sigma_v^2)$。Lovell,Schmidt(1977)将两个参数变量引入了似然函数,$\sigma_s^2 = \sigma_u^2 + \sigma_v^2$,设 $\lambda = \dfrac{\sigma_u}{\sigma_v}$。Battese and Corra(1977)则建议应用参数 $\gamma = \dfrac{\sigma_u^2}{\sigma_s^2}$,这是由于它的值介于 0 与 1 之间;而参数 λ 可为任何非负值,γ 参数在获得 ML 估计中有很大的优越性。在半正态假设下,Battese and Corra(1977)得到了对数似然函数:

$$\ln(L) = -\frac{N}{2}\ln\frac{\pi}{2} - \frac{N}{2}\ln \sigma_s^2 + \sum_{i=1}^{N} \ln[1 - \Phi(z_i)] -$$

$$\frac{1}{2\sigma_s^2}\sum_{i=1}^{N} (\ln q_i - x_i\beta)^2 \tag{4.6.4}$$

其中,$z_i = \dfrac{\ln q_i - x_i\beta}{\sigma_s}\sqrt{\dfrac{\gamma}{1-\gamma}}$,$\Phi(.)$ 为标准正态分布的分布函数。

利用计算机软件 Frontier version 4.1 可以得到模型中最大似然估计的参数程序分为 3 步:
步骤 1:计算得 OLS 估计量,除了截距项外,所估计的这些参数都是无偏估计量。

步骤 2:估计似然函数中的 r,介于 0 和 1 之间,在这些计算中不断调整特征值。

步骤 3:利用从第 2 步中得到的最佳估计量(即能够最大化对数似然函数的值)作为初始值,进行迭代运算,直至使得所采用的对数似然函数达到了全局最大化。

4.6.4 技术效率的估计与预测

1)技术效率的估计

在提出随机前沿生产函数后,在实际运用中,利用实际的截面数据,可以估计模型中的参数和企业的技术效率。最初认为单个企业的技术效率无法被预测,但实际上可以预测。下部分就将讨论单个企业的技术效率。

可以用数学方法计算技术效率:$TE_i = \exp(-u_i)$,表示个体的技术效率状态,这是在给定的分布假定下对某个个体的技术非效率的影响。这里 $u_i s$ 且服从半正态的独立同分布,那么

$$\mathrm{E}[\exp(-u_i)] = 2\left[1 - \Phi\left(\frac{\sigma_s}{\gamma}\right)\right]\exp\left(\frac{-\gamma\sigma_s^2}{2}\right) \tag{4.6.5}$$

通过替换式(4.6.5)中的相应参数,可以得到似然估计出的技术效率。

2)技术效率的预测:企业层面

对于第 i 个公司的技术效率,u_i 代表技术非效率,即使在公式 4.6.3 中的参数已知的情况下,u_i 也是不可知的。区别仅在 $e_i = v_i - u_i$ 是可知的。如果再给出 $v_i - u_i$ 的值,就可以预测出最优的 u_i 的值。Battese 和 Coelli(1988)指出,技术效率的预测值可以用以下公式得到:

$$T\hat{E}_i \equiv \mathrm{E}\{\exp(-u_i) \mid q_i\} = \frac{\Phi\left(\dfrac{u_i^*}{\sigma_*} - \sigma_*\right)}{\Phi\left(\dfrac{u_i^*}{\sigma_*}\right)}\exp\left\{\frac{\sigma_*^2}{2} - u_i^*\right\} \tag{4.6.6}$$

3)技术效率的预测:产业层面

对于产业层面的技术效率的测度问题,由于单个企业的技术效率可以被预测,因此常用的方法是取企业效率的算术平均值。然而,当样本企业在规模上有很大不同且不能从众多企业中得到简单随机样本时,算术平均值可以说是最好的估计方法。

$$\overline{TE} = \frac{1}{I}\sum_{i=1}^{I}T\hat{E}_i \tag{4.6.7}$$

4.6.5 假设检验

对于随机前沿分析(SFA)方法,由于其参数方法的性质,要求与通常的计量经济学理论所要求的一样,需要进行相应的假设检验。公式 4.6.3 所决定的前沿模型中,零假设是技术无效率。这可以由假设检验推导出。$H_0: = 0, H_1: > 0$。这种假设可由一组不同的统计检验来进行。主要的检验包括沃德检验、LM 检验和 LR 检验。这些检验与通常的计量经济学模型的检验要求是相同的。

4.7 模糊评价方法

模糊评价法[①]是模糊综合评价法的简称,是一种基于模糊数学的综合评价方法。该综合评价法根据模糊数学的隶属度理论把定性评价转化为定量评价,即用模糊数学对受到多种因素制约的事物或对象做出一个总体的评价。它具有结果清晰、系统性强的特点,能较好地解决模糊的、难以量化问题的分析,适合各种非确定性问题的评价。

4.7.1 模糊的概念及其度量

在日常生活中,人们为了描述客观事物,在大脑中形成的概念往往是模糊概念,并且存在某些普通集合所不能表现的概念。例如,在表达一个人年龄的时候,常用"年轻""年老"等来表示。这里,显然并没有一个绝对的标准来定义多大岁数为年轻,多大岁数为年老。同理,在描述一个人的身高时,常用"高个子""矮个子"等来进行说明,这里也不存在绝对的标准来定义究竟身高多少为高,多少为矮。在上述例子中,当用"年轻""年老"来说明一个人的年龄时,或者用"高个子""矮个子"来说明一个人的身高时,尽管没有绝对标准,但听众或者读者可以从上述并不精确的表述中大致了解该人的年龄或者身高状况,并且很容易根据这些模糊的特征来找到此人。这种描述的不精确性就是模糊性。

为了对上述语境下的不精确性或者说"模糊性"进行定量化的刻画,可以用隶属函数 A 来表示,例如,可以定义 $A = (1/180, 0.5/175, 0.2/170, 0/165)$,表示对于身高而言,身高为 180 cm 为高个子,175 cm 身高者为高个子的程度仅为 0.5,等等,依此类推。这里,用隶属度表征了模糊性。

4.7.2 术语定义

1) 模糊集合(Fuzzy set)

模糊集合(fuzzy set)的理论概念于 1965 年由美国自动控制专家查德(Zadeh)教授提出,用以表达事物的不确定性。

模糊集合指用来表达模糊性概念的集合,又称模糊集、模糊子集。普通的集合是指具有某种属性的对象的全体。这种属性所表达的概念应该是清晰的,界限分明的。因此每个对象对于集合的隶属关系也是明确的,非此即彼。但在人们的思维中还有着许多模糊的概念,例如年轻、很大、暖和、傍晚等,这些概念所描述的对象属性不能简单地用"是"或"否"来回答,模糊集合就是指具有某个模糊概念所描述的属性的对象的全体。由于概念本身不是清晰的、界限分明的,因而对象对集合的隶属关系也不是明确的、非此即彼的。模糊集合这一概念的出现使得数学的思维和方法可以用于处理模糊性现象,从而构成了模糊集合论的基础。用数学的语言来表示,模糊集合的定义如下:

---

①殷克东. 经济管理系统分析技术方法论[M].北京:经济科学出版社,2009.

设 A 是集合 X 到 $[0,1]$ 的一个映射,$A:X→[0,1]$,$x→A(x)$ 则称 A 是 X 上的模糊集,$A(x)$ 称为模糊集 A 的隶属函数,或称 $A(x)$ 为 x 对模糊集 A 的隶属度。

2)模糊矩阵

模糊矩阵又称模糊关系矩阵。所谓模糊关系,是指事实上存在,但又不那么清晰确定、不能用普通有序对集合描述的关系,一般用 R 或 S 表示。

设 $U=\{X_1,X_2,\cdots,X_n\}$,$V=\{V_1,V_2,\cdots,V_n\}$。以 r_{ij} 表示元素 X_i 和 V_j 的模糊关系 R,则 R 的隶属函数可用 $n×m$ 阶模糊矩阵表示,即:

$$R = (r_{ij}),i = 1,2,\cdots,n;j = 1,2,\cdots,m;0 \leqslant r_{ij} \leqslant 1 \tag{4.7.1}$$

3)评价因素(F)

评价因素是指对评价项目评议的具体内容(例如价格、各种指标、参数、规范、性能、状况,等等)。

为便于权重分配和评议,可以按评价因素的属性将评价因素分成若干类(例如商务、技术、价格、伴随服务等),把每一类都视为单一评价因素,并称之为第一级评价因素(F_1)。第一级评价因素可以设置下属的第二级评价因素(例如第一级评价因素"商务"可以有下属的第二级评价因素:交货期、付款条件和付款方式等)。第二级评价因素可以设置下属的第三级评价因素(F_3)。依此类推。

4)评价因素值(F_v)

评价因素值是指评价因素的具体值。例如,某工程投标人的某技术参数为 120,那么,可设该投标人的评价因素值为 120。

5)评价值(E)

评价值指评价因素的优劣程度。评价因素最优的评价值为 1(采用百分制时为 100);欠优的评价因素,依据欠优的程度,其评价值大于或等于零、小于或等于 1(采用百分制时为 100),即 $0 \leqslant E \leqslant 1$(采用百分制时 $0 \leqslant E \leqslant 100$)。

6)平均评价值(E_p)

平均评价值指评价专家组成员对某评价因素评价的平均值。

平均评价值(E_p)= 全体评价专家组成员的评价值之和÷专家组人数 (4.7.2)

7)权重(W)

权重指评价因素的地位和重要程度。第一级评价因素的权重之和为 1;每一个评价因素的下一级评价因素的权重之和也各自为 1。

8)加权平均评价值(E_{pw})

加权平均评价值指按权重加权后的平均评价值。

加权平均评价值(E_{pw})= 平均评价值(E_p)× 权重(W) (4.7.3)

9）综合评价值（E_z）

综合评价值指同一级评价因素的加权平均评价值（E_{pw}）之和。综合评价值也是对应的上一级评价的值。

4.7.3　模糊评价方法的基本步骤

1）模糊综合评价指标的构建

模糊综合评价指标体系是进行综合评价的基础，评价指标的选取是否适宜，将直接影响综合评价的准确性。进行评价指标的构建应广泛涉猎与该评价指标系统相关的行业资料或法律法规。

2）构建权重向量

通过专家经验法或者 AHP 层次分析法等，科学构建权重向量。

3）构建评价矩阵

建立适合的隶属函数，系统构建评价矩阵。

4）评价矩阵和权重的合成

采用适合的合成因子对其进行合成，并对结果向量进行解释。

4.7.4　模糊评价方法的应用举例——产品投标评价

1）确定评价因素

①第一级评价因素可以设为：价格、商务、技术、伴随服务等。

②依据第一级评价因素的具体情况，根据需要，设定下属的第二级评价因素。

a.第一级评价因素"价格"可以不设置下属的第二级评价因素。（当然，也可以设置。例如，总价格的高低、价格组成的合理性、投标分项报价表的完整性、各项价格内容的清晰性等。）

b.第一级评价因素"商务"的下属第二级评价因素可以设置：交货期、付款条件和付款方式、质保期、业绩、信誉等。

c.第一级评价因素"技术"通常需要设置下属的第二级评价因素，其内容视项目具体情况而定。

d.第一级评价因素"伴随服务"的下属第二级评价因素可以设置：售后服务的响应时间、质保期后的售后服务收费标准、售后服务机构和人员、培训等。

③依据第二级评价因素的具体情况，根据需要，还可设定下属的第三级评价因素。

a.第一级评价因素价格、商务、伴随服务下属的第二级评价因素通常不需要再设置下属的第三级评价因素。

b.第一级评价因素技术下属的第二级评价因素还有可能需要设置下属的第三级评价因素。

2）确定评价细则

根据企业发展目标和工程项目的具体要求,确定评价细则,建立评价值与评价因素值之间的对应关系(函数关系)。下列评价细则可供参考:

（1）投标价格

①投标报价将按照招标文件的规定修正算术错误（如果有）。

②如果有缺漏的供货内容,投标报价将按照招标文件的规定进行调整。

③如果有不同的价格条件,也将调整至统一的价格条件。

④境外产品:如果有进口环节税,将把进口环节税加到投标报价中（免税的除外）。

⑤经上述修正和调整后的投标报价将作为综合评议的投标价格。

⑥评价值与其投标价格之间的对应关系为:评价值（E）＝最低的投标价格/投标价格。

（2）交货期

①偏离招标文件要求最小的交货期的评价值为 1。在此基础上,每延迟交货一定时间（比如一周）,将按照招标文件的规定降低其评价值。

②如果延迟交货超出了招标文件中规定的可以接受的时间,将视为非实质性响应投标。

③提前交货的评价值为 1。但招标人依然可以要求投标人按照招标文件规定的交货期交货。

（3）付款条件和方式

①偏离招标文件要求最小的付款条件和方式的评价值为 1。在此基础上,将按照招标文件中规定的利率计算提前支付所付的利息（及招标人可能增加的风险）,并按照招标文件的规定,依据利息值多少降低评价值。

②如果招标文件中规定了最大的偏离范围或规定不允许有偏离,超出最大偏离范围的或有偏离的将被视为非实质性响应投标。

（4）技术参数/性能、功能

a.对有具体数值的技术参数的评价

单个技术参数:①数值越大越好的技术参数:评价值与评价因素值（技术参数值）的对应关系成正比:评价值＝技术参数值/最优的技术参数值。②数值越小越好的技术参数:评价值与评价因素值（技术参数值）的对应关系成反比:评价值＝最优的技术参数值/技术参数值。

在评价有具体数值的技术参数时,如果能确定,某个技术参数的评价值与评价因素值（技术参数值）的其他对应关系优于正比关系或反比关系,可采用其他对应关系。如果按正比关系或反比关系确定评价值欠科学、欠合理,且也不能确定其他对应关系,可由评标委员会成员直接评议:技术参数最优的评价值为 1;欠优的,依据欠优的程度,其评价值为 $0 \leqslant E \leqslant 1$。

对若干个技术参数进行综合评价时,由评标委员会成员直接评议:最优的评价值为 1;欠优的,依据欠优的程度,其评价值为 $0 \leqslant E \leqslant 1$。

b.对没有具体参数的性能或功能的评价

由评标委员会成员直接评议:①性能或功能最优的评价值为 1;②性能或功能欠优的,依据欠优的程度,其评价值为 $0 \leqslant E \leqslant 1$。无此项性能或功能的评价值为 0;③关键技术参数值不满足要求时,将视为非实质性响应投标。

（5）伴随服务

①售后服务的响应时间。

②质保期后的售后服务收费标准。

③售后服务机构和人员。

④培训。

对于上述评价因素,应在招标文件中规定具体的评价细则。

（6）评价细则确定原则

a.有具体数值的评价因素

原则上,有具体数值的评价因素的评价值为:①正比:评价值＝评价因素值/最优评价因素值;②反比:评价值＝最优评价因素值/评价因素值。

在评价中:①如果能确定,评价值与评价因素值的其他对应关系优于正比关系或反比关系,可采用其他对应关系;②不能确定对应关系的评价因素,由评标委员会成员直接评议:最优的评价值为1;欠优的,依据欠优的程度,给出评价值,其评价值为 $0 \leqslant E \leqslant 1$。

b.没有具体数值的评价因素或对有具体参数的若干个评价因素进行综合评价

按招标文件中载明的评价值与评价因素之间的对应关系进行评价。

3) 确定权重分配

①第一级评价因素的权重之和为1。

②各级各个评价因素下属的下一级评价因素的权重之和为1。

③当没有说明评价因素的权重分配时,实际上具有相同的权重。

④权重公布的时间应视项目的具体情况而定:在投标截止后、唱标前公布或在招标文件中公布。

⑤设置权重时可供参考的几点建议:

a.如果可以知道价格(潜在投标人的)以外的评价因素值都差不多时,可以适当提高价格的权重;反之,则适当降低。

b.在技术性能上只要够用就可以的,可以适当提高价格的权重;反之,则适当降低。

c.对于要求高技术、高水平的产品,可以适当提高技术的权重。一般情况下,只要设置第一级评价因素的权重就可以了;第二级和第三级评价因素可以不另设权重,即设置权重相同。

4) 评标

在评标会主持人的主持下,评标委员会按照招标文件中确定的评价因素、评价细则及权重进行综合评议,并确定出最终的建议中标者。综合评议步骤如下:

（1）对第一级评价因素所属最下一级评价因素进行评议

①评标委员会成员将按照招标文件的规定,对第一级评价因素所属最下一级评价因素进行评议,评议(计算)出各投标人评价因素的评价值(E)。评价因素最优者的评价值为1($E=1$,采用百分制时为100)。再依据欠优的程度给出欠优者的评价值($0 \leqslant E \leqslant 1$,采用百分制时 $0 \leqslant E \leqslant 100$)。

②计算平均评价值(E_p):平均评价值(E_p)＝各评委的评价值之和÷评委人数。

③计算加权平均评价值(E_{pw}):加权平均评价值(E_{pw})＝平均评价值(E_p)×权重(W)。

④计算综合评价值(E_z):综合评价值(E_z)＝加权平均评价值(E_{pw})之和。该综合评价值也是对应的上一级评价因素的值。

(2)计算未经评议的各级评价因素的评价值

①逐级计算上一级评价因素的评价值,直至第一级评价因素。

②计算第一级评价因素的加权评价值:第一级评价因素的评价值×权重。

③计算第一级评价因素的综合评价值:第一级评价因素的加权评价值之和。

(3)确定建议中标人

第一级综合评价值最高的投标人即为建议中标人。

4.8　计量经济分析方法

4.8.1　计量经济学及其分析步骤

计量经济学是以经济理论为基础,以经济数据所表现的事实为依据,运用数学和统计学的方法,通过建立数学模型研究经济数量关系和数量规律的一门经济学科。计量经济学已经成为理解和运用现代经济学的重要基础,成为当代经济学研究和交流的必备工具。掌握计量经济学的基本理论与基本方法,有助于解决实际经济问题,有助于经济学研究生结合本专业作经济定量分析与预测。

计量经济学研究的是经济数量规律性,当然离不开数学和统计学方法,但方法是为经济主体服务的,方法手段要服从研究对象(经济活动)的本质特征,这是与数学不同的。离开了计量方法提出的经济背景、离开了计量方法思想本身的经济学解释、离开了计量方法应用的经济对象、离开了计量结果的经济意义解读,对实际的经济问题来说,计量经济学就只是一堆毫无用处的公式和符号。在计量经济学中,数学只是"仆人",不是"主人"。

计量经济分析的步骤,总体而言,可以分为以下 6 个阶段:①提出所研究的经济问题及度量方式,确定所研究经济现象的变量(如消费 Y);②分析主要的影响因素,选择作为影响因素的变量(如收入 X);③分析各种影响因素与所研究经济现象的相互关系,确定相互联系的数学关系式(如 $Y=\alpha+\beta X$);④确定所研究的经济问题与各种影响因素间的具体数量规律,需要科学的数量分析方法,主要是参数估计方法;⑤分析和检验所得数量结论的可靠性,需要运用统计检验方法,对模型检验的方法;⑥运用数量研究结果作经济分析和预测,对数量分析的实际应用,即模型运用。

概括而言,计量经济分析分为模型设定、参数估计和模型检验 3 个步骤。

1)模型设定

模型是对所研究的某种现象、某种关系或某种过程的一种模拟。模型的类型很多,例如:物理模型、图形、数学模型(如方程式)计量经济学中用的主要是数学模型。经济模型是对实际经济现象或过程的一种数学模拟,是对复杂经济现象的简化与抽象。经济现象或过程变化的规律性是客观存在的,但却很可能是未知的,模型实际是研究者对这种规律性的某种认识和某种界定。

计量经济模型的基本要素主要由 3 部分构成:经济变量、经济参数和随机误差项。经济变量是表现经济变量相互依存程度、决定经济结构和特征、具有相对稳定性的因素(通常不能直接观测)。随机误差项是模型中没有包含的所有因素的代表,而包含随机误差是经济模型与计量经济模型的根本区别。例如:$Y = \alpha + \beta X + \mu$,$Y$——消费支出,$X$——收入,$\mu$——随机误差项,$\alpha$、$\beta$——参数,这里的 β 是边际消费倾向。

2)参数估计

经济参数是变量间数量关系和经济数量规律性的具体体现,获取经济参数的数值是经济计量分析的主要目的。为什么要对参数作估计呢? 一般来说参数都是未知的,参数又不可直接观测,由于经济关系有一定不确定性,存在随机误差,参数也不能通过变量值去精确计算。只能依据变量的观测值,选择适当的方法,去对参数加以估计。如何通过变量的样本观测值,科学、合理地去估计和检验总体模型中的参数,是计量经济学的核心内容。

3)模型检验

对模型加以检验,主要是因为:①建立模型的理论依据可能并不充分;②用于模型估计的统计数据或其他信息可能并不可靠;③样本可能较小,所得结论可能只是抽样的某种偶然结果;④可能违反计量经济方法的某些基本前提(或假定)。模型检验的主要内容有:对模型和所估计的参数加以评判;判定模型及所估计的参数在经济理论上是否有意义;判定用于估计参数的方法是否符合其假定前提;判定所得估计结论在统计意义上是否可靠。

4.8.2 计量经济分析方法的应用

1)经济结构分析

着重于对参数的分析,分析变量之间的数量比例关系(如:边际分析、弹性分析、乘数分析)。例:分析消费增加对 GDP 的拉动作用。

2)经济预测

由预先测定的解释变量去预测被解释变量在样本以外的数据(动态预测、空间预测)。例:预测股票市场价格的走势。

3)政策评价

用模型对各种政策方案作模拟测算和评价(把计量经济模型作为经济活动的实验室)。例:分析道路收费政策对汽车市场的影响。

4)验证理论和发展理论

实践是检验真理的唯一标准。任何经济学理论,只有当它成功地解释了过去,才能为人们所接受。计量经济学模型将理论与事实结合起来,提供了一种检验经济理论的好方法。对理论假设的检验可以发现和发展理论。例如:库兹涅茨倒 U 理论的验证。库兹涅茨的"倒 U 假设"认为:在经济发展过程中,"收入分配不平等的长期趋势可以假设为:在经济增长早期阶段迅速扩大,而后是短暂的稳定,最后在增长的后期阶段逐渐缩小。"验证这一理论是否符合实际。

4.8.3　几种重要的计量经济分析方法

在经济研究中,除了简单的经典的计量经济分析方法外,常用的方法还有时间序列经济分析、面板数据计量经济分析、离散选择计量经济分析。

1) 时间序列经济分析

时间序列数据被广泛地运用于计量经济研究。经典时间序列分析和回归分析有许多假定前提,如序列的平稳性、正态性等。直接将经济变量的时间序列数据用于建模分析,实际上隐含了上述假定,在这些假定成立的条件下,据此而进行的 t、F 等检验才具有较高的可靠度。越来越多的经验证据表明,经济分析中所涉及的大多数时间序列是非平稳的。如果直接将非平稳时间序列当成平稳时间序列来进行回归分析,则可能造成"伪回归",造成"伪回归"的根本原因在于时间序列变量的非平稳性。

相应地,时间序列的平稳性,是指时间序列的统计规律不会随着时间的推移而发生变化。严格平稳是指随机过程 $\{Y_t\}$ 的联合分布函数与时间的位移无关。弱平稳是指随机过程 $\{Y_t\}$ 的一阶矩和二阶矩不随时间推移而变化。单位根过程是最常见的非平稳过程。如果非平稳序列经过 d 次差分后平稳,而 $d-1$ 次差分却不平稳,那么称为 d 阶单整序列,d 称为整形阶数。

时间序列平稳性的检验方法主要有两类:自相关函数检验法和单位根检验法——DF 检验法和 ADF 检验法。

时间序列进行单位根检验后,往往还需要检验变量之间的长期关系,而协整分析对于检验变量之间的长期均衡关系非常重要,也是区别真实回归与伪回归的有效方法。另外,任何一组相互协整的时间序列变量都存在误差修正机制。误差修正模型把长期关系和短期动态特征结合在一个模型中,既可以克服传统计量经济模型忽视伪回归的问题,又可以克服建立差分模型忽视水平变量信息的弱点。

2) 面板数据计量经济分析

面板数据定义为相同截面上的个体在不同时点的重复观测数据,称为纵向(longitudinal)变量序列(个体)的多次测量。面板数据从横截面(cross section)看,是由若干个体(entity,unit,individual)在某一时点构成的截面观测值,从纵剖面(longitudinal section)看每个个体都是一个时间序列。用面板数据建立的模型通常有 3 种,即混合回归模型、固定效应回归模型和随机效应回归模型。

面板数据分析的一般过程主要分为以下 4 个阶段:面板单位根检验、面板协整检验、模型设定检验、模型估计。其中,面板数据的单位根检验有 LLC 检验、Breitung 检验、Hadri 检验、IPS 检验、Fisher-ADF 检验;在模型设定上,我们会采用 F 检验是采用混合模型还是变系数模型,然后用 Hausman 检验确定应该建立随机效应模型还是固定效应模型;对于面板模型的协整检验上,主要采用的是 Pedroni,Kao,Johansen 的方法,当通过了协整检验,说明变量之间存在着长期稳定的均衡关系,其方程回归残差是平稳的。因此可以在此基础上直接对原方程进行回归,此时的回归结果是较精确的。如果单位根检验的结果,发现面板数据中有些序列平稳而有些序列不平稳,则可以在保持变量经济意义的前提下,对模型进行修正,以消除数据不平稳对回归造成的不利影响。

如差分某些序列,保证模型具有经济意义,将基于时间频度的绝对数据变成时间频度下的变动数据或增长率数据。检验完毕后,我们对选定的模型开始回归:权数可以选择按截面加权(cross-section weights)的方式,对于横截面个数大于时序个数的情况更应如此,表示允许不同的截面存在异方差现象。估计方法采用PCSE(Panel Corrected Standard Errors,面板校正标准误)方法,可以有效地处理复杂的面板误差结构,如同步相关、异方差、序列相关等问题。

3) 离散选择计量经济分析

通常的计量经济模型都假定因变量是连续的,但是在现实的经济决策中经常会面临许多选择问题。人们需要在可供选择的有限多个方案中做出选择,与通常被解释变量是连续变量的假设相反,此时因变量只取有限多个离散的值。例如,人们对交通工具的选择:地铁、公共汽车或出租车,对某一政策的评价,投资行为是否发生,某类商品的购买与否,等等。这些问题的共同特征是,被解释变量是离散的而不是连续的,以这样的决策结果作为被解释变量建立的计量经济模型,称为离散选择模型(discrect choice model,DCM)[①]。

二元选择模型(binary choice model)是离散选择模型中最常用的模型。所谓二元选择是指被解释变量的取值只有0和1两个值,对应于买与不买、赞成与反对等简单选择问题。例如,考虑住房购买问题。对于购买住宅和没有购买住宅问题进行研究时,首要考虑的因素是收入。因此有:

$$Y_i = \beta_1 + \beta_2 X_i + u_i, 其中, X = 收入$$

$$Y = \begin{cases} 1 & 若购买了住房 \\ 0 & 若没有购买住房 \end{cases}$$

上述这种研究模型实质上是把二元选择变量 Y 表述为了收入的线性概率模型。

在常用的二元选择模型中,当误差估计值对应的分布为标准正态分布时,相应的二元选择模型为 Probit 模型;当误差估计值对应的分布为逻辑分布时,相应的二元选择模型为 Logit 模型;当误差估计值对应的分布为极值分布时,相应的二元选择模型为 Extreme 模型。在经济研究中,Probit 模型与 Logit 模型往往也是目前应用最广的两种离散选择模型。

> 实例1:对改革开放以来中国经济增长的定量研究
> ● 中国经济总量的度量及增长的状况怎样?
> (GDP 的度量、增长速度、波动、周期等)
> ● 分析影响中国 GDP 增长的因素有哪些?
> (如投资、消费、进出口、货币供应量等)
> ● 中国 GDP 与各种影响因素关系的性质是什么?
> (如增加、减少)
> ● 各种因素对中国 GDP 影响的程度和具体数量规律是什么?
> (各种因素变动具体会引起 GDP 变动多少)
> ● 所作数量分析结果的可靠性如何?
> ● 对经济增长的政策效应分析、对中国 GDP 发展趋势的预测等。

① 高铁梅.计量经济分析与建模:Eviews 应用及实例[M].北京:清华大学出版社,2009:219.

概括而言,计量经济学的研究过程可以用图 4.8.1 来说明。

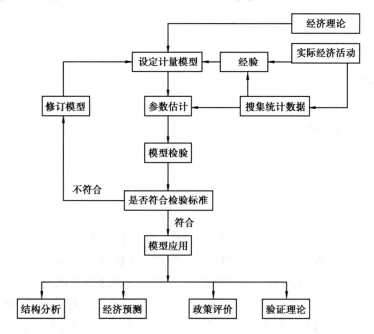

图 4.8.1 计量经济学的研究过程①

---

①庞皓.计量经济学[M].北京:科学出版社,2007:9.

第 5 章
学术规范与科学素养

学术规范是科学研究工作者应遵循的基本规范,是保证学术正常交流、提高学术水平,实现学术积累和创新的根本保障。自人类有了学术活动以来,实际上就存在着学术规范问题。不过,人们有意识、专门、系统地研究学术规范问题,则是近几十年间的事情。中国学者正式关注学术规范问题,则要从 20 世纪 90 年代开始算起。经过 20 余年的探讨,中国学术界对有关学术规范的一些基本问题有了基本共识。对于经济学专业的研究生,注重学术规范,培养良好的科学素养,是其成为一个合格经济学学者、经济学家最重要的基石。

5.1 学术规范概述

5.1.1 学术规范的界定

20 世纪 80 年代,中国人文社会科学界首次提出了学术规范问题。目前,"学术规范"这一词已被中国学术界所普遍使用。但是,近年来许多学者对学术规范的概念、特点、作用等理解不一。争论的焦点是将严格遵守学术规范作为整顿学风的根本对策,是否会不利于学术创新。事实上,学术规范的核心是倡导做真学问,真学问的精髓是创新,创新又必须有规矩,必须建立在前人和他人成果的基础上。当需要突破原有范式(规矩)才能创新时,新的范式(规矩)的出现就是创新的标志。因此,科学、合理的学术规范不仅不会阻碍学术创新,反而能更好地促进创新。

由此,所谓学术规范,是指学术共同体根据学术发展规律参与制定的有关各方共同遵守而有利于学术积累和创新的各种准则和要求,是整个学术共同体在长期学术活动中的经验总结和概括。这个定义包含 4 层含义:一是学术规范的目的或精髓是要求学术积累和学术创新;二是学术规范必须是学术共同体的产物;三是学术规范的表现形式是简明扼要的各种要求、规则等;四是学术规范的研究对象是学术活动的全过程,即研究活动的产生、结果、评价等。

学术规范是学术界制定的具有约束性的条款。如果违反学术规范,则应受到舆论的谴责、良心的审视,或受到相应的惩处。如果故意造假或侵权,那就不仅仅是学术规范的问题,而是违法行为,应根据《中华人民共和国著作权法》《中华人民共和国专利法》《中华人民共和国商标法》《中华人民共和国合同法》《中华人民共和国国家通用语言文字法》《国家自然科学基金条例》《中华人民共和国计算机软件保护条例》等相关法律、法规和条例加以处理。

5.1.2　学术规范的内容

目前,学术界对学术规范的内容看法不一。有的主张,学术规范只能对学术研究的形式进行规范;有的认为,学术规范不能对学术自由、学术质疑(批判)、学术积累、学术创新、学术责任等进行规范;有的认为,学术规范的核心恰恰是学术创新。

实际上,根据上述学术规范的定义,学术规范的内容相当广泛,它不仅包括学术规范的概念定义、特点、作用等基本问题的研究,也包括对学术及学术研究本质内容的一些要求和研究成果形式的要求。这些内容和形式的要求,可以用条文化的"规范"来概括表述。凡是在实践中证明是有利于学术健康发展的东西,都可以概括成相关的规范,以便推广、执行。我们认为,完整意义上的学术规范既包含对学术活动的人文关怀,又包括对学术活动的具体要求;既涉及学术制度和学术体制,亦关注学术具体运行机制;既注重学术研究本身的规范,又强调学术评价系统的科学合理;既要求严谨和求实,亦倡导创新。

5.1.3　学术规范的目的

通过对学术规范定义与内容的界定,学术规范的目的可以归纳为以下 3 个:

第一,开展学术交流。在学术研究的过程中,由于研究问题的复杂性和研究者自身条件、所处的环境的局限性,每个研究者都会在一定程度上借助于他人的研究成果。因此,学术的进步依赖于学者之间的广泛交流。然而,学术交流的前提条件是要有学术规范,即学术共同体认可的规范,可靠的基本概念、基本范畴等,否则就会"自说自话",交流无法进行。比如,有些论文不遵守规范,题目大而空,没有他人研究情况的交代,数据不考证,没有详细的论证,没有一定的研究方法,结论陈旧或无意义。因此,提倡学术规范,可以促进学术交流。

第二,增进学术积累。学术研究需要长期的积累,有了学术积累的基础和条件,才有可能出现学术创新。而学术积累的过程也是需要遵守学术规范的。比如,研究中不遵守关于选题应选有意义的问题的规范,就不可能产生有价值的研究成果,也就没有了学术积累。因此,提倡学术规范的一个主要目的,是进行有效的学术积累。

第三,加强学术创新。如果说学术积累是量变的话,学术创新就是量变基础上的质变。但是,近几年,中国科技界不少机构和个人有意无意地忽视了学术研究的最高境界是追求原创性创新的规范,过多地关注应用性或改良性创新,从而导致近年来没有影响国际学术界的重大成果产生。

5.1.4　学术规范的作用

近年来,学术活动中道德失准、行为失范的问题时有发生。原因是多方面的,有学术制度、学术管理、学术环境等外部原因,也有某些学者自身的内部原因,而缺乏清晰、完善的学术规范是其中一个重要的原因。因此,加强学术规范建设具有重要的意义。具体有以下 6 大作用:

1）学术规范有利于整治学术生态

目前在我国学术界，一些学者违背学术研究目的，或急功近利，粗制滥造；或急于求成，热衷炒作；或违背事实，不求实证，缺乏评价准则；更有甚者，丧失学术道德，以抄袭剽窃为手段换取一时之名利。这些行为和现象都是违反学术规范的，若不加以制约，将严重污染学术环境，影响学术声誉，阻碍学术进步，进而影响整个学术群体的创新和发展。因此，坚决地贯彻学术规范，对于防止学术失范、学术不端和学术腐败现象，对于整治学术生态具有重要的作用。

2）学术规范有利于培养学术新人

目前，出现许多学术失范、不端和腐败现象，除了有些是明知故犯外，还有一部分是对学术规范概念与内容知之甚少或根本不知而造成的，尤其是青年学者和青年学生。因此，将详细的大家公认的学术规范内容进行普及对高等教育，特别是对研究生教育至关重要。

3）学术规范有利于增强学术自主意识

衡量学术界是否成熟的一个重要标志是学术研究者是否具有自主的意识、独立的品格。长期以来，中国学术界学术自主意识淡薄，缺乏独立性。建立学术规范的一个重要任务，就是明确学术及学者的地位、责任和义务，设置必要的"门槛"，避免错误的政治、行政手段等非学术因素的干扰。因此，学术规范对增强学术界学术自主性具有重要的作用。

4）学术规范有利于提高学术研究水平

近年来，我国发表的高水平论著的数量无论是在自然科学领域还是人文社会科学领域都有显著增长。但总体上看，论著的质量还有待进一步的提高，研究成果被引用率与发达国家还有很大的差距，平均被引用率低于世界平均水平。因此，提倡学术规范，要求科学研究要在高起点上精选课题，讲究研究方法、研究思路、研究材料等方面的创新，要求匿名专家评审、学术批评等规范。这些规范对提高中国学术研究水平具有重要的作用。

5）学术规范有利于提高学术国际化水平

学术成果应能与国际学者交流，得到国际学术界认可并能与其合理竞争。讲究学术规范，不仅要求论著格式、引文注释、署名方式、文摘、关键词等符合或大体符合国际标准或习惯，而且要求论著的内容具有国际水准。因此，高度重视学术规范，直接关系到中国学术在国际学术界的地位和影响力。

6）学术规范有利于提高学术研究的效率

学术研究需要学术积累，但也应有效率，即应将有限的时间、资源用在最关键的事情上，在实事求是的基础上力争多出和快出优质成果，同时应根据学术研究的规律，善于吸收和借鉴他人的经验与教训，节省有限、宝贵的研究时间，遵守学术规范，有利于提高研究效率。如英文规范规定了被引用文献的作者、题名等信息，这些都有利于读者的阅读和查证。

5.2　学术规范的范畴

5.2.1　学术研究基本规范

学术研究基本规范是指所有学科的研究都必须遵守的一些公认的主要准则和要求。这些准则和要求是从长期的学术活动的经验和教训中总结出来的,既吸收了西方学者有关科学规范的内容,也包含了对学术研究有着至关重要影响力的基本理念和原则。

1)学术自由

学术自由指人们在学术的问题上可以自由思想、自由研究、自由讨论、自由发表、自由争鸣。这种自由既为着学术的发展,也源于学术的发展;既为着知识,又源于知识。学术自由对于学术活动的重要性,已经得到了广大学者的认同。

提倡学术自由是非常必要的。首先,学术自由是学术繁荣的客观需要。学术自由可以使学者们更好地探索真理,自由的学术氛围能激发学者追求真理的灵感和勇气,使他们更主动地承担为促进学术繁荣、推动社会科学文化发展的责任。其次,学术自由是学者的学术追求和独立人格的体现。学术在本质上是独立而自由的,学者们应该创造性、批判性地思维,以"不唯上、不唯书、只唯实"的精神保持自己的人格独立和尊严,抱定学术宗旨,坚定学术信仰,不为外物所动。

同时,坚持学术自由要求学者们:解放思想,接触禁锢;树立学术独立意识;坚持理性的学术自由;加强学术的批判意识。

2)学术积累与学术创新

学术研究贵在创新,但学术积累是学术创新的前提,是一切学术创新的基础。学术研究中没有积累就不会有创新。坚持学术积累和学术创新要求学者们:注意在学术积累的基础上发现问题;合理构建自己的知识结构;正确把握学术创新的要素。

3)学术平等与学术合作

学术平等在学术研究中表现在多方面,如中外平等、男女平等、年龄大小平等、地域平等、领域平等、观点平等、上下平等等。学术合作也分为 3 个层次:个人层次的合作、学术流派的合作、国家层面的合作。

学术研究是一种探索性的创造性活动。在进行学术研究的过程中,由于不同的研究条件,不同的观察角度,不同的研究方法,所得出的思路不尽相同,需要学者们加强学术合作。随着科学的社会化、学科的高度分化与高度综合,科研研究中的相互合作也明显加强。

坚持学术平等与学术合作要求学者们:共同建立科学的学术研究机制;相互保持平等的学术研究心态;正确对待学术争鸣。

4)学术求真与学术致用

学术求真,就是追求真理。科学的源泉,既不是研究材料,也不是研究方法,而是科学精神。与学术求真相对应的就是学术致用,就是理论联系实际。没有学术致用的目标,科学将失掉赖以发展的社会环境,也就不能发展科学。学术之本在于创新,学术之基在于致用,学术的精神在于求真。

坚持学术求真和学术致用要求学者们:坚定献身科学为使命的敬业精神;培养严谨的学术作风;坚持独立思考与反复实验并重;重视以学术求真为前提的学术致用;正确理解"无用"与"大用"的关系。

5.2.2 学术研究程序规范

一般来说,学术研究是基于前人或他人研究的基础上进行的,从选题到发表成果都需要经过许多必要的工作环节,遵循一定的要求。当然,由于学科、研究课题性质、研究方法等的不同,学术研究也可以有一些特殊的程序。但是只要是学术研究,不论是自然科学、社会科学还是人文科学都有一些共性的要求。学术研究程序一般要涉及研究程序、研究课题、文献、假说、观点、研究方法、研究计划、资料和研究成果。

其中,学术研究程序是指开展研究工作的步骤和顺序。一般包括:选定课题—调研文献—提出假说或观点—选择研究方法—制订计划—搜集专题资料—撰写研究成果—发表成果。具体要求如下:

1)选题的要求

一是应选择具有意义的课题。首先课题要有学术意义,课题本身必须是科学的和正确的,要有事实根据或科学的理论根据;其次课题还要具有社会意义和实践意义,强调课题的实用性。这是课题存在的根本价值。

二是应选择具有创新性的课题。学术研究的课题要有创见、有新意、有特色,具有先进性;要防止步人后尘、因循别人成果,停留在简单重复、机械模仿的水准上。具体来说,这种有创见、有新意、有特色,具有先进性的课题表现在:探索前沿,填补空白;批驳错误,纠正偏颇;补充前说,有所前进。

三是应选择自己最熟悉的课题。一般完成一项研究课题往往需要3个基本条件和三要素,即理论条件、物质条件、能力条件和人、财、物三要素。选题时必须考虑课题有可能预期完成的主、客观条件,其中包括经过努力可以达到的主客观条件。主观条件是指研究人员的基础知识、专业知识、技术水平、研究能力(如观察能力、实验能力、设计能力、阅读能力、思维能力、表达能力等)、兴趣爱好、献身精神,以及在此基础上培育形成的科学素养,等等;客观条件是指文献资料、资金设备、协作条件、所限时间、导师特长、相关学科的发展程度,等等。如果条件不成熟,即使符合科学性和需要性原则的课题,也不可选。

四是应选择具有专业特色的课题。应从创建新学科、新专业中去寻找课题;同时结合地方经济、文化建设的实际,寻找体现地方特色的课题。这是选题的价值所在。

2) 收集、整理研究资料的要求

研究资料一般包括第一手资料和第二手资料。第一手资料是研究人员自己经过实践、调查得来的,是最有说服力的材料。一般情况下,应以搜集第一手资料为主,第二手资料为辅。在资料收集、整理过程中,我们要注意以下几点:一是要按照课题的性质和特点,收集、掌握本领域及其相近、相关领域的重要文献。一般某个科研领域最重要的文献首先体现在本学科本研究领域的核心著作、教材和核心期刊上,可通过追溯法和纵横法进行文献的调查,并且结合学科交叉发展的特点,查找相近领域的文献。二是要全面调研信息源,提高课题的查全率。在具体调研过程中,保证文献调研工作的全面性需要注意:在信息源选择上要尽量选择文献来源广、文献来源级别高的数据库和检索工具;在检索过程中要制订科学合理的检索策略。同时可参加学术会议、听取科技报告、进行个人交流、参加网上讨论等有效的调研途径。三是要采用阅读技巧,对课题范围有一个大概了解。首先通过初读和通读,掌握研究课题所涉及文献资料的大概内容,对一些需要重点参考的文献资料,进行精读。四是整理资料要遵循一定的方式方法。整理资料包括两种整理方式:形式整理和内容整理。其中,形式整理是凭借某一外在依据,进行分门别类的整理,可分为按承载信息的载体(如卡片、笔记本、活页纸和电脑 4 种记录积累的载体)、使用方向和内容线索进行分类整理;内容整理是指对研究资料的分类、数据的汇总、观点的归纳和总结等,分为分类整理、数据整理和观点整理。五是要不断地补充有关资料。随着时间的推移,所研究课题领域的相关研究成果会逐步增多,因此,如果要深入细致地研究这个课题,就需要持续关注后续的研究进展,在原有资料收集的基础上,不断补充、完善相关资料。

3) 精选、分析研究资料的要求

精选资料是对所收集资料进行鉴别与筛选,也就是对资料进行去伪存真、去粗取精的加工,资料的精选应遵循:真实而准确、全面而适用、典型而新颖原则。

资料分析是对精选的资料作进一步的思维加工,通过分析推论得出研究结论的过程。对资料的分析有定性分析和定量分析,即从研究对象的质和量两方面揭示问题的真相。

为了确保研究结论的科学性与真实性,对精选与分析资料提出了下列要求。一是去掉重复、虚假、不可靠、无价值的资料(判别方法可归结为"十看"即看作者、看出版机构、看文献类型、看来源、看被引用率、看引文、看程度、看密级、看内容和看实践)。二是采用逻辑思维方法对事实型资料进行定性分析。常用的逻辑思维方法有分析与综合、抽象与概括、归纳与演绎等。三是采用定量方法对数据型资料进行定量分析。常用的定量方法有描述统计、数学模型等。

4) 形成假说或观点的要求

假说是科学研究中常用的一种思想方法,是认识从生动的直观经过抽象思维,到达科学理论的道路中不可缺少的中间环节。科学假说的提出也要遵循一定的要求和规则,具体表现在:将特殊情况下已被证明的正确思想提升为一般情况下的假说或观点;由一般规律推出特殊情况下的假说或观点;把一种现象或过程所表现出来的对称性和相关性进行抽象,概括为一种假说或观点;将调查来的事实分类归纳和排序,找出规律,并以此规律作为假说或观点;以适合的事实为基础提出假说或观点;不受传统观念的束缚提出假说或观点;提出假说或观点应能解释已有的事实,并具有预测功能。

5)制订研究计划的要求

研究计划是指描述将要进行的研究内容、范围、目的、意义、国内外进展、采用的研究方法、预计突破的难点、新见解或创新点、研究工作进度、时间安排、参加人员及其分工、资料文献情况,等等。具体来说,制订研究计划对科研工作者的要求有:认真细致、明确具体、科学性、层次性高、有弹性和可修改性。

5.2.3 学术研究方法规范

所谓学术研究方法规范,是指在研究中使用研究方法的原则和要求。遵守这些原则和要求,能够提高对运用研究方法自觉性和重要性的认识,有助于提高研究水平。

1)研究方法的使用原则

任何一项研究都离不开方法的支撑。研究方法的使用原则有:①在研究计划、研究报告、学位论文中明确提及使用何种研究方法。其作用主要有:可以增加成果的可信度和可行性,以利于读者审核、检验;可以为以后做相关课题或项目的研究人员提供参考,进而有利于研究工作的可持续发展。②根据各学科、各课题的特点、性质、对象选择、运用一定的研究方法。③根据研究方法的特点和功能选择、运用一定的研究方法。④根据研究方法和研究内容的一致性程度选择、运用一定的研究方法。

2)研究方法使用的一般注意事项

一是要防止研究方法优先、研究方法至上的倾向。因为无论采用何种研究方法,都应该服从于经济思想的研究。研究方法始终是经济思想的研究工具、表述工具、论证工具,以及验证工具。经济思想水平的高低与否才是衡量经济学研究水平高低的标准,而不是研究方法所达到的水平。研究方法再先进,模型构建再完美,如果经济思想贫乏、缺乏创新,那么经济学的发展就显得很疲软;反之,即便研究方法落后,经济思想却很丰富、具备创新,那么经济学则发展到了更高的水平。我们重视研究方法,不是对研究方法本身感兴趣,而是因为它影响着对经济思想的研究①。

二是要注意使用多种研究方法,秉持研究方法的多元化。在经济学研究中,运用各种研究方法,可以相互补充,也便于新成果的产生。现代科学的发展呈现出一个相互融合、相互渗透、相互影响的趋势,其中一个突出表现就是研究方法的相互借鉴。经济活动的高度复杂性,经济活动领域的广泛性,以及人的行为动机和行为的高度复杂性决定了经济研究方法的多元化。各种不同的方法有不同的优缺点,只有使用多种研究方法,才能从多个角度来对问题进行全面的研究,才能得到科学的结论。经济学研究的目的是揭示经济运动规律,最终为经济决策提供依据。由于经济总是处在运动过程中,人的行为动机和人的行为、经济变量等总是随着经济环境、社会环境等的变化而发生变化,企图依靠某一种方法(比如数量分析方法)的运用达到揭

①曾国安.不能从一个极端走向另一个极端——关于经济学研究方法多元化问题的思考[J].经济评论,2005(2):74-85.

示经济运动规律的目的是不现实的。只要有助于揭示经济运动规律,无论什么方法,只要有运用的条件,都应该运用。

　　三是要注意在研究的不同阶段,选择与使用不同的研究方法。科学研究通常需要分阶段进行,在不同的阶段应该选择不同的研究方法来完成相应的研究任务。在选题阶段,观察法、历史研究法、文献调查法等很有必要,可以用这些方法来获取相关的数据。在调研文献阶段,可以借助文献调查法,从各种期刊、图书等传统文献,以及现代的光盘、网络等新型资源中,查找相关的研究成果。在提出假说和构建理论阶段,可以从抽象到具体方法、历史与逻辑相统一的方法,将自己的想法和观念通过符号化、模型化而成为显性信息。在推出研究成果阶段,可以借助统计、数学等方法把相关的数据或理论以文字、图表或者影像的方式实现成果的表现。

5.2.4　学术成果规范

　　①注重学术成果质量,反对粗制滥造和低水平重复,避免片面追求数量的倾向。

　　②不得以任何方式抄袭、剽窃或侵吞他人的学术成果。

　　③实事求是地表述自己的研究成果,不得贬抑或故意忽略他人成果以抬高或吹嘘自己。

　　④凡接受合法资助的研究项目,其最终成果应与资助申请和立项通知相一致;若有改动,应事先与资助方协商,并征得其同意。

　　⑤学术成果的署名应实事求是。署名者应对该项成果承担相应的学术责任、道义责任和法律责任。

　　⑥在科研成果的呈报、归档及使用科研成果填报各种材料时,应确保材料及成果的真实性,不得弄虚作假以提高成果或材料的级别或自己的排名。

　　⑦应经而未经学校或其他学术机构组织论证的重大科研成果,不得通过新闻媒体发布来为个人或单位谋取不正当利益。

　　⑧不得故意夸大研究成果的学术价值、经济与社会效益。未经严格科学验证或同行评议的研究成果,不得在公众媒体炒作,也不得草率地推广应用,以免造成不良的经济和社会后果。

　　⑨教职工在岗、学生在读期间所取得的一切成果不得以其他单位名义发表、发布,因合作研究需要以合作单位名义发表、发布的,应本着按贡献大小进行单位和作者排序的原则署名,并自觉维护学校利益。

5.2.5　学术评价规范

　　学术评价规范是指进行学术评价时所遵循的标准和要求。以往学术界对于学术研究程序、方法和成果的规范比较注重,而对于学术评价的规范相对比较欠缺。尤其是近年来学术界对学术评价有重自然科学轻社会科学、重关系轻成果、重成果轻应用、重论文轻推广、重形式轻内容等不良趋势。掌握这些标准和要求,是学术界、科研管理机构、学者所应具备的基本素质。它对于保证学术评价的公正性具有重要意义。由于中国长期缺乏科学合理的学术评价体系和评级机制,学术评价中出现的问题比较严重。例如,学术评价分类不够明确,评价中存在重形式走过场、重数量轻质量的倾向等。尤其是在众多的评奖、项目评审、学位论文评审、成果应用水平评价等方面。

1) 学术评价的含义

所谓学术评价，是指根据一定的标准，采用一定的方法，对学术机构或人员的学术目的、学术过程、学术成果、学术媒体而展开的价值判断活动。换言之，学术评价是指衡量学术活动及其相关事项的作用、影响或价值。广义的学术评价还包括学科评价、学位点评价、重点实验室、工程中心、研究基地等申报、建设、验收、授牌等类型的评价。

学术评价的行为者由评价委托方、受托方和被评价方三者组成。委托方是指提出评价需求的一方，主要是各级政府部门、学术管理部门或其他负有学术活动职责的机构、学术共同体、学者个人等；受托方是指受委托方委托，组织实施或实施评价活动的一方，主要包括专业的评价机构、评价专家委员会或评价专家组、专家个人等；被评价方是指申请、承担或参与委托方所组织实施的学术活动的机构、组织或个人及其成果等。学术评价的行为三方是一个既有区别又有联系的整体，在一定条件下相互转化。

2) 学术评价的类型

学术评价按照不同的划分标准，可以分为以下几种类型：从评价对象上分，有学术计划评价、学术项目评价、学术机构评价、学术人员评价、学术成果评价和学术媒体评价；从评价内容上分，可分为自然科学及技术评价和人文社会科学评价；从评价层次上分，可分为国际性水平评价、国家学术实力评价、省市地方学术实力评价和基层学术实力评价；从评价时间上分，有前期评价、中期评价和后期评价之分。

3) 学术评价的原则

学术评价的原则是指在进行学术评价时应该掌握的总的准则或要求，它具有很强的概括性和指导性。国家科技部等五部委颁布的《关于改进科学技术评价工作的决定》《高等学校哲学社会科学研究学术规范（试行）》及 2004 年 9 月 20 日科技部颁布的《科学技术评价办法（试行）》中对学术评价的原则都有相应的规定。归纳分析后提出以下几条原则。

（1）目的性原则

学术评价的目的是为了营造百家争鸣、百花齐放的学术氛围，客观公正地给予被评价对象以恰当的学术定位，是促进学术研究的蓬勃开展，为顺利实施学术研究和学术研究成果在社会实践中提供强有力的科学依据。如评奖评优、评定职称、项目实施等。

（2）定性定量原则

由于学术评价是就评价对象的学术能力、学术贡献、学术成就、社会贡献、学术影响等方面而展开的评价活动，有些方面是可以用定量测试，但有些很难用精确的数据来表示，这就需要坚持定性与定量相结合的原则。定性分析是指评价者根据其价值观与历史观对研究成果进行概括性评价，如优、良、中、差等。定量评价是指评价者根据数据对研究成果进行具体精细的评价。

（3）分类评价原则

学术评价作为一种衡量评价对象的学术能力或学术功效的手段，有一个标准去测量对象，但对象是复杂多样的，这就需要标准能随之而变化，即必须按类评价。通过分类，使评价对象具有横向可比性，评价活动更具有针对性，评价结果更准确。

（4）质量原则

评价时对研究成果质量的评价,强调创新、效益和效率。质量是一切学术成果的生命线,学术研究必须重视质量。

（5）公开、公正、公平的原则

公开、公平是手段,公正才是目的。只有公正的学术评价,才能达到繁荣学术氛围,推动学术健康快速发展的目的。公开包括:事前程序公开;事后结果公开;广泛公开评价程序、方法或指标体系;评价的目的和时间要公开。公正指评价者应根据预先确定的方案客观地给予对象以评价。公平包含:评价客体在公平的地位上接受评价;允许评价客体有充分的答辩、解释和申诉的时间和权利。

（6）相对性原则

学术评价需要针对一定的参照系、在一定的时空范围内进行,而且只有结合评价目的、学术背景、社会发展要求的评价才有意义;只有坚持和承认结果的相对性,才是科学的,不存在绝对等级的评价结果。

5.2.6　学术批评规范

学术批评规范是指在开展学术批评活动中应遵守的基本规则和要求。其目的是有利于提高学术批评水平和繁荣学术研究,有利于批评者和被批评者以及同业者的学术水平提升,去伪存真,推动学术创新与发展。学术批评活动涉及批评者、被批评者和学术媒体。

1) 学术批评的含义

学术批评是指遵循一定学术规范,分析、议论研究成果的得与失、长处与不足。广义的学术评价也包括学术批评。学术批评通俗地讲,就是以学术问题为对象,不同观点间的讨论、商榷、评析、赞同、表扬、批评和反批评。坚持学术批评需要做到:坚持学术批评规范及其理论研究;坚持体制内与体制外、学界与官方(管理部门)间的良性互动;坚持学术自主意识。

2) 学术批评的类型

按照不同的划分标准,可以把学术批评分成不同的类型,不同的类型采取不同的处理方法。从学术批评的交流方式上分,可以分为书面的或口头的批评;从书面的形式上分,可以有书评、学者间通信式批评、评论与论文专著中文文献评述;从口头表达上分,可以有正式的会议、座谈式批评与私人性质的会晤、交谈式批评;从保密程度上,分公开的或私下的批评;从批评程度上,可以分切磋争鸣式批评与打假式批评。

3) 学术批评的作用

积极开展学术批评,可以分清是非,统一思想,坚持真理,修正错误,使学术界有一片明朗的天空。具体说来,学术批评有以下作用。

学术批评有利于培养良好的学术道德。积极开展学术批评,学者们可以相互交流,取长补短,提高自己的学术道德水平,同时可以形成良好的学术氛围。健康的学术批评对学者学术道德的影响是很大的,尤其是对学术上不规范、不道德的行为进行批评,可以在全社会造成一种舆论氛围。

学术批评有利于营造良好的学术规范。积极开展学术批评,可以使大家理清什么是"学术规范",它具体体现在哪些方面,最终形成一种共识,形成既有大家共同遵循的规范,又有在不同领域、不同学科的"个性化"规范,进而为创建一个公正、公平、合理的学术气氛奠定一个坚实的基础。

学术批评有利于避免低水平重复研究。积极开展学术批评,可以及时指出低水平重复研究与学术"泡沫化"的危害,引起学术界的重视,拿出相应的对策,有助于这一问题的解决。

学术批评有利于形成良好的学术氛围。积极开展学术批评,可以启发学者们思考,取长补短,克服偏见,有利于更全面更深刻地认识事物和发现真理。学术批评与争论是"百花齐放、百家争鸣"的体现。

学术批评有利于建立健全学术评价机制。积极开展学术批评,可以鼓励广大的学术同行积极参与学术评价,广泛听取各种不同的声音,结合本部门、本单位和各自学科的特点来考虑学术评价问题,这有利于全面、客观地建立评价体系。

4)学术批评的原则与要求

(1)学术批评的原则

明确学术批评应遵循的原则,不仅有利于学术批评的健康发展,而且对促进整个学术界学术研究的繁荣与发展起着至关重要的作用。学术批评必须遵循的原则有:学术性原则、平等性原则、客观性原则。

(2)对批评者的要求

对于批评者要勇于对他人的学术观点、研究方法提出建设性批评意见,既要有较大的学术勇气,敢于挑战学术权威和学术前辈,又必须具有扎实的学术研究功底和科学客观的严谨学术态度。第一,对他人的学术思想、学术研究方法以及学术研究成果展开学术批评,是一件严肃而艰苦的学术研究工作;第二,无论是对他人学术研究成果的肯定还是批评,都应该以促进学术发展为唯一目的,都应充分尊重他人的学术研究成果;第三,开展学术批评所用的词语不宜过于尖刻激烈,当然对明知故犯者除外。

(3)对被批评者的要求

被批评者应对学术批评有正确的态度,要以平常之心对待批评。首先,被批评者要培养良好的、宠辱不惊的博大胸怀和平常心态。其次,被批评者要用积极的态度看待他人的批评。再次,被批评者应该根据学术规范的要求,虚心接受正确的批评,并向批评者表示感谢。最后,被批评者切忌"睚眦必报、秋后算账",要坚决反对学术霸道的做法和不良学风。

(4)对学术媒体的要求

学术媒体具有监督性强、传播广、影响力大等特点,是营造良好的学术批评气氛的重要组成部分。所以,对学术媒体要求:第一,明确学术批评的目的,把握学术批评的方向;第二,坚持平等原则;第三,充分发挥媒体的舆论监督作用;第四,媒体介入学术批评,应以学术标准作为裁量的尺度。

(5)对学术界的要求

学术界为保障学术研究,实现知识创新,在参与学术批评时要注意以下几点:第一,营造有利于批评的宽松、和谐的环境;第二,敢于坚持原则;第三,制订相关措施;第四,成立学术监督和学术纠纷仲裁机构。

5.3　学术失范与应对措施

在这个充满竞争的年代,科研成果的量化与科研人员的学位申请、职级晋升、荣誉地位及奖金待遇等挂钩,少数科研人员往往容易急功近利,对科研工作充满了浮躁感,道德诚信缺失或丧失,从而导致学术失范行为层出不穷,学术腐败现象日益凸显。与论文发表或项目评奖相关的各种学术不端行为主要体现 3 个方面:抄袭和剽窃、伪造和篡改,以及一稿多投与重复发表。

5.3.1　抄袭和剽窃

抄袭和剽窃是取用他人的思想将其作为自己的产品的错位行为,具有欺骗性[1]。任何一门科学都具有继承性和积累性,学者需要不断参阅、借鉴和继承已有的研究成果,把自己的前期研究成果不断引向深入。因此,从"量"上而言,如果引用的"量"没有突破一个"度",那么就应该是一种正常的学术行为;如果突破了这个"度",不管标注与否,这种不当引用实质上就似乎变成了一稿多发,就发生了抄袭和剽窃的行为。因此,引用他人的成果要有一定的范围。从质上来看,一般而言,一方面,科研工作者在利用前人研究的基础上进行自己新的科研创作时,采纳前人观点、思想等,在新作品中不是主要部分;另一方面,要采纳他们已发表作品中的观点、数据、事实等,要注明出处[2],但不能大段照搬他人表述的文字。

当然,科研写作必然且必须是严谨的,在其过程中,适当的时候,可以使用相应的规避技巧,但要进行良好的经济研究,需要我们培养独立思考,并运用自己的语言呈现事实、描述事实、解释事实的能力,这样的研究才更富有独创性和价值性,才能更好地推动学术的进步和学科的发展。另外,在写作过程中,引用他人的著作或论文,要注意标注规范,包括注释和参考文献[3]。

5.3.2　伪造与篡改

伪造是在科学研究活动中,于记录或报告中凭空捏造数据或结果的一种行为。篡改则是操纵试验材料、设备或步骤,更改或省略数据或部分结果,从而使得研究结果不能真实反映实际情况的一种行为。比如,在经济学的有关实证研究中,某些人的研究结果并不能证明自己的假设,由此,为了让实证结果符合该假设,研究者就会对相关实证数据进行修改以达到预期的实证结果。伪造和篡改试验数据和试验结果是经济学研究中常见的伪造和篡改的形式。伪造和篡改都属于学术造假,造成研究成果中提供的材料、方法、数据、推理等方面都不符合实际,无法通过重复试验再次取得,这直接影响了某项研究相关的所有人和事的可信度。伪造和篡改是科学研究中最为恶劣的行为,直接影响了科学诚信,使得科研工作者难以继续向前开展研究。因此,在经济学研究中,如果经验研究不能达到预期效果,则可以考虑重新构建经济模型,

---

[1] 教育部科学技术委员会学风建设委员会.高等学校科学技术学术规范指南[M].北京:中国人民大学出版社,2010.
[2] 具体出处的标注即参考文献的标注,有时候也以脚注的方式加以进一步说明解释。
[3] 参见 GB/T 7714—2005《文后参考文献著录规则》。

或者对变量进行形式的变换等方式来达到预期假设。

5.3.3　一稿多投与重复发表

一稿多投是指作者在期刊编辑和审稿人不知情的情况下,试图或已经在两种或多种期刊同时或相继发表内容相同或相近的论文。一稿多投是学术失范的表现之一。一般期刊会在"作者须知"有关条目中说明论文著作权的转让、归属等事项,作者向其投稿即表明接受期刊社的约定,国外期刊社一般要求作者填写"Transfer of Copyright Agreement"。一稿多投的形式主要有4种:①学术论文作者相同;②同一论文或者该论文的其他版本;③论文全文整体内容不变对段落进行调整的组合型投稿;④语种变化型投稿。重复发表指同一作者将内容相同或相似的学术论文发表在公开出版的不同期刊上。"一稿多投"是针对投稿行为,责任在于投稿者,而"重复发表"是针对投稿行为所导致的后果的,既可能是投稿者的责任还有可能是期刊出版部门的责任[①]。

如果已经发生一稿多投或重复发表的现象,则应该撤回论文,向编辑部致歉,并通过编辑部向读者致歉。然而,当今属于信息时代,不准一稿多投必然会影响信息的传达。《中华人民共和国著作权法》第三十二条规定:"著作权人向报社、期刊社投稿的,自稿件发出之日起十五日内未收到报社通知决定刊登的,或者自稿件发出之日起三十日内未收到期刊社通知决定刊登的,可以将同一作品向其他报社、期刊社投稿。双方另有约定的除外。"这就意味着,作者在规定之日内是不得一稿多投的。詹启智(2010)认为,一稿多投、一稿多发都是作者行使自己权利的方式,不违背著作权法规定的底线,也不应该因此受到道德谴责。理性对待一稿多投、一稿多发,应该坚守既不明确鼓励也不明确反对的立场,正所谓道德必须让位于法律[②]。

科研人员应当秉持一种超然名利的态度,才能让学术不端行为销声匿迹;只有"淡泊名利,宁静致远",才能整治学术腐败、促进形成良好学术风气。1942年,著名科学社会学家默顿在其《科学的规范结构》中提出"无私利性"概念,他认为,"无私利性"可以作为一种制度而不是道德要求,这样的规范能够在科研工作者的职业生涯中,不辱没其职业使命,在科研工作中保持一份淡然的态度,不做出违规、欺骗等行为,从而得到政府和社会对科研工作者的信赖与支持;反之,公开发表、验证学术成果,并且互相监督科学工作者,也能够为"无私利性"的制度安排奠定基础。诚然,在科学知识的生产活动中,科研人员应该有个人的正当利益追求,同样需要激励。"淡泊名利,宁静致远"固然是美德,但这并不意味着科研人员不应有名利意识,关键是要树立正确的名利观和学术价值观。要从科研体制、科研绩效评价、奖励等方面加以健全和落实,从制度上控制科研人员对私利的过分追求,并且要对学术成果给予独创性和优先权的确认,通过科学的奖励系统保证其个人正当利益的获取[③]。

①常宏建,方玉东,陈越.关于一稿多发界定的探析[J].中国科学基金,2012(6):339-344.

②詹启智.一稿多投是著作权人依法享有的合法权利——兼论一稿多发后果的规制[J].出版发行研究,2010(2):52-55.

③朱大明.科学的"无私利性"与"独创性"奖励[N].科学时报,2008-01-25.

5.4　地方高校青年学者社科研究素养误区与科学素养培养

5.4.1　地方高校青年学者社科研究素养误区

地方高校,尤其是众多由过去的地方专科学校在专升本过程中发展起来的高校,2000 年之后如雨后春笋般成立的若干独立民办高校,以及一些非"双一流""985""211"高校的社科领域青年学者,很容易进入 5 个社科研究误区。不论是研究领域的聚焦与发散、研究方式的开放与封闭,还是科研组织上团队与个人方面,都很容易进入误区。特别是在自信和自卑方面,地方高校青年学者往往潜意识里就认为"我不行"。

图 5.4.1　社科研究的五大误区

1) 聚焦与发散

地方高校学者从事科学研究一定要有稳定的研究方向,要做到"顶天立地"的研究范式,即理论上要能"顶天",研究方向、研究选题和成果应用更要能够"立地"和"落地",不能理论对理论,空谈误国。我们这里谈科研规划,主要不是说科研规划应当怎么做,而是强调必须要有规划,尤其要凝练和确定学校人文社科研究的主攻方向。如果学校的科研主攻方向不明确,对教师的科研行为缺乏有力的引导,那么其社科研究必将处于"东一榔头,西一棒子"的散漫状态,力量分散,不能"抱团",在科学研究,尤其是项目申报中竞争力较弱。

2) 团队与个人

社科研究很容易进入"独狼"误区。地方高校的研究基础往往较为薄弱,学校知名度亦较低,缺少博士点、硕士点和重点学科等,因此更容易进入"独狼"误区。地方高校社科学者要学会从"流浪者"到"丐帮"再到"群狼"的转变,只有这样才能在社科研究领域形成自身特色和优势。社科研究团队要善于借鉴学习理工科研究团队的模式。未来高校科研竞争会更加激烈,"散兵游勇"模式已经远远不适应现代科研竞争形势,要有组织、有计划、有规模地组建"正规军"和进行"阵地战"。"集团作战"和"狼群战术"才能立于不败之地,也是创新成果产出的必然发展趋势。项目申报者要积极参加不同专家学者的项目研究。地方高校年轻博士和教师尤其要避免总想做"老大"的心态,要知道"老大"也是慢慢成长起来的。团队建设是社科研究和学科建设做大做强的最重要保障。

3) 勤奋与懒散

地方高校中有一些教师,他们刚评上教授,科研能力较强,科研成果也较为丰富,申报国家社科基金项目具有良好的基础,但他们准备在科研上"休息"一下,"懈怠"一下。从人才队伍建设和学校发展的长远计,科研管理部门和二级单位一定不能"放过"他们,要想办法督促他们自加压力,积极从事科学研究,进行高质量的学术论文写作与项目申报。

4)开放与封闭

社会科学研究,不论是学术论文写作,还是项目申报,其选题抑或写作内容,都要秉持"开放式"的讨论态度。采取"多+多"的讨论模式,即"圆桌式"或"头脑风暴式"的交流与讨论,让每一位参加讨论的人都成为"专家"。在办公桌周围,众多老师、同学围成一圈,针对不同老师的选题和内容,大家依次提出自己的看法、观点和建议。这种"集思广益"的讨论形式,往往能够给研究者提供新的思想刺激和启发。因此,社会科学研究应具有包容性,应该具有容纳不同取向、不同方法的学术空间,或偏向理论,或偏向经验,或偏向历史,或聚焦当下。社科研究团队只有分工合作,加强沟通交流,才能百花齐放、百家争鸣。当然,社科研究可以从其他人那里汲取营养,也要形成相对封闭的话语体系。体系内部要密集交流,要形成专门的概念和方法,同时具有广泛共识的学科范式。相对封闭的话语流是为了与外界绝对开放的对话。[①]

5)自信与自卑

青年博士独立开展科研工作的经验略显不足,其中一部分教师的信心也相对不足,需要给予他们特别的关注、关怀、鼓励和帮助。

5.4.2 科学素养的体现与培育

关于科学素养(Scientific Literacy),国际经济合作组织(OECD)认为,科学素养是运用科学知识,确定问题和作出具有证据的结论,以便对自然世界和通过人类活动对自然世界的改变进行理解和作出决定的能力。国际上普遍将科学素养概括为 3 个组成部分,即对科学知识达到基本的了解程度,对科学的研究过程和方法达到基本的了解程度,对科学技术对社会和个人所产生的影响达到基本的了解程度。那么,经济学研究中,一个人要具备经济学素养,就是对经济学知识、经济学的研究过程和方法,以及经济学研究对社会和个人所产生的影响的一个基本了解。然而,这只是从经济学这一专业意义而言,事实上,经济学研究的素养不仅仅要具备一定的专业素养,还要有相应的人文关怀素养和学者素养。

1)专业素养

经济学研究的专业素养是指研究者所具备的经济学专业能力,它要求研究者把握经济学学科坚实宽广的理论基础和系统深入的专门知识,具有独立从事科学研究和相关工作的能力。经济学研究对一个研究者而言,不仅需要良好的数学、英语基础,而且还要求有一定深厚的历史政治人文功底,既要了解人类社会的发展轨迹,也要了解各个社会的特征。总体而言,经济学研究要求经济研究者不仅要掌握先进前沿的研究技术,而且还要拥有丰富的经济学思想。

一方面,经济学研究要求经济研究者富有思想,其研究富有思想性。经济学研究作为一种社会科学研究,最终是为了改进人们对经济现象的理解,因此,思想性对于经济学研究十分重要,缺乏思想性的经济研究没有多大的价值。经济学研究方法与经济学思想相互作用,互为因

---

①贺雪峰.社会科学研究方法 20 条[J].学习与研究,2019(1):62-64.

果。任何一种经济学的方法,都只能在特定的条件下解决特定的经济学问题,形成特定的经济学思想。可以说丰富的经济学思想,需要多种的经济学方法来形成,而多种经济学方法才能促成或形成丰富的经济学思想。

另一方面,经济学研究要求经济研究者掌握先进前沿的研究技术,其研究要富有技术性。按照西方学者关于"科学"内涵的界定,技术或数理方法运用的高深程度是衡量一门学科科学性的程度。技术性一般指研究方法和手段,技术性的重要性体现为保证结果的科学、可信。经济学研究的方法、技巧要科学、先进、有效。一般而言,理论研究具有高度的概括性,数学工具的运用则具有以下几点好处:一是可以将问题描述得更为清晰,二是逻辑推理严密精确,可以防止漏洞和谬误;三是可以应用已有的数学模型或数学定理推导新的结果,得到仅凭直觉无法或不易得出的结论①。

当前,在经济学研究中,重技术、轻思想的现象日趋凸显,这种风气既不利于经济学研究本身的发展,也不能解决经济发展中亟待解决的实际问题。经济学研究仍然应当把思想性放在优先位置,数学(计量、模型)应当服务于新思想、新观点,而不能片面追求数学(计量、模型)本身的复杂性和形式化②。思想性与技术性之间,也应该是相辅相成、互相促进的关系。要出好成果,首先要改进工具、方法,掌握、利用先进有效的工具、方法,但是思想更根本、定性更重要。因为成果、文章的实质或者核心是思想,是对事物本质、特征和规律性的认识。出成果,主要就是出思想、出理论。方法为思想服务,使之更准确、更严密、更科学、更好把握、更具操作性③。因此,经济研究者要培养和形成良好的专业素养,就要在掌握相关技术性方法(数量经济方法)的同时,熟读经典教材,在平时多看些观点性强的文章,以及相关的经济新闻报道、书籍和杂志,多阅读、多积累,从学者自身的角度出发,关注经济发展中的重点、难点问题,把更多的精力放于理论创新方面,而不仅仅局限于模型的简单运用。

2) 人文素养

人文关怀首先应当是以正直的良知、不竭的热情、高度的责任心、神圣的使命感,在自己的岗位上为推动整个社会进步而做的现实努力。简洁点,可借用吴炫先生一个词——"存在关怀",即关注现实社会的健康和进步④。经济学研究,实质上是他这种深沉的人文关怀的实施途径,这至少可以从以下两个主要方面来反映:

对前沿热点的关注。著名经济学家宋涛认为,"研究"的重要特点之一便是"善于捕捉经济理论研究的前沿信息"。所谓"前沿信息"即现实社会的经济热点问题。毫无疑问,"经济事实"是有人文关怀精神的。经济学家必须首先面对现实问题,同时还必须针对各种"经济事实"提出相应的认识和解决方案,然而若局限于此,还不能成为出色的经济学家。因为与时俱进解决的是现实的经济问题,虽然保证了经济学研究与时代发展同步,但这只是经济学家的职责之一。而可持续性发展,则要求经济学家对经济、社会的发展起导航的作用,这是一项更高也更难的任务。

对弱势群体的关爱。其中,弱势群体具体有两种:一种是没有特权或受某些政策制度有意

①钱颖一.理解现代经济学[J].经济社会体制比较,2002(2).
②陆蓉,蒋南平,陈彦斌,等.经济学论文的思想性与技术性关系笔谈[J].经济理论与经济管理,2013(10):10-12.
③简新华.中国经济学研究和发展的两个重要问题[J].河北经贸大学学报,2014(1):13-15.
④龙建春.一个经济学家的人文关怀和文学素养[J].台州学院学报,2010(5):78-82.

或无意伤害的群体；另一种是因行业或地域的综合条件相对处于不利情境的群体。经济学家党国英认为，人文关怀还可以"被理解为社会平等的关注，对良好道德风尚的提倡"。因此，"真正重要的经济学家，差不多都是具有人道主义热情的人"。如刘易斯、阿玛蒂亚·森等，没有一定的人文底蕴，经济理论恐怕只能充当数理分析和权势的奴隶，很难去直面公正、贫穷和协调发展等重大社会经济问题。经济思想最初是与人文哲学思想混为一体的，在经济思想还未体系化以前，所有的经济思想都只是片段的或琐碎的，包含在人文哲学思想中。人们是在谈论广泛的人文哲学问题时，偶尔涉及经济问题，经济思想依附于人文哲学之上。

3）学者素养

学者素养就是一个科研工作者主观具备的科研素质，它主要涵盖 3 个方面的内容：观察、分析与创造力，孜孜以求的学术精神，以及协作交流的团队意识。

（1）观察、分析与创造力

许成钢在"经济学、经济学家与经济学教育"[①]一书中认为，一个好的经济学家最重要的是要具备 3 个方面的能力：观察能力、分析能力和创造能力。他认为观察能力是在现实中观察出重大问题，以及规律性与决定性问题，找出现实和历史中重要的问题，提出一个解释。经济学者能否提出问题、解释问题的关键是心理有没有一个理论的基准。经济学研究生要培养出观察能力，其核心就是要透彻理解经济学理论基准。它反映现实的一种理想、简化的结构。在观察现实的时候，就能依据它来判断什么问题是原有的基准解释得了的，什么是解释不了的。解释不了的问题，就可能成为好的问题。分析能力需要具备理论和实证分析能力，数学能力在经济学学习和研究中是必不可少的工具和手段，但不是结果。研究作为一个创造过程，其不仅包括演绎和归纳的逻辑，还包括洞察力、创造力、探索和思考。不仅仅是经济学研究离不开首创精神，任何科学研究都离不开首创精神。创造能力是经济学学习研究中最重要的，也是最难培养的，因为这往往是不能训练的，可以训练的一般是规则。埃思里奇（1995）在其《应用经济学研究方法论》中提到，完成一个给定的研究任务常常会有不同的方法，不存在"魔术般的公式"用以完成或产生好的经济研究。研究过程要求或至少在工作时，最好具有想象力、主动性、一定程度的直觉以及大量的好奇。一般来说，创造力不能训练，只能培养。而培养大部分靠着环境的熏陶，没有机械的办法。

（2）孜孜以求的学术精神

学术精神首要强调的必是自由精神，是一种内心自由的表现和学术自由的成果。任何学术研究都必须立足于现实的客观条件和已有的研究成果。一方面，学术研究必然受制于研究对象和研究工具的变化发展。不仅自然科学如此，社会科学亦是如此。尤其社会历史科学更是要受制于历史前提和社会环境。另一方面，学术研究还必须从已有的思想材料出发和产生于社会文化背景之中。学术前沿必须有理论基础和文化后方的坚定支撑。因此，理性才是学术研究和科学发展的逻辑基础，而绝非随性或者任性。

学术精神在现代必然要体现为实践精神[②]。经济学研究，实践精神至关重要。如果说自然科学必须在纯粹客观的条件下研究自然存在的话，经济学作为人文社会科学，则是由作为其

---

①许成钢.经济学、经济学家与经济学教育[M]//吴敬琏.比较.北京：中信出版社,2002.
②武晓超.再谈学术精神[N].学习时报,2014.01.20.

研究对象的人和社会所决定的,必须奠基在现实的人和活生生的社会现实基础上。拒斥实践,否认实践对人和社会的决定性意义,只能陷入闭目塞听、闭门造车的境地,应为现代学术研究所摒弃。

忍受学术寂寞和响应时代呼唤并不是必然矛盾的,前者体现的是一种孜孜以求的学术精神,后者说明的是理论品格的与时俱进。问题在于,不能浅尝辄止地整天跟着热点跑,更不能在逆时代发展的陈旧理论框架中作茧自缚。经济学家还应具有学术研究中的坚韧性和对学术寂寞的忍受力。不要高估自己的科学素养,诚恳而循序渐进,承认我们的科学素养还有待提高,一步一个脚印解决现实问题,一个一个案例健全游戏规则,要敢于直面公众、接受监督,这样科学精神才有可能生根开花。

（3）协作交流的团队意识

在经济学研究中,我们当然不能否认和贬低个人的天赋与努力,但我们应该看到,秉持群体研究和协作交流的意识能够让科研工作者达成共识,促进思想碰撞,提高工作效率。有组织有学术纲领的独立团体作为学术交流的重要平台,对于团队中各个科研工作者的学术升华能够起到巨大的推动作用。科研工作者之间围绕着研究问题展开的大量讨论甚至激烈争论,不仅深化了学术研究,甚至还能加深科研工作者之间的友谊。革命导师马克思、恩格斯之间频繁的学术交流及其传世友谊,更是历史的典范。这对于文人相轻、学术上的傲慢与封闭的现象,具有警示和鞭挞作用。当今,一些科学工作者缺乏合作精神、团队精神,这是影响我国科学发展的一个重要原因。而科研工作者之间在理念上的偏差和利益冲突,使得协作研究难以进行。应该承认,协作研究确实会带来诸多棘手的利益分配问题。协作研究要妥善处理利益冲突,能事先作出明确规定的,尽可能明文规定,有章可循。譬如谁牵头、牵头者与具体研究者特别是主要研究者的关系,牵头者的权利、义务,参与者的权利、义务,成果的署名、奖励、荣誉的分配,等等。但是,在明确过程中,不能斤斤计较,过于看重个人利益、眼前利益,否则就难以形成合作共赢的良好局面。因此,面对科学研究难度的日益增强、学科交叉的日趋明显,在协作交流上达成共识已经变得至关重要,协作交流的团队意识是科学研究的内在要求和必然趋势。

4）文学素养

文学素养是一个人听、说、读、写等能力的综合体现,反映人的内在的精神素质和文化底蕴。包括丰富的情感、自由的想象、对世间事物的洞察和敏锐的感应,能够自然地抒发情感以及善于化抽象为形象的能力。

提高文学素养,既能够怡情增智、陶冶性情,又能够升华精神、完善人格。对于从事经济研究的学术科研人员而言,不仅需要具备专业素养、人文素养、学者素养,而且还需要具备文学素养。首先,提高文学素养有助于培养良好的表达能力。在科研工作中,文学素养的高低决定了科研人员对项目内涵和外延的清晰理解程度,以及对学术著作、研究报告撰写的准确性、条理性和规范性。提高文学素养有助于培养科学的逻辑思维。其次,良好的文学素养有助于改善科研人员的思维状况,使人不断思考、追求创新[1]。创新能力被视为具备逻辑思维的科学研究中最为重要的能力,而不同学科知识体系和思维方式交叉渗透,往往才能产生创造性思维,这却有赖于形象思维。阅读和欣赏文学作品,是一个分析、归纳、总结和概括的过程,有助于提高

---

[1]孟梅.论文学素养对于科研管理教师的重要作用[J].大家,2010(11).

大脑的思维能力,丰富人的感性意识,提高想象力。在经济学科研领域中,但凡具有影响力的经济学家,大都具备较高的文学素养。再次,提高文学素养有助于促使科研工作者站在一个哲学的高度看待问题,推动科学研究的发展。文学和哲学从一定意义上而言,具有相通性,我们在科研工作中,往往也需要适时辩证地、全局或具体地看待问题。例如,遇到研究困难或障碍,抑或跳出既定思维框架、另辟蹊径解决问题;抑或持之以恒,寻求原因,击破困难,总之,以发展的、辩证的哲学理念和文学思维看待问题,有助于顺利推进我们的科研工作。

第 6 章
信息检索

进行一项完整的经济研究不仅需要基于一定的文献基础,而且在适当的时候,需要用相关数据对经济问题进行相应的描述说明,或在构建模型的基础之上,采用数据进行实证检验。因此,文献检索方法、技巧及数据来源途径的掌握和运用不仅能够大大提高信息和知识等资源的使用效率,而且有助于经济研究者及时掌握最新、最先进的经济信息资源与研究数据,以此推动经济研究的深化发展。

6.1 信息素养及相关概念

6.1.1 信息及信息资源

由于信息的复合性,不同的学科对信息有不同的定义,"信息"的定义非常多样,在《现代汉语词典》中,"信息"泛指一切音信和消息;控制论创始人维纳则认为:信息是我们用于适应外部世界,并且在使这种适应为外部世界所感知的过程中,与外部世界进行交换的内容的名称;而信息论的创始人香浓将信息定义为能够用来消除不确定性的东西;国内学者陈源认为信息是意义的载体,是被按一定的方式排列起来的信息序号。[1]

信息,是自然界、人类社会以及思维活动中普遍存在的现象,是事物发出的信号或消息,是一切事物的存在方式、运动状态及其特征反映。消息、信号、数据、资料、情报、指令均是信息的具体表现形式。人通过获得、识别自然界和社会的不同信息来区别不同事物,得以认识和改造世界。

有益的信息是一种资源、财富和机遇,是构建人类的精神世界的基础。但是,随着现代社会的发展,信息的发布具有越来越大的自由度和随意性,从而导致信息质量参差不齐,面对海量信息,我们要学会合理地有效利用信息。

Rourke 最早于 1970 年提出了"信息资源"一词,他指出,信息资源包括书籍、各种手册、微

---

①邓发云. 信息检索与利用[M]. 北京:科学出版社,2017.

缩文件、微缩胶片以及幻灯片等。①随后,伴随着信息技术的迅猛发展,学术界对信息资源的理解也在不断地丰富和加深,目前,狭义上来讲,信息资源仅仅指信息内容本身,除了包含Rourke所提及的信息资源范围以外,还包括没有文字记录的语音、视频等多媒体信息和互联网上的所有信息。

后来的学者逐渐提出了广义的信息资源,它不仅包括信息内容本身,还包括供给、环境、设备、人员以及资金等,即支持信息创建、传播、利用和处置的所有物质基础,比如信息技术的相关基础设施、用于传播信息的各种通信设备、处理信息的工作人员、让所有与信息有关的生产要素运作起来的投资资金,甚至是能够实现信息的产生、承载、传播、使用的自然环境等。①

从多方面分析,信息主要有以下特征:①普遍性和客观性,信息是事物变化和状态的客观反映,不以人的主观意志为转移;②可传递性和扩散性,现代信息技术的发展,使信息的扩散和传递速度逐渐加快;③价值性,信息是和物质、能源并列的三大资源之一,有属于自身的价值;④时效性,信息有自己特定的生命周期,某一信息资源只有在适当的时间地点才能充分发挥出自身的效益;⑤可共享性,信息的可共享性是相对于物质的独占消费特征而言的,这也是信息交流与物质交流的本质区别;⑥与载体的不可分割性,信息必须借助于文字和图像等工具和物质形态的载体,才能得以表现和存在,体现出信息的价值;⑦可存储性和再现性,这是由信息的客观性和与载体的不可分割性派生出来的;⑧累积性、延续性和继承性,这是由信息的可存储型和再现性派生出来的特征,人类知识宝库不断丰富及扩充的过程,就是信息经过系统化、抽象化和规律化而形成知识的长期积累过程。②

6.1.2 信息素养

目前我们正处于信息爆炸的时代,信息的生产利用和服务正逐渐成为社会的支柱产业,即"信息社会",这不仅使社会发生了全面的变化,也给人们的生活带来了极大的影响。面对爆炸性的信息,我们必须提升我们的信息素养,学习如何有效地利用、管理和控制信息。

信息产业协会主席保罗·泽考斯基于1974年提出:"信息素养(Information Literacy)"的本质是全球信息化需要人们具备的一种基本能力,是利用大量的信息工具及原始信息源使问题得到解答的技术和技能。美国图书馆协会于1989年将信息素养定义为"具有较高信息素养的人,是一个有能力觉察信息需求的时机并且能够检索、评价记忆高效地利用所需信息的人,是一个知道如何学习的人。他们知道了如何学习的原因在于他们掌握了知识的组织机理,知晓如何发现信息以及利用信息。他们是有能力终身学习的人,是有能力为所有的任务与决策提供信息支持的人"。

信息素养的内涵包含信息意识、信息知识、信息能力、信息道德四个方面的因素:①信息意识,信息意识是信息素养当中最重要的部分,是人凭借对信息和信息价值所特有的敏感性和亲和力,主动利用现代信息技术捕捉、判断、整理、利用信息的意识,包括对信息具有敏锐的感受力、持久的注意力和正确的判断力;②信息知识,信息知识是信息素养的基础,是指开展信息获取、评价、利用等活动所需要的知识,比如对信息的基本常识、信息的获取和存储、信息的传递与控制、信息使用工具、信息的创新和升值等的掌握和了解;③信息能力,信息能力是信息素养

---

①常亚青. 信息资源与包容性发展[M]. 上海:华东理工大学出版社,2018.

②刘允斌,等. 使用信息检索[M]. 北京:高等教育出版社,2018.

的核心,包括信息检索以及获取的能力,信息鉴别与分析评价的能力和信息的综合运用及创新能力;④信息道德,信息道德是信息素养的准则,指在组织利用信息的过程中,目标要与社会的整体目标一致,遵守法律法规,尊重个人隐私及知识产权,抵制信息污染。[①]

信息素养能力是学习者通过"资源型"学习而达到的一种运用潜在工具的能力。美国高校和研究图书馆协会工作组认为,高校学生应该具备的信息素养能力应包括:①确定所需信息的范围;②有效地获取所需的信息;③鉴别信息及其来源;④将检出的信息融入自己的知识网络;⑤有效地利用信息去完成一个具体的任务;⑥了解利用信息所涉及的经济、法律和社会问题,合理、合法地获取和利用信息。[②]

2005 年北京图书馆学会制定发布了"北京地区高校信息素质能力指标体系",从 7 个维度来衡量信息素养的标准:①能够了解信息以及信息素质能力在现代社会中的作用、价值与力量;②能够确定所需信息的性质与范围;③能够有效地获取所需要的信息;④能够正确地评价信息及其信息源,并且把选择的信息融入自身的知识体系中,重构新的知识体系;⑤能够有效地管理、组织与交流信息;⑥能够有效地利用信息来完成一项具体的任务;⑦了解与信息检索、利用相关的法律、伦理和社会经济问题,能够合理、合法地检索和利用信息。

6.1.3　学术素养

学术是指系统专门的学问,是对存在物及其规律的学科化论证,泛指高等教育和研究。素养是指一个人的修养,从广义上讲,包括道德品质、外表形象、知识水平与能力等各个方面。学术素养是指进行学术研究时内在的规范和要求,是个人在学术研讨过程中所表现出来的综合品质。[③]学术素养包含信息素养的所有部分,即学术信息意识、学术信息知识、学术信息能力和学术信息道德四部分,相互依存,缺一不可。学术信息意识是学术素养的首要构成元素,学术信息知识是学术素养的根本保证,学术信息能力是学术素养的关键元素,学术道德是学术活动顺利进行的重要保障。

同时,学术素养具备 3 个特点:①学术性,即对专业信息的敏感度;②普遍性,贯穿整个学术研究过程;③层次性,不同学历(本科、研究生)、学科之间的差异性。

6.2　信息检索

6.2.1　信息检索的概念及类型

1) 信息检索的概念

广义的信息检索是指将杂乱无序的信息有序化,形成信息集合,并根据需要从信息集合中查找出特定信息的过程,因此,也可以称为信息存储与检索。信息的存储主要是指对一定范围

---

①刘允斌,等. 使用信息检索[M]. 北京: 高等教育出版社, 2018.

②常亚青. 信息资源与包容性发展[M]. 上海: 华东理工大学出版社, 2018.

③王立珍, 袁金英, 马秀峰. 研究生学术素养的内涵及培育探析[J]. 教育导刊(教育技术), 2012(5): 51-52.

内的信息进行筛选、描述其特征,并加工使之有序化形成信息集合,即建立数据库,这是信息检索的基础;信息检索是指采用一定的方法与策略从检索系统中查找出所需信息,这是检索的目的,是存储的反过程。存储与检索是一个相辅相成的过程。为了迅速、准确地检索,就必须了解存储的原理。

狭义的信息检索是指根据特定需要,运用科学的方法,采用专门的工具,从大量信息、文献中迅速、准确、相对无遗漏地获取所需信息(文献)的过程。简单地说,就是从信息集合中迅速、准确地查找出所需要信息的程序和方法。这里所说的信息集合指的是有组织的信息整体,它可以是数据库的全部记录,也可以是某个图书馆的全部馆藏。通常人们所说的信息检索主要指狭义的信息检索,即信息查找的过程。

信息检索的实质是将用户的检索标识与信息集合中存储的信息标识进行比较与选择,当用户的检索标识与信息存储标识匹配时,信息就会被查找出来,否则就查不出来。匹配有多种形式,既可以是完全匹配,也可以是部分匹配,这主要取决于用户的需要。[①]

2)信息检索的类型

(1)按存储与检索对象划分

①文献检索

文献检索是指以文献原文为检索对象的检索,它是利用检索工具和系统查找文献线索、获取文献信息的过程。传统的文献检索过程一般包括两个步骤,即先通过检索工具(目录、文摘、索引,题录)获取文献线索(文摘题录信息),再据此查找或者复制文献全文。随着全文检索系统和超文本检索系统的发展,人们已经可以利用计算机全文检索系统直接获取全文文献信息。文献检索是要检索出包含所需要信息的文献,是一种不确定性的检索,其检索结果是与某一课题有关的若干篇论文、书刊的来源出处以及收藏地点等。因此,文献检索一般使用文摘、目录,索引,题录检索工具及其相对应的数据库、全文数据库和网络资源等。

②数据检索

数据检索是以数据为特定对象的检索,即查找文献中的某一数据、公式、图表以及某一物质的化学分子式等。数据检索是一种确定性检索,检索的结果是经过核实、整理的数据信息,是用户直接可以利用的信息。

③事实检索

事实检索是以事实为对象的检索,即查找某一事物发生的时间、地点及过程等。事实检索与数据检索一样,是一种确定性检索,检索的结果可以供用户直接利用。[②]

(2)按检索技术手段的不同划分

①手工检索

手工检索是检索人员利用手工检索工具(文摘、目录、索引、题录等),通过手翻、眼看、大脑思维判断索取原始文献的检索。手工检索的特点是检索条件简单、成本低。检索过程中可以随时获取反馈信息,及时调整检索策略,检索准确率高。缺点是漏检严重,检索速度慢。[②]

---

① 刘允斌, 吴瑾, 王宇. 实用信息检索[M]. 北京: 高等教育出版社, 2018.
② 徐岚. 信息检索实用教程[M]. 北京: 化学工业出版社, 2017.

②计算机检索

计算机检索是指人们利用计算机,使用特定的指令、检索词和检索策略,从计算机检索系统的数据库中检索出所需的信息,并由终端设备显示或打印的过程和方法。计算机检索包括单机检索、联机检索、网络检索和光盘检索等。计算机检索是在人和计算机的共同指令下完成信息的存取操作,从机器存储的大量数据中自动分拣出用户所需要的部分。与手工检索相比,计算机检索大大提高了检索效率,促进信息资源的共享和信息管理的现代化,而国际互联网的广泛使用和现代通信技术的飞速发展又使计算机检索如虎添翼。计算机检索是目前获取文献信息检索的主要手段。[①]

(3)按检索信息的组织方式划分

①全文检索

全文检索是将存储在数据库中的整本书、整篇文章中的任意内容信息查找出来的检索,可以根据需要获得全文中的有关章、节、片段、词等的信息,也可以进行各种统计和分析。

②超文本检索

超文本检索是对每个节点中所存的信息以及信息链构成的网络中信息的检索。强调中心节点之间的语义联结结构,靠系统提供的工具进行图示穿行和节点展示,提供浏览式查询,可进行跨库检索。

③超媒体检索

超媒体检索是对存储的文本、图像、声音等多种媒体信息的检索。它是多维存储结构,与超文本检索一样,可提供浏览式查询和跨库检索。[②]

6.2.2　信息检索的方法与步骤

1)信息检索方法

文献信息检索方法的选择,根据课题的性质和研究目的而定,也要根据可否获得检索工具而定,归纳起来,查找方法分为以下四种。

(1)浏览法

一般通过检索工具搜索文献是获得文献的主要途径,只要方法得当,往往可以在短时间里获得大量切合课题需要的文献信息。但是,由于任何一种检索工具都只能收录有限的期刊和图书,而且检索工具与原始文献之间往往有半年左右的时间差。为了弥补这些缺陷,我们还必须借助其他方法来收集文献。其中,浏览法就是平时获取信息的重要方法。具体地说就是对本专业或本学科的核心期刊每到一期便浏览阅读的方法。该方法的优点是:能最快地获取信息;能直接阅读原文内容;基本上能获取本学科发展的动态和水平。缺点是:检索人必须事先知道本学科的核心期刊;检索的范畴不够宽,因而漏检率较大。因此,在开题或鉴定时还必须进行系统的检索。

(2)直接法

直接利用检索工具(系统)检索文献信息的方法,这是文献检索中最常用的一种方法,它

①王琦, 王冠韬. 文献信息检索教程[M].北京:电子工业出版社, 2017.
②刘允斌, 吴瑾, 王宇. 实用信息检索[M]. 北京:高等教育出版社, 2018.

又分为顺查法、倒查法和抽查法。

顺查法。按照时间的顺序,由远及近地按照检索系统进行文献信息检索的方法。例如,已知某课题的起始年代,现在需要了解其发展的全过程,就可以用顺查法从最初的年代开始,逐渐向近期查找。这一方法查全率、查准率都比较高,但是费时费力、检索工作量大,适用于科研主题复杂,研究范围较大,研究时间较长的科研课题。

倒查法。倒查法是由近及远,从新到旧,逆着时间的顺序利用检索工具进行文献检索的方法。使用这种方法可以最快地获得最新资料,劳动量较小,但是也容易漏检。这种方法的重点是放在近期文献上。

抽查法。抽查法是指针对项目的特点,选择有关该项目的文献信息最可能出现或最多出现的时间段。这种方法费时少而效率高,但是漏检的可能性也较大,是利用检索工具进行重点检索的方法,适用于查找兴旺时期发表的文章。

（3）追溯法

追溯法又称回溯法,即逆流而上,探索发源处。这是一种传统的查找文献的方法。就是当查到一篇参考价值较大的新文献后,利用文献后面所列的参考文献,逐一地进行追溯查找"引文"的一种最简便的扩大信息来源的方法。它还可以从查到的"引文"中再追溯查找"引文",像滚雪球一样,依据文献间的引用关系,获得越来越多的相关文献。运用这种方法查阅文献资料,便于读者追踪阅读,可以收到事半功倍之效。尤其是利用综述性质的文章进行追溯,更能收到显著效果。综述文章,是专业人员于搜集大量文献资料的基础上,经过分析、综合,结合自己的认识、体会撰写的文章,具有对某一学科或课题观点综合总结的性质,是专题性文献资料最集中的表现形式。通常一篇综述文章要引用几十篇几百篇文章,从中进行追溯查阅,可以了解这一课题的现状和过去,可以探索本源。此外,还可以利用会议文集、述评类文献进行追踪阅读。

（4）综合法

综合法又称为循环法,它是把上述两种方法加以综合运用的方法。综合法既要利用检索工具进行常规检索,又要利用文献后所附参考文献进行追溯检索,分期分段地交替使用这两种方法。即先利用检索工具(系统)检索到一批文献,再以这些文献末尾的参考目录为线索进行查找,如此循环进行,直到满足要求时为止。综合法兼有常用法和追溯法的优点,可以查得较为全面而准确的文献,是实际中采用较多的方法,如当检索工具缺期、缺卷时,也能连续获得所需年限以内的文献资料。对于查新工作中的文献检索,可以根据查新项目的性质和检索要求将上述检索方法融汇在一起,灵活处理。

2）信息检索的步骤

文献信息检索工作是一项实践性和经验性很强的工作,对于不同的信息项目,可以采取不同的检索方法和程序。检索程序与检索的具体要求有密切关系,大致可分为以下几个步骤。

（1）分析待查课题,明确主题概念

首先应分析待查课题的内容实质、所涉及的学科范围及其相互关系,明确要查证的文献内容、性质等,根据要查证的要点抽提出主题概念,明确哪些是主要概念,哪些是次要概念,并初步定出逻辑组配。

（2）选择检索工具,确定检索策略

选择恰当的检索工具,是成功实施检索的关键。选择检索工具一定要根据待查项目的内容、性质来确定,选择的检索工具要注意其所涵盖的学科专业范围、所包括的语种及其所收录的文献类型等;在选择中,要以专业性检索工具为主,再通过综合型检索工具相配合。如果一种检索工具同时具有机读数据库和刊物两种形式,应以检索数据库为主,这样不仅可以提高检索效率,而且还能提高查准率和查全率。为了避免检索工具在编辑出版过程中的滞后性,还应该在必要时补充查找若干主要相关期刊的现刊,以防止漏检。

（3）确定检索途径

一般的检索工具都根据文献的内容特征和外部特征提供多种检索途径,除主要利用主题途径外,还应充分利用分类途径、著者途径等多方位进行补充检索,以避免单一种途径不足所造成的漏检。

（4）编制检索表达式

在运用计算机进行检索时,经常要设计检索的表达式,检索的表达式往往有很多。构建检索表达式时:首先,要选择恰当的检索词;其次,要选择合适的检索方法,如布尔逻辑检索的运用等;最后,要正确运用这些关系运算符实现检索。

（5）调整检索策略

用户将检索表达式输入系统后,有时候会发现检索结果不尽如人意,这时候用户需要调整检索策略。如当检索结果太少时,用户就需要调整检索策略,如查找关键词的同义词或相关词,用逻辑运算符"逻辑或"连接关键词进行检索;用户可以选择检索词之间的匹配关系为"模糊"。

（6）查找线索,索取原文

应用检索工具实施检索后,获得的检索结果即为文献线索,对文献线索进行整理,分析其相关程度,根据需要,可利用文献线索中提供的文献出处,索取原文。

（7）检索示例

检索课题:查找 2005—2018 年有关财政政策和货币政策的论文。

检索步骤如图 6.2.1 所示:

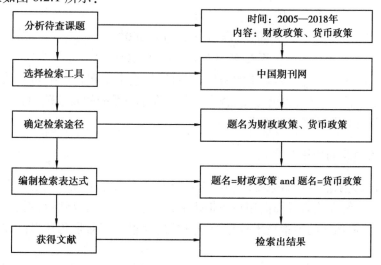

图 6.2.1　检索步骤

6.2.3 信息检索效果评价

1）评价指标

检索效果是指文献信息检索系统的有效程度，它反映了检索系统的能力。检索效果评价指标一般包括查全率、查准率、检索系统的文献收录范围、检索系统响应时间、检索费用和检索结果输出形式。其中，查全率和查准率是评价检索效果的两个主要衡量指标。

查全率是指检出的相关文献数占系统中相关文献总数的百分比，它反映了该系统文献库中实有的相关文献在多大程度上被检索出来。查全率反应检索全面性，其补数也叫漏查率。

查全率=（检出相关文献量／系统中相关文献总数）×100%

查准率是指检出的相关文献数占检出文献总数的百分比，它反映每次从该系统文献库中实际检出的全部文献有多少是相关的。查准率反应检索准确性，其补数也叫误查率。

查准率=（检出相关文献量／检出文献总量）×100%

在信息检索过程中，每进行一次检索，就把系统中所有的文献分为 4 个部分，见表 6.2.1。

表 6.2.1 **检索系统中的各种文献参考量**

检出情况	相关文献	非相关文献	总计
检出文献	a	b	$a+b$
未检出文献	c	d	$c+d$
总计	$a+c$	$b+d$	$a+b+c+d$

由此，查全率、查准率也可以用如下公式计算：

查全率=[$a/(a+c)$]×100%

查准率=[$a/(a+b)$]×100%

同理，漏查率、误查率可以用下列公式计算：

漏查率=[$c/(a+c)$]×100%

误查率=[$b/(a+b)$]×100%

查全率与查准率是评价检索效果的两项重要指标，查全率和查准率与文献的存储与信息检索两个方面是直接相关的，也就是说，查全率和查准率与系统的收录范围、索引语言、标引过程和检索过程等有着非常密切的关系。[①]

2）提高检索效果的措施

对用户而言，文献信息检索系统的功能与查全率、查准率有着密不可分的关系。检索系统的功能是指检索系统在检索界面向用户所提供的浏览、基本检索、高级检索、检索语言及检索策略等功能。另外，用户的检索技术也是十分重要的因素。下面是几种提高和优化检索效果

---

①刘允斌，吴瑾，王宇. 实用信息检索[M]. 北京：高等教育出版社，2018.

的措施。[①]

（1）提高检索系统的质量

提高检索系统的质量指的是：检索系统所覆盖的学科和年代范围要广；文献信息具有高质量；检索工具要优质；收录的内容要全面；文字、图像（著录）要清晰；标引要准确；系统功能要完善等。

（2）提高用户的检索技能

用户的检索技术与检索策略是提高检索效率的关键。检索语言、检索技术、检索方法的正确、灵活使用，能够使用户更好地与检索系统协调、配合，从而大大提高检索效率。

（3）调整对查全率和查准率的要求

用户要根据不同检索课题的需要，适当调整对查全率和查准率的要求。如果要求查准率很高，那么就多用专指性的检索词或检索词多重限定，以提高查准率；如果要求查全率很高，就需要调整检索策略，多用一些泛指性的检索词或相关概念的检索词，以提高查全率。[②]

6.3　经济研究常用资源篇

6.3.1　中文学术资源

1）期刊全文数据库

（1）中国知网

中国知网（China National Knowledge Infrastructure，CNKI），网络连续型出版物获国家新闻出版广电总局同意出版，新编国内统一连续出版物号 CN11—6037/Z，是第一部以全文数据库形式大规模集成出版学术期刊文献的电子期刊，它是目前全球最大的连续动态更新的中文学术期刊全文数据库，是国家学术期刊最具权威性的文献检索工具和唯一的网络出版平台，基本完整收录了我国的全部学术期刊，覆盖所有学科的内容。该库为"十五""十一五"国家重大电子与网络出版工程项目，荣获出版行业最高奖——首届"中国政府出版奖网络出版物奖"。

CNKI 是各类知识信息内容的数字出版平台和知识服务平台，其数字出版内容和业务模式将全面对接作者、编者、出版者、读者需求，涵盖知识创新、编辑、加工、出版、传播、扩散、应用、评价以及资源保存和管理利用全过程。中国知网涵盖的信息资源丰富，尤其是期刊论文为经济学研究提供了丰富的文献资源，下面将以这种资源为例，介绍信息检索方法。

网址：www.cnki.net/。中国知网期刊全文库文献检索包括高级检索、专业检索、作者发文检索、科研基金检索、句子检索、一框式检索及来源期刊检索，可对检索结果分组浏览及排序。下面是几种常用检索示例：

　①高级检索

　高级检索如图 6.3.1 所示，其中⊞和⊟按钮用来增加和减少检索条件，"词频"表示该检索

①来玲，王宏波. 信息资源检索与利用［M］. 大连：东北财经大学出版社，2015.
②柯平. 信息素养与信息检索概论［M］. 天津：南开大学出版社，2005.

词在文中出现的频次，"精确/模糊"表示匹配方式。在高级检索中，还提供了更多的组合条件，来源、基金、作者以及作者单位等。 按钮是扩展现有的检索内容，提供该检索内容的导航扩展。

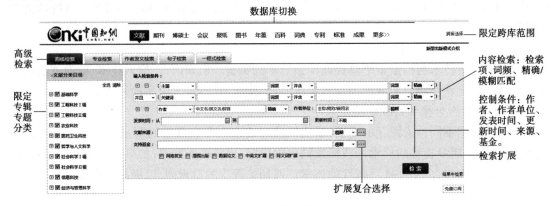

图 6.3.1　高级检索

②专业检索

专业检索是所有检索方式里面比较复杂的一种检索方法。需要用户自己输入检索式来检索，并且确保所输入的检索表达式语法正确，这样才能检索到想要的结果。每个库的专业检索都有说明，详细语法可以点击右侧"检索表达式语法"或者检索框下方提示构建专业检索表达式。

图 6.3.2　专业检索

③句子检索

句子检索用来检索文献正文中所包含的某一句话，或者某一个词组等文献，可以点击 和 按钮，在同一句或者同一段中检索。

（2）中文科技期刊数据库（维普期刊全文数据库）

中文科技期刊数据库是重庆维普资讯有限公司的主导产品。本数据库收录了1989—1999年出版的期刊7 000余种，2000年后出版的期刊14 000余种（含核心期刊1 983种），分全文版、文摘版和引文版3个版本，文献最早回溯到1955年。学科分类：医药卫生、农业科学、机械工程、自动化与计算机技术、化学工程、经济管理、政治法律、哲学宗教、文学艺术等35个学科大类，457个学科小类，文摘及全文。主要范畴为社科类、自然科学类、综合类。年代跨度为1989年至今。与中国期刊全文数据库查询方法相似，首先输入检索项种类，再输入检索

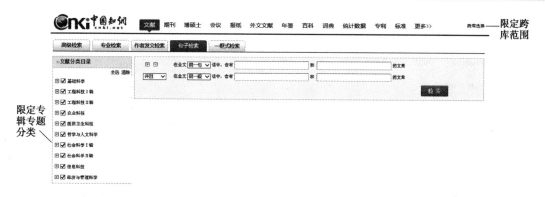

限定专辑专题分类

限定跨库范围

图 6.3.3　句子检索

词,可以选择精确或模糊查询,最后点击搜索按钮即可。

分类体系:按照《中国图书馆分类法》进行分类,所有文献分为 7 个专辑:自然科学、经济管理、工程技术、农业科学、医药卫生、教育科学和图书情报。7 大专辑又可以细分为 27 个专题。

网址:qikan.cqvip.com/。中文科技期刊数据库检索包括文献检索、期刊检索、主题检索、作者检索、机构检索、基金检索、学科检索、地区检索以及基于这 8 个维度的综合检索。

①灵活的聚类组配方式(图 6.3.4)

左聚类面板支持"被引范围""作者""学科""期刊收录""机构""期刊""年份""主题"的多类别层叠筛选,实现在任意检索条件下对检索结果进行再次组配,提高资源深度筛选效率。

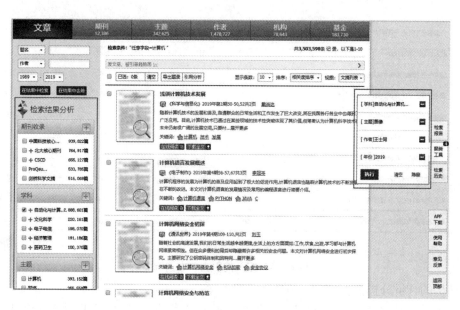

图 6.3.4　灵活的聚类组配方式

②深入的引文分布追踪(图 6.3.5)

引文追踪报告帮助用户直观地分析该文献课题的总体发展趋势和学术影响力情况,揭示该课题目前是处于快速上升、平稳积累、还是成熟发展阶段。

已选中10篇文章进行引文追踪

统计引证文献年代分布: 2000 ▼ - 2019 ▼ □排除自引 更新

被引次数: 85374 H指数: 10

所选文献年代分布图

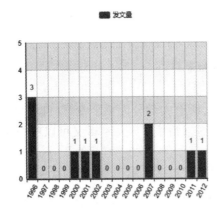

引证文献年代分布图

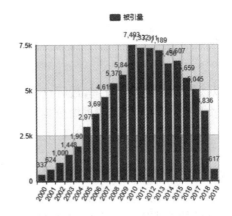

引证文献年代分布

	共10篇被引文献	2008年之前	2008年	2009年	2010年	2010年之后	所选年份共计	所有年份共计
		16605	5378	5844	7493	50054	85374	85686
1	各类脑血管疾病诊断要点	5936	1860	1982	2532	15580	27890	28092
2	病毒性肝炎防治方案	4973	1341	1414	1510	3198	12436	12461
3	脑卒中患者临床神经功能缺损程序评分标准 (1995)	2964	888	838	1054	5247	10991	11058
4	慢性阻塞性肺疾病诊治指南 (2007年修订版)	43	218	393	704	6386	7744	7744
5	慢性阻塞性肺疾病诊治指南	1476	585	518	633	1784	4996	4997
6	中国高血压防治指南2010	0	0	0	0	4915	4915	4915
7	中国成人血脂异常防治指南	15	111	223	397	3755	4501	4501
8	翻转课堂教学模式研究	0	0	0	0	4377	4377	4377
9	中风病诊断与疗效评定标准 (试行)	501	151	189	263	2665	3769	3784
10	急性心肌梗死诊断和治疗指南	697	224	287	400	2147	3755	3757

共1页 ◀ 1 ▶

图 6.3.5 深入的引文分布追踪

③详尽的计量分析报告(图 6.3.6)

以学术计量体系为理论基础,以大数据分析为技术储备,以中文科技期刊数据库为数据原型,自动形成分析报告。方便用户快速掌握相关领域内的前沿学术成果,了解相关学术信息。

④精确的对象数据对比(图 6.3.7)

支持不同对象的计量指数比较,形成学术分析链条,清晰展示对象之间的"学术产出""合作作者""研究方向""基金资助"等信息。

保存检索报告

1、概述

检索条件："任意字段=无人机 ""机构=西北工业大学 " **选择条件：** "机构=西北工业大学"

检索结果：1586条

2、学术成果产出分析

序号	2009	2010	2011	2012	2013	2014	2015	2016	2017	2018
发文量	137	125	148	133	137	109	84	64	47	35
被引量	594	530	444	389	410	309	187	109	71	12

图表1 近10年学术成果产出统计表

年份发文量被引次数学术成果产出及被引变化趋势图

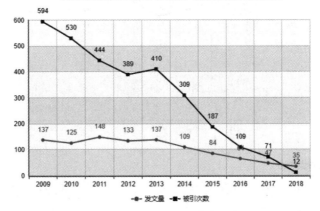

图表2 近10年学术成果产出及被引变化趋势

3、主要发文人物分析

序号	人物名称	发文量	主要研究主题
1	周洲	182	无人机 太阳能无人机 飞翼布局无人机 飞翼无人机 低雷诺数
2	祝小平	132	无人机 太阳能无人机 飞翼布局无人机 螺旋桨 飞行控制
3	吴成富	107	无人机 VXWORKS 飞控系统 飞控计算机 LABWINDOWS/CVI
4	陈怀民	103	VXWORKS 无人机 飞控计算机 LABWINDOWS/CVI 三余度
5	闫建国	62	无人机 DSP 仿真 半物理仿真 直升机
6	郭淑霞	51	复杂电磁环境 水声信道 微波暗室 无人机数据链 卫星导航
7	高晓光	49	无人机 贝叶斯网络 遗传算法 路径规划 动态贝叶斯网络
8	段晓军	46	VXWORKS 无人机 半物理仿真 飞控计算机 余度
9	马松辉	39	无人机 飞行控制 小型无人机 图像匹配 无尾飞机
10	童小燕	37	复合材料 能量耗散 低速冲击 陶瓷基复合材料 平纹编织

图表3 主要发文作者统计

图 6.3.6　详尽的计量分析报告

中国社会科学院文学研究所

作品数: 6481　被引量: 10790　H指数: 30

中国社会科学院经济研究所

作品数: 7301　被引量: 31007　H指数: 77

1.产出对比

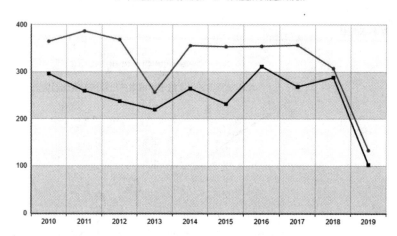

2.高产出作者对比

作者	发文量
杨义	218
陆建德	215
杜书瀛	201
范子烨	153
陈定家	148

作者	发文量
张曙光	371
钱津	300
裴长洪	278
张平	277
刘煜辉	269

3.主要研究方向对比

中国社会科学院文学研究所

讲述人　高雅艺术　工夫在诗外　功过是非
宫调　孤独　古代书图　古典文论　故事
海外华文　学派　编剧　电影工业　曲作　中译
资治　自卑情结　祖孙　邀游　王独清
纹样设计　物理学奖　物欲　西方文明
戏剧作品　下人　现代诗学　现在进行时
小品文　笑傲江湖

共同主题

故事　学派　中译　西方文明　临时政府
政治报告　名学　抗日战争研究　道德感　杂文
中国史研究　史论　私有制　清代中期
群众运动　中译本　主体论　助推器

中国社会科学院经济研究所

公共品　公交系统　贡献度　共产主义运动
信用活动　信用评级机构　股权　故事
国民经济核算　国有企业脱困　行为经济
河流域　儿童营养状况　法典
房地产信托投资基金　佛教寺院　腐败成因
付款　学府　学派　P2P网络借贷　权力经济
中译　主动性　转型期社会　资产流失　缫丝业

图 6.3.7　数据对比

（3）中国学术期刊数据库（万方期刊全文数据库）

中国学术期刊数据库（China Science Periodical Database,CSPD）是万方数据知识服务平台的重要组成部分,集纳了多种科技及人文和社会科学期刊的全文内容,其中绝大部分是进入科技部科技论文统计源的核心期刊。内容包括论文标题、论文作者、来源刊名、论文的年卷期、中图分类法的分类号、关键字、所属基金项目、数据库名、摘要等信息,并提供全文下载。期刊资源包括中文期刊和外文期刊,其中中文期刊共 8 000 余种,核心期刊 3 200 种左右,涵盖了自然科学、工程技术、医药卫生、农业科学、哲学政法、社会科学、科教文艺等各个学科;外文期刊主要来源于 NSTL 外文文献数据库以及牛津大学出版社等国外出版机构,收录了 1995 年以来世界各国出版的 20 900 种重要学术期刊。

网址:www.wanfangdata.com.cn/index.html。万方期刊检索方式包括基本检索、高级检索和专业检索。

①基本检索

基本检索包括多种功能,如检索字段选择、智能提示等。如检索字段设置了 7 个下拉列表:题名、作者、作者单位、关键词、摘要、刊名、基金,如图 6.3.8 所示,用户可以根据需要进行检索。

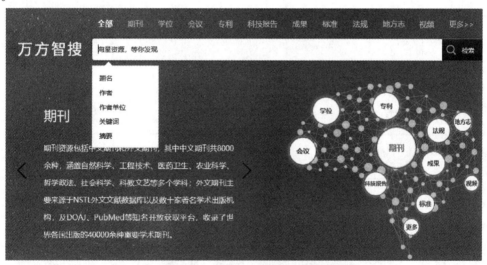

图 6.3.8　基本检索界面——检索字段选择

②高级检索（图 6.3.9）

高级检索提供了各个检索项之间的逻辑组合,并能实现多条件联合检索。"逻辑"项下面的"+""-"可以增加或减少检索项。若选择"+",则会出现多行检索项。若选"-",则会减少一行检索项。逻辑选项包括"与""或""非"3 个类别,用户可以根据需要进行任意组合。

③专业检索

进入"万方服务知识服务平台",点击"高级检索",点击右侧专业检索。点击【可检索字段】,弹出检索字段的弹框,进行检索字段的选择,也可根据输入提示自行输入检索字段;点击【推荐检索词】系统可以推荐相关检索词,使检索更智能。

图 6.3.9　高级检索页面

图 6.3.10　专业检索界面

2)数值型数据库

(1)EPS 全球统计数据库

EPS 数据平台是集丰富的数值型数据资源和强大的分析预测系统为一体的覆盖多学科、面向多领域的综合性数据服务平台。数据涉及数十个领域,触及国民经济行业全部分类、覆盖31 个省自治区直辖市、400 多个地级市、2 000 多个县级市、港澳台地区及全球 200 多个国家和国际组织,拥有近 40 亿条时间序列数据。

　　EPS 数据平台基于数据仓库和联机分析处理系统的理念进行设计开发,支持数据跨库检索、数据跨库分析,提供数据查询、数据处理、数据分析、可视化展现的一站式的数据服务,并提供个人数据中心功能,满足用户对数据的个性化收藏需求。

　　EPS 网址:www.wanfangdata.com.cn/index.html。EPS 全球统计数据库检索方式包括跨库检索、库内检索和批量选择性检索。

　　①跨库检索

　　登录 EPS 数据平台并进入数据库后,用户可以输入需要查询的指标名称或关键词,系统会在所有数据库中搜索包含该检索词的指标并在新的页面显示查询结果。

　　例如:查找 2016 年全国各省的环境污染治理投资,首先在搜索栏中输入"环境污染治理投资",点击查询按钮或回车,系统显示含"环境污染治理投资"的指标。平台在检索结果页面提供了频度筛选、最新数据时间、区域筛选、来源筛选等选项,方面用户快速定位检索指标。如最新数据时间选择"2016 年"、区域筛选中选择"省级",然后勾选第一个指标并点击"显示数据",页面就会自动跳转至"中国环境数据库-年度数据(分省市)"数据库页面,并显示数据。

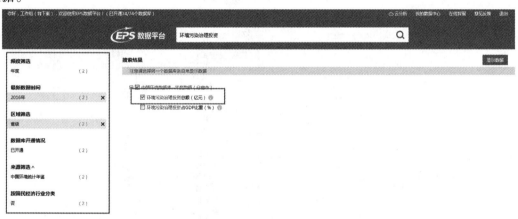

图 6.3.11　搜索示例图

　　②库内检索

　　登录平台后,可以在界面的左侧进入相应的数据库进行指标检索。例如:我们仍然查询2016 年全国各省的环境污染治理投资情况,首先在页面左边找到"中国环境数据库",选择"年度数据(分省市)"子库,步骤如下:

　　第一步:在"指标"维度下拉框内进行库内模糊搜索,在搜索框内输入"环境污染治理投资"关键词,点击放大镜搜索图标或按回车键,包含有该关键词的所有指标高亮显示,选中"环境污染治理投资总额"指标;

　　第二步:在"地区"维度勾选 31 个省;

　　第三步:时间维度勾选 2016,点击查询按钮,界面右侧数据区域出现检索结果。

　　③批量选择

　　点击倒三角展开维度下拉框,在要选择的某个维度信息点击鼠标右键,则会出现维度选择的便捷功能,可实现维度项的快速选择/取消。功能包括全选、取消全选、选择同级、取消选择同级、选择子项和取消选择子项。

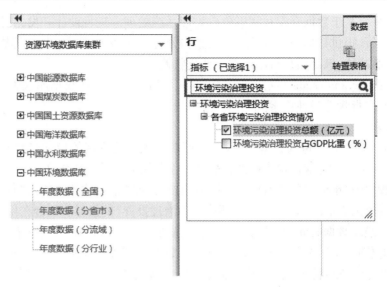

图 6.3.12　库内检索示例图 1

图 6.3.13　库内检索示例图 2

例如:当鼠标放在"各省"处右击,点击弹框中"选择子项"或鼠标放在"北京"处右击,点击弹框中"选择同级"均可得到相同的结果。

(2)中国微观经济数据查询系统

中国微观经济数据查询系统原为中国工业企业数据查询系统,数据来源于国家统计局依据《工业统计报表制度》而进行的工业调查统计。其统计内容包含工业企业产销状况、财务状况、成本费用情况、主要工业产品销售、库存和生产能力以及企业生产经营景气状况等方面。可用于了解全国工业生产经营活动的基本情况,为各级政府制定政策和规划、进行经济管理与调控提供依据。中国微观经济数据查询系统操作简单,围绕数据获取与数据应用两大用户核心需求进行设计,包含"单年查询""时间序列"和"统计描述"三大功能模块。

图 6.3.14　库内检索示例图 3

图 6.3.15　批量选择结果

①单年查询

"单年查询"顾名思义,提供单一年份数据的查询、预览和下载,十分便捷。

事例:查找 2003 年地址在北京、所属行业为制造业、主要业务活动为"白酒"的企业,下载企业的"企业匹配唯一标识码""省(自治区、直辖市)""行业门类代码""行业门类名称""主要业务活动(或主要产品)1""主要业务活动(或主要产品)2""主要业务活动(或主要产品)3""工业增加值""年末从业人员合计"和"固定资产合计"数据。

点击【工业企业数据(2003)】,进入 2003 年查询页面,有筛选条件、企业基本信息和企业财务信息三部分。

在【筛选条件】栏选择【企业所在地】为"110000-北京市",【国民经济行业分类】为"C-制造业"。

在【筛选条件】栏的【自定义筛选】下拉框选择"主要业务活动",输入框内输入"白酒"。

在【企业基本信息】栏中勾选"企业匹配唯一标识码""省(自治区、直辖市)""行业门类代码""行业门类名称""主要业务活动(或主要产品)1""主要业务活动(或主要产品)2"和"主要业务活动(或主要产品)3"。

展开【企业财务信息】栏,在列表中勾选"工业增加值""年末从业人员合计""固定资产合计"。

点击"查询"后进入下载页面,浏览下载页面的【筛选条件】、【输出字段】、【数据文件】三部分信息,发现筛选条件和所选指标不对时,点击"修改查询条件"按钮返回上一页,修改筛选条件和所选指标。

点击页面的"预览"按钮,预览数据,确认预览数据无误后,点击最下方的"下载"按钮,下载数据。

②时间序列

"时间序列",利用序贯识别法对各年企业进行匹配,用户可以轻松获得 1998—2013 年任意起止年份间企业匹配后的面板数据。

③统计描述

统计描述包括:单年查询统计描述、时间序列统计描述。单年查询统计描述给出了单年中重要指标的统计描述和可视化展示,帮助用户更快了解单年的整体数据情况。时间序列统计描述给出了 1998—2013 年任意时间段重要指标的统计描述和可视化展示,指标值随着时间的变化情况一目了然。

(3)国际货币基金组织在线图书馆(IMF eLibrary)统计数据库

IMF eLibrary(网址:www.elibrary.imf.org/)是国际货币基金组织所出版的各种资料,如图书、期刊、工作报告、国家报告等的网络平台,实时为广大用户提供在线访问服务。IMF 收集、加工、发布一系列有关国际货币组织借贷、汇率以及其他经济和金融指标的数据和统计信息,并提供多种版本格式,包括印本、CD-ROM 版、在线版,部分数据同时以年刊/年鉴的形式出版,是世界最权威经济数据和分析报告来源之一。最主要的有:

①International Financial Statistics(IFS 国际金融统计)

IFS 提供超过 200 个国家约 32 000 条国际金融和各国国内金融的各类统计数据,包括收支平衡数据、国际资金流动、货币和银行、汇率和利率数据、价格和产品、国际贸易、政府决算、国民核算、人口数据等。时间涵盖年限:1948 年至今。

②Balance of Payments Statistics(BOP 国际收支统计)

BOP 拥有超过 170 个国家和地区约 10 万条季度和年度的统计数据,包括综合性或细分性的标准化和分析性数据。主要内容涵盖国际经济贸易数据;国际资本转移、债权和债务的资本转移;国际收支数据等。时间涵盖年限:1948 年至今。

③Direction of Trade Statistics (DOTS 贸易方向统计)

DOTS 提供超过 190 个国家和地区约 10 万条双边或多边的商品进出口统计数据。时间涵盖年限:1980 年至今。

④Government Finance Statistics(GFS 政府财政统计)

提供 145 个成员国中央政府税收、消费、规划预算、额外预算、社会保险、综合财务核算等数据。时间涵盖年限:1990 年至今。

(4) OECD iLibrary 统计数据库

经济合作与发展组织(OECD)是由 36 个市场经济国家组成的政府间国际经济组织,旨在共同应对全球化带来的经济、社会和政府治理等方面的挑战,并把握全球化带来的机遇。成员国包括 28 个欧洲国家,还有美国、加拿大、墨西哥、澳大利亚、新西兰、日本、韩国、智利。此外,经合组织与国际劳工组织、粮农组织、国际货币基金、世界银行、国际原子能机构以及其他许多联合国机构保持着官方关系。经合组织是世界上最大最可靠的比较统计、经济及社会数据来源之一,跨越国家账算、经济指标、劳力、贸易、就业、人口迁移、教育、能源、卫生、工业、税收、旅游业以及环境等 17 个领域。经合组织每年以英语和法语两种语言约出版 250 种新刊物,也选择部分内容以多国语言翻译出版。OECD iLibrary 是经合组织最新推出的网络服务平台,集成了其所出版的图书、期刊、工作分析报告、统计数据等各种信息资源,为用户提供方便、快捷、全面的访问服务。

新平台(网址:www.oecd-ilibrary.org/)代替原有的 SourceOECD 平台,提供众多便利的服务功能,包括:直观的主题和国家类别浏览;提供期刊、文章、章节、图表的检索和各种链接;多种格式的全文信息(PDF,HTML,XLS)下载;提供引用工具,方便参考文献引用和数目管理系统的处理;用户在网站中所处位置的精确定位和直观显示,为用户提供清楚的导航;总计近 20 种语言的摘要信息,方便用户了解文章内容;便捷的统计数据下载、转换和输出;E-mail,Alert,RSS 深层次服务。

(5) RESSET 锐思数据

RESSET 金融研究数据库(RESSET/DB:db.resset.com)主要供高校、金融研究机构、金融企业的研究部门使用,为实证研究、模型检验等提供支持。RESSET/DB 由清华大学、北京大学、伦敦政治经济学院多位专家参与,是国内唯一与世界领先标准接轨的专业数据库,借鉴国际知名数据库的研发理念,结合中国国情精心设计而成。

数据库历史数据完整、涵盖广泛,包括股票、外汇、债券、期货、基金、黄金、研究报告、融资融券、金融统计、宏观统计、行业统计等系列,能够为模型检验、投资研究、实证研究、学科与实验室建设等提供专业服务的数据平台。目前有 500 多所知名国内外大学和研究机构使用,每年有上千篇引用 RESSET/DB 系列研究数据库的高质量学术论文在国内外一流刊物发表。

(6) 中国经济社会大数据研究平台

中国经济社会大数据研究平台(网址:data.cnki.net/)是一个集统计数据资源整合、多维度统计指标快捷检索、数据深度挖掘分析及决策支持研究等功能于一体的汇集中国国民经济与社会发展统计数据的大型统计资料数据库,文献资源覆盖了我国经济社会发展的 32 个领域/行业,囊括了我国所有中央级、省级及其主要地市级统计年鉴和各类统计资料(普查资料、调查资料、历史统计资料汇编等),并实时出版了国家统计局及各部委最新经济运行数据进度指标 16 830 个、国民经济行业运行指标 58 110 个(统计截止时间:2019 年 2 月)。

中国经济社会大数据研究平台通过与中国统计出版社及各统计年鉴编辑单位合作,依托同方知网的网络出版平台,将中国境内的权威统计年鉴(资料)进行大规模数字化和整合出版,不仅集成了普通电子数据库的主要优点,每个统计报表还提供 Excel 格式下载,让统计数据的利用发挥到最大的效益;更重要的是,它贴近社科类(尤其是经济类)用户的实际使用需求,基于数据挖掘分析技术 IDME™(Intelligent Data Mining and Extracting),针对用户的研究和决策课题,提供方便快捷的一站式数据分析服务。

3) 文摘型数据库

(1)中国引文数据库

中国引文数据库(网址:ref.cnki.net/ref)是基于 CNKI 所有源数据库产品的数据,集合而成的一个规范的引文数据库。并且在稍后更新中将加入通过参考文献为线索引申的 CNKI 未收录的文献资源题录信息,进一步完善引文数据库。

引文数据权威、全面而准确。学术资源类型涵盖期刊、博硕士学位论文、会议/国际会议论文、图书、中国专利、中国标准、年鉴、报纸以及外文题录库。提供引文分析工作过程中的引证报告、文献导出、数据分析器等特色功能,全面有效的助力学术科研。

通过对各种类型文献之间的相互引用关系的数据分析,为机构或个人用户的项目申报、课题查新、学术产出与影响力分析、科研管理以及了解学科热点与趋势提供有力的支撑与帮助。

①了解科研机构的学术产出与学术影响力

可对某一机构自身进行分析,亦可将其与其他机构进行对比,通过机构的文献发文量了解机构的学术产出、增长趋势;通过机构的文献被引量了解机构的学术传播度、影响力。

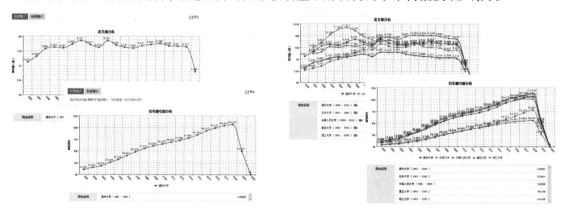

图 6.3.16 文献发文量与被引量

②项目申报与基金状况

通过机构分析器分析,从基金发文量的图表模式可以清晰地看出机构的科研活动经费的主要资助基金来源,从数据模式可以查看所有的基金资助来源,为机构的项目申报提供切实有效的参考。

③了解机构的重点学科与学科带头人

通过分析机构的学科发文量,发现机构的重点学科;通过分析某一学科的作者发文量,发现学科带头人。

(2)中国高校科研成果统计分析数据库

中国高校科研成果统计分析数据库(网址:www.usad.cnki.net/)对全国 973 所高等院校(42 所一流大学建设高校及 95 所一流学科建设高校,数据来自教育部公布的高校名单)及其学者从 2006 年至今的科研产出进行了统计,科研成果包括国内期刊论文、国内会议论文、WOS

图 6.3.17 基金发文量的图表模式与数据模式

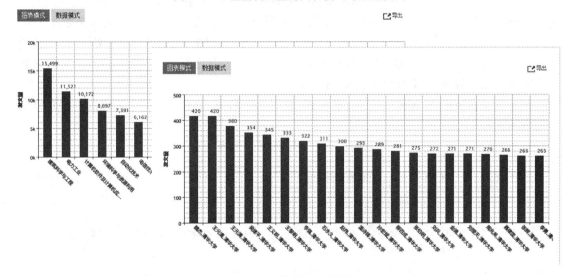

图 6.3.18 学科发文量分析

期刊/会议论文、博硕士学位论文、专利、报纸、基金项目、科研奖励等。本数据库从地区、高校、作者、学科等多角度揭示高校及其科研人员在各学科领域的科研能力和学术影响力,为高校科研管理人员评估本校及其他院校科研成果和对接教育部学科评估提供客观、翔实的数据支撑,也为高校制定发展战略、调整学科布局、引进优秀人才服务,建设一流大学和一流学科提供决策参考。主要功能包括:

对接教育部学科评估指标:按教育部学科分类(至二级)统计各高校的期刊论文、会议论文、博硕士毕业论文等各类科研论文数,并提供第一机构/第一作者论文数、核心期刊论文数、提供论文的被引/他引/下载频次、学科 H 指数、学科影响因子、作者 H 指数等评估指标。

机构间横向对比:提供与同类高校或院系的科研产出的横向对比或与 985/211/一流大学建设高校/其他高校均值对比。

教师成果管理和统计:提供教师个人学术成果汇总(代表性骨干教师);提供导师指导的博硕士学位论文统计数据(人才培养)。

学科领域和地区宏观统计:提供各学科、各地区科研产出、优秀人才数量(学科千人数)、影响力 12 年统计分析数据。

高被引论文、高下载论文、高频关键词分析:揭示优秀成果与研究热点,为科研人员查找优秀科研成果、确定研究方向提供帮助;支持学科热点分析、代表作评价。

4)学位论文数据库

(1)中国学位论文全文数据库(万方学位论文数据库)

中国学位论文全文数据库(China Dissertation Database,CDDB),收录始于 1980 年,年增 30 万篇,并逐年回溯,与国内 900 余所高校、科研院所合作,占研究生学位授予单位 85% 以上,涵盖理学、工业技术、人文科学、社会科学、医药卫生、农业科学、交通运输、航空航天和环境科学等各学科领域,是我国收录数量最多的学位论文全文数据库。精选全国重点学位授予单位的硕士、博士学位论文以及博士后报告。内容涵盖理学、工业技术、人文科学、社会科学、医药卫生、农业科学、交通运输、航空航天和环境科学等各学科领域,是我国收录数量最多的学位论文全文数据库。学位论文资源包括中文学位论文和外文学位论文,中文学位论文收录始于 1980 年,收录中文学位论文共计 500 余万篇,年增 30 万篇,涵盖理学、工业技术、人文科学、社会科学、医药卫生、农业科学、交通运输、航空航天和环境科学等各学科领域;外文学位论文收录始于 1983 年,累计收藏 11.4 万余册,年增量 1 万余册。

网址:g.wanfangdata.com.cn/。检索方式包括:基本检索、高级检索、专业检索。下面以高级检索为例:

点击"高级检索"按钮,进入"高级检索"界面(图 6.3.19)。

图 6.3.19　高级检索界面

高级检索提供了 14 个检索项:主题、题名或关键词、题名、第一作者等。检索项目之间可以任意进行逻辑组合,逻辑运算符有"与""或""非"3 种。此外,高级检索还可以限定时间范围,进行中英文扩展和主题词扩展。

示例:检索重庆工商大学授予的,学科专业名称为"区域经济学",题名中包含"三峡库区"

以及"经济"的学位论文。检索步骤：

第一步,在"万方数据知识服务平台"进入"高级检索",勾选"学位论文"。

第二步,选择第一个检索项为"题名",在旁边输入"三峡库区"。

第三步,选择第二个检索项为"题名",在旁边输入"经济"。

第四步,选择第三个检索项为"学位-专业",在旁边输入"区域经济学"。

第五步,选择第四个检索项为"学位-学位授予单位",在旁边输入"重庆工商大学"。

第六步,选择逻辑关系均为"与"。

第七步,点击"检索"按钮,出现如图6.3.20所示检索结果。

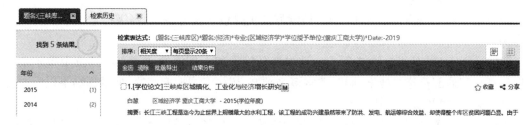

图 6.3.20　高级检索示例

(2)CNKI 学位论文数据库

CNKI 学位论文数据库是目前国内相关资源最完备、收录质量最高、连续动态更新的中国博硕士学位论文全文数据库,是国务院学位委员会办公室学位点评估唯一指定博硕士学位论文参考数据库。收录年限为 2000 年至今,部分数据可追溯至 1984 年。学科覆盖范围包括自然科学、人文社会科学、艺术体育等现有全部学科领域。

网址:kns.cnki.net/kns/brief/result.aspx? dbPrefix=CDMD,论文收录特点:

①专注精英

• 重点收录全国 985、211 工程高校、中国科学院、农业科学院、社会科学院等重点院校通过答辩的博硕士学位论文。其中,985、211 高校覆盖率达 100%。

• 国家重点学科覆盖率达 100%,收全率达 96%。

• 重点收录一级学科博士培养点招生影响力位居前三名的培养单位的学位论文。

• 国家级优秀博士学位论文及省级、校级优秀博硕士论文全文占有率最高。

• 特色学科覆盖率达 100%,收全率达 98%。如中医中药、军事学(保密除外)。

②体系完整

• 完整收录承担国家重大连续性项目的培养单位产出的系列学位论文。如国家各部委的科学基金、国家科技攻关计划等项目。

6.3.2 外文学术资源

1) 期刊全文数据库

（1）ScienceDirect

ScienceDirect 是爱思唯尔出版社旗下全世界最大的 STM（科学、科技、医学）全文与书目电子资源数据库，包含索引、摘要、全文（期刊、手册、丛书、参考工具书）等多种类型资源的数据库平台。

单一平台上包含超过 2 500 种同侪审核期刊（含现刊、已停刊、移出数据库），超过 26 000 本书；超过 126 000 000 篇论文。收录数据主题涵盖农业、生物、生化、基因、分子生物、免疫、微生物、化学、化学工程、医学、药学、制药、牙医、兽医、计算机科学、地球与行星科学、工程、能源、技术、环境科学、材料科学、数学、物理、天文、管理、会计、心理学、商学、经济、经济计量、财务、社会科学、艺术与人文等。

IP 控制，无并发用户限制，提供符合 COUNTER 标准的使用统计。共涵盖 24 个学科，覆盖四大领域：物理学与工程、生命科学、健康科学、社会科学与人文科学。SD 主要提供了快速检索和高级检索 2 种检索方式。

访问地址：www.sciencedirect.com/，检索方式主要包括快速检索、高级检索，下面以高级检索为例。

ScienceDirect 的高级检索结合了一般的高级检索和专拣检索功能。可以使用布尔语法、邻近运算符和通配符建立搜索，同时搜索多个领域，优先考虑搜索字段，搜索到结果以后，可以使用文档类型、时间及主题精简搜索。

可同时在多个文献类型中搜索所需要的资源，可以限定时间和作者机构，并可以检索文摘内容。此外，还可以选择文献类型，文献分类也十分细致。检索界面如图 6.3.21 所示。

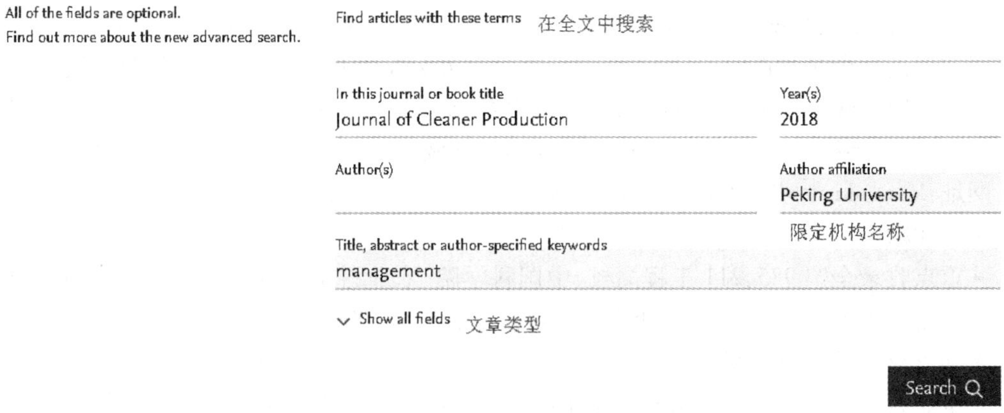

图 6.3.21　高级检索页面

可以对检索结果进行设定，并设置相应的提醒，如图 6.3.22 所示。

（2）EBSCO

EBSCO 创建于 1944 年，是美国一家大型的文献服务公司。EBSCO 数据库是由美国 EBSCOhost 创建的大型、综合性的文献资料库。EBSCO 数据库中最主要的全文数据库是 ASC

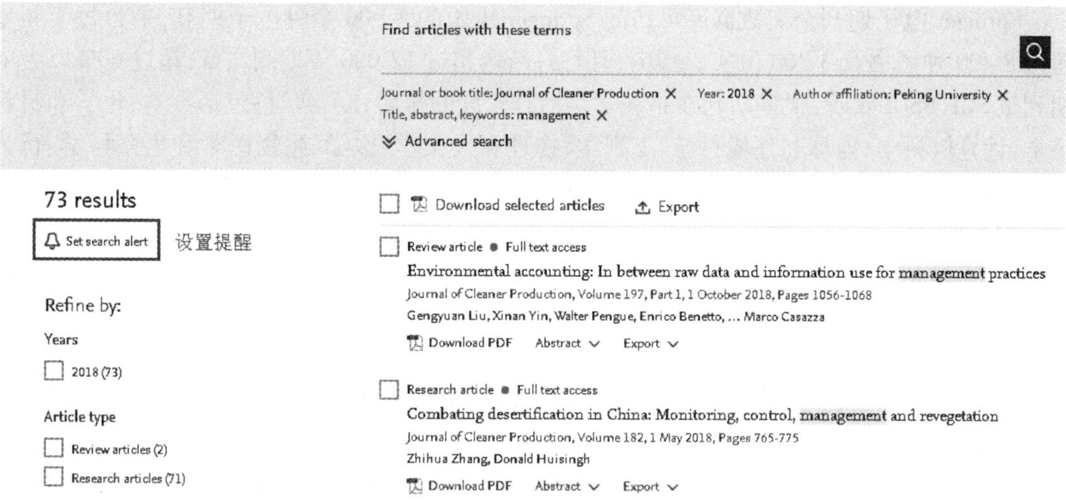

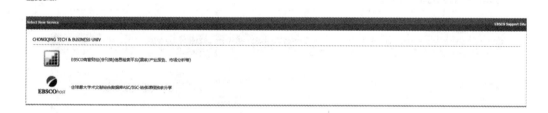

图 6.3.22　高级检索结果页面

（Academic Search Complete）数据库和 BSC（Business Source Complete）数据库。

ASC 是全球最大的学术期刊全文数据库之一,提供了 17 000 多种期刊,提供近 9 000 种全文期刊。ASP 数据库涉及的学科主要包括数学、物理、化学、生物科学、工商经济、资讯科技、通信传播、工程技术、教育、艺术、文学、社会科学、语言学和医药学等多个领域。BSC 学术期刊全文数据库是世界上最大的全文商业数据库,提供近 6 300 种学术性商业期刊全文 3 800 种全文期刊;另外 BSC 中包括近千种书籍专著,超过 115 万份企业背景介绍,1 200 多份国家经济报告,8 000 多份行业报告,10 500 多份对全球知名企业高层管理人员以及财经分析家的访谈录,2 500 多份市场研究报告,4 200 多份 SWOT 分析等。

EBSCO 数据库访问地址:search.ebschost.com,我国高校采用 IP 控制访问的方式访问该数据库。EBSCO 数据库包含两个检索平台:"全球最大学术文献综合数据库 ASC/BSC-哈佛课程独家分享"及"EBSCO 商管财经(非刊类)信息检索平台(国家/产业报告、市场分析等)"。如图 6.3.23 所示:

图 6.3.23　EBSCO 数据库的界面

（3）SpringerLink

SpringerLink 平台(网址:link.springer.com/)是全球最完备的科学、技术和医学数据库在线资源,也是迄今为止 Springer 开发出的最快、最智能化的研究平台,适应各种移动终端及智能手机,并且无数字版权管理(DRM)限制,IP 控制无并发用户限制。SpringerLink 平台整合了 Springer 的出版资源,收录文献超过 800 万篇,包括图书、期刊、参考工具书、实验指南和数据库,其中收录电子图书超过 16 万种,最早可回溯至 1840 年代。

Springer 电子期刊全文数据库可访问 Springer 出版的 1 900 余种电子期刊,平台每年新增超过 8 400 种图书及 3 300 份实验指南,且每月新增超过 12 000 篇期刊文章,超过 60% 以上的期刊被 SCI、SSCI 收录,很多期刊在相关学科拥有较高的排名,涵盖学科包括数学、化学和材料科学、计算机科学、地球和环境科学、工程学、物理和天文学、医学、生物医学和生命科学、行为科学、商业和经济、人文、社科和法律。

（4）Wiley

Wiley 是全球最大的学协会出版商,超过 850 家学协会合作伙伴,服务超过 1 500 万学协会会员,出版物涵盖学科范围广泛——化学、材料科学、地球与环境科学、信息技术及计算机、工程学、数学与统计、物理与天文学、商业、人文科学、教育及法律、心理学及社会科学、生命科学、医学、护理学、兽医学等多个学科 1 600 种期刊。在 JCR 全部 242 个学科类别中,218 个收录了 Wiley 期刊。

Wiley Online Library（网址:www.wileyonlinelibrary.com/journals）是最广泛的多学科在线资源平台之一,提供两个世纪以来研究成果的无缝集成访问,包括生命科学、健康科学、理工科学、社会科学和人文科学最具影响力的论文和研究。该平台采纳了来自全球各地用户、出版合作伙伴和客户的宝贵意见,能够确保满足当今研究人员、作者、专业学协会以及信息专家的复杂需求。

2）数值型数据库

（1）Zephyr 全球并购交易分析库

Zephyr（网址:zephyr.bvdinfo.com/ip）是国际并购研究领域知名的 M&A 分析库,每天在线向用户发布全球并购（M&A）、首发（IPO）、计划首发、机构投资者收购（IBO）、管理层收购（MBO）、股票回购（Share Buyback）、杠杆收购（LBO）、反向收购（Reverse Takeover）、风险投资（VC）、合资（JV）等交易的最新信息。快速更新的全球数据来自欧洲著名并购信息专业提供商 Zephus 公司,集成 BvD 的增值软件。目前 Zephyr 收录了全球各行业 150 万笔并购记录,每年新增约 10 万笔。数据可追溯至 1997 年,并涵盖亚太地区及中国的交易记录。图 6.3.24 是平台界面:

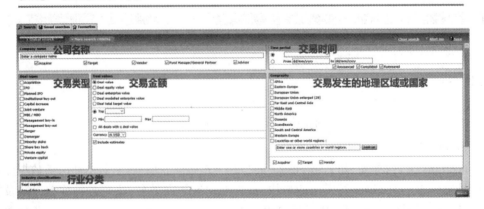

图 6.3.24

（2）Osiris 全球上市公司分析库

Osiris 数据库（网址：osiris.bvdinfo.com/ip）是研究全球各国证券交易所内 155 个国家超过 80 000 家上市公司的大型专业财务分析库（含中国深/沪及海外上市公司数据），向专业用户提供了深入分析各国上市公司所需的详细财务经营报表与分析比率、股权结构、企业评级数据、历年股价系列、企业行业分析报告等（含已下市公司数据）。Osiris 库是目前欧美各国针对各国上市公司证券投资分析、企业战略经营分析、跨国企业转让定价、公司财务分析等研究领域中广泛使用的知名实证分析数据库。为适合不同用户的需求及准确开展跨国、跨行业检索与分析，库中各上市公司的财务数据按不同财务格式分层呈现，由标准模板深入至原始财务数据。

Osiris 数据库收录了全球近 3 200 家重要的非上市公司的历年经营分析数据。财务会计准则具有国家和行业差异，为正确反映出一家公司的财务情况，并同时提供准确的跨国检索与对比分析，Osiris 库中的公司分为工业、银行、保险公司三大类，共计七大模板。在每份公司报告中，数据按深度分为 5 个层次，分别以两种预设的货币——美元、欧元显示。Osiris 含合并与非合并财务报表。另外，每家公司报告中含有一份默认的标准同业对比报告，使用户可立刻将任一家公司与其同行业对比组进行比较。

3）学位论文数据库

（1）PQDT 学位论文数据库

ProQuest 由前 CSA 和前 ProQuest Information and Learning 在 2007 年初合并组成。ProQuest 公司现正积极将实时与回溯资料加以数字化，如研究数据搜集、目录、博硕士论文、报纸、期刊、索引，以及绝版图书，以供广大学术界研究使用。

ProQuest®博硕士论文全文数据库（PDF 格式）是目前国内最完备、高质量、唯一的可以查询国外大学（北美地区为主）优秀博硕士论文全文的数据库，至 2017 年 3 月 6 日止，累积国外优秀博硕士论文全文 63 万多篇，2016 年度更新论文 6 万多篇。数据库中收录的 1980 年 7 月以后出版的所有博士论文信息中均包含有作者撰写的 350 字摘要，1988 年以后出版的硕士论文信息中均包含有作者撰写的 150 字摘要。ProQuest®博硕士论文全文数据库每年新收录的论文数量超过 6 万篇，确保用户可以检索到最新的论文信息。

ProQuest®博硕士论文全文数据库是一个覆盖学科范围十分全面的数据库，包含了自然科学、社会科学和生命科学在内的 11 个大的学科，下辖 31 个一级学科和 266 个二级学科。

数据库有 3 个访问网址：

CALIS 站点：pqdt.calis.edu.cn/

上交大站点：pqdt.lib.sjtu.edu.cn/

中信所站点：pqdt.bjzhongke.com.cn/

（2）DDS 学位论文数据库

DDS（Dissertation Discovery System）即学位论文集成发现系统，是国内专业提供学位论文的数据集成与知识发现的数据库系统，语种为英文。

DDS 主要收录了来自欧美国家 2 300 多所知名大学的优秀博硕学位论文，其中 70% 的院校是美国之外的世界名校，与已有的学位论文数据库很不相同。DDS 涉及指导老师 70 万余名，专业方向 5.5 万多个，目前可供读者访问的论文数量已达 120 万余篇，年更新量达 40 000+。

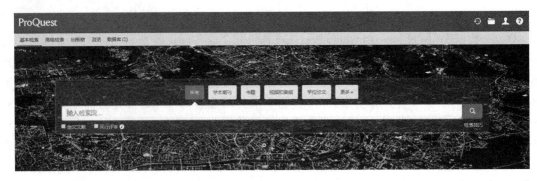

图 6.3.25　平台检索界面

世界最优秀的排名前 200 大学博硕论文收录量占 1/3,涉及 13 大学科门类,是学术研究中十分重要的信息资源。

网址:www.oadds.cn/。DDS 提供全文检索功能,通过网络镜像定位技术,实现全文下载或文献镜像地址传递,保障 100% 的全文镜像服务。提供了院校导航和学科导航两种导航方式,提供了快速检索、高级检索和二次检索等 3 种检索方式。在检索结果中,能够"发现与此论文主题相似的论文:N 篇",也能够"发现该导师指导的论文数:N 篇","发现该导师的学生:N人",并将学生姓名列表;发现该校学位论文 N 篇,发现该专业方向学位论文 N 篇。这都是基于对每篇学位论文字段的精细标著、索引和深入挖掘,从而发现了这些学术社交关系存在和学科知识关联,便于读者使用。

6.3.3　其他经济研究资源信息来源途径

文献和数据的查找是经济研究必不可少的环节,然而并不是有了文献及资料数据支撑,基于一定的经济思想下,一项经济研究就能够顺利完成,我们往往还会在经济研究过程中遇到一些研究困难——大到如何对一个经济问题进行计量模型的设置和分析,或者有些数据难以通过统计数据库查找到,小到对经济研究相关数据进行描述性统计时如何用 Excel 计算数据的标准差。诸如此类困难或研究障碍,我们除了通过请教他人之外,还可以通过网络求助的方式对研究问题进行搜索解决。通过经济论坛、学术论坛,以及一些政府网站来查找我们研究所需的相关资源、信息或数据,这些途径的良好掌握和运用有助于培养我们独立完成经济研究的能力,对于有效解决研究过程中的困难和障碍具有重要的参考意义。

1)百度和百度文库

百度(网址:www.baidu.com)由李彦宏先生和徐勇博士于 1999 年底成立于美国硅谷,2000年回国发展。百度搜索引擎拥有目前世界上最大的中文搜索引擎,具有高准确性、高查全率、更新快以及服务稳定的特点。"百度"二字源于中国宋朝词人辛弃疾的《青玉案·元夕》诗句:"众里寻他千百度",象征着百度对中文信息检索技术的执着追求。百度搜索中文网页能力比较好,而且搜索得很全,便于读者查看。

在经济研究中,遇到任何困难都可以寻求百度,一般情况下,百度所提供的信息都能够为解决研究困难提供指导。在百度界面,选项百度文库是百度发布的供网友在线分享文档的平台,其文档由百度用户上传,经过百度审核之后发布,网友可以在线阅读和下载这些文档。百度文库的文档包括教学资料、考试题库、专业资料、公文写作、法律文件等多个领域的资料。百度用户上传文档可以得到一定的积分,下载有标价的文档则需要消耗积分。当前百度文库平台支持主流的 DOC,PPT,PDF,TXT,XLS 等文件格式,我们可以根据研究需要下载相应的 DOC,PPT,PDF 等格式的文档。

2)经济论坛

(1)人大经济论坛

人大经济论坛(网址:bbs.rdjjlt.org/forum.php)由中国人民大学经济学院于 2003 年成立,目前已经发展成为国内最大的经济、管理、金融、统计类的在线教育和咨询网站,也是国内最活跃和最具影响力的经济类网站,拥有国内经济类教育网站最多的关注人数。访问群体遍布高校、行政机关和企事业单位,每日更新文章和资源 2 000 余篇,日均发帖 10 000 左右。网站拥有各类教育和教学资源共计 30 余万个,每日更新文章和各类资源 3 000 多个,涵盖经济、管理、金融、统计等学科,类型包括各类课件、书籍、笔记、案例、报告(含行业分析报告)、数据等。网站提供各类数据共 10 000 多个,包括国内外各种年鉴、调查数据、自整理数据、行业分析报告等。

对于经济研究而言,人大经济论坛为我们提供了以下 4 项服务:

①交流、讨论、咨询和答疑:作为国内最大的经管类知识交流平台,我们可以在相关版面发表个人在学习或研究中的看法、与他人交流和讨论;还可以在相关版面提出问题,论坛将尽力负责解答疑问。

②下载资源:我们可以下载论坛资源,有些资源需要用论坛币下载,论坛币可以通过每日签到领取积分予以兑换等方式免费赚取。

③数据和文献查找:我们可以使用论坛首页的"搜索数据"功能来查找数据,如果需要定制特殊的数据,我们还可以通过论坛的数据定制功能来定制数据,论坛数据工作人员会为我们尽力查找。

④数据处理和分析:论坛可以帮助我们解决数据处理和分析方面的问题,帮助进行数据整理、数据处理和计算、数据分析、计量分析和研究。此外,论坛还提供了培训服务,论坛已开设的培训班包括各类统计软件培训班(比如 SPSS,EVIEWS,SAS,MATLAB),这都为我们进行经济研究提供了良好的渠道。

(2)经济学家

经济学家(网址:bbs.jjxj.org/)是著名的经济学学术论坛,内容涵盖经济学学术交流、统计年鉴下载、经济学书籍下载、经济学课件共享、经济学论文、经济学百科等方面。包括科研与求助区、经济学一区、经济学二区、金融投资区、统计数据区、数据处理区等 11 个板块。经济学家同人大经济论坛一样,也具有其相似的服务,我们可以根据研究需要查找相关资料信息和数据。

3)学术网站

(1)中国经济学教育科研网

中国经济学教育科研网(网址:www.cenet.org.cn)是目前国内规模最大的经济学教育科研专业网站,它为有关组织机构、教师、学者、学生等相关人士提供了一个经济学综合信息平台。

(2)学术期刊编辑部网站

以学术期刊《经济研究》为例,《经济研究》是 1955 年由中国社会科学院经济研究所创办的全国性综合经济理论期刊,坚持学术性、时代性、创新性和超前性特点,立足中国现实,面向世界经济理论研究前沿,以推动中国经济的现代化和中国经济学的现代化为己任,致力于发表研究改革开放、经济发展和体制转型过程中出现的各种经济问题的具有原创性意义的高水平的理论文章。

经济研究编辑部(网址:www.erj.cn)网站界面拥有八大板块:经济研究论坛、重大课题进展、学术成果发布、研究机构动态、国际学术文献、学者动态、经济学书刊热点、国际交流信息,为经济研究人员进行经济研究提供了许多有价值的资源和信息。

(3)高校网站

经济研究的资源信息来源还可以来自高校网站,尤其是国内一些知名高校的经济学院或研究中心。例如,复旦大学经济学院主页上的"专家观点"、中国人民大学经济学院主页上的"经院观点"等,涵盖了各经济学专家关于某一特定经济问题的主要观点论述,都给我们提供了许多丰富的学习和研究的信息资源。

(4)经济研究机构

北京大学中国经济研究中心(英文简称为 CCER,网址:www.ccer.pku.edu.cn/),创办于1994年8月,是集研究、教学和培训于一体的学术机构,2004年当选为"教育部人文社会科学百所重点基地"。2008年,北京大学国家发展研究院(NSD)在北京大学中国经济研究中心基础上组建后,CCER 作为国家发展研究院内设机构,集中精力组织学术、科研活动,推进经济学科建设,继续为中国经济的改革和发展、为当代经济学理论的研究作出贡献。在 CCER 的主页学术研究上,专门设置了"教授观点"栏目,并且紧密跟进时代主题,有助于我们了解到经济学领域的前沿问题。

4)政府网站

(1)国家和地方统计局

中华人民共和国国家统计局的统计数据中,涵盖了中国统计年鉴、部门数据、月度数据等。对于地方统计局,以重庆市统计局为例,它的统计数据提供了进度数据、统计公报、统计年鉴、历史数据等,查找方便快捷。

(2)中国政府网

中国政府网(网址:www.gov.cn/)是国务院及国务院各部委,以及各省、自治区、直辖市人民政府在国际互联网上发布政府信息和提供在线服务的综合平台。中国政府网除了提供相关新闻、专题、政策等信息外,还提供了数据信息,包括 CPI,PPI 等指数趋势,月度、季度、年度数据,以及数据要闻。

(3)中国发展门户网

中国发展门户网(网址:cn.chinagate.cn/)是中国政府与全球发展门户基金会合作建立的综合性网站,是"全球发展门户网"的重要组成部分。突出报道发展要闻、政策解读、最新发展报告、行业规划、发展数据、发展经验、发展观察、各地发展、生态环境、减贫救灾等权威信息。

另外,除了上述网站外,关注新华网、人民网、中国网、新浪网等媒体网站,也有助于我们开阔视野、把握经济前沿问题,以助于经济研究。

6.4　经济研究检索实例篇——学术热点和学术趋势

学科专业的学术热点和学术趋势,一直是科研人员关注的焦点,它涉及论文选题、科研立项和学科规划,是科研工作中的重要一环,有时甚至直接关系到所研究的论文及课题的成败,通过信息检索,可以分析所在研究领域的学术热点和学术趋势,对于学术研究的进行有重要意义。本节以中国知网(CNKI)数据库为例,介绍如何查找学术热点和学术趋势。

中国知网总库平台提供了统一检索、统一导航,快速发现、快速获取知识的使用价值。提供标准化的具有风格一致性的检索模式,提供多角度、多维度的检索方式,帮助用户快速定义文献及知识。基于内容的知识发现引擎,帮助用户从大量的相似、相关出版物中找到最需要的内容及知识,还可以有层次、有远近地列举相关信息。通过"知网节",挖掘揭示知识节点和知识网络的关系,将相关"知网节"组织起来,体现文献与知识、文献与文献、知识与文献、知识与知识之间的网络关系,组成多维的信息及知识网络。

6.4.1　指数检索——发现学术热点话题

CNKI 指数是以中国知网海量文献为基础的免费数据分析服务,它能形象地反映不同检索词在过去一段时间里的变化趋势。CNKI 指数以最权威的文献检索数据为基础,通过科学、标准的运算,以直观的图形界面展现,帮助用户最大化地获取有价值的信息。通过 CNKI 指数,我们可以检索、发现和追踪学术热点话题,如图 6.4.1 所示。

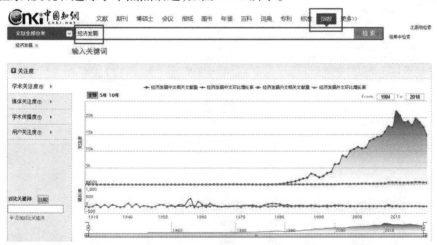

图 6.4.1　指数检索界面

关注度指数包括学术关注度、媒体关注度、学术传播度及用户关注度四项指标。学术关注度是指篇名包含此检索词的文献发文量趋势;媒体关注度是指篇名包含此检索词的报纸文献发文量趋势;学术传播度是指篇名包含此检索词的文献被引量趋势统计;用户关注度是指篇名包含此检索词的文献下载量趋势统计。对于趋势图的年份可以自由调整,也可以选择一个关键词进行对比趋势分析。

在关注文献指标中,通过点击关注图中的节点可以查看检索词的相关热点文献。这一类文献均是高下载和高被引的文章,具有代表性和权威性。在学科分布指标里,点击关注图的节点可以查看检索词在不同学科中的分布,点击学科查看相关词语及文献。

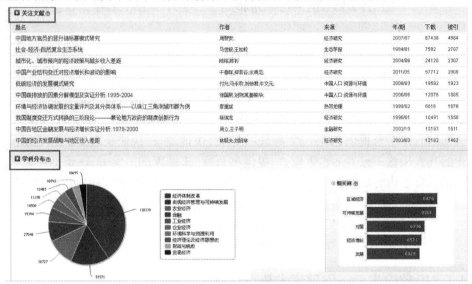

图 6.4.2　关注文献及学科分布

研究进展指数从最早、最新、经典三个角度展示该检索词的研究成果,帮助我们进行充分的文献调研,把握研究主题的研究背景、研究方法及研究趋势。机构分布指数可以查看研究该检索词的机构分布及排名情况。

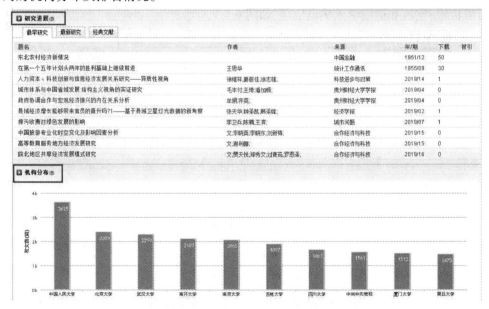

图 6.4.3　研究进展和机构分布

6.4.2　文献分析——文献内容层面的知识关联与发现

CNKI 系统平台支持对检索结果中多篇文献之间关联的分析,分析文献的互引关系(页面中以球形状表示被引关系)、参考文献、引证文献、文献共被引分析、关键词文献分析、读者推荐分析、H 指数分析(本组文献中至少有 H 篇文献被引频次不少于 H 次)、文献分布分析(来源分析、机构分布)等。分析多篇文献之间的关联,挖掘同行研究者之间的联系,可以帮助我们发现文献的内在知识关联。

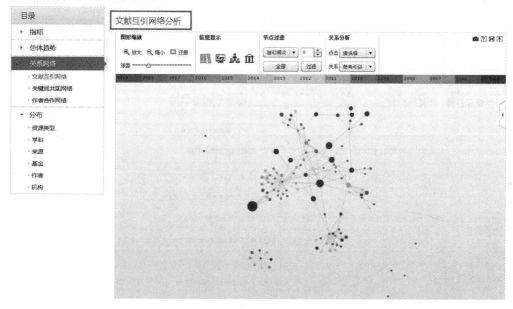

图 6.4.4　文献互引图

6.4.3　可视化的知识发现

学术资源之间存在着复杂而又紧密的关联,这种关联关系通过传统的文字、数据很难准确表达,我们可以借助可视化技术来展现知识关联、传播知识,从而更直接、更深入地获取知识、理解知识,进而发现新知识。

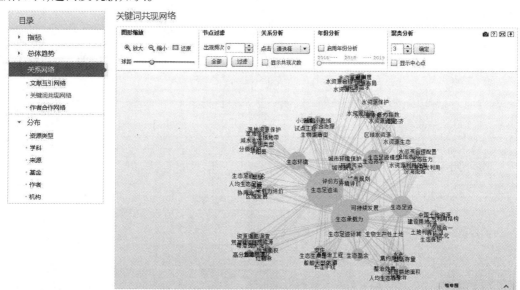

图 6.4.5　可视化分析结果

6.4.4　学术趋势

CNKI 学术趋势搜索以 CNKI 的海量资源为基础,深入分析 CNKI 收录的、1997 年后发表的期刊文献的发展趋势和关注度,为用户绘制学术关注趋势图和用户关注趋势图,并统计全部年度及各个年度的热门被引文章、近一年及各个月份的热门下载文章,帮助我们迅速了解研究领域或方向的发展趋势。

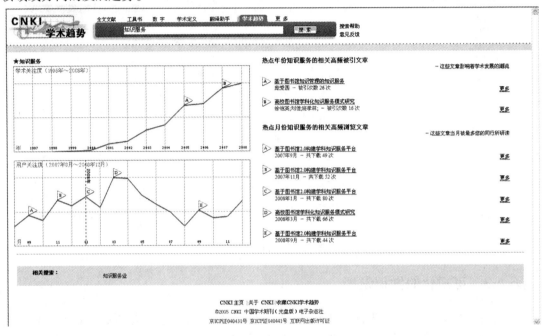

图 6.4.6　学术趋势检索

第 7 章
学术论文撰写

改革开放以来,随着我国高等教育的普及和研究生教育的发展,学术论文写作日益受到人们的重视。对于高等学校而言,其任务之一就是要培养高层次的、具有创造力的人才,而研究生教育的根本任务就是培养高素质的、具有创新能力的人才,掌握知识创新和技术创新的本领。因此,在培养专门建设人才的高等院校里,对研究生科研能力的培养就显得格外重要,而培养研究生掌握科学研究和撰写学术论文的方法则是一种有效的体现。

7.1 学术论文的概念、特点与写作程序

7.1.1 学术论文的基本概念

学术论文是对某科学领域中的问题进行研究、表述科学成果的文章,是探讨问题、进行科学研究和表达科研成果的一种手段,还是描述科学研究成果、进行学术交流的一种工具。学术论文不同于一般的文章、札记或评论,是反映科研成果的一种载体形式,主要是为了阐述研究成果或进展,记录前人尚未报道的新成果、新技术、新方法和新产品的资料,这些报告或记载对经济和社会进步具有重要意义。撰写学术论文是考察科研人员或研究生才华和素质的一个重要方面。

首先,学术论文不等同于教科书。教科书范式是概念、作用、分类、特点等一些知识性甚至常识性的东西。其次,学术论文不等同于研究报告。研究报告的范式是三段式:现状、问题、对策。现状与问题分析所占篇幅较大,而对策分析较少,一般缺乏学术性。咨询报告、发展规划、工作总结等都不是学术论文。最后,学位论文也不是学术论文。学位论文,大多是长期学习的结果,它是对一个人学习能力的认可;学术论文,大多是长期研究的结果,它是对一个人创新能力的认可。一般而言,在学位论文中,存量的东西往往占据绝大部分,以吸收别人的东西为主;而在学术论文中,增量的东西必须占据绝大部分,以自己独创的东西为主。

科学研究作为复杂的思维活动,学术论文写作不仅是对研究问题进行思维的手段,而且,人们的思维活动是在头脑中进行的,外界难以了解,写作能用文字符号把人们的思维描述出来,把思考的问题和思考过程一一记录下来。而在纸面上视觉化了的东西便于进行反复的推

敲,能使思考更确切、缜密,也更便于为他人所了解。人们进行科学研究、思考问题,只有在思考的过程中不断地记录、整理、推敲、修改,这样才能使创造性的思考逐层展开,逐步深入,并趋于完善,达到研究问题的解决。

7.1.2 学术论文的特点

学术论文应具有前瞻性、原创性和实用性。

（1）前瞻性

前瞻性是指在选题方面要有前瞻性质,突出前沿问题、难点问题、重点问题、热点问题,与时俱进是其底线。一般可表述为:立足现实,着眼未来。像克服经济领域低水平重复生产、重复建设一样,学术领域更要力戒低水平重复研究。

（2）原创性

原创性是指在内容方面要有原创性质,突出新视角、新架构、新理论、新方法,异质化是其根本。没有原创性不能叫论文,而且在原创性中要有理论高度、广度、深度、密度,不能泛泛而谈。学术论文一定要有学术含量,学术论文一定要有学术思想。

（3）实用性

实用型是指在结论方面要能管用实用。也就是说,不是为原创而原创,原创的目的在于为解决问题提供一个新的思路、一套新的思维范式。这里,"政策建议"是靠原创性的理论"推"出来的,是水到渠成、顺其自然的结果。经济学是解释问题的,管理学是解决问题的,随着经济学的管理学化,即经济学和管理学的相互融合,经济学论文的实用性要求日益突出。它不仅要解决"是什么""为什么"的问题,更要解决"怎么办"的问题。否则,就像人们所指责的那样,学者们是在学界内搞"自我循环":自己写给自己看,自我欣赏,自我评价,甚至被政界和商界比喻为"垃圾工厂","制造垃圾"。

综上所述,学术论文应该是"顶天立地"的,即"在理论上顶天,在实践上立地"。学术论文写作应从撰写基本程序、写作规范、方法和技巧等方面进行认真把握。[①]

7.1.3 学术论文撰写的基本程序

学术论文是表现科学研究成果的重要形式,具有科学性、创造性和理论性等特征。学术论文的论点必须建立在科学的论据和事实之上,不能凭空产生。研究生要从事科学研究,获取科学的数据和事实,进而写好学术论文,首先需要的是方法论的指导。学术论文的写作方法与规范是科学工作者、研究生、大学生所应具备的基本知识和技能。经济学作为人文社科类学科,其写作方法与规范要考虑到人文社会科学研究工作的特点,并且写作方法与规范要以最新的国家标准与规范为依据。

学术论文的写作过程大体可分为:资料准备和选题、拟订提纲、写作初稿、实施论证、修改论文与论文定稿6个环节。

1) 资料准备和选题

学术论文是作者对于学术成果认识上的总结和提高,是作者对学术的主题内容认识论上

[①]李海舰.学术论文的规范与创新[J].经济学家茶座,2006(2).

的升华。因此,学术论文开始写作前和写作时应有充分的写作准备。学术论文写作准备有材料准备和思维准备两方面。在选题确定之前,查阅文献资料。明确研究领域过去已经进行的研究成果及其研究现状,明确现阶段的研究程度、尚未解决的问题。利用图书馆查阅资料文献以及制作文献目录卡片。另外,对于数据类材料,要反复核对数据来源,进行数据整理,并对数据加以整理分类,必要的时候将其绘制成图。

学术论文的选题是论文写作的重要一步。首先要确立目标,对研究的题目要有浓厚的兴趣和感悟,对某一学科领域中的某一个问题要有一定的基础,思路清晰、具有逻辑性,选择有学术价值的题目。选题要注意选择前人没有研究过的问题,或者前人已做过,还有探讨余地的问题;前人已涉及,但其说法和观点不一致的问题,都是可选之题。

选题是论文成败的关键。首先要考虑到其研究的目的和意义,国内外有关此课题的研究现状,研究的方法、步骤和进度,重点解决哪些问题以及预期达到的结果。也即是要确定研究什么问题,其次是怎么研究。在经济学研究领域,要使自己的科研水平不断获得提高,最好在一个既定的点上,不停地发掘、积累,才能获得成绩。

选题包括寻找研究问题和筛选研究问题两个过程:

(1)寻找研究问题

所谓构思论文题目,是指通过调研过程,提出论文所要研究的问题。在科学研究中,许多研究人员认为选题是实现创新的关键一步,因此,在科研训练中,学生必须要很好地掌握这一重要的科研技能。

在开始论文研究中,研究人员首先遇到的一个问题是寻找论文所要研究的问题。有经验的研究人员一般不太愿意说出自己研究的问题是从何处而来,这里也不可能为学生提供一个标准的模式。以下是一些常见的寻找科研问题的途径。

①过去和正在进行的研究。通过大量阅读文献,研究人员可以从以往的研究中寻找论文所要研究的问题。任何一项研究都很难能回答所有的问题,许多研究也许同过去的研究结果或现有的结论相互冲突,而且不同的结论在解释同一现象时可能存在较大差异,这样就给研究人员留出了很大的研究空间。例如,到 20 世纪 70 年代末,国际贸易理论主要是以几何图形和数学为特征的理论模型,重要的国际贸易理论都未经过验证,这一缺陷就为后来的经验研究(empirical study)的发展提供了空间。

②对现实的观察。仔细地观察现实世界,可以发现一些有意思的现象,这也往往可以成为值得研究的问题。如:2003 年获得美国 John Bates Clark 经济学奖的年轻经济学家 Steven Levitt,在观察相扑比赛时发现,该运动项目的激励机制(incentive structure)存在着缺陷。即将取得连胜纪录的相扑选手在同不需要连胜纪录的选手进行比赛时,如果前者不能赢得比赛,那么他的损失要远大于不需要连胜纪录的选手,这使他感到相扑比赛存在潜在"腐败"的可能。于是,Levitt 相扑比赛进行了详细的败损分析,结果证明,需要连胜纪录的选手在涉及他积分的关键性比赛时,一般总是战胜不需要连胜纪录的选手;但在以后的非关键性比赛时,作为"回报",他一般是败给对手。这一研究给人们的一个启示是,从激励机制的缺陷就可以判定腐败是否存在。

观察现实世界不仅仅是通过肉眼,还应通过多种方式寻找研究的灵感,如与有关人(如商人、政策制定者)交谈、参加论坛和研讨会、阅读报纸、杂志和收看电视等。

③进行学术交流。每个学科都有一些重要的争论焦点和集中研究的问题,通过参加研讨

会和同行进行交流,向导师咨询,可以很快地了解到学术界对这些问题的研究现状,并使自己的研究工作接近当前学术界所争论的问题。总之,通过交流,一个研究者可以了解到当前学术界正在做什么,如何做的,已经做到了什么阶段,以及未来还要做什么,这无疑对研究者选择适当的科研切入点,提高科研成果的质量,有着十分重要的作用。

④现实的需要。现实中,总是存在一些迫切需要解决的问题,这也为研究提供了良好的选题。例如,在第二次世界大战后的布雷顿森林货币体系时期,由于实行固定汇率,因而国际收支差额的调整至关重要,这促使学者们将注意力集中在研究国际收支的决定和调整上,对汇率问题的研究则相对较少。1973年主要西方发达国家实行浮动汇率之后,国际收支不再成为主要问题,汇率的变化则成为人们关注的焦点,结果出现了大量关于汇率研究的成果。很明显,西方对于国际收支和汇率的研究热情的转变,同实际的需要有着密切的联系。

⑤个人的兴趣。经常研究人员对一些问题抱有特别的兴趣,往往可以提炼出值得研究的问题。

(2)筛选研究问题

通常研究人员的脑子里会有几个想要研究的问题,因而有必要从中筛选出最有可能作为论文研究的问题。因此,在最终确定所要研究的问题之前,要经过一个对拟研究的问题进行评估和筛选的过程,通过这一过程,研究人员可以认识到正在酝酿的问题的局限性,提高对所要研究问题的认识水平。

进行筛选时,研究人员要考虑哪一个问题是最有价值的,如果一个问题没有价值,没有人会关心它的对错。在具体筛选时,研究人员可以考虑以下问题:研究这一问题有什么意义;研究是否能够导出一个具有普遍意义的结论;解决所提出的问题,在哪些方面能提高人们对问题的认识水平;拟进行的研究是否对解决这一问题所采用的方法有所贡献;研究的结果是否有直接或者间接的应用价值;进行这一研究是否能引起人们进一步研究的兴趣。

在回答了上述问题之后,研究人员还要考察研究的可行性,例如,是否能够获得有关的资料和数据;是否具备解决问题所需的技能。对于学位论文,一般还要看问题是否有适合的理论背景。最后,研究人员还要看是否有足够的时间、资金和设备保证,来解决所提出的问题。

除了对拟研究问题的价值和可行性进行评估之外,研究人员还要看,若进行这一研究,是否能达到所在机构所规定的标准。这里的标准主要是指所要进行的研究是否具有价值,是否足以展示科研训练所要求的基本技能。现实中,一些同学所写的论文,对于研究的问题定位不清楚,缺少文献的支持和对文献的讨论,没有理论框架,也没有明确的研究方法,实际上并不需要太多的专业训练,就能完成这样的论文,类似的论文是很难获得高质量大学认可的。

另外要注意的一个问题是,研究不同于开发,研究是在过去所获得的知识的基础上,发现并解决新的问题,标准的研究应提高人们认识现实世界的水平。开发则强调研究的应用价值,例如,一些机构可能资助大学的教授开发某种软件,或某人希望建立一套适合某一特定环境的衡量竞争力的指标体系,这些是实际部门所感兴趣的问题,但作为论文题目,学术界一般不给予太高的认可。

致力于那些在现有条件下可完成的目标上。现代学术研究的一个重要特征是分工精细,每一个研究者都专注于研究一个大的问题下的具体细分问题,然后将这些具体的研究成果汇集起来,最终促使人们对一个大的问题认识水平的提高,这时一个新的理论也会应运而生。这种通过分工去研究一个大的问题,会比一个人研究所有问题能更有效地实现研究的突破。另外,所选择的研究题目过于宽泛,往往也反映出研究者对于所研究的问题还不太了解,所以尚不能定义一个能够深入研究的具体问题。

这里通过一个简单的例子说明如何定义研究问题的范围。例如,某人希望研究我国贸易管理体制的变化及其所产生的影响。显然,这一问题涉及的范围太宽,因为我国外贸体制改革是多方面的,其所造成的影响也是多方面的,如果通过一篇论文想将这些问题都研究通,肯定是不可能的。因此,研究者需要定义研究的范围,以便定出论文的研究目标。

一种可能性是将论文研究的重点放在外贸经营权体制的变化上,这样就可以将其他外贸管理体制的变化排除在研究范围之外。但外贸经营权体制的变化所产生的影响是多方面的,将这些方面都进行深入分析是研究者难以驾驭的,基于这一考虑,可以选择外贸经营权体制变化对国有外贸企业的影响。然而,中国的外贸经营权体制具有非常长的历史,经历了国民经济恢复时期、计划经济时期和改革开放时期,这样研究者还需要定义所研究问题的时间长度,比如研究可以集中在"入世"后中国外贸经营权体制的变化对国有外贸企业的影响。之所以要选择"入世"后这一时间段,是因为加入世界贸易组织之后,中国承诺要在3年之内放开外贸经营权,这势必对国有外贸企业的经营格局产生重要影响,因而引起了人们对这一问题的广泛关注。但是,如果进行计量分析,中国"入世"的时间太短,数据不能支持这样的研究。这时,研究人员可以考虑是否能通过对典型企业的调查,来评估放开外贸经营权对国有外贸企业的影响。总之,通过这一不断缩小范围的过程,所研究的问题会变得更加容易驾驭。最终,所要研究的问题,就定义在通过典型企业调查,评估"入世"后,中国外贸经营权体制变化对国有外贸企业的影响。

总之,选题一是要考虑自己的兴趣、性情与爱好对学术的追求,在自己的科研工作中感受到的是一种生命的内在的欢乐,而不是职业性的厌倦与烦闷,从而更好地获得科研成绩。二是选择的点本身要有较为宽阔的学术发展空间,关注现实中亟待解决的现实问题。三是选择的点本身具有的理论含量应有利于自己的学术素质的提升,应有科学上的新发现和新创造①。选题创新是要经充分准备、深刻思考的,要考虑其科学价值和社会效益,要考虑难易适中、量力而行,还要考虑完成论文所限定的时间和计划的篇幅。

2) 拟订提纲

拟订提纲就是要按照一定的章法科学地布局、安排段落,通过推理讨论得出结论,做到布局周密、条理清晰、有纲可循。提纲是论文的前期形态和简化形式,有助于帮助作者从全局着眼,树立全篇论文的基本骨架,是作者借助文字符号使思路系统化、定型化的过程,是把论文格局形态化的过程,从而形成一个中心突出、层次井然、疏密适宜、结构严谨的论文框架体系,为论文的写作和修改提供依据与参照,会更清楚地意识到行文中存在的不足与缺陷,找到修改的恰当方法,启发作者的主动性和创造性。

拟订提纲必须在分析研究材料、认真构思的基础上进行。提纲要根据主题需要,勾勒出文章结构的大块图样,并把材料分配到文章的各个部分。提纲拟写要项目齐全,能初步构成文章

---

①李达丽,谭桂林.试论研究生学位论文的撰写[J].湘南学院学报,2004(4):106-109,116.

的轮廓,尽量写得详细。提纲的写法应根据论文的学科特点、复杂程度和个人的写作习惯不同而不同。作者在写作时既要遵循提纲,又不要过分受提纲的束缚,要边写边思考,不断开阔思路,才能写出高质量的论文。

3)论文初稿

在提纲拟订之后,着手撰写初稿。初稿的写作是论文形成过程中最艰苦的阶段。它既是对论文内容精雕细琢的过程,又是作者思想认识不断深化的过程。初稿的目的是要把所有想写的内容全部表达出来,对全部实验数据和资料进行详细的分析、归类。从初稿的写作过程中还可及时发现前期研究工作有无不足或错误,可能会发现在论点、例证和论证步骤等部分在原来的提纲中有不恰当的设想之处,那么作者应及时加以修改和调整,或者重新查资料进行思考、斟酌和推敲,增补完善提纲。

初稿的写作方法包括严格顺序法、分段写作法、重点写作法。严格顺序法是论文一般的和最常用的写法,即作者按照研究课题的内容结构,根据一定的顺序,如论文的结构顺序或研究内容顺序等逐一展开论述。分段写作法指作者从最先考虑成熟的内容开始动笔,先完成此段内容的写作,其余内容在考虑成熟或进一步研究后再进行写作。全文写完后,再进行前后对照检查,使前后文风格保持一致,层次间衔接紧凑、自然,避免冗余。重点写作法指从论文的核心章节开始写作。若作者对论文的主要论点及论据已经明确,但一气呵成的条件还不十分成熟,则可采用重点写作法。初稿的写作方法因每个人的思维方式的不同,从而构思、写作习惯和风格也就不同。通过作者具体实践过的写作方式并结合自身思维方式才能产生较好的写作效果。

初稿的形成需要注意以下几点:①一般而言,初稿的篇幅要长于成稿。丰富的初稿内容比较容易删改,而漏项补遗或再加深入则相对困难。②行文要符合论文规范。论点、论据、论证等内容要注意项目齐全、纲目分明、逻辑清楚、详略得当。文稿中的符号、单位、图、表、公式的书写符合规范要求。③成熟见解顺利地表达。初稿发现论点上的问题要及时改动,而其他的小地方只要不是原则性错误则先不必花精力去修改。④书面应写得干净清楚。不可粗制滥造、马虎了事。观点、语法、文字均应认真,防止差错的发生。

4)论证分析

论证是用论据来证明论点或反驳谬论的推理形式和思维过程。从逻辑学上讲,论证是用一个或几个真实命题来确定另一个命题真实性的逻辑形式。这是写学术论文必不可少的环节。也是引用其他已知为真的判断,来确定某一判断的真实性或虚假性的思维形式。论证过程是论文的核心,论证是否有力关系着论文的成败。

5)修改论文

修改是对论文初稿所写的内容不断加深认识,对论文表达形式不断优化,选择直至定稿的过程。"不改不成文",这句话说明了修改在论文形成全过程中的重要作用。一篇论文的修改,不仅仅是在语言修辞等枝节上自找毛病,更重要的是对全文论点及论据进行再次锤炼和推敲,使论文的观点得到准确、鲜明、简练、生动的表达。对于学位论文而言,修改阶段主要包括4个阶段:导师原则性批改、学生修改论文稿、导师全面性审改、学生再次修改并形成最终稿。

6)定稿

学术论文的初稿写成以后,必须经过反复修改,才能最后定稿。提高论文质量,就需要对初稿进行反复修改,是科学研究的继续和深入,是科学研究者严谨的科学态度,对读者和社会高度负责的体现。因此,学术论文的写作过程,是不能轻视的重要环节。初稿应达到以下几点方能定稿:观点正确,富有新意;论据充分可靠,论述层次清楚;逻辑性强,语言准确、生动,具有感染力,能为读者所接受。简单地说,论文修改的理想效果,首先是自己满意,其次是能让读者满意。学术论文一般有字数规定,因此,在定稿中需要对论文进一步压缩提炼,使其论文更加简练、明晰。一般情况下,可以压缩引言、图表、论证过程、参考文献、正文。同时,在压缩初稿的同时,适当补充相关内容、扩充字数也是有必要的。定稿是学术论文写作的最后程序。稿件经过反复修改后,作者已经感到符合有关要求,便可定稿。目前,无论是期刊论文还是学术论文一般都要求提交打印稿,因此,定稿的学术论文要严格按照有关规范清稿、打印,并复制电子文件留存①。

7.2 学术论文的写作规范、创新与发表

学术论文成文必然要通过发表来体现它的价值,各种学术期刊风格不一,但都有其共通性,即规范性与创新性。规范性包括两个方面:一是形式规范,二是内容规范。前者解决的是"像不像学术论文"的问题,后者解决的是"是不是学术论文"的问题,二者缺一不可②。创新是学术论文的本质和灵魂所在,包括:"原始创新、集成创新、引进消化吸收后再创新"。其中,"原始创新"应是学术论文的第一要义。研究生在论文写作中,应该努力培养自身的写作能力,学会在规范中创新,在创新中规范。

7.2.1 学术论文的写作规范

1)形式规范

形式规范因学术期刊的不同而不同。通常经济类学术期刊的组成部分有论文题目、作者姓名和单位、邮编、摘要、关键词、正文、参考文献、注释等。

[摘要]。一般 300~400 字。从摘要中大体能够判断出一篇学术论文的原创程度。摘要要能叫人眼睛发亮,一见钟情。国际标准规定:摘要是"对原文献内容准确、扼要而不附加解释或评论的简要陈述。"摘要的内容包括研究目的、方法、结果及结论等主要信息。虽然摘要简短,但由于它有助于读者决定对学术论文的哪部分更感兴趣。摘要虽然简明扼要,但其写作更显严格。摘要的写作方法主要包括以下 4 个方面:

第一,正确选取摘要类型。学术论文摘要主要有报道性摘要、指示性摘要和报道指示性摘

---

①周新年,沈嵘枫,周成军.学术论文写作流程与写作技巧[J].吉林农业科技学院学报,2012(2):67-70.
②李海舰.学术论文的规范与创新[J].经济学家茶座,2006(2).

要。报道性摘要要求提供论文中全部创新内容和尽可能多的信息,特别强调突出新发现、新见解。试验研究和单一专题的学术论文,如基础性研究、应用基础研究和应用研究论文应撰写这类摘要。指示性摘要要求指明研究考察的对象和论述了哪些问题,而不着重研究结果,其作用是说明性的而不是实质性的。它适用于主题过多、内容庞杂的文献,如综述类论文。报道指示性摘要是融上述两种摘要特点于一体的一种摘要类型,它要求报道主要信息,揭示其余部分,详略有效、主次分明,便于灵活运用。

第二,完整的结构要素。在学术论文摘要写作中,对于摘要结构四要素即目的、方法、结果、结论应给以准确而完整的体现。只给出研究结果和结论,缺少研究目的和研究方法,或者只有研究方法和研究结果,缺少研究目的和结论等结构要素残缺的摘要都严重影响了摘要作用的发挥。

第三,避免评论论文内容。国际标准和国家标准对摘要的界定中都明确要求摘要"不加解释或评论",因此,摘要中要切忌出现"奠定了理论基础","找到了可靠的依据","具有十分重要的现实意义"等评价性语言。

第四,避免解释文题。解释文题相当于简单重复文题已有的信息,忽视了对摘要结构四要素即目的、方法、结构、结论的表述,使摘要形同虚设,失去了本来应有的作用(沈玲,2000)。

[关键词]。一般3~5个。一个新观点的提出,往往需要新词语来表达。从关键词的时尚性、创新性上也能够判断出该篇学术论文的学术含量。

[中图分类号]、[文献标识码]、[文章编号]。具体内容作者可以不管,待论文决定采用后可由编者具体填写。但是,这一"框架"要写进论文里。

[收稿日期]。除证明论文的发表周期外,更重要的是基于保护作者知识产权的考虑。现在,所有来稿经初选过关后、正式刊出前都要回改。因此,有些学术期刊还要注明"回改日期"。

[基金项目]。一般只列省部级以上课题名称、批号。在同等情况下,属基金项目的学术论文优先刊用的概率大。它不仅对作者论文采用有利,而且还对学术期刊评价有利。

[作者简介]。包括姓名、出生年份、性别、籍贯、工作单位、学位、职称,有的学术期刊还要标注作者研究方向、E-mail等。统计表明,一流学术期刊的作者队伍明显具有"四化"的趋向:名校化、高学历化、高职称化和年轻化。

[正文]。主要包括引言、文献评论、概念框架、方法和程序、发现、结论。

[参考文献]。参考文献为学术论文中所使用的资料来源提供证明,它包括解释、定义或证明问题中使用过的原始资料,学术论文中使用过的原始资料以及在研究论文的框架设计、研究方法和程序部分中使用过的所有参考文献。参考文献不仅应列示参考的中外主要著作,还应列示参考的主要论文,外文著作、论文应由原文列出;列示的文献包括著作、论文等理论资料,也应包括统计、工作报告等事实材料,还包括没有正式出版和发表的资料。应在段中或段末设序号,并在文末注明。文末的序号与文中序号一一对应。在经济学学术研究中,文中引用的文献的标注方法可以采用**顺序编码制**,也可以采用**著者-出版年制**。

参考文献表按顺序编码制组织时,各篇文献要按正文部分标注的序号依次列出;也可以按著者-出版年制组织,即各篇文献首先按文种集中,可分为中文、日文、西文、俄文、其他文种5部分,然后按著者字顺和出版年排列。中文文献可以按汉语拼音字顺排列,也可以按笔画笔顺排列。

参考文献的类型标识为:专著[M]、论文集[C]、报纸[N]、期刊[J]、学位论文[D]、报告

[R]、标准[S]、专利[P]、论文集里析出文章[A],对于数据库、计算机程序、电子公告建议分别采用[DB]、[CP]、[EB]。这里以刊物和著作标注为例来说明参考文献的格式规范,示例分别如下所示:

顺序编码制:

[1] Lipton M. Why Poor People Stay Poor:Urban Bias in World Development[M].Massachusetts:Harvard University Press,1977.

[2]刘霞辉,张平,张晓晶.改革年代的经济增长与结构变迁[M].上海:格致出版社,2008.

[3]陈锡文.工业化、城镇化要为解决"三农"问题做出更大贡献[J].经济研究,2011(10):8-10.

著者-出版年制:

[1]陈锡文.2011.工业化、城镇化要为解决"三农"问题做出更大贡献[J].经济研究,(10):8-10.

[2]刘霞辉,张平,张晓晶.2008.改革年代的经济增长与结构变迁[M].上海:格致出版社.

[3] Lipton M. 1977. Why Poor People Stay Poor:Urban Bias in World Development[M].Massachusetts:Harvard University Press.

此外,要注意著作方式相同的责任者不超过3个时,全部照录。超过3个时,只著录前3个责任者,其后加",等"或与之相应的词。YELLAND R L,JONES S C,EASTON K S,et al.

顺序编码制。顺序编码制是按文中引用的文献出现的先后顺序连续编码,并将序号置于方括号中。

①引用单篇文献,相关示例如下:

……埃比尼泽·霍华德从空间角度分析城乡关系的平衡,其"田园城市"的理念不仅体现了自然之美,清洁水、清新空气、田野等和城市的相融,更体现了社会机遇的平等与充分就业,以及替代城乡分离的城市繁荣和乡村发展互动,体现了城乡生产力合理分布与城乡空间的有序平衡[9]。

②同一处引用多篇文献时,只需将各篇文献的序号在方括号内全部列出,各序号间用","。如遇连续序号,可标注起讫序号。示例如下:

刘易斯[29,38]提出……

库兹涅茨对收入分配差距的研究[18-19]

③多次引用同一著者的同一文献时,在正文中标注首次引用的文献序号,并在序号的"[ ]"外著录引用页码。相关示例如下所示:

人力资本积累和劳动力质量的提升能够较好地解释收入差距,"改进穷人的福利之关键不是空间、能源和耕地,而是提高人口质量,提高知识水平"[1]40,"土地本身并不是使人贫穷的主要因素,而人的能力和素质却是决定贫富的关键,旨在提高人口质量的投资能够极大地促进经济繁荣和增加穷人福利"[2]44。

参考文献:

舒尔茨.论人力资本投资[M].吴珠华,等,译.北京:北京经济学院出版社,1990:40.

舒尔茨.论人力资本投资[M].吴珠华,等,译.北京:北京经济学院出版社,1990:44.

著者-出版年制。著者出版年编码制具有以下 4 种标注方式。

①引用单篇文献时,正文引用的文献采用著者-出版年制,各篇文献的标注内容由著者姓氏与出版年构成,并置于"( )"内。倘若只标注著者姓氏无法识别该人名时,可标注著者姓名,例如中国人著者、朝鲜人著者、日本人用汉字姓名的著者等。集体著者著述的文献可标注机关团体名称。倘若正文中已提及著者姓名,则在其后的"( )"内只需著录出版年。相关示例如下所示:

改革开放以来,我国通过相继实行农村经济体制改革,在稳定家庭承包制的基础上,发展高产、优质、高效农业,大力推行农业产业化经营(李燕琼,2007),我国农业现代化建设、农业经济得到了迅猛发展。

新制度经济学派最具代表性的人物 North(1990)认为,人们通常论及的投资增加、劳动投入量扩大、技术进步等因素,并不是经济增长的原因,"它们乃是增长",一种能够提供适当个人刺激的有效制度,才是经济增长的决定因素。

参考文献:

李燕琼.2007.我国传统农业现代化的困境与路径突破[J].经济学家,(5):61-66.

North D C. 1990. Institutions, institutional change and economic performance [M]. Cambridge:Cambridge University Press.

②在正文中引用多著者文献时,对中国著者应标注第一著者的姓名,其后附"等"字,姓氏与"等"之间留适当空隙;对欧美著者只需标注第一个著者的姓,其后附"et al.",相关示例如下所示:

农业现代化是把传统农业转变为现代农业的过程,用现代科学技术和现代工业来为农业提供生产的技术手段和物质手段,用现代经济管理方法提供农业生产的组织管理手段,把封闭、自给自足的、停滞的农业转变为开放的、市场化的、不断增长的农业(张培刚 等,2001)……

一个可持续的经济发展路径应该是以人类发展视角出发,这样环境与经济才会呈现协调发展(Costantini et al.,2008),……

参考文献:

张培刚,张建华.2009.发展经济学[M].北京:北京大学出版社.

Costantini V, Monni S. 2008. Environment, Human Development and Economic Growth [J]. Ecological Economics,64(4):867-880.

③在参考文献表中著录同一著者在同一年出版的多篇文献时,出版年后应用小写字母 a,b 区别。相关示例如下所示:

经济发展方式转变的实质是在经济的长期发展过程中,经济发展动力持续且保持稳定,经济发展速度较高且保持稳定,经济发展效益良好且保持稳定,经济运行抗冲击能力强且波动幅度小(白永秀,2011b)。其中,城乡经济社会协调发展作为实现经济发展方式转变的内在要求和重要内容,那么基于这个层面而言,要加快转变经济发展方式的重要依托就是实现由城乡分割到城乡融合、由工业偏向到工农并重、由"被动城市化"到"主动城市化"(白永秀,2011a)。

参考文献:

白永秀.2011a.关于经济发展方式转变的几个问题[J].中国流通经济,(4):38-42.

白永秀.2011b.转变经济发展方式:城乡经济社会协调发展的视角[J].当代财经,(11):13-19.

④多次引用同一著者的同一文献,在正文中标注著者与出版年,并在"( )"外以角标的形式著录引文页码。

人力资本积累和劳动力质量的提升能够较好地解释收入差距,"改进穷人的福利之关键不是空间、能源和耕地,而是提高人口质量,提高知识水平"(舒尔茨,1990)[40],"土地本身并不是使人贫穷的主要因素,而人的能力和素质却是决定贫富的关键,旨在提高人口质量的投资能够极大地促进经济繁荣和增加穷人福利"(舒尔茨,1990)[44]。

参考文献:

舒尔茨.1990.论人力资本投资[M].吴珠华,等,译.北京:北京经济学院出版社.

舒尔茨.1990.论人力资本投资[M].吴珠华,等,译.北京:北京经济学院出版社.

[**注释**]。一定要把注释和参考文献分开。"注释"指作者进一步解释自己所要表达的意思,注释安排在当页页脚,"随页脚注"。用带圈数字表示序号,如注①、注②等,注释的序号与文中序号一一对应。所引资料来自刊物需注明:作者、篇名、发表的刊物号、出版年号、期号;所引来自著作需注明:作者、著作名、出版单位和出版年号、页号。注释既能反映论文作者的研究是否严肃认真,论文中提出的观点是否有理有据,也是为了表明对前人所作工作的承认和尊重,从而避免引起知识产权纠纷的需要。论文中对于直接引用的文字、数据或事实资料等加以注释;虽然未直接引用,而是用自己的话转述别人的观点,也应注释其出处;需要补充说明而又不便于在正文中说明的其他问题也应加注说明。

此外,要有中文译英系列要件。包括题目、姓名、工作单位、邮编、国籍、摘要、关键词等。

关于表、图。表有表名,上标;图有图名,下标。不论表、图,都要注明资料来源。

目前看来,好多学者一是不懂形式规范,二是轻视形式规范。在全方位竞争的今天,形式规范变得日益重要,形式规范往往能够产生"形式幻觉",有"美化"学术论文的主观效应。

2)内容规范

如果学术论文的形式规范是基础,那么内容规范就是核心。学术论文通常可由"三段式"组成,每一段式3点,共9点。

(1)找切入点

首先,研究问题的导入,即引言的写作。引言是根据学术论文的问题和目标来陈述和推理学术论文所含有的思想和文字。引言常常用叙事的格式,要陈述学术论文所指向的问题则采用概括的形式。引言的目的是为读者领会和理解学术论文做准备,从而使读者能够清晰地理解问题和目标,包括对写作方法和写作程序的总的考察,也涵盖其他内容,例如,对研究的领域、制度或政策调整等类似问题阐述。

另外,针对特定的目的或读者,引言还包括一个简洁的文献述评(并非独立的文献述评或文献综述),然后根据文献述评得出的结论(往往是所研究领域当前研究的不足)来创新性地设计所要研究的问题。对于学术论文的文献评论,是对近年来国内外前人研究进展、主要观点的概括和总结。文献综述不仅可以避免重复研究,而且有助于研究者"站在别人的肩膀上往上爬"。文献综述一定是对前沿思想的高度概括、提炼、整理、整合,注意不能对所有的学术观点进行简单堆积。学术论文的文献综述篇幅较少，无需如学位论文或研究报告一样，需要详尽的参考文献，要注意做到脉络清晰、凝练性强、信息量大。然后，基于文献综述，进行简单评议，找出研究不足。最后，根据研究不足，找出本文的切入点或创新点，对本文的研究进行定位，为下面的研究做铺垫。

（2）基本论证

首先，设计概念框架。概念框架是研究者对研究问题清晰逻辑思路的体现，其有效设计有助于研究者清晰地理解所要研究的问题。概念框架与问题描述，目标陈述和文献述评具有互补性。经济研究中的概念框架是对问题及所有与问题相关的假设的概念分析。经济学的学术论文一般都是基于"理性经济人"的假定。其次，在一定假定下，构建本文的框架，陈述本文的观点。最后，通过科学求证、实证检验观点的正确性。在论证过程中，要结合运用各种经济学研究方法，包括定性分析和定量分析、归纳分析和演绎分析、比较研究和案例研究等。

这里以实证研究为例进行具体说明。

①归纳逻辑论证。

经济研究范式中，论证常见的基本方法是归纳逻辑与演绎逻辑。归纳逻辑强调科学始于观察，观察是建立理论陈述的基础。它是归纳推理的思想方法在认识论中的系统化反映，它强调观察和系统的经验总结是获取知识的主要手段。要求在观察时摒除头脑中一切先入为主的见解，反对在进行观察、实验之前对观察对象的性质做出任何预先的判断，从实际经验资料中寻找经济活动的规律性。归纳法的逻辑过程：观察—寻找模式—得出结论。

②演绎逻辑论证。

演绎逻辑强调演绎方法是获取知识、建立理论的基本方法，也是当前经济学研究的主流方法。它主张借助事物之间的逻辑关系，运用演绎逻辑的推理思想，通过思维的方式来获取知识，建立知识体系。通过逻辑演绎从已经有的知识推断出新的知识。推理的出发点是少数确凿无疑的简单事实，从这些最简单的事实推演出对复杂事物的认识。演绎逻辑是由一般到个别的认识方法，利用原理对现状进行分析，对未来进行预测。演绎法的结论取决于"一般"（如优秀的人一般各方面都做得比较出色）是否正确反映客观事物的本质，论证是否反映事物之间的联系。

当前，在经济问题研究中，对演绎法的倚重甚于归纳法。演绎逻辑过程首先需要对所研究的问题进行分析，把所要研究的问题层层分解为许多小问题。其次，这些小问题可以比较容易地用简单的事实加以说明。最后，把已经获取的对简单问题的清晰明确的认识，作为进一步推理的起点，逐步达到复杂的认识层次。

以下就逻辑研究论证进行重点介绍。

①演绎逻辑过程。

演绎法的逻辑过程遵循：原理—研究对象—演绎逻辑—理论命题—经验验证，或者是提出假设—观察—接受或拒绝假设。其中，演绎推理逻辑必须严密，不能有逻辑上的跳跃，是前提与结论有必然性联系的推理。另外，演绎主义把数学看作是保证推理逻辑严密的工具，因而，十分强调数学的逻辑推理功能在获取知识过程中的作用。

尽管演绎法在经济研究中很重要，但与归纳法相结合成为未来的一种研究趋势。不断遵从:假设—演绎推理—理论假说—经验验证—归纳—修正原来假设并重复原来过程。

在运用演绎逻辑论证中,应当注意所作的经济实验是有思想意义的,而不只是为某项政策提供依据;应当从实验的程序设计到信息材料的搜集都是原生性的,体现创新;应当从实验出发对已有理论提供支持或者挑战,并进而提出自己新的理论构架。

②写作框架。

根据演绎逻辑思路,论文写作模式一般有以下几方面内容:引言(文献回顾与问题提出)、理论分析与研究假说、研究设计与计量模型构建、研究发现、结论与启示。

[引言]引言需要提供理解文章所必需的背景信息;刺激读者阅读的兴趣;诱导编辑和审稿人对文章的重要性做出公正判断。引言要立题,描绘工作的目标。为什么要提出这个选题?选题的背景、历史与现状。打算怎么解决这个课题?预期结果及本文贡献,特别是新意以及应用前景是什么?需要介绍有关的概念、定义以及综述的范围。扼要说明有关主题的现状,以及自己引用参考文献的总体情况,使读者对全文有一个粗略的了解(有时,有的论文将引言和文献综述分开写,在此,以文献综述融入引言加以说明)。在引言的主体部分(文献综述)需要将所参考、引用过的文献资料进行整理、归纳及分析比较,阐明有关主题的历史背景、现状和发展方向以及评述,还要阐明资料中的观点对自己论文写作的帮助、启发,从哪些方面做了借鉴、引用。要将综述的主题进行扼要总结,体现出对相关资料和所研究课题的某些见解。写"文献综述"时应做到收集文献尽量齐全,注意引用文献的代表性、可靠性和科学性,引用文献要忠实文献内容,应分清作者的观点和文献的内容。

文献综述不是读书笔记摘抄和论文,文献综述也有"式"可循[①],其写作内容侧重点及其程式用语有如下 4 种方式:

◆研究背景/研究目的与意义—研究现状—评述;

◆前言—研究现状及主要观点—目前研究中存在的矛盾与不足;

◆目前研究的主要方向和观点—目前研究中存在的矛盾与不足;

◆理论的渊源及演进过程—国外有关研究的综述—国内研究的综述—作者对以上综述的评价。

由研究背景、研究现状、评述构成的文献综述,是经常使用的模式之一,其他模式与此类似,有许多相通之处。下面以"研究背景/研究目的与意义—研究现状—评述"这种模式为基础,分析每一部分都有独特的写作要求、方法和写作的侧重注意事项。在写作时,可以围绕以下几个方面形成一定的思维模式,并学习其中的程式用语。

首先对于研究背景,主要说明撰写本综述的原因、目的、意义、学术背景、目前状况、争论焦点、编写过程,介绍收集资料的范围等,使读者对综述有一个轮廓性的了解。这部分要写得简明扼要,重点突出,字数以 200~300 字为宜。

研究背景的基本程式用语,现举一例如下:××怎么样,还存在着××的问题,当前,还有××的现实问题迫切需要解决,所以,××是值得深入研究的一个课题。××,因此,对于该问题的研究具有一定的现实意义。(或:所以,××显得十分必要和紧迫。)

例如××写作《中国行政体制改革三十年:回顾和思考》的研究背景:

改革开放 30 年来,我国行政体制改革取得了重大进展,也存在许多困难和问题。(首先扼要简介现状,客观评价成就和问题)当前,中国开始进入社会矛盾多发期,这些社会矛盾产生的重要原因之一就是行政体制改革在许多方面不到位,政府行政管理职能和角色在一定范围内,在较大程度上存在缺失的现象。(其次,扼要揭示目前存在的现实问题)因此,回顾我国行政体制改革30年历程,总结我国行政体制改革的历史经验,进一步推进行政体制改革显得十分必要和紧迫。(最后,揭示研究该课题的意义)

研究现状。研究现状是文献综述的主体,叙述某一时期某一学科领域的现状、水平和成就。依次综述各个问题,列举出各种观点、理论、方法、数据,并对每一项内容提出自己的看法和评价;列举历年来的成果、数据;进行数据分析,进行推演和论证。研究现状在写法上可按事物发展的先后顺序层层递进;或按课题所含的几个方面(主题)分路挺进;或按不同的观点进行比较综述,不管用哪一种格式,都应在全面系统的收集资料的基础上做客观公正的反映;可根据内容的多少分为若干个小标题分别论述;应层次分明,条理清楚;语言简练,详略得当。研究现状基本写作思路可分为三块:第一步,概括。即对所选文献的研究重点、研究手段及研究结论先进行概括。第二步,分析评价这些文献研究所做出的贡献、影响、优点与不足。第三步,整合回顾,提出改进的方向与进一步研究的切入点。

研究现状(文献综述)的写法:可按事物发展的先后顺序层层递进;或按选题所含的几个方面(主题)分路挺进;或按不同的观点进行比较综述。不管用哪一种格式,都应在全面系统的收集资料的基础上做客观公正的反映;可根据内容的多少分为若干个小标题分别论述;应层次分明,条理清楚;语言简练,详略得当。

研究现状的基本程式用语,现举例如下:已掌握的文献资料显示,理论界主要从以下几个方面展开了相关研究:(1)××(中心句);××(文献支撑句);从远到近,从大到小介绍研究的背景情况。(2)对于××现状和不足的分析。一是××;二是××;三是××。将同一问题归类,由重到轻,由大到小地写。(3)学者们对×××××××的意见与展望。

述评。评述是对前面论述的内容做一个总结,或是提出自己的取舍褒贬,指出存在的问题及解决问题的方法和所需的条件;或是提出预测及今后的发展方向,还可提出展望和希望。结语的作用是突出重点,结束整篇文献。字数以200~300字为宜。

述评的基本程式用语,现举一例如下:(1)我国学者对××详细的分析。××,整体上××。这是由于×××(言简意赅地总体评价,要提纲挈领);(2)除了这个原因外,我认为还有几个原因导致了××,一是××;二是××;三是××;(3)我国学者的现有研究表明,××(指出问题);(4)有学者已经指出,××(可以用对比的观点亮出自己的主要论点)。或者:"××的研究是××历史条件下不容忽视的一个问题。××是怎么样的。(言简意赅地总体评价,要提纲挈领)围绕如何建立××,学者们或者从××角度,或者从××角度,或者从××的角度对此作了详细的分析。从本课题目前搜集到的资料来看,虽然众多学者对××进行了多方面的研究,但在这些研究中也存在着欠缺和不足的地方。"或者:"××研究是非常有必要的。在搜集文献的过程中我还发现,如何从××定位出发,考察××存在的问题以及解决的途径,在这一方面应该有更具体的措施。比如怎样采取相应的方法,××,这一点也可以纳入××之中加以研究。这给本文的写作提供了一些空间和可能性,本文计划针对这一问题进行相应的拓展和研究。"

例如××写的关于《关于进一步完善我国选举制度的思考》文献综述的评述部分:

从本课题目前搜集到的资料来看,虽然众多学者对我国选举制度进行了多方面的研究,但在这些研究中也存在着互相矛盾和不足的地方。比如,有很多学者(肖敏,2008)认为,选民对于选举的积极性不是很高,认为选民的"厌选"情绪十分普遍,但是也有学者(蔡定剑,2002)则以大量的实证调查和问卷调查为基础,证实中国老百姓有极大的选举热情和民主参与的积极性,有能力搞好民主选举,而且渴望选举民主化改革,只是我们的某些人为因素和制度阻碍了他们发扬民主。本课题计划就此进行分析和探讨。其次,在搜集文献的过程中我还发现,对于妇女选举权与被选举权方面的研究文献相对较少,即使有也只是简要的一笔带过,似乎还没有人对此进行专门的研究。这给本文的写作提供了一些空间和可能性,本文计划针对这一问题进行相应的拓展和研究。

从例文中可以看到,评述是全面深入系统的专门评述某一方面的问题,对所述的内容进行综合、分析、评价,反映作者的观点和见解,并与综述的内容构成整体。评述最重要的是写作者自己对文献的看法,文献的长短处、观念是否有突破之处、对既有的研究增加了什么,然后把作者自己的研究放在既有知识基础的某个位置,表明自己研究的视角和方法。

文献选择注意事项

在文献综述写作中,文献选择的标准宜遵循 5 个方面:

A.关注学术的最新发展。不是为了赶时髦,而是为了不让自己做无意义的重复工作。

B.涵盖所有重要文献。对与自己的假设或发现不一致的文献或理论,尤其不能忽略。

C.回顾与本研究直接相关的或至少间接相关的文献。

D.辨识有重要理论贡献的关键文献,依据不同的理论视角将文献进行归类,比较各种观点之间的差异和逻辑关系,并且批判性地评估各种观点的理论价值和经验证据。

E.研究综述应该自始至终围绕一条主线,为作者的思路服务,一步一步推演出研究假设。

[**理论分析与研究假说**]经验研究的核心是理论、假设和数据,余下各部分只是将这三部分有机地联结为一个整体。其中,假设是文章的核心观点。但仅有观点是不够的,观点需要论证才能转化为知识。我们需要提供两种论证:理论论证和经验论证。科学知识的增长依赖理论的建构和经验证据的积累。没有好的理论,我们积累的只是资料而不是知识。科学是由事实组成的,就像房屋是石头砌成的;但是事实的累积并不等于科学,就像一堆石头不等于房屋一样。科学的理论或假说常常表述的是概念之间的因果关系或相关关系,比如人力资本与经济发展、工业化和城镇化、金融深化与经济发展之间的关系等。

假说可定义为从文献综述或理论讨论中产生的对经验问题的回答,是文章将要验证但尚未验证的经验命题。理论分析为假说形成作铺垫。假说必须从现有理论或文献、彼此竞争的理论或文献,或自己创新的理论中演绎而来。从理论中演绎出可验证的假设,从而将理论与经验资料间接地联系起来。通过验证或证伪假设,间接检验理论。而理论分析有可以分为多种模式,除了能够通过回顾及总结已有的理论研究,探讨在国内的实用性,提出假说外,还可以分析社会实际发生的事件,总结规律,提出假说;或者利用高级宏微观、博弈论等经济数学模型进行理论推导,提出假说。无论与经验研究联系密切与否,理论创新不可能从零开始,它经常以批判地总结前人学术成果为基础,从现有的或普适性理论中获取灵感。

研究假设的创新性

要写一篇好的文章,思路(假设)的创新性和试验数据的可靠性是非常重要的两个条件,要想思路创新,有两种方法。

①如果你个人对某个领域进行了多年的研究,在你的潜意识中觉得某些问题解决的关键应该在于某个方面的深入研究,如果当时很少有人注意此方面研究,你先开始该方面的研究,那么你的文章就有很好的创新。

②二次创新。举个例子。如果在最近三年有不同的作者发了两篇文章,一篇文章报道因素 A 对提高农民收入有很大影响,第二篇报道因素 B 对降低城乡收入差距有很大影响。那么你就可以参考以上两个作者的研究方法,研究因素 A 和因素 B 对农民收入的影响。这样做出来的文章一般情况下能够发在和以上两篇文章档次差不多的杂志。

[**研究设计与模型构建**]社会科学怎样像自然科学那样进行实验? 研究设计是连接理论与经验论证的桥梁,从理论到验证也是社会科学之所以被称作"科学"的原因。这部分主要包括经验论证如何展开? 所用数据来自网络还是自己调研,怎样做的调研? 数据描述性分析如何? 根据研究目的和数据特征如何选择合适的模型? 变量如何设置与说明?

[**研究结果**]研究结果需要分清核心变量和控制变量、对核心变量从不同角度进行解读、将自己的结论和已有的研究进行对比、探究差异的原因、对自己的研究结论给出合理的解释。这一部分应紧紧围绕经验发现和假说证实或证伪。好的学术论文要讨论变量内生性或稳健性。

[**结论与启示**]结论不是结果,结果是在一定阶段事物发展的最后状态,而结论是从前提推论出来的判断。结果是结论的前提和基础,而结论是结果的归宿和发展,因此结果不能代替结论。学术论文结论是对正文中研究过程所得的现象及实验结果进行综合分析、逻辑推理而得出的总判断、总评价,是研究结果必然的逻辑发展。以研究结果代替结论,不知道结论应写哪些内容,把正文中各段小结组合起来形成结论或对结论迂回说明,简单重复研究结果,丧失了结论存在的价值。正确结论的写作应是将研究过程加以去粗取精、去伪存真、由表及里、由一般到本质的深化过程,是根据研究结果通过判断、推理而形成的,并要与引言相呼应,还要与正文其他部分相联系,不作无根据的或不合逻辑的推理和判断。结论的内容应着重反映研究结果的理论价值、实用价值及其适用范围,并可提出建议或展望,也可指出有待进一步解决的关键性问题和今后研究的设想(沈玲,2000)。[①]

研究在结论中一般应概括经验发现,即验证了或证伪了什么假设和回答中心问题;探讨假设的证实或证伪有什么理论含义,根据研究问题及其所得结论,提出具有一定篇幅的、合理的、与研究主题相契合的政策建议。如果研究者愿意,还可以做进一步的理论上的推论(新假说)。

7.2.2 学术论文的创新

学术论文的创新主要体现在提出一个新概念、对旧概念的重新界定,发展已有理论、超越已有理论、使用一种新的研究方法、采用一种新的假定、提出一种新的观点、创造一种新的理论,以及培养一种新的思维。

---

①沈玲.学术论文摘要和结论的写作方法[J].现代情报,2000(6):59-60.

学术创新,总体而言,一是方法创新,二是思维创新。方法创新是"术",思维创新是"道"。创新思维能力训练则是走向学术创新的根本途径。作为经济学研究生:一要学知识——"物品",但"物品"没有"可通用性";二要学方法——"金子",但"金子"有用完的时候;三要学思维——"点金术",有了它则可把任何东西变成"金子"。可见,"点金术"在三者中最为重要。经济学研究生要努力通过创新思维能力训练,尽早完成开心、开窍、开悟、开路这一创新思维流程。

1)学术论文创新的体现

怎样确定自己论文具有创新点或者具备贡献? 可以基于现有理论、方法、实践从以下八个方面做出判断:

①某个重要的研究问题很少有人关注,现在结合以前的研究和理论推进了对该问题的解释;②现有某个理论的一个没有说清楚的地方,现在通过结合其他理论或学科的知识,把它说清楚;③某些理论缺少实证数据的检验,现在通过去收集数据,做了实证验证;④某个理论只是在某个小样本里做了检验,现在扩大了样本,增加了样本多样性,改良了抽样方法;⑤某个研究问题相关的实证研究总是得出不一致结果,现在系统分析了这些文章,找到了得出不统一结果的原因,并在自己的研究设计中做了改良;⑥以前的研究把两个不同的概念混为一谈,现在通过数据验证和理论支持证明它们是不同的两个东西;⑦以前某个问题的研究都是使用同一种分析方法(比如线性回归),而这种分析方法存在一定的限制,而现在使用了不同的分析方法来弥补这种限制(比如定性比较分析法);⑧通过数据验证了某种实践、工具、政策、方法的实际效果,并弥补了此前文献对这方面理解的不足。

如果难以确定论文的创新点,一般最常导致论文贡献难以确定的原因是文献读得不够。文献读得不够,就无法知道某个领域的学者都在关注什么;文献读得不够,就无法知道现在的什么东西还没被充分研究、哪些方面做得不够好;文献读得不够,也很难对现有文献中研究方法的使用做出判断。

2)学术论文创新的途径

要能够做到学术论文创新,需要通过大量阅读文献和做文献笔记,在阅读当中重点关注学者们重点关注的题目有哪些;文献中作者指出现在领域内还有哪些不足、哪些空缺;文献中作者有没有提出理论构建的进一步方向;具体论文中今后研究部分所讲的今后的研究应该关注的问题;具体论文中作者指出自己研究的局限,是否能通过研究弥补这些不足;判断现有的具体研究都分别有哪些不足,它们在数据规模、抽样方法、采访对象、问卷方式、数据分析工具,以及整体设计上有哪些可以进一步加强的地方;在读文献的过程中,我们应该养成习惯去关注这些"不足""局限""缺口",以及"今后研究"的建议,尤其记录与自己研究方向相关的段落语句,以便今后写论文时使用。

7.2.3　学术论文的发表原则与主要途径

1)学术论文的发表原则

学术论文发表的客体是学术期刊。期刊以探索性为主,具有思想性,一方面提出新认知,另一方面能够对旧认知进行"修正"或"颠覆"。学术论文是浓缩和精华的体现,一般而言,价值高于专著,其读者往往都有高深的学术背景。

学术论文的创新性、前沿性是其发表的价值所在。学术论文一定要有科学性、严谨性和逻辑性。论文的发表是为了进行国内外相互间的学术交流与传播,因此,写作尽量采用国际通用语言,论文格式标准化、规范化有利于论文的检索和交流①。

第一,遵循创新性和前沿性原则。创新性、前沿性代表学术论文的水平。如果发表的文章还在过去的起点上,或者跟在别人后边亦步亦趋,没有突破、没有创新,那么其论文也就失去了发表价值。相关研究领域的专家会对文稿进行审查,以判断学术论文的创新性和前沿性。在论文首页脚注处注明各种基金项目编号,以及有一定量的外文文献,且为近期出版的期刊,都是文章具有新颖性和前沿性的体现。

第二,遵循国际通用性原则。英语作为世界上很多国家通用性语言,学术论文上也需要附有相应的英文说明,比如英文摘要、关键词。有些学术期刊还要求论文中的中文图题、表题下面一律附上英文图题和表题。如在中文图题、表题,以及中文摘要下面附有相应的英文图题、表题和英文翻译。这不仅是国家对学术期刊规范化所制定的一系列标准的要求,也是国际间学术交流的需要。

第三,学术论文的编写格式、量的符号和量的单位、参考文献的著录项目和编写格式等应遵循标准化规范化原则。

2)学术论文发表的主要途径

要较好地发表学术论文,相关途径主要体现在以下4个方面:

第一,需要了解与专业相关的杂志信息,做好摘录工作。重点摘录该杂志的刊物级别、主办单位、编辑部地址、联系电话、电子信箱以及主要栏目编辑姓名等信息。如果有些杂志不方便找,可以通过中国期刊网,或者借助于网络,例如"万维书刊"等专业性的投稿网站查找有关信息。

第二,明晰所撰写的学术论文内容与相关杂志的匹配性。要提高学术论文投稿的成功率,一定要了解自己所写的学术论文的内容是否与有关杂志的风格相匹配和相契合。要注意"个性化投稿"即"不是一家人,不进一家门","是谁的就是谁的"。否则,即使是一篇高质量的学术论文,如果投错了"门",照样难以发表。刊家是谁,要"投其所好"。例如,对于经济学学术论文而言,即要知道该杂志倾向于刊登实证性文章还是规范性文章,或者要了解该杂志发表文章所涉及的主要栏目、领域,以及刊登文章的字数等,从而有针对性地投稿,否则辛苦而作的论文会陷入难以发表的困境。以《经济研究》《中国工业经济》和《管理世界》为例,它们分别是理论经济学、应用经济学和管理学领域的权威学术期刊。就选题范围而言,《经济研究》偏重货币、证券等金融问题;《中国工业经济》聚焦产业经济、企业经济;《管理世界》就是"世界管理",任何问题都属广义管理问题。就刊文属性而言,《经济研究》和《中国工业经济》以发表学术论文为主,一般7~10个页码,长度均匀;而《管理世界》则以发表研究报告为主,要么特长要么特短。就形式风格而言,《经济研究》刊文特别注重数学模型(包括表、图,下同),篇幅高达50%以上;而《中国工业经济》和《管理世界》刊文中的数学模型特征则不突出。例如,《中国工

①王秀莲,李金丽.论学术论文发表原则[J].沈阳工业大学学报,2001(23):160-162.

业经济》力将数学模型控制在 20% 的篇幅以内。以《数量经济技术经济研究》《统计研究》等期刊，往往侧重计量、统计等论文，对研究方法要求十分精进，因此，在投稿中只有"对症下药"，同时，多收藏经济学研究领域相关重要期刊的微信公众号，平时多阅读多积累，更好地了解期刊风格和特点，提高投稿采用率。

第三，选择合理的投稿方式，增加文章发表的概率。杂志社在接收论文方面，通常分为 4 种方式：①只接收打印稿；②接收打印稿和电子稿；③只接收电子稿；④只接受网上投稿。因此，在投稿时，要针对不同杂志的投稿要求，选择恰当的投稿方式，这样，有助于赢得编辑的信任，不至于因怀疑你一稿多投而直接"毙掉"你的稿件。

第四，有选择性地投稿，提高发表刊物的档次。对于选题新颖、观点鲜明、创新性强的学术论文，要投到专业核心杂志上，审稿周期一般为 1~3 个月。如果等 2~3 月还没有消息，应及时改投其他差一点的刊物，如果仍未被采纳，要立即改投普通杂志。对于本身质量一般的稿子，可直接投给普通刊物，增加文稿的采用率。

3) 学术期刊的审稿制度

国内学术期刊编辑部对学术论文的审稿，普遍采用"三审制"的运作模式，即编辑初审、同行专家复审以及主编终审。每一个审级都有各自的职责，审稿的侧重点也有所不同。责任编辑初审主要是对稿件内容、质量和发表价值进行初步评价和判断，并决定是否送交专家复审[①]。所以，初审是最基本的，也是非常关键的。复审，由具有正、副编审职称的编辑室主任一级的人员担任。在复审阶段，初审编辑会通过与审稿人联系，通过采编平台传送给审稿人论文、审稿意见单、审稿人管理制度。审稿人在规定时间（例如 1 个月）内阅读论文，填写审稿意见单并通过采编平台发回编辑部；如果审稿人认为论文必须经过修改才能发表，责任编辑将把审稿意见单寄给作者，要求作者按照审稿人的意见进行进一步修改；作者在规定时间（例如 1 周）内将修改后的论文、对审稿意见单的答辩书以及对审稿意见单的评判书通过采编平台传送编辑部。如果需要第二次外审，责任编辑将修改后的论文以及作者对审稿意见单的答辩书寄给审稿人；审稿人在规定时间（例如 2 周）内阅读论文并填写审稿意见单，通过采编平台发回编辑部。终审，主要由具有正、副编审职称的社长、总编辑（副社长、副总编辑）或由社长、总编辑指定的具有正、副编审职称的人员担任（非社长、总编辑终审的书稿意见，要经过社长、总编辑审核），通过终审，才能决定论文能否成功发表。

7.3 学术论文撰写方法和写作能力的培养

当前，不论是就业部门还是培养单位普遍存在着抱怨硕士研究生科研素质下降的现象，在研究论文的撰写上质量不高。要提高撰写研究论文的质量，不仅需要掌握基本的写作程序和规范，还要掌握相应的撰写方法和了解相关的注意事项，借以增强研究生的科研意识、科研能力和科研成效。

[①] 朱全娥.编辑对学术论文价值的初审判断[J].中国科技期刊研究,2009,20(4):701-702.

7.3.1 学术论文撰写的方法

学术论文的撰写方法主要有实践法、模仿法、作业法和切块法(耿红卫,2013)①。

实践法。学术论文的写作能力是一个长期练习和积累的过程。研究生需要选择读经典著作,从经典著作中沉淀思想,这样在学术论文的写作中,结合时代前沿,才有利于写出具有深度和创新性的文章。因此,对于经济学研究生而言,在读书学习过程中,不仅需要充分利用图书馆、网络,搜集相关研究资料,分类存储以备后用,而且要积极参与学术沙龙、学术论坛的讨论,以及参加各种学术年会等,围绕热点或自己关注的问题,写研究综述、学术评论等文章,善于借鉴学术界有创新意义的学术观点并尝试运用到自己的写作实践中。

模仿法。模仿法适用于初学论文写作者,对于刚涉入写论文的研究生而言,往往会对写论文产生畏惧的心理,可能是因为缺乏实践经验,抑或是因创新太难。经济学研究生初写论文时,在开始阶段可找一篇同类或类似的文章做参照,在行文结构、语言风格、研究方法等方面进行模仿,而后逐步改进,走模仿到创新之路。

作业法。对于经济学研究生而言,其专业基础课、专业方向课方面的期末考核方式,一般会以写作学术论文的形式出现。然而,大多研究生在做期末论文时,都存在敷衍和应付的心理,草草了事。因此,从选题、成文到定稿,认真细致地加以对待,并且按照发表的规范来撰写论文,如果比较成熟,便可以按照某刊物的要求修改调整并投稿。

切块法。在课题研究报告或书稿的撰写中,因为结题或完稿有时间限定,一般要求参与者按时拿出高质量的成果以供有关部门鉴定和认可。切块法就是通过鼓励研究生参与课题或书稿的编写,使其在写作过程中,从课题或书稿中"切块"——抽出有价值、有新意的部分,独立成篇,用于发表。

7.3.2 学术论文写作能力培养

提高学术论文的综合写作能力是提升论文质量和发表数量的关键。作为经济学研究生,只有加强协作能力训练、保持写作热情,才有助于培养和提高自身的写作能力。

第一,有选择地阅读学术文献。学术期刊发表的论文都较好地体现了学术性、科学性、创新性等特点,基本上能够反映学术论文的写作要求,具有科学研究和科学表述的双重示范价值。因此,对于经济学研究生而言,尤其是刚刚跨入学术研究门槛的研究生来说,阅读已发表的科学论文不仅可以获取相关的学术信息,而且更有助于从阅读中领会学术论文写作的思路和规范。

第二,勤于练笔、坚持写作。首先,不要等有了时间再去写论文,而是主动安排时间、指定时间、就像某个时间必去敢去上课或讲课一样自律地去写论文,把写作看成是意见不容商量、板上钉钉、不能更改也不能错过的约定。保持规律性地写作,能够大大减少我们对于写作的焦虑,促进每次动笔立刻进入写作状态。其次,不要等有了灵感再去写作。要强迫自己坐下来开始写作,这样灵感才会一个个到来。不要等"想写"了才"开始写",要通过"开始写"去才创造出"想写"的感觉。再次,制定属于自己的写作目标,包括每天的具体写作目标,目标要注意可

---

①耿红卫.研究生学术论文的撰写及发表策略[J].宁波大学学报(教育科学版),2013(1):55-57.

操作性、分清主次。最后,时刻监督自己的写作进展,通过及时奖励激励持续写作。

第三,增强学术交流,充分体现自我价值。论文发表是撰写学术论文的目的,使其研究成果或学术思想得到认可,有利于促进学术交流、传播和积累,推动经济社会的发展。作为经济学研究生,要培养自我主动科研的兴趣,调动自我进行数据整理和撰写发表学术论文的积极性,促使自我从"被科研"转向"享受科研"(刘树强,2011)①。

7.4　SSCI 学术论文撰写方法与投稿

SSCI 期刊主要就是社会科学引文索引,由美国科学信息研究所创建。内容覆盖包括人类学、法律、经济、历史、地理、心理学等 55 个领域。SSCI 同样是国际学术界被广泛认可的检索工具,也是当今社科领域重要的期刊检索和论文参考渠道,SSCI 主要检索的是社科期刊和社科论文,其难度较 SCI 而言更大。人文社科类的文章与自然类/理工科文章不同,即结构不固定,语言要求高,除了引言和结论,可以说论文内容采用什么方式论证是有很多可能性。如何层层递进、如何建构段落等,都要费尽心思,没有固定模板。SSCI 期刊对论文的逻辑性和论证严密度非常看重,而国内期刊这方面做得确实不够。如果要投 SSCI,一些模棱两可的论证,似是而非的结论就很难立得住脚,会被审稿人无情地指出并拒稿。因此,如何写好 SSCI 论文,下面从特征、写作与投稿三方面来进行说明。

7.4.1　优质 SSCI 论文的特征

一篇好的 SSCI 论文应该具备以下几点特征:①对学界已有研究的把握精准,能够准确揭示出已有研究的痛点,这也和你的文章创新处和意义密切相关。②表述严谨。每一句话,它为什么能成立,要仔细掂量。比如你说了一个结论,只要不是特别常识的表述,都应该有文献出处;结论应该层层论证,直到能完全论证好该结论,否则审稿人会毫不留情地指出你这个论证不足以支撑你的结论。在这方面,不要吝啬字数,一定要论证清楚。国外期刊不太看重字数的,几十页也会发的,不像国内期刊,需要压缩。③注重文字的逻辑。A 句和 B 句是什么逻辑关系?如何把这些句子组合在一起?汉语是很意合的语言,有时说话体现不出逻辑性,如"明天下雨,我不出去了",这两句话是因果关系?假设关系?英文文章如果这么写,肯定是不行的。④核心论点突出。英文写作一定要核心论点突出。

7.4.2　SSCI 论文写作方法

①了解所关注领域主要的 SSCI 期刊。将本专业领域的 SSCI 期刊整理到一个 excel 表中,关注各个期刊的发文量(包括是月刊、双月刊还是季刊)、影响因子、aim and scope 等信息。

②关注上述期刊中与研究方向相关的文献。首先,自己有一个大概的研究方向。研究方向的选择一方面是基于自己的研究基础、数据,另一方面,研究方向需要是领域内重要的研究话题,同时也是当下的热点;其次,按照自己的研究方向,选择关键词,从上述期刊中检索文献,

①刘树强.研究生学术论文写作存在的问题及对策[J].中国林业教育,2011(4):57-59.

尽量多选择近三年的文献,对文献进行整理,记录文献的主题、理论、方法、数据以及结论。对于重要的文献,单独列出来,留作后用;最后,结合梳理的文献信息,对自己的研究方向进行微调。

③选择研究主题,明确研究思路。在上述文献的基础上,逐步明确自己的研究主题。这一过程需要注意以下几点:第一,相对于现有文献,你的研究创新点有几个? 对于这一问题,又可以展开为以下三个方面。首先,哪些是创新点,不同的学科、期刊在认定创新点时可能是存在区别的,有些是研究对象、数据有特殊之处,有些是研究背景不同,有些是方法不同,有些是结论不同,但大体就这几个方面。不同期刊的偏好是存在差异的,这需要多去阅读、多去关注,慢慢积累;其次,文章的创新点是前述阅读文献需要记录和积累,通过与现有文献进行对比得到创新点;创新点作为文章的研究重点,也是研究主题中最应该突出的地方。在明确研究的创新点之后,确定一个可行的方案,明确研究所需的工作量,思考方案中各部分的难点、所需时间和经费以及解决办法。第三,研究思路要注意逻辑性,尤其是文章由哪几部分组成,各部分之间的逻辑关系,每一部分所需要解释清楚的问题。虽然论文的组成部分有一定的"套路",但仍需注意,不要漏掉某一部分,也不要在不同部分使用太多重复的表达。

④基于研究方案,确定研究的分工及时间表。切忌拖延,注重一气呵成,提高效率。除了数据的获取在时间上存在较大差异外,整篇文章的写作不应超过一个半月。

⑤对于初学者,找几篇优秀之作模仿,是入门法宝;从文献中选择几篇高质量的文章,分别分析、思考这些文章中的逻辑结构,结合自己的想法,整合出所构思文章的结构。进一步地,文章的内部结构,比如引言,引言有哪几段构成,段与段之间的逻辑关系,每一段所表达的内容都是可以参考选出来的文章进行模仿。

⑥写出初稿、反复修改。没有初稿,后续一切都没有,因此,一切想法都需要落实到写才能实现,注意写初稿的时候不要有负担,先专注地写出来。另外,文章写好后,还需要反复修改、打磨,才能进行投稿。每一遍修改都应该关注某一方面的问题,比如文章整体谋篇布局、文章的逻辑关系、文章的完整性、文章的句型及语病等,尤其要注意表述专业化。

表述专业化就要多借助谷歌翻译、Grammarly、知网在线辅助翻译系统等辅助工具帮助语法改错、润色表达,避免使用中国式英语,造成低级语法错误。

7.4.3 SSCI 论文投稿注意事项

首先,选题的确很重要。很多时候选择任着性子写自己想写的,还是奔着期刊去,会有很大区别。一个领域可选的题目应该有很多,如果根据具体的杂志风格和需求打造一篇文章,应该成功率会高很多。比如近期热点,如果能以最快速度抓到并写出一篇质量上佳的文章,寻找到 SSCI 期刊并成功发表不会太难。这点跟发 CSSCI 期刊差不多。

其次,作者必须清楚的是,论文假想阅读对象是外国人。因此,如果你的论文围绕着中国的相关制度展开,那么在论述中国问题时,就不能想当然地按照中国人习以为常的概念去表述。因为有些概念,中国和外国可能在名称上具有相似性,但内涵和外延却可能不太相同。在撰写论文时,需要首先做出解释,明确区分相关概念之间的异同,然后再开展讨论。否则审稿专家会按照他们熟悉的外国理论进行思考,可能会认为作者论文存在问题。

最后,在选择投稿期刊前,一定要做好考察工作,即研究欲投期刊的偏好,要紧跟期刊内容的契合度,如果文章风格与期刊风格非常不一致,那最好选择其他期刊。另外,期刊最近发了什么文章也要梳理下,如果发现该期刊近几年已经发了主题相似的文章,请改投其他期刊,不然是浪费时间。这点和国内期刊投稿一致。

　　SSCI 论文在投稿环节需要注意的是需要作者先注册账户,在个人账户完成稿件上传,编辑的审稿、专家外审以及最终能否录用,都是在系统内完成的,SSCI 论文同样禁止一稿多投,总体来说,SSCI 论文发表是有较大难度的,如果作者需要专业指导可以咨询本站在线编辑。

第 8 章
研究报告的撰写

研究报告是对所研究的问题相关各种因素进行具体调查、研究、分析,评估项目可行性、效果效益程度,提出建设性对策建议等,为决策者和主管机关审批的研究性报告。在经济学研究中,研究报告是研究者思想发展的忠实记录,也是课题研究水平和价值高低的标志,更是进行学术交流和科研成果推广的重要形式。研究报告的撰写有利于深化原有研究成果、提高自己的研究水平、发展自己的研究能力。

8.1 概 述

8.1.1 研究报告的内涵和分类

研究报告是对研究进行总结、研讨、理论阐释及提出新问题的过程,是研究成果的集中反映,是上级部门和专家为研究作鉴定的主要依据。研究报告作为研究者完成一项课题研究的成果报告,把研究中最有创新、最有理论和实践价值的成果展现出来,是使结题评审专家和管理部门认可的重要材料。

在经济学领域,研究报告主要涵盖了学位论文的开题报告、学术项目的研究报告、决策建议研究报告,以及国际项目研究报告。

开题报告的英文名称是 proposal,有时我们也称开题报告为论文申请报告或论文研究方案报告,也有人称开题报告为研究立项书。开题报告是对论文研究的目的和计划的陈述,它提供充足的证据,说明所要从事的研究具有价值,并且研究计划是可行的。开题报告是学生(包括本科生、硕士生和博士生)同指导教师(或指导委员会)前期进行论文交流的重要形式。在一些情况下(如博士论文),开题报告需要拿到指导委员会上,进行口头答辩;在另一些情况下(如课程论文、本科和硕士论文),则只供学生和教师之间讨论使用。

学术项目研究报告是一种专门用于课题结题验收的实用型报告类文体,有明显的学术性特点,即科学的研究方法、理性的论证分析、创造性的价值成果,它应紧紧围绕课题的研究设计、实施概况、实际效果、研究结论、问题讨论等方面进行阐述。课题研究报告是科学研究成果的重要形式之一。

决策建议研究报告是为国家和地方的经济社会发展提供决策参考的报告。国际项目研究报告是为国际性组织或外国政府、机构提供相关领域研究的报告。

8.1.2 研究报告的作用

课题研究任务完成后,将课题研究过程中形成的大量材料,通过整理、总结、归纳、提炼,获得新的规律或提出新的见解,变成完整有序、科学规范的研究成果。通过结题这一环节,总结研究成果,并获得有关方面的成果鉴定和认可,从而使成果具有一定的权威性,便于推广、应用,并对研究工作作出评价。

研究报告的作用主要体现在以下 3 个方面:

①研究的需要。课题获准立项,课题研究者与课题管理部门就形成一种约定俗成的关系,以正式结题方式呈现研究所取得的成果表示课题管理部门与研究者双方约定的研究任务的达成。一个课题的价值和质量应该符合需要性、创新性、科学性和可行性原则。所选的课题质量还表现在它是否是大家所关心并且迫切需要解决的问题。如果你选择了这些方面的问题作为研究课题,解决了别人没有解决的问题,并且写成了研究报告,这一定是很有现实意义和学术价值的。另外研究的计划是否完善、周密也是很重要的一个方面,如条件控制得怎么样,指标定得怎么样等,搜集的材料是否充分、完整,数据的统计和分析是否准确也很关键,这些都是制约研究质量的条件。

②课题评价的需要。结题为研究者提供了听取专家及同行评议、反思自己研究存在不足和问题的机会,利于找到问题,进行更深入的研究。

③课题管理的需要。结题可以使课题管理部门发现好的或潜在的研究成果,从中甄选优秀成果并促进其推广、应用,起到示范辐射作用;还可以为课题管理部门下一规划或下一阶段课题研究和管理提供参考意见,改进工作。

8.2 学位论文开题报告

对于如何做研究,很多文献中虽然有所涉及,但缺乏系统性。一篇论文的最终形成需要经历一个过程,在这一过程中,研究人员需要构思和论证研究的目标,选择适当的方法,展开对问题的实际研究工作,最终得到一个有意义的结论。实际上,论文的作用就是报告这一过程和这一过程所导出的结论。而开题报告是一个构思研究方案的过程,通过这一过程,研究人员明确了研究什么,为什么研究,如何研究,因此,要学会如何做研究,学习写开题报告是一个非常重要(也许是最重要)的方式。

8.2.1 学位论文开题报告的写作目的

开题报告是对论文研究的目的和计划的陈述,它提供充足的证据,说明所要从事的研究具有价值,并且研究计划是可行的。具体来讲,开题报告有以下目的:

①以信服的证据使指导教师(或指导委员会)相信,所选择的研究题目具有新颖性,或可以填补理论的不足,因而值得花费你宝贵的时间进行研究。

②通过对相关理论和现有研究或果的回顾和评价,展示你对所要研究的问题已经有足够的了解,有可能较好地完成研究工作;通过选择适当的研究方法,并说明这一方法在现实中是可行的,使指导教师(或指导委员会)相信,你已经具备了完成所设定的研究目标的能力和技能。

③开题报告还可作为计划控制的手段,周密的计划是决定论文能否成功的一个重要因素,如果作者一开始就对整个研究过程制订出了详细的计划,则更有可能使研究工作平稳地进行,指导教师也可以根据所制订的研究计划,监督研究的进展,并给予学生适当的帮助。

一般地说,开题报告需要回答3个方面的问题,即计划研究什么,为什么要进行这一研究,如何进行这项研究。只有很好地回答了这3个方面的问题,学生才可能使指导教师(或指导委员会)相信,所选择的论文题目有意义,整个研究方案是可行的,即学生对相关的文献和有关问题已有了较好的了解,并且掌握了适当的解决论文中所提出问题的方法。

开题应是一项严肃的科研工作,开题报告应该是在深入调研基础上产生出来的、近似一篇具有学术价值的科研作品,或者说开题报告是论文的雏形。过去大多数学生在写开题报告时,一般只是给出论文的题目,然后以大纲的方式简单列出自己每一部分想写什么东西,缺少前期的调研,对于论文选题的价值、研究的可行性,以及研究方法也缺少严谨的论证。也许完成这样的开题报告并不需要花很多时间,但这样产生出来的开题报告其价值是非常低的,也不能真正起到科研训练的作用。

此外,对于优秀的硕士博士论文开题报告,实际上还是一项优秀的国家级、省部级科研项目申请书,撰写开题报告实际上既是培养论文撰写能力和成功性,也是培养项目申报的基本能力,因此论文开题报告撰写方法与项目申请书极为类似。

8.2.2 学位论文开题报告的基本内容

学位论文开题报告的基本内容主要包括选题依据、选题意义、研究综述、研究内容与初步方案、重点难点、基本观点、研究方法和创新之处。

1) 选题依据

开题报告的选题依据主要包括两个层面的内容,一是要说明选题的理论及实际意义,二是要综述国内外有关本选题的动态和表述自己的见解。

在写作的过程中,应该有相应的引言或研究背景,研究人员需要清楚地定义和说明自己所要研究的问题(或题目),即要做什么;同时陈述所研究问题的背景和动机,论证所要研究问题的重要性,即回答为什么要研究这一问题。通过这一部分,研究人员应该展示出自己对所研究问题是了解的,并且证明报告开始的研究值得花费时间去做。

问题的背景可以包括现实背景和学术背景两个方面,对于政策性论文,研究人员需要以精练的语言描述所研究问题的现实背景,指出问题的起源,说明拟进行研究的现实意义。研究背景的写法一般有典型案例法、国家文件法、理论脉络法等。此外,在引言的最后一部分,研究人员还需要陈述研究的目的,并简单提及研究的方法和预期的结论。

对于开题报告的标题,最终将是论文的标题,因此,它同论文所要研究的内容是密切相连的。一个好的论文标题应该能有效地反映论文的基本思想,一看到题目,读者就应该大致猜到作者在论文中要做什么,除此之外,标题应该简明,字数一般不超过20字。要避免赋予论文以一个宏大的标题,如"中国贸易体制的变化及其影响""民营经济发展模式研究""石阡县产业发展研究"等都不能形成合理的选题。看到这样的题目,读者会感到困惑,不清楚作者具体要研究什么问题;另外由于标题所包含的范围较宽,可能会使读者感到作者对问题的把握仍然处在肤浅的层次。所以,作者应该缩小标题所涵盖的范围,采用更加具体的标题。

2)选题意义

选题意义在写作中要注意:①理论意义和实践意义分别描述;②理论意义如实写,和研究背景要区分;③理论意义要忌用"填补空白""国际领先"等词语;④避免实践意义过于宏观而出现的意义空泛;⑤避免选题意义过于庞杂。

3)文献综述

文献综述是开题报告中不可缺少的部分,在这一部分中,研究人员应在所报述的文献查阅的基础上,以精练的语言,清楚定义自己所要研究的问题在文献中的位置,对以往的研究进行讨论,并说明同本论文研究主题之间的关系,拟进行的研究将填补文献中存在的哪些缺陷等。文献综述应该包括对有代表性相关(理论和经验验证)文献的讨论。

文献综述的字数要求一般为4 000~8 000字左右。要注意紧贴选题撰写综述,综述行文要有层次感,逻辑性,文献标识明确,综述行文要有主题句,最后一定要结合本选题进行客观评论。研究人员在进行文献回顾时,应避免以下问题出现:①未能引证最关键的文献;②未能准确地叙述他人在理论和经验研究上的贡献;③文献回顾同拟进行的研究关系不大;④引证的文献学术性差,不适合支持严谨的学术研究(如使用适俗普及读物中的文章);⑤简单地罗列所阅读过的文献,未能揭示文献中最有意义的方面,同所要研究的问题未能组成一个有机的整体。总之,无述无评、有述无评、空洞述评、述评偏颇都不能达到文献综述的规范或要求。

4)研究内容与初步方案

开题报告的研究内容按照章节形式组织,一般要到三级标题,形式上按照人文社科传统编排内容设计,体现出逻辑性、渐进性、系统性。内容设计按照总(引论)—分(本论)—总(结论)形式。引论——写作动机、中心论点、目的意义。要有吸引力。本论——三要素[论点、论据、论证],详细具体,展开多方面和多角度论述,要有说服力。结论——研究结果、展望。研究内容要简洁准确,内容的设计切忌无理论支撑,同时切忌理论空洞不实,漫山遍野找理论或堆砌理论。

初步方案主要包括基本思路、技术路线、研究方法、重点难点、基本观点和创新之处、前期相关研究基础等。

(1)基本思路与技术路线或研究框架

基本思路的撰写角度主要从项目选题研究的顶层设计入手进行思考。以"西部少数民族地区旅游开发的居民满意度驱动机制及对策研究"为例,其基本思路的写法如下所示:

本课题拟沿着规范研究——实证研究——对策研究的路径展开。主要思路为:首先,基于少数民族视角分析居民期望、旅游影响感知、社区归属感、旅游利益分配等因素对西部少数民族地区居民满意度的影响,探讨西部少数民族地区旅游开发的居民满意度程度对当地旅游发展的作用机理,揭示西部少数民族地区旅游开发的居民满意度的驱动机制;其次,运用结构方程模型构建西部少数民族地区旅游开发的居民满意度模型,并运用模糊综合评价等模型,对比分析贵州、云南、广西壮族自治区、重庆等少数民族地区旅游开发的居民满意度,揭示其影响因素与作用机理,分析其动态调控措施;最后,提出相应对策与建议,为西部少数民族地区实现旅游业的可持续发展提供借鉴。

对于技术路线或研究框架,往往也可以将其直接放在基本思路后面:

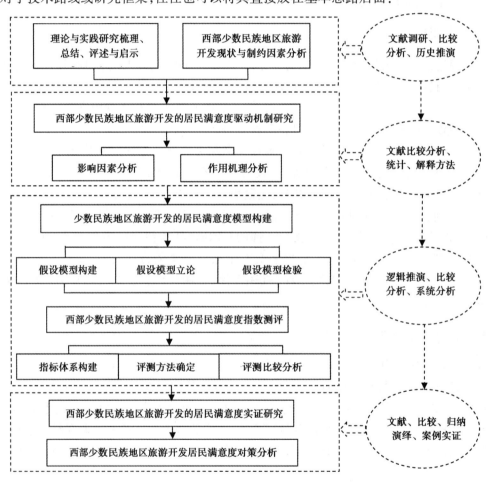

图 8.2.1　技术路线图

(2)研究方法

对于所研究问题具有价值,但并不意味着对这一问题的研究可以做下去。例如,做理论模型的研究者,应该知道是否有类似的研究存在,如果没有人做过这一类研究,则建模成功的可能性一般较小;而做经验研究的研究者,理论模型往往不是问题,但数据则构成巨大的挑战,如果所需的数据不可得,则此项研究是不可能完成的。研究方法的目的是具体说明如何解决所提出的问题,从而使人们相信拟进行的研究是可行的。

研究方法的好坏建立在对研究问题深入了解的基础之上,一些人由于对拟研究的问题并不了解,所以不能提出具体的研究方法,例如,有时我们会看到有人用这样的方式表述自己的研究方法,"本文拟采用定性研究和定量研究、案头研究和实地调查相结合的方法,对提出的问题进行研究"。这种缺少具体内容的方法,并不能称为是研究方法。实际上,研究方法不具体是目前研究生在写开题报告时普遍存在的问题。另外,有许多研究方法可供选择,但由于研究人员对这些方法缺少了解,因而无法通过比较,从中筛选出最适合论文研究的方法。

研究人员对于研究方法的描述必须具体,才能使读者清楚地了解导出研究结果的具体过程。首先,研究人员应该在文献的基础上,对相关的方法进行评价,然后对自己所选择的方法进行讨论,重点说明为什么选择这一方法。当然,任何方法都不是完美无缺的,研究人员最好还能指出所选择方法的局限性。显而易见,这一项工作做得好坏,相当程度上取决于文献回顾工作是否做得深入。

随后,研究人员应该详细描述如何使用所选定的方法进行研究。根据所采用方法的具体情况,研究人员一般应该清楚定义相关的变量,对于数据的收集过程(如使用公布的数据、案例研究、问卷调查等)、文献的来源和使用方式作出详细的描述,并具体说明数据的分析方法。例如,对于经验验证型论文,这一部分通常应说明所要检验的假设、模型中的变量、样本的选取、数据的搜集过程和如何进行数据分析。对于以文献为基础的分析性论文,研究人员通常应该描述有关文献的来源,并说明如何对文献进行分析。

尽管不同研究方法有不同的操作过程,但是解决问题的方法要明确、操作过程要具体、方法的选择以及数据的搜集和分析要符合论文的研究目标。总之,研究方法要从以下 5 个方面严格要求:①结合研究内容全面系统;②注意方法的独特性和新颖性;③切忌方法描述模糊,如理论与实证分析相结合、规范与案例分析相结合、定性与定量相结合等描述;④涉及田野调查、数量分析、数学建模等最好能够更具体一些,将方法和模型直接简明扼要介绍出来;⑤研究方法后面可以考虑提供一个类似于自然科学项目申请的技术路线图,这种框图既可以将研究内容、研究方法、研究时间先后、逻辑关系等在框图中呈现出来,让专家一目了然,逻辑更清晰。以"西部少数民族地区旅游开发的居民满意度驱动机制及对策研究"为例,其研究方法的写法如下所示:

本课题综合运用旅游管理学、民族学、经济学等多学科知识与研究方法,具体采用:

①文献分析法:对国内外相关理论研究与实践操作进行文献检索,运用比较研究总结和梳理出旅游开发的居民满意度理论与实践方面的研究。

②实地调研与案例分析法:通过实地考察、调研西部少数民族地区旅游开发的居民满意度的具体情况,采集数据,掌握西部少数民族地区旅游开发的居民满意度现状、问题与可能性解决方案;特别是对典型案例地区进行跟踪分析,了解西部少数民族地区旅游开发的居民满意度在该地区的最新进展情况。

③数量与统计分析法:通过选取较多的地区、较多的时点,利用统计分析方法,对相关统计数据进行分析,综合运用结构方程、模糊数学等模型方法构建西部少数民族地区旅游开发的居民满意度模型,进行满意度评测,并采用 AMOS 等统计软件进行数据分析。

---

④比较分析法:通过比较不同国家与地区旅游开发的居民满意度研究现状与变动趋势,确定西部少数民族居民满意度影响因素,并通过实证分析得出促进西部少数民族地区旅游可持续发展的对策与建议。

(3)重点难点

对于开题报告的重点难点:一是要注意重点难点不宜描述太多;二是注意重点难点一定要结合研究内容有针对性;三是重点难点可以分开描述;四是重点可能是难点,也可能不是难点,难点可能是重点但也不一定是重点;五是对于难点可以适当描述本项目拟解决的方法和措施。以"西部少数民族地区旅游开发的居民满意度驱动机制及对策研究"为例,其重点难点的写法如下所示:

> 重点:
> ①西部少数民族地区旅游开发的居民满意度驱动机制的揭示及少数民族地区旅游开发的居民满意度模型构建;
> ②西部少数民族地区旅游开发的居民满意度指数测评指标体系的构建;
> ③西部少数民族地区旅游开发的居民满意度动态调控对策研究。
> 难点:
> ①西部少数民族地区旅游开发的居民满意度驱动机制的揭示及少数民族地区旅游开发的居民满意度模型构建;
> ②西部少数民族地区旅游开发的居民满意度动态调控对策研究。

(4)基本观点

基本观点可以从本项目立项的主要宏观重大背景的角度进行描述,也可以对本项目拟开展的相关研究内容、研究方法、研究结论、对策措施等方面提出重要观点,观点也不宜太多,观点一定要鲜明。有的提出研究设想,但没有提出研究观点,不要认为没有开始研究就不能提观点,探索性观点还是要的;有的主要观点缺位,以研究思路与方法代替观点;有的主要观点不鲜明,只是一般地论述,没有吸引人眼球的地方;最重要的是从哪个角度切入,在前期研究的基础上提出申请者自己的观点。如有前期研究,就能从主要内容和观点上看出来。以"西部少数民族地区旅游开发的居民满意度驱动机制及对策研究"为例,其基本观点的写法如下所示:

> 基本观点:
> 首先,由于西部少数民族地区较为封闭,又多处于"老、少、边、贫"地区,尽管旅游资源十分丰富,在大量旅游者涌入而带来的人流、物流、信息流冲击下,原著少数民族居民容易产生心理、社会文化与经济利益的失衡感,不仅对发展旅游业产生消极情绪以致阻碍旅游的发展,还可能会影响当地的民族团结。
> 其次,西部少数民族地区基础设施较为落后、人才短缺现象突出,发展旅游业成为当地少数民族居民摆脱贫困和转变经济发展方式的重要举措。同时,西部少数民族地区居民对于旅游业的期望值、积极性、参与性、依存度更高,少数民族居民的生活质量与旅游业的发展息息相关,其满意度的高低对于地方旅游业能否实现可持续发展关系重大。

第三,旅游开发过程中,少数民族居民是旅游发展的关键利益主体,必须参与其中,忽视少数民族居民满意度的旅游开发是难以实现西部少数民族地区旅游的可持续发展的,甚至有可能使当地少数民族居民陷入民族文化消失,甚至更加贫困的境地,由此引发一系列有关少数民族的社会和政治稳定问题。

(5) 创新之处

学位论文的创新之处是对所研究问题创新点的罗列。创新之处可以从研究内容上去寻找,可以从方法上去寻找,也可以从研究结论和对策中寻找,甚至可以从研究对象上区别于前人的地方寻找,但一定要描述清晰、得体,不宜夸大。

8.2.3　具体进度安排与主要参考文献

为使研究工作能够在既定的时间内完成,研究人员应该制订较详细的工作计划。在制订工作计划时,一般需要做两件事,一是对整个研究过程进行分解,形成若干目标及其任务(有时可以将若干任务组合在一起,以支持研究过程中的某一目标),以使分步实施。以"基于三峡库区环境安全的乌江流域生态产业体系与对策研究"为例,其具体进度安排如下所示:

2008 年 06—08 月:课题前期准备阶段。

课题组成立并召开课题研究启动准备会议,进行分工讨论,收集本项目研究所需的前期理论、方法相关资料。

2008 年 09—12 月:课题正式启动阶段。

课题在科研处的指导下进行正式开题报告专家论证会;生态产业及其系统内涵、特征、原则与边界界定理论研究;乌江流域人口-资源-环境-经济-社会复合系统历史、现状实地调查;乌江流域产业结构、产业布局、产业政策历史演进与现状分析。

2009 年 01—03 月:课题研究攻坚阶段。

课题组第二次会议,对课题上一阶段研究工作进行总结,部署本研究阶段工作;召开第二次专家咨询论证会,对本阶段存在的重要、关键和难点问题进行咨询;乌江流域生态产业体系构建与发展模式选择研究;乌江流域生态产业保障体系的政策措施和制度安排研究;部署下一阶段个案实证研究工作。

2009 年 04—06 月:课题实证研究阶段。

对沿河、南川、武隆 3 个代表性实证研究对象进行重点实地调研;对比分析 3 个实证研究区域产业结构、布局和政策现状;针对实证研究区域的异质性构建区域特色生态产业体系和发展路径;按照课题组分工完成上述 3 个实证研究区域分报告,与地方政府有关职能部门交流、讨论研究区域分报告;

2009 年 08 月:课题结题与评审验收阶段。

召开课题组第三次会议,对课题阶段研究工作进行检查、讨论、总结;按照课题分工完成项目咨询总报告初稿(5 万～7 万字);将研究核心内容进行整理成文,课题组成员进行讨论、修改、润色;召开第三次专家咨询论证会,对项目总报告初稿进行咨询论证;发表论文、全部报告定稿印刷,提交重庆市科委评审验收。

研究人员应在这一部分列出开题报告中引证过的所有文献。通常,指导教师习惯于从参考文献目录中,快速查看学生是否在开题报告中使用了有关重要的文献。

参考文献的罗列要注意:一是不能超出文献列出的数量;二是文献一定要精挑细选,对主要参考文献的介绍要突出新而全。在文献时间(早中晚)(典型性)、中外文文献国别(系统性)、文献档次(权威性)、文献作者(代表性)、文献格式(规范性),包括外文文献作者格式(名和姓的编排、期刊、时间表述等)、文献之间的学科派别冲突(国内经济学派别斗争激烈)等方面下功夫;三是主要文献作者和时间建议在正文中用括号形式列出来。

8.3 学术项目研究报告

学术项目主要指的是各种横向项目和纵向项目。学术项目研究报告是一种专门用于课题结题验收的实用型报告类文体,有明显的学术性,即科学的研究方法、理性的论证分析、创造性的价值成果,它应紧紧围绕课题的研究设计、实施概况、实际效果、研究结论、问题讨论等方面进行阐述。课题研究报告是科学研究成果的重要形式之一,撰写课题研究报告通常是一项研究工作最后的点睛之笔。一项高水准的课题研究报告会让研究者产生一种成就感,能作为专家结题鉴定的重要依据,更便于学术交流和研究成果的推广与应用。

8.3.1 学术项目研究报告的基本内容

1)标题

要求明确、鲜明、简练、醒目。一般不用副标题,字数不宜过长。可使用比正文大 1~2 号的字型与变化了的字体(黑体)来排列,上空 2~3 行,下空 1~2 行。

2)署名

接标题下一行,一般写上"××单位课题组"。加注时要标明课题的级别、性质、归属、立题年份、负责人姓名、成员(顾问)姓名、研究报告的撰写者。也可单独列一页,或放置正文末尾括号中,将具体的工作与成员予以说明。

3)内容摘要和关键词

内容摘要是对研究报告中所描述的背景、采用的主要方法、形成的结论与提出的新见解的简要说明,以 100~300 字为宜,接着"××单位课题组"空 1~2 行,其中"内容摘要"用中括号,变体字。关键词除了帮助检索之外,还在于可提醒本研究报告的阅读者着意理解所列词语,以 2~5 个为宜,紧接着"内容摘要",其中"关键词"也用中括号,变体字。要求准确、精练、简朴地概括全文内容。

4)正文

正文是学术项目研究报告的主体部分,正文部分与学位论文的写法有相似之处,主要包括以下几个方面:①问题的提出,即引言(或前言、问题的提出)。引言不是研究报告的主体部分,因此要简明扼要。内容包括提出研究的问题、介绍研究的背景、指出研究的目的、阐明研究的假设、说明研究的意义。②课题研究的思路。这一部分需说明自己对本课题研究思路的角度和特色,还要将研究对象的选择、研究工具、研究步骤等方面的问题交代清楚。③课题研究的内容与方法。这是研究成果的主体,是课题研究内容的全面展开。④研究结果的分析与讨论。结果是根据研究过程中搜集到的资料、数据进行整理后展示的客观事实,它告诉我们最终得到什么,这些东西是什么。结果可用图直观表达,也可用文字简要说明。⑤结论与政策建议。这是整个研究过程的结晶。它是在研究结果分析的基础上经过推理、判断、归纳而概括出更高一个层次的成果或观点。结论指出研究结果说明了什么,并据此提出相关的政策建议等。文字要简练,措辞、慎重、严谨、逻辑性强。

5) 存在的问题与后续的研究

6) 参考文献

7) 附录,如调查表、调查问卷等

8.3.2 学术项目的成果简介

①封面。说明课题名称、立题编号、课题负责人和主要研究成员、承担单位、立项时间。
②主报告。成果简介的主要内容包括研究目的和意义,主要内容和重要观点或对策建议,学术价值、应用价值以及社会影响和效益,其中对于学术价值、应用价值以及社会影响和效益,以"基于龙头企业与农户共生关系优化的农产品质量安全机制研究"为例,其写法如下所示:

学术价值、应用价值以及社会影响和效益

(一)学术价值和应用价值

本研究具有较大的创新性和学术价值:一方面,本研究突破现有的对农产品质量安全管理主要集中在技术、行政、法律层面的局限,提出企业与农户共生关系优化是农产品质量安全保障的首要机制,并研究了共生的条件、现状以及共生关系优化的目标取向、机制与路径,从源头关系优化入手实现农产品质量安全管理的创新;另一方面,本研究从共生关系的视角研究农业产业化经营中的微观主体——企业与农户的关系,创新了生物界的共生理论在农业经济学中的运用。

本研究系统总结了国外农产品质量安全管理和农业产业化经营的经验和启示,为我国提供了可资参考的模式和经验借鉴;提出了企业与农户共生关系优化是农产品质量安全保障的首要机制的重要命题,并从内因、外因角度对各种农产品质量安全机制的逻辑关联进行了分析,为提高农产品质量安全管理的效率指明了方向;系统深刻地研究了企业与农户共生的组织载体、共生条件、共生现状以及共生关系优化的目标取向、机制与路径,为构建关系导向的农产品质量安全机制以及突破农业产业化发展瓶颈提供了清晰的逻辑框架和相关对策建议。所有这些,都具有较大的实践指导意义和应用价值。

（二）社会影响和效益

本项目对龙头企业与农户共生关系优化的农产品质量安全机制进行了系统的理论和实证研究，为构建关系导向的农产品质量安全机制提供了理论依据和实践指导。研究成果发表于《财贸经济》《中南财经政法大学学报》《经济体制改革》《华南农业大学学报（社会科学版）》等期刊，得到有关学者的引用；研究报告中的有关内容，为其他相关研究提供了借鉴，得到了应用；报告中形成的一些观点，在有关学术会议上进行了交流，引起了与会者的兴趣和关注，会议论文《论农业产业化经营的新特点》获 2009 年中国农业产业化年会优秀论文；报告中有些内容融入其他相关咨询报告，提供给政府有关部门决策参考。

资料来源：彭建仿.基于龙头企业与农户共生关系优化的农产品质量安全机制研究成果简介,2011.

8.4　决策建议研究报告

8.4.1　决策建议研究报告的内涵

决策建议研究报告是为国家和地方的经济社会发展提供决策参考。为提高科研人员课题申报常识、政府决策课题选题及建议稿撰写能力，了解政府决策课题选题及建议稿撰写，显得尤为重要。"决策建议稿的本质是策论。"决策课题选题和决策建议稿撰写应注意"五个点"——命题准确、角度精准、对策可操作、信息更新和篇幅精悍。撰写决策建议稿须具备的盯紧解决问题、抓住策论对象、发挥特长优势、锤炼文字意识这"四个意识"。

8.4.2　决策建议研究报告的写作要求

撰写决策建议稿的真谛就是要"真实""真切""真挚"。决策建议要有前瞻性、实用性、可操作性。

首先，决策建议要通过媒体网站进行报道，被新闻界所关注，建议要具有高度性与前瞻性。

其次，建议应该有用，突出实用性。参政议政不是理论探讨。理论性的文章可以在一般刊物上发表，作为思想交流。决策建议的选题很重要，政府相关部门一看选题，就知道你这个题目符合不符合要求，实用不实用，提的建议要得到政府的采纳，一定要做充分的调研，要让他们看了从心里都认可你。

再次，决策建议要具有可操作性。决策建议字数一般在 2 000 字内，1 500 字最好。决策建议是供领导审阅的，一般而言，领导看这类东西会在较短时间内完成。因此，决策建议之类需要他批示的文件，一般先看题目，再看具体措施，中间的理论意义之类的文字就不会花费太多时间，关键就在于提出的措施是否可操作，然后便交相关部门办理。

8.5　国际项目研究报告

8.5.1　国际项目研究报告的基本要求

国际项目涉及诸多类别,一般而言,若项目的提供方为国际性组织或外国政府,或者项目的研究方包含有国际性组织或外国的机构,均可划入国际项目的范畴。国内比较常见的比如国家自然科学基金的国际(地区)合作交流项目、国际金融组织和外国政府贷款(以下简称"国外贷款")投资项目都属于国际性项目。

以世界银行贷款项目为例。世界银行贷款属于国家主权外债,主要用于公益性和公共基础设施建设,保护和改善生态环境,促进欠发达地区经济和社会发展。项目申报一旦被世行采纳,世行就会派出代表团对项目进行前期鉴定,对于遴选出来的符合世行贷款的项目,在项目准备阶段需要完成一系列的报告,包括项目可行性研究报告、环境评价报告、社会评价报告、移民拆迁安置计划、财务和经济分析报告等。针对不同类型的报告,世界银行专门出台了相关的政策性文件,提出了各报告编制需要涵括的主要内容以及原则性程序要求等。报告的编写必须首先按照这些基本要求来进行。

8.5.2　国际项目研究报告准备流程和注意事项

本节以世界银行贷款项目涉及的社会评价(Social Assessment)报告为例。世界银行在投资项目中开展的社会评价实践具有一定的代表性。早在 1984 年世界银行就提出将社会评价作为为世行开展投资项目可行性研究的重要组成部分。1985 年出版的《把人放在首位》,介绍了社会分析在农业、农村发展项目设计中的应用。1997 年成立专门的社会发展部门。由此,项目评价已从单一的财务分析和经济分析,发展到财务、经济、技术、环境和社会等方面的评价,其中社会评价在项目评价体系中扮演着越来越重要的角色。

由于项目的社会评价贯穿于项目周期的各个阶段,各阶段侧重的社会评价工作的内容与方法不尽相同,因此不同阶段社会评价报告的要求也各异。一般而言,项目鉴别阶段应进行初步的社会分析,准备阶段要进行详细的社会评价分析,实施阶段进行社会行动计划的监测,完工阶段要进行完工报告阶段的社会评价,如有必要还要进行项目的后社会评价。其中,项目准备阶段社会评价是根据项目鉴别阶段的初始的社会分析中所确定的主要社会事项进行详细的社会评价,通常由世界银行聘请的社会发展专家进行。本节主要探讨项目准备阶段社会评价报告的准备流程和其中需要注意的方面。

首先,了解世行政策和程序要求。熟悉世界银行就项目社会评价的相关要求,比如世界银行关于非自愿移民的业务政策和世行程序、涉及土著居民(少数民族)的业务导则等。这些政策是建立项目社会评价体系的重要依据,也是进行社会评价报告准备的操作性工具。深入了解这些相关政策中关于报告的主要内容、调查方案设计、世行程序等的要求是撰写研究报告的重要前提。

其次,进行详细的方案设计。按照世界银行的相关要求,结合项目的具体特征,在明确项目的社会发展目标、成果和指标的基础上,制订详尽的工作计划,包括社会评价报告应该囊括的主要内容、需要重点关注的层面、调查的具体方案等。

最后,根据项目特征,实施调查和撰写报告。在进行调查方案的设计、实施以及报告撰写过程中,一定要注意不同投资项目的个性,因为不同类型项目有着各自的特点,相应地项目社会评价的侧重点和所采用的评价方法会有所不同。比如交通项目需要关注的问题应包括:交通便利带来的资源开发和产业开发以及由此对受影响人口的就业机会和经济收入的影响,比如农产品运输更为便捷带来的减贫效果;高速公路项目的封闭性对项目效益发挥的制约,如何扩大项目受益面;以及对交通状况和运输机构的影响;安全隐患问题;等等。而环境项目,如垃圾处理项目、污水处理项目等,可能涉及公共服务费(污水处理费、垃圾处理费)的增加。因此需要对项目覆盖群众尤其是脆弱群体的支付能力和支付意愿进行调查,并在此基础上促成减免或优惠政策的制定;污水处理和垃圾处理可能会造成二次污染,所以项目建设选址对周围居民的影响需要进行分析等。

因此,社会评价具有高度灵活性,没有一个现成的可以照搬照抄的社会评价框架模板,应该根据投资项目的具体特点,灵活进行社会评价报告的准备。

第 9 章
经济学科研项目设计与申报

科研项目或者科研课题是科研劳动的对象①,是人们组织科研活动的基本形式,是配置各种科研资源的重要载体。实施科研项目的过程,实际上就是集中一定的人力、物力、财力等科研资源,在一定时限内解决特定科学问题的过程。一个科研项目的立项,不仅使项目承担者获得了相应的科研资源,而且意味着其科研项目的水平和质量通过了竞争性评价,获得了正规机构的认可。获得、完成科研项目的情况是科研评价的重要指标。

9.1 经济学科研项目分类与来源

9.1.1 科研项目及其分类

科研项目通常由一定的组织设立(个人也可自设科研项目,如博士论文的研究撰写,实际上是一个自设的科研项目),是组织配置科研资源的重要手段。科研资源总是稀缺的,因而科研资源的掌管者只会通过竞争性的方式,把有限的科研资源分配给最优秀的科研项目。从这个意义上说,设立科研项目的过程,往往是竞争性分配科研资源的过程。科研项目有诸多分类方式,这里介绍几种常见分类方式。

1) 按任务性质分类

按照科研项目的任务性质,人们通常把科研项目分为纵向项目和横向项目。但迄今为止,还没有一项全国通行的政策法规对这一分类予以明确界定。

纵向科研项目的立项通常是"自上而下"的关系,即由一级科技或社科主管部门"下达"或"批准"的,项目承担者承担的研究任务往往具有指令性质。在我们看来,纵向项目具有但不限于以下几个特征:

——纳入政府主导的科技计划或社科规划体系,计划体系的总体目标是提升自主创新能力,繁荣发展哲学社会科学。

---

①向洪.当代科学学词典[M].成都:成都科技大学出版社,1987.

——由政府科技或社科主管机构按照相关政策法规和法定程序设立。

——资助经费由公共财政预算保障。

——项目申请具有开放性、竞争性,面向该级科技计划或社科规划涉及的符合相应条件全体组织和个人。

——研究目的具有公益性,不限于为某一组织或个人服务。

纵向科研项目的立项通常是一种"平行契约"关系,项目的运行建立在平等协商签署的合同基础之上,项目承担者承担的研究任务一般是服务性的。各级党政机关为了实现特定目标委托的项目、企业事业单位乃至个人委托研究的项目,一般均视为横向项目。

2) 按项目"级别"

由于政府主导的科技计划或社科规划体系具有级别属性,因此,人们通常又在此基础上把纵向项目分为国家级项目、省部级项目,把高校自设的项目划分为校级项目。

国家级项目一般指的是纳入国家科技计划和国家社科规划体系的项目,如国家社科基金项目、国家自然科学基金项目、国家科技支撑计划项目、国家重点基础研究发展计划(973 计划)、高技术研究发展计划(863 计划)等。

省部级项目通常指的是纳入中央部门及地方科技计划或社科规划体系的项目,如教育部人文社科研究项目、省级哲学社科规划项目、省级各类科技计划项目等。一些高校把省级教育行政部门设立的科技或社科项目也认定为省部级项目,但这一认定目前存在较大争议,争议的焦点主要在于两个方面:一是省级教育行政部门并不是代表本级政府执行科技或社科发展规划;二是这类项目仅面向所属高校,是一个相对封闭的系统,并不是面向"全省"。

3) 按科学领域

按照科学领域,人们又习惯把科研项目划分为科学技术研究项目和人文社会科学研究项目。在政府主导的科研计划体系中,二者比较容易区分,即纳入各级科技计划体系的项目,通常称之为"科技创新项目";纳入各级社科规划的项目,通常称之为"哲学社会科学研究项目"。

此外,还有一类自然科学、工程技术、人文科学与社会科学交叉融合的项目,称之为软科学研究项目。软科学研究项目的主要任务"在于解决系统领导或战略管理的科学化问题,主要为其提供科学的智力支持"[1],因此,软科学研究项目被人们定位于支持决策科学化、民主化和管理现代化的项目。

4) 按研究活动类型

按研究活动类型,人们把科研项目分为基础研究、应用研究和试验发展 3 类。由于不少科研项目的申请都需要明确项目的研究类型,因此,了解这一分类,对于做好项目设计与申报工作是有帮助的。对于这 3 类活动类型的解释,国家统计局 2009 年 11 月发布的《第二次全国 R&D 资源清查综合实施方案》有一个通行的释义,但考虑到经济学属于社会科学领域,我们这里采用科技部对社会科学和人文科学领域基础研究、应用研究和试验发展的解释[2],以便于社

---

①冯之浚.软科学纲要[M].北京:生活·读书·新知三联书店,2003.

②见科技部 2008 年 11 月发布的《社会科学与人文科学研究与发展活动分类案例集》。

科研究者把握。

基础研究是探索社会现象和精神现象的本质和一般规律,从而发现和开拓新的知识领域,提出新学术(体系、系统的方法论)、新论点、新依据。目的在于提高人类的知识水平或综合认识能力。

应用研究是运用基础研究的成果对人类、文化和社会方面的理论问题进行研究、分析。应用研究仍是理论范围内的探讨,是深化和完善基本理论,探求理论与实践结合的途径和方法的过程。

试验发展是通过基础研究、应用研究将所获得的知识转变成可以实施的计划(包括进行检验和评估实施示范项目)的过程。但对人文科学来说,没有试验发展。

5)按立项类别

按照科研项目的资助类别,通常可把科研项目分为重大项目、重点项目、一般项目(面上项目)、青年项目、指导性项目等。立项类别的划分,反映了项目资助者对项目重要程度的区分。当然,不同类别的科研项目,其资助力度、难易程度、成果要求也有所不同,管理方式也存在一定的差异。

6)按获得资助时所处研究阶段

按照科研项目获得资助时所处的研究阶段,大致可将科研项目分为预研项目、科研项目、后期资助项目等。

预研项目是一种前期研究项目。这类项目的选题一般具有重要的研究价值,但其研究条件尚不完善,或研究基础比较薄弱,或研究方案尚不成熟,甚至存在较大的风险性,需要给予一定资助,进行必要的有益的探索。设立预研项目,重在进行知识、资料、成果、研究团队等研究条件的积累,为正式设立科研项目奠定基础。

后期资助项目,主要资助项目研究的"后端",即在研究者自选研究课题即将完成时,通过评价其达到的研究目标和成果水平,择优予以资助。这类项目一般资助成果的出版,并对研究者的后续研究予以补偿。后期资助项目的设立,为那些潜心基础研究的研究者获得资助创造了条件。目前,国家社科基金、教育部人文社科规划都设立了后期资助项目;国家软科学研究计划的软科学成果出版项目,实际上也是一种后期资助项目。

9.1.2　经济学科研项目的主要来源

了解经济学科研项目的主要来源,掌握各类科研项目立项资助的条件和要求,对于做好科研项目的设计与申报,是十分必要的。

近年来,我国越来越重视提升科技自主创新能力,越来越重视繁荣发展哲学社会科学,公共科技计划体系和人文社科资助体系日益健全,各类公立科研项目的资助力度不断加大;同时,各级党政部门越来越重视决策的科学化,各类企业越来越重视自主创新能力建设,各类事业单位越来越重视横向科研合作,由此催生了大量横向研究项目。这无疑为广大研究者提供了多样化的科研项目申请渠道,更为广大研究者发挥聪明才智,服务国家经济建设、社会发展和科技进步开辟了广阔空间。

总的看来,目前经济类科研项目的主要来源有下列五大渠道:

一是政府主导的科技计划。主要包括国家科技计划、部门(行业)科技计划、地方科技计划等。其中,对经济学研究最为重要的项目来源就是国家自然科学基金、国家软科学研究计划、部门和地方软科研研究计划,当然,国家科技支撑计划中的部分课题也是经济学研究项目的重要来源。

二是政府主导的哲学社会科学规划。包括国家哲学社会科学规划(社科基金)、中央部委哲学社会科学规划、中央部委专项招标项目、地方哲学社会科学规划等。这是经济类科研项目的主要来源。

三是单位自设的人文社会科学研究计划。如高校自设的校级课题,人文社会科学重点研究基地设置的开放性研究课题等。

四是各类横向研究课题。包括各级党政部门为了实现特定目标而设立的专项研究课题,如为了确保"十二五"规划的科学性,绝大多数地方的发展改革部门都设立了一系列"十二五"规划专题研究项目,面向社会公开招聘项目研究者;包括各类企事业单位委托研究的决策咨询、管理咨询、技术咨询项目;还包括高校、科研机构、企业之间的横向合作研究课题等。

五是各种合作研究项目。包括政府间的国际合作项目、与港澳台合作项目或与 NGO 组织的合作的研究项目。目前这类项目还不普遍。

下面,我们主要对前四类项目来源进行简要介绍,并重点介绍与经济学研究关系密切的项目来源。

1)科技计划体系

2006 年,科学技术部印发了《关于国家科技计划管理改革的若干意见》,对国家科技计划体系进行了改革,确立了现行的"有利于自主创新的国家科技计划体系"。

我国现行的科技计划,主要由国家科技计划、部门或行业科技计划以及地方科技计划三部分组成。

(1)国家科技计划[①]

国家科技计划是我国科技计划的主体,主要由重大专项、基本计划和其他计划三大板块构成。

a.重大专项

重大专项是体现国家战略目标,由政府支持并组织实施的重大战略产品开发、关键共性技术攻关或重大工程建设,通过重大专项的实施,在若干重点领域集中突破,实现科技创新的局部跨越式发展。《国家中长期科学和技术发展规划纲要(2006—2020)》确立了大型飞机、载人航天与探月工程等 16 个重大科技专项。

b.基本计划

基本计划是国家财政稳定持续支持科技创新活动的基本形式,包括:

①基础研究计划。包括国家自然科学基金和国家重点基础研究发展计划(973 计划)两大板块。其中:国家自然科学基金主要支持自由探索性基础研究;973 计划是以国家重大需求为导向,对我国未来发展和科学技术进步具有战略性、前瞻性、全局性和带动性的基础研究发展

---

①主要参考科技部网站和科技部关于印发《关于国家科技计划管理改革的若干意见》的通知(国科发计字〔2006〕23号)。

计划,主要支持面向国家重大战略需求的基础研究领域和重大科学研究计划。

国家自然科学基金。20 世纪 80 年代初,为推动我国科技体制改革,变革科研经费拨款方式,中国科学院 89 位院士(学部委员)致函党中央、国务院,建议设立面向全国的自然科学基金,得到党中央、国务院的首肯。随后,在邓小平同志的亲切关怀下,国务院于 1986 年 2 月 14 日批准成立国家自然科学基金委员会。

自然科学基金坚持支持基础研究,逐渐形成和发展了由研究项目、人才项目和环境条件项目三大系列组成的资助格局。

自然科学基金有一套完整的管理办法①,包括条例、委员会章程、项目资助体系、人才资助体系、国际合作、财务管理、成果管理等 9 个方面。

②国家科技支撑计划。是面向国民经济和社会发展需求,重点解决经济社会发展中的重大科技问题,在原国家科技攻关计划基础上设立国家科技计划。国家科技支撑计划以重大公益技术及产业共性技术研究开发与应用示范为重点,结合重大工程建设和重大装备开发,加强集成创新和引进消化吸收再创新,重点解决涉及全局性、跨行业、跨地区的重大技术问题,着力攻克一批关键技术,突破瓶颈制约,提升产业竞争力,为我国经济社会协调发展提供支撑。科技支撑计划项目根据支持的方向和作用,分为重大项目和重点项目,按项目、课题两个层次组织实施。

③高技术研究发展计划(863 计划)。致力于解决事关国家长远发展和国家安全的战略性、前沿性和前瞻性高技术问题,发展具有自主知识产权的高技术,统筹高技术的集成和应用,引领未来新兴产业发展。

④科技基础条件平台建设计划。对科技基础条件资源进行战略重组和系统优化,促进全社会科技资源高效配置和综合利用,提高科技创新能力。

⑤政策引导类科技计划。通过积极营造政策环境,增强自主创新能力,推动企业成为技术创新主体,促进产学研结合,推进科技成果的应用示范、辐射推广和产业化发展,加速高新技术产业化,营造促进地方和区域可持续发展的政策环境。

该计划主要包括:星火计划、火炬计划、技术创新引导工程、国家重点新产品计划、区域可持续发展促进行动、国家软科学研究计划等。

c.其他计划

主要包括国际科技合作计划、国家重点实验室建设计划、国家工程技术研究中心建设计划、科技型中小企业技术创新基金、国家大学科技园建设计划等。

(2)部门(行业)科技计划

国务院各部委或一些行业协会,一般针对各自领域的科技需求,设立部门或行业科技计划。在体系设置上,部门(或行业)科技计划没有国家科技计划完整,如绝大多数部门(或行业)科技计划中并不设置基础研究计划。部门科技计划是国家科技计划的重要补充,除教育部等少数部委外,大多数部门科技计划在研究领域上都具有鲜明的行业特色,如住房和城乡建设部"十一五"确定的重点研究领域,主要集中在建筑节能与新能源开发利用技术、节地与地下空间开发利用技术、节水与水资源开发利用技术、节材与材料资源合理利用技术、城镇环境

---

①来自国家自然科学基金委.

友好技术、新农村建设先进适用技术、城市道路交通技术等方面①。

（3）地方科技计划

地方科技计划是地方政府根据其经济、社会和科技发展总体目标确立的科技计划。地方科技计划不仅肩负着落实国家科技计划的功能，而且肩负着体现地方需求的重任。由于要充分考虑与国家科技计划的衔接，地方科技计划在体系上与国家科技计划一般具有相似性，但在主题上的差异往往较大，呈现出鲜明的地方特色。如重庆市"十一五"期间的科技计划，与国家科技计划一样，包括重大专项和基本计划，其中基本计划主要包括自然科学基金、科技攻关计划、软科学研究计划、国际国内科技合作计划、重点实验室建设计划、工程技术研究中心建设计划、重点新产品计划和科研院所专项计划等。在重点领域上，重庆市的科技计划体现出鲜明的地方特色，如设立了"三峡库区水体污染控制与治理""柑桔新品种选育与深加工"等重大专项。

2）哲学社会科学规划体系

与科技计划体系类似，政府主导的人文社科研究计划体系同样分为国家计划、部门计划和地方计划。

（1）国家社科基金

国家社科基金是我国当前哲学社会科学领域唯一的国家计划。国家社科基金项目，代表着我国哲学社会科学的方向和水平②。

国家社科基金设立于 1986 年 10 月，在全国哲学社会科学规划领导小组组织领导下，由全国哲学社会科学规划办公室负责日常管理。

国家社科基金面向全国社科研究者，凡符合条件的研究者，均可按照相关要求申请国家社科基金资助。

国家社科基金申报范围涉及 23 个学科，其中管理学于 2009 年设置，2010 年开始申报；除此之外，还设有教育学、艺术学、军事学 3 个单列学科，分别由全国教育科学规划办公室、全国艺术科学规划办公室和全军哲学社会科学规划办公室组织管理。

国家社科基金主体部分，现设有年度项目、西部项目、重大招标项目、特别委托项目、后期资助项目、中华学术外译项目、国家哲学社会科学优秀成果文库等七大板块；加上教育学、艺术学、军事学 3 个单列学科板块，国家社科基金项目共有 10 个资助板块。

（2）部门哲学社会科学规划

国务院不少部委办局都设置了部门哲学社会科学研究计划，如教育部人文社科研究计划，司法部国家法治与法学理论研究项目，国家统计局统计科研项目，农业部软科学，国家民委、国家发展和改革委员会、国家体育总局社会科学研究项目，国家广播电影电视总局社会科学研究项目等。其中，教育部人文社会科学研究计划是高校研究者申报科研项目资助的主要渠道之一，是经济学研究者应当十分重视的一类资助体系。目前教育部人文社会科学研究计划设置有重大课题攻关项目、年度一般项目、后期资助项目、教育部人文社会科学重点研究基地重大

---

①参见《住房和城乡建设部办公厅关于组织申报 2009 年住房和城乡建设部科技计划项目的通知》（建办科函〔2009〕51 号）。

②刘云山：《在 2005 年度国家社科基金项目评审工作会议上的讲话》。

招标项目等资助类型。

（3）地方哲学社会科学规划

地方政府为科学利用地方哲学社会科学研究资源,发挥哲学社会科学在经济社会发展中的"智囊团""思想库"作用服务于地方经济发展。根据地方经济社会发展需要,设置地方哲学社会科学规划项目,由各省(市)的社科联负责哲学社会科学研究计划设置和实施,一般分为哲学社科一般项目、哲学社科重点项目等类别,有一套完整的地方哲学社会科学规划管理办法。

9.2　部分项目来源简介

9.2.1　国家社科基金

国家社科基金主体部分,现设有年度项目、西部项目、重大招标项目、特别委托项目、后期资助项目、中华学术外译项目、国家哲学社会科学优秀成果文库等七大板块,加上教育学、艺术学、军事学 3 个单列学科板块,国家社科基金项目共有 10 个资助板块。

1）年度项目

国家社科基金年度项目设有重点项目、一般项目、青年项目 3 个资助类别。国家社科基金的资助力度,随着基金规模的不断扩大而逐年增长。2014—2018 年国家社科基金项目年度项目平均资助额度见表 9.2.1。

表 9.2.1　2014—2018 年国家社科基金项目年度项目平均资助额度一览表

年　度	重点项目/万元	一般项目/万元	青年项目/万元
2014	10 815	49 300	20 880
2015	9 590	49 520	20 540
2016	9 870	51 480	21 220
2017	12 005	57 000	21 920
2018	12 530	62 940	20 020

注:平均资助额度数据来自国家社科基金项目申请公告,不是每年实际资助额度(实际资助额度未公布)。

（1）申请条件

现行基本申请条件如下:

申报重点项目,项目负责人须具有副高级以上专业技术职务(或相当于副高级以上专业技术职务),且必须曾经主持完成过省部级以上的社科研究项目。

申报一般项目,项目负责人须具有副高级以上专业技术职务(或相当于副高级以上专业技术职务)。

申请青年项目,项目负责人和课题组成员的年龄均不得超过 39 周岁;不具备副高级以上专业技术职务的申请者,须由两名具有正高级专业技术职务的同行专家推荐。

此外,还有一些例外条件或者限制性条件,如在研的国家社科基金和国家自然科学基金各类项目(以结项证书标注的日期为准)的课题负责人不能申报新项目,申请课题的参加者或推荐人必须征得本人同意,否则视为违规申报,等等。

(2)申请时间

国家社科基金年度项目每年评审一次,由研究者按照当年发布的《国家社会科学基金项目××年度课题指南》选题申请,一般每年12月中下旬发布《指南》,次年3月初前受理申请。

(3)申请材料

按要求填报当年最新版《国家社会科学基金项目申请书》。

(4)近年立项情况

表9.2.2所列的是2014—2018年国家社科基金年度项目的申报、初评及立项情况,仅供参考。

表9.2.2　2014—2018年国家社科基金项目申报及立项情况一览表

年　度	重点项目/项	一般项目/项	青年项目/项	有效申报项目/项	立项率/%
2014	309	2 465	1 044	28 186	13.55
2015	274	2 476	1 027	27 916	13.53
2016	282	2 574	1 061	28 053	13.96
2017	343	2 850	1 096	29 440	14.57
2018	358	3 147	1 001	29 677	15.18

资料来源:国家社科基金官方通报数据。

2)西部项目

西部项目是国家社科基金为进一步贯彻国家西部大开发战略和《中共中央关于进一步繁荣发展哲学社会科学的意见》,促进西部地区哲学社会科学事业的发展,支持西部地区哲学社会科学研究队伍的建设而设立的一类项目。

①资助范围。西部项目资助范围为重庆、四川、贵州、云南、西藏、陕西、甘肃、宁夏、青海、新疆、内蒙古、广西等12个省(区、市)以及湖南湘西、湖北恩施、吉林延边3个民族自治州的哲学社会科学研究。

②支持重点。西部项目重点支持西部地区改革开放和现代化建设中重大问题的研究,支持加强民族团结、贯彻党的宗教政策、维护祖国统一的研究,支持民族优秀文化遗产抢救和区域优势学科建设等问题的研究。

③申请条件。西部项目的申请条件与年度项目一致。西部项目不单独组织申报。

④资助力度。西部项目的资助强度一般略高于国家社科基金年度项目。

⑤申报时间。西部项目随国家社科基金年度项目一同申报;申报条件与年度项目相同。

⑥评审立项。西部项目与年度项目一同参与当年通信评审;年度项目评审会结束后,在通信评审入围且未获年度立项的项目中择优确定西部项目。

3) 重大招标项目

国家社科基金重大招标项目面向国家高层宏观决策和战略需求,以研究关系党和国家事业发展全局的重大现实问题为主,为党和政府决策服务,是当前我国人文社会科学最高层次的科研项目。重大项目的立项实行公开招标制。

①**申报时间**:国家社科基金重大招标项目立项每年开展一次。具体申报时间以全国哲学社会科学规划办公室公告为主。

②**资助范围**:资助范围限于招标公告确定的研究方向。

③**资助力度**:2010 年资助力度为每项 50 万~80 万元。

④**申报条件**:招标对象,一般是中央和国家有关部委,教育部直属高校,省级以上(含)党校、社科院、高校和重点研究基地,军队系统重点院校和研究机构。

国家社科基金重大项目实行首席专家负责制。首席专家必须具有正高级专业技术职务或局级以上(含)领导职务;首席专家只能为一人;首席专家和子课题负责人必须具有较丰富的、与投标课题相关的前期研究成果。

⑤**申报材料**:按要求填报《国家社科基金重大项目投标申请书》。

4) 后期资助项目

国家社科基金后期资助项目于 2004 年设立,主要资助人文社会科学基础研究领域中基本完成且尚未出版的优秀科研成果,资助其尚未完成部分的研究工作及其成果的出版。设立该类项目的目的,在于鼓励广大人文社会科学工作者潜心治学,扎实研究,多出优秀成果。也就是说,研究者可以在未获得任何立项资助的情况下先期开展项目研究,待科研成果基本完成时,可以申请国家社科基金的资助。

从 2010 年 1 月 1 日开始,国家社科基金后期资助项目申报范围由此前的中国历史、世界历史、中国文学、外国文学、哲学、宗教学、语言学、考古学、图书馆情报与文献学、人口学等 10 个学科,扩展到所有学科。

①**申报时间**。从 2010 年 1 月 1 日开始,后期资助项目实行常年随时受理申报,即时通信评审。

②**资助范围**。以资助学术专著为主,也可资助少量学术译著、学术资料汇编和工具书等。论文及论文集、教材、研究报告、软件等暂不资助。博士研究生的毕业论文,须在通过答辩 3 年以后并经过较大修改方可申报。

③**资助力度**。国家社科基金后期资助项目经费资助强度与国家社科基金一般项目大致相当。资助经费主要用于后续研究和出版。

④**申报条件**。

——申请人:申请人享有中华人民共和国公民权,遵守中华人民共和国宪法,拥护社会主义制度和中国共产党的领导,是申报成果的作者,享有著作权。在研的国家社科基金项目负责人不得申报。

——申请成果:申报成果应不违背党的基本理论,且具有原创性或开拓性,达到本学科领域先进水平。申请成果属基础研究成果。应用研究成果,不能申报。成果应是基本完成(80%以上)并且尚未出版的中文书稿或学术资料汇编和工具书等。出版著作的修订本,不能申报。

成果不存在抄袭和剽窃行为,不存在知识产权争议。博士研究生的毕业论文,须在通过答辩 3 年以后并经过较大修改方可申报。在研的国家社科基金项目成果和已结项的国家社科基金项目成果不能申报。

——推荐:申报成果须由 3 名正高职同行专家书面推荐。推荐人要如实填写推荐意见,并承担相应的信誉责任。

⑤**申报材料**。一般需要以下 5 种申报材料:《国家社会科学基金后期资助项目申请书》;申报成果;《申报成果介绍(活页)》;《成果概要》;申报材料的电子光盘。

5) 中华学术外译项目

为促进中外学术交流,推动我国哲学社会科学优秀成果和优秀人才走向世界,国家社科基金于 2010 年 1 月发布公告,设立中华学术外译项目。中华学术外译项目,主要资助中国学者在国内已出版优秀成果的翻译及其在国外的出版发行;并资助以外文写作尚未出版的,以及已与国外权威出版机构达成出版意向尚未完成研究的成果。

①**申报时间**。自 2010 年开始常年受理项目申请。

②**资助范围**。资助的主要领域包括:马克思主义研究特别是马克思主义中国化研究的优秀成果;研究总结新中国成立 60 年特别是改革开放 30 年中国发展经验的优秀成果;研究中国经济、政治、文化、法律、社会等各个领域,有助于国外了解中国发展变化、了解中国社会科学研究前沿的优秀成果;研究中国传统文化、哲学、历史、文学、艺术、宗教、民俗等具有文化积累和传播价值,有助于国外了解中国文化和民族精神的优秀成果;其他适合向国外翻译推介的优秀成果。

③**资助方式**。项目资助经费主要用于项目成果的翻译及在国外的出版。经费资助额度由申请人提出申请,全国哲学社会科学规划办公室在综合考虑项目研究、翻译、出版费用并听取评审专家建议的基础上审核确定。

2010 年度确定的资助标准为每 10 万汉字资助 10 万元左右,总字数一般不超过 30 万字。

④**申报条件**。

——申请人:国内具备本学术领域较高专业水平和双语写作能力的科研人员、与国外科研机构开展密切学术交流的国内科研机构以及具有国际合作出版经验的国内出版机构均可申请。

——版权:申请人申请前须妥善处理好所翻译著作的版权相关事宜。

——例外:受到"中国图书对外推广计划"资助的,不能申请。

⑤**申请材料**。项目申请表及其电子版光盘;所翻译原作 2 套;译稿或翻译样章 3 份;无版权争议证明文件的复印件、与国外出版机构签订的出版协议复印件、国外出版机构法律证明文件等有关证明文件复印件各 1 份;反映原作学术水平及其影响的相关材料。

6) 国家哲学社会科学优秀成果文库

为了集中推出代表现阶段我国哲学社会科学研究最高水平的成果,充分展示我国哲学社会科学界的学术创造力,更好地发挥优秀成果和优秀人才的示范带动作用,国家社科基金于 2009 年年底设立了《国家哲学社会科学优秀成果文库》项目,主要资助优秀社科研究成果的出版。

①**申报时间**。全国哲学社会科学规划办公室根据工作安排公开发布申报公告,明确具体要求,集中受理申报。

②**资助范围**。面向哲学社会科学所有学科领域。以基础研究类成果为主、应用研究类成果为辅。申报成果可以是国家社会科学基金资助项目成果,也可以是国家社会科学基金资助范围以外的研究成果。

③**资助方式**。对入选的成果提供全额出版经费资助,并对入选成果及其作者进行表彰和奖励。每年度每个学科评选出 1 至 4 部著作予以资助。

④**申报条件**。

——申请人:全国哲学社会科学界专家学者均可申报(相关出版单位亦可推荐)。

——申请成果:一是申报成果已经完成但尚未公开出版;二是成果形式为中文学术著作(译著、工具书、论文及论文集、教材、软件等形式成果除外);三是成果字数一般不超过 80 万字;四是申报成果不存在知识产权纠纷。

⑤**申请材料**。《〈国家哲学社会科学优秀成果文库〉申请书》;申报成果打印稿;申报成果概要,包括著作名称、目录、5 000~10 000 字的成果内容介绍、主要参考文献,其中著作名称和目录须附英文版;上述申报材料电子版的光盘 1 张。

7)特别委托项目

《国家社会科学基金项目管理办法》规定"少数重要研究课题,以国家社科基金特别委托项目的方式,经全国社科规划领导小组负责人审定,单独立项,委托研究"。这类项目资助的都是党和政府决策部门急需研究的重要课题,一般不公开申报,而是以委托研究的方式组织实施。

8)教育学单列学科项目

教育学单列学科项目由全国教育科学规划办公室(办公地点设在中央教科所)负责管理,项目申报面向全国。

①**申报时间**。以全国教育科学规划办公室公告为准,一般在每年 1~3 月受理项目申报。

②**资助类别**。教育学单列学科设有国家社科基金项目和教育部资助项目两个资助层次,其中国家社科基金资助项目分为重大课题、重点课题、一般课题和青年基金课题;教育部资助项目分为教育部重点课题、青年专项课题和规划课题。

③**资助力度**。资助力度随基金规模的扩大而不断增加,2010 年度国家社科基金教育学重点课题平均为 20 万元,一般课题平均为 10 万元,青年基金课题平均为 8 万元;教育部重点课题平均为 3 万元、教育部青年专项课题平均为 2 万元;教育部规划课题由承担单位自筹经费资助。

④**申报条件**。申请人须具有副高级以上专业技术职务。申报青年课题者(包括课题组成员)年龄不得超过 39 岁;不具备副高级以上专业技术职务的,须由两名具有正高级专业技术职务的同行专家推荐。重大(重点)课题实行招标制度,申报者要求具备主持省部级相关教育科研课题的经历和良好信誉。

⑤**申请材料**。申请重大、重点项目,须填报最新版本《国家社会科学基金教育学重大(重点)课题投标申请·评审书》,初评入围后还要赴京参加现场答辩。

申请其他类别项目，须填报最新版本《全国教育科学规划课题申请·评审书》。

9.2.2　部门哲学社会科学规划

国务院不少部委办局都设置了部门哲学社会科学研究计划，如教育部人文社科研究计划，司法部国家法治与法学理论研究项目，国家统计局统计科研项目，农业部软科学，国家民委、国家发展和改革委员会、国家体育总局社会科学研究项目，国家广播电影电视总局社会科学研究项目等。考虑到于经济学研究的相关性，我们着重介绍教育部人文社会科学研究计划。

教育部人文社会科学研究计划目前设置有重大课题攻关项目、年度一般项目、后期资助项目、教育部人文社会科学重点研究基地重大招标项目等资助类型。

1) 重大课题攻关项目

教育部哲学社会科学重大课题攻关项目支持高等学校适应国家经济社会发展的需要，把握学科前沿，开展深入、系统的创新性研究。

①**申报时间**。每年进行一次公开招标，申请时间以当年公告为准，一般在每年 5~8 月受理项目申报。

②**资助范围**。资助范围限于招标公告确定的研究课题，且实行定题招标。

③**资助力度**。目前每个项目的资助经费原则上为 30 万~80 万元。

④**申报条件**。实行首席专家负责制。首席专家应是普通高等学校具有正高职称的教师，是对招标课题研究居国内领先水平的知名学者。申请项目，应当由居国内领先水平的学术研究群体构成课题研究骨干。

⑤**申请材料**。新版本《教育部哲学社会科学研究重大课题攻关项目投标评审书》并提交相关附件材料。初评入围后还要赴京参加现场答辩。

2) 后期资助项目

教育部哲学社会科学研究后期资助项目在定位上与国家社科基金后期资助项目类似，一般资助已完成研究任务的 70% 以上的研究成果。

①**申报时间**。每年申请一次。申请时间以公告为准，一般每年 5~8 月受理项目申请。

②**资助类别**。设有重大项目、重点项目和一般项目 3 种资助类别。

③**资助力度**。近年来资助力度逐年增加。2010 年度重大项目、重点项目和一般项目的平均资助力度分别为 20 万元、12 万元和 9 万元。

④**申报条件**。资助对象必须是普通高等学校的在编在岗教师。重大项目的申报者须具有正高级专业技术职务；重点项目的申报者须具有高级专业技术职务；一般项目申请者须具有博士学位及中级以上专业技术职务。申报项目必须已完成研究任务 70% 以上。此外，还有一系列限制性条件。

⑤**申请材料**。新版本《教育部哲学社会科学研究后期资助项目申请书》；所申报的课题已完成研究工作的书稿打印稿等。

3) 一般项目

教育部人文社会科学研究一般项目在定位上类似于国家社科基金年度项目，面向全国普通高等学校。

①**申报时间**。每年申请一次。目前采取网上申报的方式,一般每年 3~6 月受理项目申请。

②**资助类别**。设有规划基金项目、青年基金项目、自筹经费项目、专项任务项目等 4 种资助类别。其中专项任务项目按照研究主题设立,在设置方式上相对灵活,目前设有高校思想政治工作,高校思想政治理论课,马克思主义中国化、时代化、大众化、廉政理论研究等专项任务项目。除专项任务外,其他年度一般项目均由申请者自选课题申报。

③**资助力度**。近年来资助力度逐年增加。2010 年度规划基金项目、青年基金项目的平均资助力度分别为 9 万元、7 万元。专项任务项目的资助力度视研究主题不同而存在较大差异。

④**申报条件**。限全国普通高等学校申报。规划基金项目申请者,应为具有高级专业技术职务的在编在岗教师;青年基金项目申请者,应具有博士学位或中级以上(含中级)专业技术职务,年龄不超过 40 周岁(课题组成员没有年龄及专业技术职务限制);自筹经费项目的申请,须获得所在单位之外的其他组织的资助,且筹集经费不低于 7 万元。此外,在高校工作的外籍教师和港澳台教师也可以申报项目。

⑤**申请材料**。填报最新版本《教育部人文社会科学研究一般项目申请评审书》并按要求通过互联网上传到"教育部人文社会科学研究管理平台·项目申报系统",同时提交申请材料纸质版。

4) 教育部人文社科重点研究基地重大项目

教育部针对人文社科重点研究基地设置的一类项目。教育部重点研究基地根据自己的研究方向,一般每年设立两个重大项目,由教育部主持面向全国招标,项目中标者按照基地"驻所研究制",进驻基地开展项目研究工作。"十二五"期间,教育部人文社科重点研究基地重大项目的立项方式可能发生改变,这里不再过多介绍。

9.2.3　地方哲学社会科学规划

地方哲学社会科学规划主要指省、市、自治区设立的哲学社会科学规划,一些地市级地区或厅局级单位也设有哲学社会科学规划,但并不普遍。各地设立的哲学社会科学规划的具体情况往往具有较大差别,这里介绍一下重庆市哲学社会科学规划的基本情况,以此为例反映地方哲学社会科学规划的一般情况。

重庆市哲学社会科学规划是重庆市设立的省级哲学社会科学,由重庆市社会科学规划办公室负责日常工作。

①**资助类别**。设有重大项目和年度项目,其中,年度项目分为重点项目、规划项目(一般项目)、青年项目 3 类。

②**申报时间**。重大项目一般每两年申请一次,申请时间以公告为准。

年度项目每年申请一次,申请时间一般在每年的 5—6 月。

③**资助力度**。近年来资助力度逐年增加。重大项目每项资助 5 万~15 万元;年度项目一般每项资助 0.4 万~2 万元。

④**申报条件**。重庆市哲学社会科学规划项目的申请面向全市。

重大项目实行招标制,凡重庆市范围内人文社会科学相关单位具有副高及其以上职称的研究人员(无副高职称者需经两名相关学科正高职称专家推荐)均可申报。

申请年度项目中的重点项目和一般项目,须具有副高级以上专业技术职务,其中,申请重点项目必须是完成过省、部级以上社科研究项目的项目负责人;申请青年项目者(包括课题组成员)年龄不得超过39周岁,不具备副高级以上专业技术职务的,须由两名具有正高级专业技术职务的同行专家推荐。

⑤**申请材料**。申请重大项目,须填报最新版本的《重庆市哲学社会科学规划重大课题申报书》;申请年度项,须填报最新版本的《重庆市哲学社会科学规划项目申报书》。

9.3 科研项目设计与申请

9.3.1 科研项目的运行流程

不同来源渠道的项目由于管理模式不同,在运行流程上往往存在一定差异。一般而言,一个获得立项资助的科研项目,通常会经历前期准备、申请、立项、开题、实施研究、中期检查、结题、成果应用、后续研究等多个环节。

1)前期准备

为科研项目的申请、立项和研究进行必要的准备,包括研究方向的选择、研究课题的确定、研究资料的搜集、前期成果的积累、研究团队的组建、研究条件的配备等。

2)项目申请

项目申请是申请者按要求向资助者提交书面申请材料,论证说明项目的研究价值、主要研究内容、研究思路、实施方案、前期研究基础、保障条件等,"推销"自己设计的项目,尽最大可能"说服"资助者和评审者认可和支持这一项目。一些招标课题,还需要在此基础上进行现场汇报和答辩。

3)立项

立项是项目资助者确立科研项目并给予资助的过程。大多数科研项目的立项,都需要经过既定的立项程序,其中最重要的同行专家评议,只有通过了同行专家评议的项目,才具备立项的资格。科研项目立项后,一般还要签订科研合同,通过法定合同方式,明确资助经费、研究任务、项目目标、完成时限、资助者和被资助者的权利义务等具体事项。

4)开题

科研项目立项后,一般需要组织项目开题。开题一般分正式开题和非正式开题两种形式。正式开题就是邀请同行专家,组织召开开题报告会,对课题组拟定的项目研究方案进行评议,指导课题组搞好项目研究工作的组织;非正式开题,一般在课题组内进行,课题组成员共同完善项目研究方案,明确任务分工。

5）实施研究

课题组按照既定的项目研究方案，按计划开展项目研究工作。

6）中期检查

科研项目在执行期内，通常要接受项目管理者的检查。中期检查重在考察项目计划执行情况和中期成果产出情况，对进展缓慢的项目予以督促，对项目执行中存在严重问题的项目，予以中止或撤项。

7）结题

科研项目完成既定研究任务，达到既定研究目标后，须报经项目资助者评审结题。目前通行的结题方式为专家评审或鉴定。评审的重点在于评估项目成果的水平，考察项目任务完成情况和研究目标的实现情况，同时考察科研经费预算执行情况等。通过评审或鉴定的项目，经资助者审批后可以结题，意味着项目的终结。

8）成果应用、转化、推广

项目结题后，课题组一般还要开展项目成果的应用、推广或转化等后续工作。对经济学研究项目而言，最重要的是专著出版、论文发表，或把对策研究性成果提交有关实际工作部门应用，或把项目成果转化为教学内容。当然，申请各种科研成果奖励，也是项目结题后的重要后续工作。

9）后续研究

项目完成后，所取得的研究成果往往成为研究者进一步开展研究工作的基础。大多数研究者会在前一个科研项目的基础上开展后续研究。

9.3.2　前期准备与项目选题

1）前期准备

机遇总是眷顾有准备的人。在日趋激烈的科研资源分配竞争中，获得一个科研项目，尤其是高层次科研项目，不啻抓住了一次难得的机遇。例如，近年来国家社科基金年度项目的立项率从未达到10%，超过90%的申请项目难逃被淘汰的命运。因此，研究者在申请科研项目之前，应当充分做好前期准备工作，为项目设计与申报工作奠定坚实基础，还能为项目立项后按计划完成研究任务创造良好条件。

开展项目申请的前期准备工作，必须具备一个重要的前提，那就是首先要选定研究方向、界定研究范围、确定研究对象。在选题确定（不一定是确定了具体的题目）的基础上，前期准备工作才能有的放矢，才更有效率。这种准备工作往往是多方面的，这里着重介绍知识准备、资料搜集、前期研究、熟悉政策、调适心态等方面的准备工作。

（1）知识储备

知识储备，就是围绕选题，全面、系统地学习、掌握本课题所涉及的科学知识。现代科学知识浩如烟海,更新频率日益加快,这在客观上决定了一个人的知识面往往相对较窄,掌握的系统性科学知识相对有限。而现代科研项目日益呈现出多学科交叉融合的趋势,开展科研项目研究,通常需要综合运用多学科的理论、方法和研究工具。一个在激烈竞争中设立的科研项目,只可能批准给该领域的"行家",而不会批准给没有相应知识储备的"门外汉"的。因此,围绕所选课题,开展专题学习,做好知识储备,使自己成为该领域的"专家",是做好项目申请的重要前提。

(2)资料搜集

研究资料搜集,就是广泛、深入地搜集与本课题相关的研究成果、信息情报、政策文献以及反映研究对象历史进程、最新动态、实证数据等方面的资料。通过尽可能全面地占有研究资料,研究分析本课题的研究现状,可以准确把握课题研究前沿,避免低水平重复研究;能够有效掌握研究对象的运动规律,为课题设计提供理论和实证依据;并能在其他研究者取得成就的基础上,预测研究趋势,找出研究的空白点,为本项目的创新性设计奠定基础。研究资料的搜集,要尽量做到全面系统,既要搜集历史资料,又要把握最新研究成果;既要搜集国内研究成果,还要搜集国外研究成果;既要搜集理论研究成果,又要搜集实证研究数据;等等。对经济学科研项目而言,在资料搜集过程中,要特别重视搜集本学科知名专家学者的研究成果,要特别重视搜集实证数据和信息,要特别重视搜集同类研究成果。当然,对占有的资料进行全面深入的分析整理同样是至关重要的,否则,搜集的资料再多,也无法达到预期效果。

(3)前期研究

广义的前期研究,包括相关的知识储备,资料搜集整理与分析以及研究者前期从事的任何相关研究。狭义的前期研究,实际上是研究者针对所选课题进行的专项研究。没有前期研究基础的科研项目,是很难得到资助的。前期研究最重要的是积累前期研究成果。一些研究者长期致力于某一领域的研究,积累了大量的前期研究成果,已经成为这一领域的专家,他们在项目申请中展示这些成果,会很容易获得项目评议者对其研究能力的认可。一般可以通过以下方式开展前期研究。一是从长远计,要确定自己稳定的研究方向,即选定 1~2 个研究领域,长期致力于这些领域的研究,产出一系列科研成果。二是从中期来看,可以自选 1~2 个符合研究趋势的课题开展研究,积累前期成果,择机申报科研项目。三是在科研项目申请过程中,针对选题开展即期研究,尽管不能形成成熟系统的研究成果,但通过研究能够系统性地把握课题的内涵,对于申请科研项目是非常必要的。

(4)熟悉政策

熟悉政策,指的是要在申请科研项目之前,全面了解、掌握申报要求和项目管理政策。不少申报者片面地认为这是项目申报的"外功",不重视对申报要求和管理政策的了解,往往导致项目申请失利。比如,在教育部人文社科项目申请中,每年都有大量申请项目由于条件审核或形式审核不合格被淘汰。熟悉申报要求和管理政策,就是要认真阅读申报通知、公告等申报文件,学习项目管理办法,全面把握申报要求。一般要注意以下几点。

一是要弄清资助范围。科研项目的申报,一般都会明确其资助的重点和范围。比如,国家社科基金项目通常要求在《课题指南》范围内选题,其中应用经济学科要求必须按指南条目设计具体研究项目,如果申请的科研项目脱离了《课题指南》,是很难获得资助的。

二是把握申请条件。项目资助者一般会在项目申报中设定申报条件。比如,国家社科基金青年项目,要求申请者及课题组成员的年龄均不得超过 39 岁,许多研究者由于在项目申请中忽视了课题组成员的年龄条件而被视为不合格的申请。再如,2010 年度国家社科基金申报文件明确要求,"申报国家社科基金项目的课题负责人同年度不能申报国家自然科学基金项目或其他国家科技计划项目",如果国家社科基金项目申请者忽视了这一条件去申请同年度的国家自然科学基金项目,同样会被淘汰。

三是熟悉课题论证要求。项目资助者一般会对课题设计论证提出一定的要求,如经费预算额度、完成时间要求、项目成果要求、申请书填报要求,等等。比如,国家社科基金就明确要求在填报申请书时,必须按照其设定的论证提纲一一填报,否则视为论证"缺项"而判为不合格的申请。

四是熟悉申报材料要求。项目资助者一般会对项目申请材料的规格、份数、署名、审核意见等提出明确要求。如国家社科基金要求申请者必须在"申请者承诺"处签名;要求提交的申请书用 A3 纸双面印制、中缝装订,等等。

五是要了解项目立项程序和评价指标。这有助于申请者有针对性地填报申请材料。比如国家社科基金项目目前对 23 个学科均实行双向通信匿名初评,再对初评入围的项目进行实名会议评审。这就要求申请者必须在通信评审材料中做到"匿名";而在实名评审材料中,就要尽可能展示本项目研究团队、单位科研条件等实名信息。当然,了解评价指标,将有助于申请者按照评价指标确定申请材料的侧重,做到有的放矢。表 9.3.1 是 2018 年度国家社科基金项目通信评审评价指标。

表 9.3.1 2018 年度国家社科基金年度项目通信评审指标表

评价指标	权 重	指标说明
选题	3	主要考察选题的学术价值或应用价值,对国内外研究状况的论述和评价
论证	5	主要考察研究思路、研究内容、重点难点、研究方法、基本观点和创新之处
研究基础	2	主要考察课题负责人的前期相关研究成果和主要参考文献

六是要了解管理政策。比如,《国家社会科学基金项目经费管理办法》规定:一般项目经费中专家咨询费的比例不得超过 10%,如果不了解这一规定,在填报经费预算时,就容易被评议者指出问题。再如,国家社科基金管理办法要求项目成果必须先鉴定,后出版,如果不熟悉这一规定,在设计论证项目时,盲目提出"在项目研究过程中出版专著一部",很可能会在项目评议中遇到麻烦。

(5)调适心态

当前,科研资源分配的竞争十分激烈,对研究者的心态往往产生很大影响。无数实例表明,坚定的信心、端正的态度,是成功申请科研项目的心理基础。因此,申请科研项目的一项重要准备工作就是调适心态。调适心态,就是在心理和态度上为申请科研项目做好准备。首先应当树立信心。一些研究者前期基础较好,选题也不错,但面对激烈的竞争信心不足,不敢提出项目申请;一些研究者申请的科研项目没有立项,甚至几次申请都没有立项,自信心容易受到打击;当然,也有少数申请者过于自信,项目没有中标不从自己身上找问题,总是怨天尤人,这些都是不好的心态。研究者要想获得科研项目资助,应当基于自身的研究能力,要树立坚定的信心;不要怕失败,重要的是在每次失败中总结经验教训,不断提升自己的能力。其次,态度也是十分重要的,申请者态度端正,就会认真、严谨地编制申请材料,从而提升项目竞争力,而马马虎虎填报一份申请材料报上去,是很难得到资助的。

2)项目选题

选题,就是选择方向和领域、界定研究范围、确定研究对象、设定研究目标、设计研究题目的过程。选题是科研项目的起点,选题的质量直接决定着项目的竞争力。爱因斯坦曾经指出:"提出一个问题往往比解决一个问题更重要",实际上表达的是,做好项目选题,往往比研究工作本身更有价值。在人们的科研实践中,广义的科研选题有着诸多方式、方法和途径。我们这里主要探讨科研项目设计与申请中的选题问题。

在科研项目申请中,选题通常分为两个步骤,即首先确定大致的研究范围,即确定研究课题;然后要在界定研究范围、研究对象等问题基础上,设计具体的项目名称,合理表达研究课题。下面,我们着重介绍科研项目申请中常见的选题途径、选题方法和题目设计的注意事项。

(1)选题途径

在科研项目设计与申请中,选题一般有3种途径。

①限定式选题,即资助者只允许申请者按照发布的《课题指南》原题选题。这种选题方式通常被称为"命题研究",直接体现了资助者的意志和倾向性。比如,2018年度教育部哲学社会科学研究重大课题攻关项目的招标,只允许申请者按照其发布的50个课题原名进行申报,不允许改动课题名称。这种选题方式对项目申请者来说是一个很大挑战,前期相关研究不足的申请者,很难设计出高质量的申请材料;同时,这也在很大程度上限制了申请者自由发挥的空间。当然,在这种选题模式下的立项竞争实际上是同题竞争,竞争程度非常激烈。目前,这种选题方式主要限于一些公开招标项目的申请。以下是2018年度教育部哲学社会科学研究重大课题攻关项目的部分题目:

> 习近平新时代中国特色社会主义思想研究
>
> 习近平新时代中国特色社会主义思想进教材进课堂进学生头脑研究
>
> 习近平教育思想研究
>
> 习近平生态文明思想研究
>
> 坚持和加强党的全面领导研究
>
> 社会主要矛盾变化背景下人民美好生活需要的内涵研究
>
> 新中国成立以来我国乡村治理体系建设历史经验研究
>
> 新时代中华文化走出去策略研究
>
> 人工智能的哲学思考研究
>
> 海外汉学中的中国哲学文献翻译与研究
>
> 新时代国家语言文字事业的新使命与发展方略研究
>
> 唐代文学制度与国家文明研究
>
> 世界主要国家教材建设研究
>
> 汉语国际教育视野下的中国文化教材与数据库建设研究

②导向式选题,即资助者要求申请者按照其发布的《课题指南》的要求进行选题,但《课题指南》只规定了课题研究的方向、范围和重点,申请者可以在此基础上设计具体的研究题目。这种选题方式既体现了资助者的倾向性,又给予申请者一定发挥所长的空间。目前,这种选题

方式比较普遍。国家社科基金重大项目、年度项目一般都采取这种选题方式。表 9.3.2 是 2018 年度国家社科基金重大项目的部分选题方向与中标课题对照情况:

表 9.3.2　2018 年度国家社科基金重大项目的部分选题方向与中标课题

选题方向	中标项目名称(编号)
提高我国供给体系质量对策研究	财税政策推动供给体系质量提升研究(18BJY216) 共享经济下农业供给体系质量提升的对策研究(18BJY130)
农业转移人口市民化研究	农业转移人口市民化的政策协同研究(18BZZ076)
人民群众获得感的统计测度方法研究	人民群众获得感的统计测度方法研究(18BTJ012)
坚持新发展理念研究	新发展理念的价值排序与中国实践研究(18AKS010)
共商共建共享的全球治理观研究	共商共建共享原则下政府和社会资本合作模式风险规避机制研究(18BGL206)
独生子女父母异地养老研究	健康老龄化背景下独生子女父母异地养老研究(18BRK010)
铸牢中华民族共同体意识与民族团结研究	文化自信视阈下中华民族共同体意识培育研究(18BKS063)

③自由式选题,即资助者仅对选题要求做出原则性规定,不设定具体的选题限制,申请者可以在既定原则下自由选题申请项目。这种选题方式下的立项很少有同题竞争,往往比较的是项目本身的设计水平。比如,教育部人文社会科学研究一般项目的申请,一般都实行申请者自由选题。以下是 2018 年教育部人文社会科学研究一般项目申请对选题的要求:

> 本次项目申报不设申报指南(专项任务项目除外),申请者根据自身的研究基础和学术特长,自行拟定研究课题。申请者要认真学习贯彻习近平新时代中国特色社会主义思想和党的十九大精神,申报课题要体现鲜明的时代特征、问题导向和创新意识;基础研究要密切跟踪国内外学术研究前沿和学科建设需要,体现具有原创性、开拓性的学术创新价值;应用研究要立足党和国家事业发展需求,聚焦全局性、战略性和前瞻性的重大理论与现实问题,体现具有针对性、实效性的决策参考价值。

(2)选题方法

选题是一项创新性的活动,选题的水平,直接体现出研究者的学术水平。选题的方法,则是研究者学术底蕴和创新能力的外化途径,是研究者把握研究对象的思维方式。没有扎实的理论功底,选题的方法仅仅是空中楼阁。只要潜心某一领域的研究,注重学术积累、前沿跟踪和热点焦点,每一位研究者都能探索出一套适合自己的独到的选题方法,做到厚积薄发,抓住瞬间闪现的灵感,凝练出具有科学性、创新性、价值性、有竞争力的科研选题。从这个意义上说,选题并没有固定的模式和方法可循。但在科研项目申报实践中,由于受到诸多条件的约束,选题又往往具有一定的"套路",介绍如下几种,仅供参考。

问题导向选题。即以为解决客观存在的现实问题提供科学依据为出发点，发掘和凝练出这些问题当中的科学命题，形成研究课题。由于客观存在的现实问题包含的客观联系是多样而复杂的，其运动变化规律受到多方面的影响和制约，因此，研究这类问题，往往需要借助多学科的理论和方法。当前，我国正处于经济社会发展的转型期，经济社会发展和体制机制变革中不断出现新的亟待解决的问题，迫切需要理论界加强对这些问题的研究，为更好地解决这些问题提供科学依据和决策参考。正是如此，目前这种选题方法越来越受到人们的重视，在实际运用中也非常普遍。运用这种选题方法的关键，在于结合自身专业特长，随时关注时事，把握经济社会发展中的重点、难点和热点问题，运用战略性、前瞻性的眼光，提炼出其中的科学命题；准确理解党和国家的政策导向，尤其是新的政策走向，使自己的选题能够有效服务于"国家需求""地方需求""社会需求"等，体现出选题的重要性、必要性和紧迫性。比如，在2018年国家社科基金项目申报之时，"新时代"又是当时的一个热点问题，当年设立了为数众多的有关"新时代"的项目。下面是2018年度国家社科基金一般项目和青年项目中有关"新时代"的部分实例：

> 习近平新时代生态文明思想的逻辑体系及其时代价值研究
>
> 新时代社会主要矛盾转化下我国创新型国家建设研究
>
> 中国特色社会主义进入新时代的规范性力量研究
>
> 新时代文化创新的内在逻辑和实现路径研究
>
> 习近平新时代中国特色社会主义思想的问题意识研究
>
> 习近平新时代中国特色社会主义思想的形成过程、核心内涵及其历史地位研究
>
> 习近平新时代国家治理思想研究
>
> 习近平新时代中国特色社会主义生态文明思想研究
>
> 新时代背景下中华优秀传统文化的继承与创新研究
>
> 新时代提升社会主义意识形态引领力研究
>
> 新时代大学文化传承中坚持社会主义核心价值体系基本方略研究
>
> 新时代加强地方党内法规建设研究
>
> 习近平新时代中国特色社会主义思想的哲学基础研究
>
> 新时代中国绿色发展的内生动力与长效机制研究
>
> 新时代人民对社会公平正义要求的实证研究
>
> 新时代大学生创业的政策环境及其优化研究
>
> 新时代"英语+法律"复合型外语人才培养体系构建与应用研究
>
> 提升新时代中国特色社会主义新闻学国际话语权研究
>
> 新时代我国残疾人体育需求与体育公共服务体系研究
>
> 新时代我国体育社会组织改革研究
>
> 新时代体育产业成长的资本市场支持研究
>
> 新时代资本市场背景下去产能的会计财务研究
>
> 新时代技能人才工匠精神研究
>
> 习近平新时代以人民为中心的民生发展思想研究

新时代工业文化遗产保护、利用的理论与方法研究

加强新时代全民国防教育研究

马克思土地所有权理论及其新时代意义研究

马克思政府公共性理论视阈中的新时代服务型政府构建研究

习近平新时代青年理想信念教育思想研究

新时代高校大学生马克思主义信仰研究

新时代青年学生信仰形成规律与教育机制研究

新时代中国共产党人的初心建设研究

新时代中国共产党人的理想信念建设研究

新时代中国共产党人理想信念话语表达力提升研究

新时代中国共产党人理想信念建设的长效机制研究

毛泽东哲学思想与新时代中国特色哲学社会科学话语体系建构研究

新时代我国网络意识形态安全的风险评估及其防范研究

前沿跟踪选题。随时关注学术动态,紧密跟踪学科前沿,准确把握研究趋势,从中选择具有重要研究价值的课题。这种选题模式一般适用于基础理论项目的选题。由于学术前沿课题的研究可资借鉴的研究成果很少,研究难度也非常大,对课题组的研究基础和研究能力是一个重要挑战。自然科学基金管理科学项目的选题,一般都要求立足学术前沿,选题、研究和成果发表与国际接轨,体现项目研究的原创性。

纵向拓展选题。即立足现有基础,对已研究问题进行深度发掘和广度延伸,在拓展中不断寻找新的课题,把研究程度向纵深推进,把研究推向一个新的高度。这种选题方法更适用于自由式探索式基础研究。那些长期致力于某一领域研究的研究者,常常采取这种选题方法选择课题进行持续性研究,他们理论功底扎实,研究积累丰富,对自己从事的研究领域非常熟悉,具有在研究中不断发现新课题的能力和条件。例如,重庆工商大学长江上游经济研究中心周立新教授,潜心于家族企业治理方面的研究,成功申报了一系列家族企业方面的研究成果,如家族企业网络化成长模式、机制与政策研究——基于东西部地区的实证,家族涉入、组织间网络模式与家族企业成长等。

横向交叉选题。学科交叉与融合是现代科技发展的一种重要趋势。学科交叉与融合往往产生很多学科交叉点,这些交叉点往往产生出许多值得研究的问题。横向交叉选题,一种是直接在学科交叉点选择研究课题,另一种是尝试运用一个学科领域的理论或方法去研究另一学科领域的问题。在科研项目申报中,这种选题方法比较适用于《指南》导向型选题要求,在统一《指南》条目下,通过横向交叉选题,容易设计出相对而言有新意的课题,从而有效避免与他人同题竞争。

比如,乡村振兴的问题,就是一个多学科交叉的问题,2018 年度国家社科基金项目在多个学科领域设立了有关乡村振兴的研究项目,如:

马列·科社

乡村振兴视阈下基层干部依法治理乡村的能力提升研究

乡村振兴战略背景下我国驻村干部制度研究

乡村振兴战略中甘宁青农民思想政治教育研究

农村宗教治理与乡村振兴战略实施的秩序保障研究

乡村振兴战略背景下政府主导农村社会工作发展模式研究

乡村振兴战略实施下乡民观念重塑的研究

乡村振兴战略视阈下农村妇女事业发展研究

乡村振兴战略中传统村落文化的活化发展研究

应用经济学

城市生产要素下乡带动乡村振兴的实现机制与模式研究

基于农村人口承载力的乡村振兴路径与政策措施研究

生态视角下革命老区传统村落乡村振兴战略研究

四川藏区乡村振兴战略的实施路径研究

西北地区乡村振兴战略与新型城镇化战略协同推进研究

乡村旅游促进乡村振兴研究

乡村振兴战略背景下促进农业生产性服务业充分发展问题研究

乡村振兴战略背景下农村公共服务供给效率评价与支持系统研究

乡村振兴战略下农业投资多元主体耦合机制及支持政策研究

乡村振兴战略下集中连片贫困地区产村融合路径研究

乡村振兴中旅游经营组织转型升级研究

管理学

乡村振兴战略下现代农业服务供应链协同机制研究

乡村振兴战略背景下乡村旅游供应链整合对策研究

乡村振兴战略下西南地区康养旅游产业融合发展机制及实现路径研究

社会质量视角下乡村治理与乡村振兴研究

乡村振兴战略视角下县域国土空间开发保护的规划协同机制研究

农业区域公用品牌稳步推进乡村振兴发展对策与保障机制研究

当然,运用一个学科领域的理论或方法去研究另一学科领域的问题的研究很多,如下列的
2018 年度国家社科基金项目:

考古学视野中四川盆地青铜时代的文化交流和互动研究(考古学项目)

乡村振兴视角下新媒体与乡村治理关系研究(新闻学项目)

城市空气质量影响因素分析及环境政策评价(统计学项目)

基于研发资本化的我国经济发展方式评级及新动能测度研究(统计学项目)

中国旅游产业转型升级动态演进研究(管理学项目)

环境治理绩效的评估体系与实施机制研究(统计学项目)

收入流动视角下全面放开二孩政策的经济影响研究(统计学项目)

基于战略管理核心能力理论之青藏地区精准扶贫路径研究(民族项目)

人类学云南研究的历史脉络与学术范式研究(民族学项目)

热点动态选题。事物总是处于不断的运动变化之中,运动变化会产生很多新情况、新问题、新趋势,抓住这些新情况、新问题、新趋势,把它上升到研究的层面,就成为一个有价值的科研选题。运用这种方法选题,要紧密跟踪一个持续性的热点问题,把握其最新发展动态,并要善于捕捉其中为人关注的新问题。例如,我国农民工问题一直是广受社会关注的热点问题,国家社科基金近年来每年均资助了较多相关研究项目,这种持续性的资助反映了研究者们对热点问题的动态跟踪,我们将应用经济学科 2016—2018 年的资助的相关项目列举如下:

表 9.3.3　2016—2018 年应用经济学科资助的相关项目

2016 年资助项目	2017 年资助项目	2018 年资助项目
◆环境效应视角下贫困地区新能源发展及其扶贫政策研究 ◆精准脱贫目标下贫困户的经济决策质量提升策略研究 ◆依托地区生物资源实现西部民族贫困地区精准脱贫对策研究 ◆基于小区域估计方法对边疆民族贫困地区精准扶贫的研究 ◆包容性金融发展减缓农村人口贫困的作用机制及政策选择研究 ◆我国贫困地区金融精准扶贫模式创新研究	◆土地流转背景下农户生计转型及贫困脆弱性研究 ◆基于生态安全视角下的西部民族地区农村慢性贫困问题研究 ◆精准扶贫政策对西部地区贫困农户可持续生计的影响研究 ◆贫困地区农户农地流转减贫效应研究 ◆中国农村居民家庭"健康差异—贫困差异"循环效应的代际传递研究	◆中国农村动态贫困及其多维影响的理论与实证研究 ◆基于连片贫困区农户借贷行为的金融扶贫长效机制研究 ◆精准脱贫后中国农村相对贫困识别机构构建与治理政策创新研究 ◆深度贫困村脆弱型农户致贫风险评估及稳定脱贫策略研究 ◆乡村振兴战略下集中连片贫困地区产村融合路径研究 ◆贫困地区乡村旅游发展与农户可持续生计协同机制研究

（3）选题注意事项

在科研项目申报中,选题选题总体上要符合科研项目科学性、创新性、价值性、可行性、规范性等原则;除此之外,还应当注意以下几个方面:

一是要在自己熟悉的研究领域选题。在科研项目申请中,选题一般不要脱离自己熟悉的研究领域。在一个新的研究领域选题往往具有很大的风险性,短期内难以做好充分的知识储备,不容易做好项目设计论证;同时,由于缺少前期成果,项目很难获得资助。

二是选题要符合资助要求。要弄清楚资助政策的关于选题方式规定,在项目申报文件规定的范围内选题,否则,即使你设计申报的项目具有很重要的研究价值,也很难获得立项资助。

三是选题要立足自身前期研究基础。有无前期研究成果,通常能反映一个研究者是否熟悉项目研究领域,是否具有扎实的前期基础;前期研究成果水平的高低,通常能反映一个研究团队研究实力的强弱。因此,科研项目立项评议,一般要考察申请者和课题组成员的前期研究基础。在科研项目申请中,脱离前期研究基础的选题,在这一指标评价中很难得到中高评价,不容易获得立项。

四是要正确处理"冷"与"热"的关系。在项目申请中,一些热点问题往往受到许多研究者的关注,导致研究这一问题的选题很多,竞争激烈,不容易获得立项,这就是选题太"热"。因此,申请科研项目,要尽可能避开热点,即使同样研究热点问题,也要在研究范围、研究视角、研究方法、研究对象等方面独辟蹊径,形成与众不同之处,增强竞争力。当然,项目申报选题也要避免过"冷",太"冷"的课题要么是研究价值偏小,要么就是资助者不关注、不重视,因而这类选题也不容易受到资助。

五是要尽量避免同题竞争。在项目申报中，一些申请者直接照搬《课题指南》的条目用做课题名称，或者仅对《课题指南》条目做很小改动，这就容易导致与其他同样做法的申请者形成同题竞争。一般而言，资助者都采取一个《课题指南》条目设置一个项目的资助模式，这就是说，多个类似选题的项目申请，最终只有一个项目能够获得立项，实际上增大了申请成功的难度。

六是要严格防止重复研究。申请科研项目，要在全面把握国内外研究现状的基础上，做好项目查新工作。查新就是了解是否已经有其他研究者开展同样的研究，研究了什么，取得了哪些成就，还存在什么不足和薄弱环节。查新工作，最重要的是了解是否已经设立了类似的研究项目，如果资助体系中已经存在同题的项目，那你申请的项目就是重复研究，一般不会得到资助。

（4）题目设计

选题确定后，把选题的核心内容用书面语言表述出来，就形成了研究题目（通常称为项目名称）。题目设计的核心工作，在于努力寻求表述选题的恰当方式。一个好的研究题目，能够准确传递出选题最核心的、最具创新性的信息，能够准确表达申请者的研究意图，让人一看就能准确把握选题的实质内容和与众不同之处，从而体现出选题的创新性和新颖性。

在科研项目设计与申报中，题目设计应当符合但不限于下列3个方面的要求：

一是表达准确。即设计的项目名称能够准确反映选题的核心内容。首先，要明确研究对象或课题研究的核心问题，比如2009年度国家社科基金项目"劳务输出大省扶持农民工返乡创业研究"，其研究对象就很明确，即"扶持农民工返乡创业"这一问题。研究对象是题目表达的最基本的内容，如果研究对象不明确，那么题目设计注定是失败的。准确表达研究对象，关键在于用准确的概念反映研究对象的内涵和实质。其次，要准确界定研究范围。科研项目研究，坚持的是有限目标的原则，如果研究对象的范围不明确，那么研究对象就是无限的，目标也是无限的，显然不符合实际。研究范围包括很多方面，主要是研究对象外延的范围，如时间、空间、类别等方面。如果研究对象本身没有研究边界的规定性，那就应该限定研究对象的范围；明确研究范围，也是突出选题的新颖性和特色的重要方式。界定研究范围，关键要清晰划分研究对象的外延边界。仍看前例，其研究范围的界定也很明晰，即"劳务输出大省"；同样以"扶持农民工返乡创业"这一问题为研究对象，当年另一个国家社科基金项目"国际经济危机背景下的我国农民工返乡创业研究"，其研究范围则界定为"我国"。再次，表达用语要准确，没有歧义，没有语病，符合逻辑，等等。

二是专业规范。专业，即项目所用概念、词汇要专业，是本学科领域公认的、没有争议的专业概念。专业概念或词汇往往负载着大量的科学信息，信息容量大，同行人士易知易感；如果使用非专业词汇，那么项目的科学性就会受到质疑。同时，还要尽量使用本学科领域的概念，借用其他领域的概念，不但会使选题显得生僻，而且选题很可能得不到通行专家的认可。规范，就是题目逻辑严密，没有漏洞；表达严谨，符合学术规范；用语规范，符合书面表达要求，不用口语、方言等。如2010年度国家社科基金理论经济学项目"货币经济学的一般均衡基础研究"，其中，"货币经济学""一般均衡"等，都是专业的概念，表达也非常规范。

三是简练易读。简练，就是题目言简意赅。文字要尽量少，在项目申报中，资助者对项目的长度一般都有要求，如国家社科基金要求题目不得超过40个字；句式要尽量简单，一些项目题目选择复杂长句,不但不易阅读,而且很容易造成杂糅,形成病句。易读,就是题目流畅,不晦涩,表意直白,没有过多修饰成分,易读易懂。如 2010 年度国家社科基金理论经济学项目"农村非农就业问题调查研究",总共 12 个字,简练易读,意思表达非常清楚。

题目设计其实并没有固定的模式可循,正是如此,同样一个选题,不同研究者设计出来的题目往往存在一定的差异。题目设计的方法,实际上就是研究对象、研究范围、研究方法、研究视角度、研究背景等多种因素的组合。其中,研究对象和研究范围是必不可少的要素,因为这二者分别确定了研究对象的内涵和外延;而其他因素,则可以由研究者灵活把握,通过不同的排列组合,达到不同的表达效果。下面举几种常见的题目表述方式,供大家参考。

直接用研究对象做题目。这类题目所用概念能够直接描述研究对象内涵,并能准确界定研究对象的外延。如 2018 年度国家社科基金项目:汉宋礼学研究、养老保险立法研究、西夏文明史研究、南京国民政府审判研究、当代苏格兰诗歌研究。

研究对象"+"研究理论或方法。同样的,这类题目所用概念能够直接描述研究对象内涵,并能准确界定研究对象的外延;在此基础上,加上研究理论或研究方法,可以突出本选题在运用的理论和方法上的侧重,从而突出特色。如 2018 年度国家社科基金项目:英汉语句法与语义接口的比较研究、严复"格致"与"科学"比较研究。

研究范围"+"研究对象"+"研究理论或方法。在前述方式上,进一步界定研究范围。如 2018 年度国家社科基金项目:西北地区乡村振兴战略与"生态宜居"问题的哲理研究、四川藏区乡村振兴战略的实施路径研究、藏区公民法治认同因子量化指标研究。

研究背景"+"研究范围"+"研究对象。金融危机背景下我国房地产价格波动与调控机制研究、经济全球化背景下文化对国际贸易与外商直接投资的影响及政策研究、和谐社会背景下城乡居民的发展观与幸福观研究。

核心概念组合表达。有的以若干事物相互关系为研究侧重的项目,在题目设计上,常常把选题中一些核心概念提炼出来形成关键词,以若干关键词的组合来作为项目题目,既表述了研究对象、研究范围,又明确了项目所要解决的主要问题及其相互关系。如林毅夫的名著《制度、技术与中国农业发展》。

总之,题目设计方法,没有最好,只有更好,关键是要寻找到最能够表达选题主旨的表达方式。

9.3.3 项目设计与申报书填写——以国家社科基金申报为例

项目设计的主要内容,包括选题设计、成立课题组、研究现状述评、研究价值或意义分析、主要研究内容设置、研究思路或技术路径设计、研究方法的选择、研究计划或方案的制订、项目经费的预算、资料设备等可行性条件分析等。项目申请,是在项目设计的基础上按要求填报申请材料的过程。项目申请的核心工作就是填报申请材料,而申请材料填报的核心内容,就是项目设计论证的成果。所以,项目设计与项目申请是相互交融的关系。正是如此,本教材拟将项目设计与项目申请两个环节融合在一起予以介绍。

设计和申请一个纵向科研项目,主要包括 3 个大的环节,即资助者发布申请公告、申请者设计科研项目并填写申请材料、申请者提交申请材料(少数项目还需进行现场答辩)。下面,我们以 2018 年度国家社科基金年度项目的设计与申请为例,简要介绍科研项目设计与申请的一般过程、方法和注意事项。

1) 熟悉资助政策

申请科研项目,首先必须全面熟悉资助政策,至少要了解以下几个方面的内容:

①申请条件。了解申请条件,主要是了解你能不能申请这类项目。不符合申请条件就是无效申请,会在资格审查中首先淘汰,实际上等于白费工夫。一般而言,每个科研项目资助体系都制定了相应的管理办法,这些管理办法规定了项目申请基本条件,但资助者通常会视情况在基本条件之上附加一些例外条件或限制性条件,而且时常变动。如 2018 年度国家社科基金年度项目,其申请条件为:申请人遵守中华人民共和国宪法和法律。申请人具有独立开展研究和组织开展研究的能力,能够承担实质性研究工作;项目负责人须具有副高级以上专业技术职务(或相当于副高级以上专业技术职务);项目负责人必须曾经主持完成过省部级以上的社科研究项目;申报一般项目,项目负责人具有副高级以上(含)专业技术职称(职务),或者具有博士学位;青年项目申请人和课题组成员的年龄均不超过 35 周岁(1983 年 3 月 5 日后出生),课题组成员或推荐人须征得本人同意并签字确认,否则视为违规申报;申报国家社科基金项目的课题负责人同年度只能申报一个项目;申请课题的参加者或推荐人必须征得本人同意,否则视为违规申报;在研的国家社科基金和国家自然科学基金各类项目(以结项证书标注的日期为准)的课题负责人不能申报新项目。这些条件中,最后一条的部分内容是资助者在管理办法的基础上新增的限制性条件。

②资助类别。要熟悉设置了哪些资助类别,资助力度多大,每个类别的要求是什么。如 2018 年度国家社科基金年度项目,其资助类别和力度为:2018 年度国家社科基金设置重点项目、一般项目和青年项目三个类别。三类项目的平均资助额度依次为 35 万元、20 万元、22 万元。当然,每类项目的申请条件也有所不同。

③资助范围或选题要求。每一个项目资助体系,都会在其管理办法或当年的公告文件中明确资助范围或选题要求。如 2018 年度国家社科基金年度项目对资助范围和选题做出了明确要求,整理如下:

关于资助范围。申报国家社科基金项目,要体现鲜明的问题导向和创新意识,着力推出体现国家水准的研究成果。基础研究要密切跟踪国内外学术发展和学科建设的前沿和动态,着力推进学科体系、学术体系、话语体系建设和创新,力求具有原创性、开拓性和较高的学术思想价值;应用研究要围绕经济社会发展中的全局性、战略性和前瞻性的重大理论与实践问题,力求具有现实性、针对性和较强的决策参考价值。

课题申报范围涉及 23 个学科,须按照《国家社科基金项目申报数据代码表》填写《国家社科基金项目申请书》(以下简称《申请书》)。跨学科研究课题要以"靠近优先"原则,选择一个为主学科申报。教育学、艺术学和军事学等三个单列学科的申报分别由全国教育科学规划办、全国艺术科学规划办、全军社科规划办另行组织。

关于选题要求。选题及课题设计论证总体上必须符合《指南》的要求,申请人要按照《课题指南》的要求进行申报。《课题指南》的条目条目分为具体条目(带 * 号)和方向性条目两类;具体条目的申报,可选择不同的研究角度、方法和侧重点,也可对条目的文字表述做出适当修改;方向性条目只规定研究范围和方向,申请人要据此自行设计具体题目;只要符合《课题指南》的指导思想和基本要求,各学科均鼓励申请人根据研究兴趣和学术积累申报自选课题(包括重点课题);自选课题与按《课题指南》申报的选题在评审程序、评审标准、立项指标、资助强度等方面同样对待;无论是按《课题指南》拟定的选题还是自选课题,课题名称的表述应科学、严谨、规范、简明,一般不加副标题。

④申请材料要求。每一个项目资助体系,都会对其申请材料的填报提出明确的要求,申请者应当按要求填报申请材料。如 2018 年度国家社科基金年度项目对申请材料提出了明确要求,整理如下:申报国家社科基金项目须填写《国家社会科学基金项目申请书》(2018 版)及《课题设计论证》活页。填写《课题设计论证》活页时,要求总字数不得超过 7 000 字;活页文字表述中不得直接或间接透露个人相关背景材料,否则取消参评资格。申请材料份数及印制要求:提交申请材料一式 5 份;申请材料一律要求用计算机填写、A3 纸双面印制、中缝装订。其他要求,如保证没有知识产权争议,不得弄虚作假等。

⑤明确申报时限。申请科研项目,应当在规定时间内按时提交申请材料。在此期间,要合理安排申请工作计划,一旦错过时间,资助者将不再受理项目申请。

⑥熟悉该资助体系的管理办法。如了解项目立项评审办法,根据每个评审环节的侧重,有的放矢设计申请材料;了解项目经费管理办法,按要求预算项目经费;了解项目完成的时间要求,以便在规定时限内设计项目研究计划;等等。

2) 把握《申请书》内涵

2018 年度国家社科基金年度项目的申请方式为申请者按要求填报《国家社会科学基金项目申请书》(以下简称《申请书》)。因此,全面、细致掌握《申请书》的每一项指标,认真分析《申请书》内在的逻辑结构,是搞好项目设计,填好《申请书》的重要前提。

(1)《申请书》概貌

国家社科基金项目《申请书》,分为以下几个部分:

前置部分:包括封面、申请者的承诺、填表说明、填写数据表注意事项等 4 项目内容。

第一部分:即《数据表》,主要填报申请项目基本信息、申请人基本信息、课题组成员基本信息、推荐人基本项目等 4 项内容。

第二部分:"课题论证"部分,是项目申请的核心内容。《申请书》列出了论证提纲,主要包括如下两大块指标:一是论证提纲,包括本课题国内外研究现状述评及研究意义;本课题研究的主要内容、基本思路、研究方法、重点难点、基本观点和创新之处;前期相关研究成果和主要参考文献;二是论证备注,论证备注中前期相关研究成果中的成果名称、成果形式(如论文、专著、研究报告等)、成果数量要与《课题论证》活页相同,活页中不能填写的成果作者、发表刊物或出版社名称、发表或出版时间等信息要在本表中加以注明。与本课题研究无关的成果不能填写;主持或参加的各类项目不能作为前期成果填写;课题负责人和参加者的成果要分开填写。课题负责人的成果不列入参考文献。

第三部分:完成项目研究的条件和保。要求论证填报 3 项内容:课题负责人的主要学术简历;课题负责人和主要参加者前期相关科研成果的社会评价(引用、转载、获奖及被采纳情况);完成本课题研究的时间保证、资料设备等科研条件。

第四部分:经费预算。要求按照《国家社科基金项目经费管理办法》预算项目申请经费。

第五部分:推荐人意见。不具有高级专业技术职务者申请青年项目,须由两名具有正高级专业技术职务的同行专家推荐。

后置部分。包括 3 块内容,一是项目负责人所在单位审核意见;二是二级单位审核意见;

三是项目负责人所在单位审核意见。

（2）《申请书》内在关系分析

在了解《申请书》概貌的基础上，还应当进一步分析《申请书》各部分以及各填报项目之间的内在关系，并用这种关系去引导《申请书》的填写，是申请材料形成一个完整的逻辑整体。有专家指出，申请一个科研项目，实际上要论证回答五个问题，即：

"有没有必要研究"——主要论证回答研究价值，实际上是向评议者阐述资助该项目的重要性、必要性和紧迫性。

"研究什么"——主要论证回答项目预期目标，主要研究内容等。

"怎样研究"——主要论证说明研究思路、研究路径、研究方法等。

"有没有能力研究"——论证说明研究团队的能力和水平等。

"有没有基础和条件研究"——论证说明研究团队的前期工作基础和研究条件保障等。

如果评议者或资助者认为，申请项目对上述问题的回答较好，那么，其申请的项目就很容易获得立项资助。

按照这一逻辑，可以把2018年的国家社科基金项目《申请书》的各部分或相关指标项如下归类：

拟回答的问题	《申请书》指标
有没有必要研究	◆封面（项目名称，反映选题） ◆《数据表》——项目基本信息（反映选题，学科归属等） ◆《课题论证》部分——"本课题国内外研究现状述评及研究意义""基本观点和创新之处"等（反映项目的研究价值、创新性等）
研究什么	◆《课题论证》部分——"本课题研究的主要内容"（反映项目所要解决的具体问题）；"重点难点"（反映项目研究的关键问题及研究难度）；"基本观点和创新之处"（反映项目的学术水平）等
怎样研究	◆《课题论证》部分——"基本思路"（反映项目研究的技术路线和研究路径）；"研究方法"（反映项目选择和运用的研究方法和研究工具）； ◆《数据表》中项目基本信息（反映项目的时间计划和预期成果等）
有没有能力研究	◆《数据表》——申请人基本信息、课题组成员基本信息（反映申请人是否符合条件，课题组构成） ◆《课题论证》部分——前期相关研究成果和主要参考文献（反映申请者及课题组成员的前期工作基础及水平，反映项目设计的学术眼界）； ◆《推荐人意见》——从推荐人意见反映不具备高级职称的申请者的研究能力； ◆《完成项目研究的条件和保障》——"课题负责人的主要学术简历"（从申请者的研究经历考察其科研能力）；"课题负责人和主要参加者前期相关科研成果的社会评价"（反映课题组前期基础的学术水平，从而反映课题组的科研能力）； ◆《审核意见》部分——包括单位审核意见和省级主管部分审核意见（反映项目申请项目是否符合申请条件）
有没有基础和条件研究	◆《完成项目研究的条件和保障》——"完成本课题研究的时间保证、资料设备等科研条件"（反映申请者是否具备完成本项目的各种条件） ◆《审核意见》部分——包括单位审核意见和省级主管部分审核意见（反映项目申请及研究是否得到所在单位和国家社科基金二级管理单位的支持）

（3）设计项目并填报《申请书》

在科研项目申请中,项目设计与填报《申请书》并非两个孤立的过程,实际上是融为一体的。下面,我们以从头到尾填报《申请书》为线索,简要介绍科研项目设计与申请中的注意事项。

A.封面。科研项目申请书封面要求填报的指标一般都不多,就像绘画中的素描,其主要功能在于为读者传递最基本的信息。比如,国家社科基金项目的《申请书》封面要求填报的指标主要包括项目类别、学科分类、课题名称、项目负责人、负责人所在单位、填表日期等。尽管填报指标较少,但这些指标都是极为重要的,其中,最值得注意的是项目类别、学科分类、课题名称 3 项指标。

[项目类别] 大多数项目申请,都要求申请者明确项目类别。项目类别并非一个孤立的填报指标,而是与申请条件、资助力度以及获得的难易程度等有着极为紧密联系的一个指标。换句话说,不同的项目类别,其申请条件、资助力度以及获得的难易程度往往不同。在科研项目申请中,填好项目类别这一指标并不容易,至少要做好三方面的工作。

一是要了解资助类别的设置。不同资助体系的项目类别设置不尽相同,类别名称也存在差异。比如,2018 年度国家社科基金年度项目的资助类别包括重点项目、一般项目和青年项目 3 种类别;2018 年度教育部人文社科研究一般项目的资助类别包括规划基金项目、青年基金项目、自筹经费项目和专项任务项目等。

二是要了解每种资助类别的申请条件。在科研项目申请中,一般而言,各类项目的申请条件之间是有差异的。比如,2018 年度国家社科基金年度项目的申请,青年项目的申请者及课题组成员年龄不能超过 35 岁,如果申请者不具有副高级以上专业技术职务,还须由两名具有正高级专业技术职务的同行专家推荐;一般项目的申请者,须具有副高级以上专业技术职务;而重点项目的申请者不但须具有副高级以上专业技术职务,而且要求必须曾经主持完成过省部级以上的社科研究项目。

三是选择最适合自己的项目类别进行申请。当一名申请者同时符合申请两类或多类项目的条件时,还需要在综合考虑自身条件、前期成果、项目设计论证质量、各类项目的竞争程度、各类项目的资助力度等问题基础上,选择最适合自己的项目类别进行申请。比如,在 2018 年度国家社科基金项目申请中,一名申请者既符合一般项目的申请条件,又符合青年项目的申请条件;与一般项目相比,青年项目的竞争程度相对小一些,而一般项目的资助力度又要大一些,这时申请者就要对项目类别做出最适合自己的选择。

[学科分类] 在科研项目申请中,一般都要求申请者明确项目的学科分类。大多数项目都设有或指定有各自的学科分类体系。比如,2018 年度国家社科基金年度项目设有 23 个一级学科,各一级学科下还设有多个二级学科;学科分类以当年发布的《国家社会科学基金项目申报数据代码表》为准。再如,2018 年度教育部人文社会科学研究一般项目的申请,要求按照《学科分类与代码》国家标准确定申请项目的学科分类。

项目的学科分类与项目的立项评议是紧密联系在一起的。科研项目的立项评议,一般都按学科进行分组,选择本学科的同行专家对项目进行评议。所以,从这个意义上说,确定学科分类的过程,实际上是选择某个学科领域的专家来评议你申请的科研项目的过程。如果选择学科分类不恰当,有可能导致项目被其他学科领域的专家评议;专家由于不熟悉这一领域,很难给予该项目较高的评价,甚至有可能给予很低的评价或拒绝评价。做好学科类别的选择,一

般应注意以下 3 点:

一是要符合《课题指南》的要求。一些科研项目申请的《课题指南》是按照其学科体系进行分类的,如 2018 年度国家社科基金项目的《课题指南》就是如此。在这种情况下,申请项目所参考的《课题指南》条目归属哪个学科,一般就应当选择这个学科进行申报。

二是要做到判断申请项目的主要学科归属。如一些问题导向型选题,由于涉及多个学科,属于跨学科研究,往往使申请者在选择学科分类时感到无所适从。这时就应当考虑项目应当更适合哪个学科领域的专家评议的问题,选择为主的学科进行申报。

三是要合理确定项目的二、三级学科归属。在申请科研项目时,不仅要求明确项目的一级学科归属,还要求项目在学科分类上细化到二甚至三级学科。比如,国家社科基金项目要求在《申请书》封面中填报一级学科,在《数据表》中要求填报该一级学科下的某个二级学科;而教育部人文社科项则要求填报至三级学科。在项目立项评议中,选择评议专家,一般都是参照项目的二级或三级学科分类进行的。

[课题名称]关于这一问题,我们在选题部分已经做了较为详细的介绍。这里再说明一个问题,就是项目名称一般不宜过长,资助者对课题名称的字数一般也有要求。比如,2018 年度国家社科基金年度项目申请要求项目名称一般不超过 40 个字。

国家社科基金项目《申请书》封面要求填报的其他信息相对比较简单,但要注意"负责人所在单位"要求填报单位的全称,不能填写简称,如"北京大学"不能填写成"北大"。

B.数据表。在科研项目申请中,一般都要求填报项目相关的一些基本信息。这些基本信息不但是项目管理者需要的信息,而且也是项目评议的重要内容。2018 年度国家社科基金项目《申请书》数据表,主要包括项目基本信息、申请者基本信息、项目参加者基本信息、推荐人基本信息和项目预期成果、申请经费、完成时间等填报指标。2018 年度国家社科基金项目《申请书》数据表的填写,要求按照最新版本的《国家社会科学基金项目申报数据代码表》进行标准化填写,部分指标必须按照《代码表》选填,既填写名称,又要填写代码。

[项目的基本信息]首先要求填报的是项目的基本信息。包括项目名称、主题词、项目类别、学科分类、研究类型等。

[项目名称]填报的项目名称要与封面填报的名称相同。值得注意的是,在国家社科基金项目申请材料中,共有 3 处需要填报项目名称:一处是封面,一处是数据表,再一处就是《活页》。一些申请者在填报《申请书》的过程中修改了封面的项目名称,但却忽略了数据表和《活页》中项目名称的修改,项目名称前后不一,往往导致《申请书》在形式审查中不过关。

主题词:就是能够概括项目核心内容的关键词。国家社科基金项目《申请书》要求填写的主题词最多不超过 3 个。

[项目类别]数据表中填报的项目类别应当与《申请书》封面填报的项目类别保持一致。

[学科分类]数据表中填报的学科分类,应当是《申请书》封面填报的一级学科下的二级学科。

[研究类型]即项目研究活动的分类。项目活动类型通常与项目成果设计、项目完成时间等具有一定的关系。如基础研究项目的成果一般是专著或论文;应用研究的成果一般是研究报告或论文;等等。再如完成时间,国家社科基金要求应用研究一般须在 1~2 年内完成,而基础研究则可以在 2~3 年内完成。国家社科基金项目分为 3 类,即基础研究、应用研究和综合研究。基础研究、应用研究的含义,我们在前一节已做出界定。综合研究,主要指的是学科交

叉性强和研究目标综合性强的项目,不能简单地区分为基础研究和应用研究的项目活动类型。

[申请者基本信息]数据表中申请者基本信息包括姓名、性别、民族、年龄、职务、研究专长、学历学位、担任导师、所属地区、所属单位和系统、联系方式等。申请者基本信息应如实填写,不得弄虚作假。申请者基本信息是审核申请者是否符合申请条件的重要依据,是专家评议项目申请者"是否有能力完成项目"的重要参考。

[项目参加者基本信息]项目参加者就是我们通常所说的课题组成员。在科研项目申请中,课题组是专家评议项目时考察的重要对象,是评议"是否有能力完成项目"的重要指标。是否拥有前期相关研究成果,是选择课题组成员的重要标准。在这一前提下,组建课题组时,还要综合考虑课题组的几大结构。

一是专业结构。申请的科研项目若是一个涉及多学科的选题,或者需要运用多学科理论与方法解决的问题,其课题组成员就应当具有多学科的背景。也就是说,课题组成员的研究专长,应当与项目研究涉及学科专业相对应,从而形成合理的专业结构。

二是职称结构。人们一般通过课题组成员的职称考察课题组的研究能力;同时,科研项目还具有人才培养与科研队伍建设的作用。人们除了考察课题组的研究能力,还要考察项目是否在人才培养中发挥了作用。所以,在组建课题组时,在确保高级职称人员占有一定比例的情况下,还应当做到"高、中、初"合理搭配,形成合理结构,使课题研究既有高级职称人员负责项目的总体设计、学术把关等,又有中、初级职称人员具体落实课题研究任务,同时还充分发挥科研项目的人才培养作用。

三是年龄结构。由于年长者在项目研究工作中一般存在精力是否胜任的问题,因此,在组建课题组时,成员最好以中青年为主,兼之少数年龄偏大的研究者,使课题组形成"老中青"结合的良好结构,使课题研究工作具有"传帮带"的效应。当然,部分项目对课题组成员的年龄是有限制的,如国家社科基金青年项目要求课题组所有成员年龄都必须在35岁以下,要求课题组尽量年轻化。

四是组织结构。相当多科研项目的研究工作往往需要多家单位联合攻关;同时,科研项目本身也是单位之间开展科研合作与学术交流的重要纽带。因此,跨系统、跨行业、跨单位组织课题组,形成取长补短、相互协作的研究团队,既是回答好"有没有能力研究"这个问题的需要,也是项目立项后开展实际研究工作的需要。

五是地缘结构。课题组的地缘结构,就是跨地区组织课题组,或者说课题组成员来自与课题研究相关的地区。一些科研项目,其研究的对象常常具有很强的地域性,往往需要有来自这些地区的课题成员,以发挥他们更熟悉当地政治、经济、社会、文化等情况的优势。同时,跨地区组织课题组还有利于节约研究成本,比如一个科研项目需对进行多地区实地调研,在科研经费十分有限的情况下,课题跑遍所有样本地区的成本是非常高的,如果有来自样本地区的课题组成员,则可以有效降低课题调研成本。

六是业务结构。业务结构,就是课题组成员所从事的工作间具有很大的互补性。应用性研究项目由于解决的是经济社会发展中的现实问题,往往非常重视课题组的业务结构,通常要求课题组成员既要有研究者,也应当有党政机关管理者以及来自产业、事业一线工作的业务工作者,因为管理者和业务工作者往往比研究者更熟悉实际工作中的具体问题。

[推荐人基本信息]年龄在39岁以下,不具有高级职称的申请者申请国家社科基金青年项目,须由两名具有正高级专业技术职务的同行专家推荐。因此,《申请书》数据表还要求填

报推荐人的基本信息。

[**预期成果**]预期成果是项目研究目标的载体。申请科研项目,必须设计预期研究成果。国家社科基金项目的预期成果主要包括专著、译著、论文集、研究报告、工具书、电脑软件等类别,最常见的预期成为为专著、论文集、研究报告 3 类。

[**申请经费**]在科研项目申请中,通常并不限制经费申请额度。但如果当年申请公告公布了各类项目的平均资助额度,一般都按照这一额度填报。如果申请公告没有明确平均资助额度,则按照项目研究实际需要申请经费。当然,申请经费过高过低都不妥,过高则可能超过资助者的预期,资助者一般不会按照申请经费给予资助,而且评议专家还可能认为这个项目研究需要的经费太多,不适合申请这类项目而不予支持;过低,则有可能失去本来可以获得的那部分经费,显然是一种损失。

[**完成时间**]具有一定的运行周期,是科研项目的重要属性之一。在项目资助文件中,通常对各类项目的完成时间有一定的要求。如国家社科基金要求应用研究应在 1~2 年内完成,基础研究应在 2~3 年内完成。申请者应当按照这一要求确定项目完成时间。

C.课题设计论证。在 2018 年度国家社科基金项目《申请书》中,课题设计论证包括两大部分:一是"课题论证";二是"完成项目研究的条件和保障"(具体填报指标详见前面的申请书概况)。下面我们对重要指标做一个简要理解,并在此基础上对这两大块的内在关系进行简要分析。

[**研究现状述评**]一般认为这是一个概括性很强的"文献综述",主要分析本课题,有哪些人研究过或正在研究,研究了些什么,取得了哪些进展,提出了什么理论观点,创新了什么方法,还存在哪些问题,这一问题未来的研究趋势是什么,等等。在填报这一指标时,一般要注意如下几点。一是文献资料要做到"全""新""高"。"全",就是要尽可能全面地占有资料,尤其要立足前沿,中西兼顾,体现学术视野开阔;"新",就是要把握最新研究动态;"高",就是要把本领域最具代表性的研究成果吃透,体现学术水准。二是加强资料整理,在填报时注意要理出清晰的逻辑线索,行文高度概括,层次分明,中心突出。三是要做到有"述"有"评"。"述",关键在于叙述研究现状;"评",关键在于申请者要精练地提出自己对研究进展、存在不足、研究确实等方面的看法和观点。

[**研究价值**]重在研究现状述评基础上,阐明本课题的研究价值,即论述本课题研究对于理论创新、学科发展和解决相关实际问题有什么影响、作用和价值。课题研究一般分为学术价值及应用价值。学术价值在于本课题研究对于本领域的发展有何作用,对于学科建设和发展有何价值;应用价值在于本课题研究对于所涉及的现实问题的解决有何帮助。在《申请书》填报中,对研究价值的阐述,总的来说,应当明确具体,否则,意义论述就显得空洞、苍白而难有说服力。在阐述研究意义时,最常见的一个偏差就在于,很多申请者往往把研究对象的意义理解为理论意义而高谈阔论。比如,一项研究"大学生就业问题"的课题,一直在论述大学生就业本身对社会发展如何,对大学生如何,对经济发展如何,只字未提本项研究具有什么价值,这就严重跑题了。

[**研究内容**]即主要研究内容,就是课题研究的内容设置,实际上是对选题的有机分解。填报主要研究内容,要注意如下几点。一是要成体系,即主要研究内容应当具备一个相对完整的内在体系,内容各项之间相互联系,相互支撑,形成一个有机整体。二是要突出个性,即研究内容体系是针对本课题所要解决的问题"量身定做"的。一些申请者在填报主要研究内容时,

喜欢套用一些固定模式,如首先进行理论分析,然后进行现状调查,再然后分析存在的问题,最后提出对策。尽管这种大框架本身没有问题,但这种模式"放之四海皆准",很难体现申请者对选题中有待解决的问题具有全面、深入的把握。三是要突出创新性。一个课题的创新性,很大程度上是通过研究什么内容来体现的,因此,在阐述研究内容时,一定要把本课题最具创新性的部分凝练出来。四是行文时高度概括,有中心句;对每项内容有简要分析、阐释;要防止"提纲化",因为提纲应该是成果的表现形式,而不是研究内容的表现形式。

[**重点难点**]重点,指的是本课题研究拟解决的关键问题、核心问题,即课题研究的重心所在,抓住了这一重点,就抓住了项目的"牛鼻子"。重点通常是科研项目创新的重要体现。对一个科研项目而言,重点当然不会过多,否则就不是重点了。

创新总是有风险的,科研项目要达到预期研究目标,总是存在很多不确定因素,这种不确定因素导致了科研项目总是存在一定的难点;同时,科研项目研究还需要诸多条件,包括知识储备、物质条件、时间精力等,条件的满足程度如何往往决定了完成项目的难易程度。难点,既有研究内容上的难点,如解决某个问题的条件目前还不具备,达到研究目标的风险程度很高等;当然也有研究工作中将回遭遇的难题,如一些研究数据获取有难度等。

[**基本思路**]在科研项目申报中,基本思路或技术路线,是我们对研究工作的路径设计,也就是我们从现有研究基础达到预期研究目标的"路线图"。有人直白地将基本思路理解为首先干什么,然后干什么,最后干什么等,这是不无道理的。在项目立项评议中,基本思路是考察科研项目可行性的重要指标。"路线图"设计如何,直接关系到项目研究目标能否实现,或者在达到目标的过程中是否会"走弯路"。设计科研项目的基本思路,关键是要把握住项目研究工作需要解决的核心问题、关键问题、瓶颈问题,并以这些问题的解决为节点,从现有基础出发,设计若干纵横交错的环节和步骤,从而形成线路非常清晰的研究路径。

[**研究方法**]就是项目研究拟运用的研究方法或研究工具。在填报研究方法时,一是要突出研究方法的学科特殊性。除了一般的科学方法外,各个领域都有本学科特殊的研究方法,在选择研究方法或工具时,应当突出本学科的特殊方法。二是要针对研究的问题或研究工作需要来选择研究方法,即研究方法要有针对性,不能"牛头不对马嘴"。三是在阐述研究方法时,要结合待解决的问题谈研究方法,最好不要简单罗列研究方法,否则就显得十分空洞,难以让评议者意识到申请者选择研究方法的正确性、准确性和针对性。

[**创新之处**]是我们通常所说的"创新点",是科研项目研究的创新性的集中体现。创新之处不完全是"与众不同之处",相当多的"与众不同之处"仅仅是形式的新颖而已。真正的创新点,是本课题研究领域的实质性进展,是获得了新知识,创造了方法,或开辟了新应用等。在科研项目申请实践中,很多申请者把创新点按照理论创新、方法创新、资料创新、视角创新等模式阐述。无论采用何种表达方式,创新点都应该阐述得有理有据,具体可感,否则很容易流于"说大话"。

[**主要参考文献**]主要参考文献,是课题组在前期研究工作中或项目申请中参考的最重要的文献。参考文献也是项目评议的重要指标,主要考察申请者的学术视野及其对专业基础、研究前沿、研究动态等方面的把握程度。由于项目《申请书》篇幅的限制,我们不可能把所有参考文献都列举出来,因此就涉及选择哪些文献填报的问题。在选择填报参考文献时,一般要注意以下几个问题:一是权威性,应选择与本项目相关的最经典、最权威、最前沿的文献填报,以体现申请者开阔的学术视野,较高的学术水准。二是时效性,在填报的文献中,最新的研究文

献应当具有一定的比例,以体现申请者对最新研究进展的把握。三是精练性,即列举的参考文献数量不宜过多。四是规范性。要按照规范格式和相关要求列举参考文献,不能随意列举,以体现申请者的学术规范性。

[学术简历]课题负责人的主要学术简历、学术兼职,在相关研究领域的学术积累和贡献等。学术简历是反映申请者研究工作经历、研究方向及其在科研工作中取得成就等方面的指标,是申请者向评议者或资助者推介自己的重要途径,是申请者的"自画像"。在科研项目申请中,学术简历的填报有别于个人学习工作经历。个人学习工作经历往往以时间为线索,机械地记述每一时期的学习、工作情况;而学术简历除了反映申请者的研究工作历程,还应当侧重反映申请者在所申请项目的领域从事的研究工作及取得的成就情况。学术简历的填报并没有固定的模式可循,一般而言,填报学术简历,应当注意以下几点。一是简要反映"历"。即简要描述申请者的科研工作经历,很多申请者都以攻读硕士或博士为起点,以研究工作中的一些标志性工作为节点(如获得学位、进入某科研单位、晋升职称、转变研究方向等),简要记述自己的研究工作经历。二是要"简"。既然是简历,在填报时就应当做到简明扼要,线索清晰,突出重点,高度概括,不宜面面俱到。三是要注重"自画像",很多申请者在填报学术简历时间,一开始就对自己进行概括性的描述,把自己最基本情况和最精华的"亮点"开门见山地摆出来,给项目评议者一个初步的印象,如工作单位、年龄、职称、担任导师、从事研究领域、学术职务或学术兼职、取得的最重要的成就、获得的学术荣誉等。四是要有所侧重,前面提到填报学术简历不宜面面俱到,那就应该有所侧重。比如,宜突出自己稳定的研究方向;宜侧重介绍申请者在所申请项目的学术领域的研究工作经历及取得的成就;既然是申请科研项目,那就应当突出自己主持科研项目方面的情况,表明自己在主持科研项目方面具有较为丰富的经验;等等。五是忌自评。填报学术简历,宜平实直白,不做粉饰,实事求是地介绍自己的学术经历,最忌自我评价,否则容易被人视为"自吹自擂"而招致反感。

[研究基础]课题负责人前期相关研究成果、核心观点及社会评价。前期相关研究成果:申请科研项目,一般要求填报课题组的前期研究成果。前面我们谈到,开展科研项目选题,要立足自身前期研究成果,没有前期研究基础的选题,是很难获得立项资助的。前期研究基础是多方面的,其中前期相关研究成果是前期工作基础的集中体现,是反映课题组科研能力和水平的重要指标,在科研项目立项评议中占有较高的权重。在科研项目申请材料中填报前期研究成果,一般要考虑以下几个原则。一是相关性,即填报的前期研究成果,要与申请的科研项目直接相关,尽量避免填报不相关的成果。二是代表性,如果课题组前期研究成果很丰富,就应该选择最能够代表课题组研究能力和水平的成果填报,对于水平一般的成果,则可以不填报。很多研究者在申请项目时,往往选择发表在本学科公认的高水平刊物上的论文或高层次出版社出版的著作填报。三是多样性,填报前期研究成果,要尽量兼顾成果形式的多样性,使前期研究成果既有专著,也有论文,还有提交的研究报告等其他形式的成果,以体现课题组前期工作的广泛性。研究成果的社会评价:要求填报"前期相关研究成果及社会评价"。在于考察前期成果的社会评价情况,即成果被引用、转载、采纳或获得奖励的情况。这些情况通常能够在一定程度上反映科研成果的水平和价值。填报前期成果的社会评价情况,要注重收集社会评价的相关材料,做到如实、准确地填报。引用,就是成果被其他研究者用做引证文献的情况,通过一些大型数据库,一般能查到成果的引用情况,在填报时,通常要说明引用次数,并举例说明被哪些重要研究者或重要研究成果引用。转载,就是成果发表后,被其他媒介转载情况,一般

有全文转载、摘要转载等情况,如被《新华文摘》全文转载,被人大复印资料全文转载,被《中国社会科学文摘》《高等学校文科学报文摘》等摘要转载等。采纳,就是成果提出的学术思想、实施方案、对策建议等被应用单位采纳应用的情况,在填报时,一般要说明成果的哪些内容被哪些单位在什么实际工作中采纳,应用效果如何等。获奖,就是科研成果获得各级各类奖励情况,其中最重要的是政府奖励(如教育部优秀科研成果奖)和社会公认的专业奖励(如孙冶方经济科学奖)。

[**条件保障**]完成本课题研究的时间保证、资料设备等科研条件:这一指标重在反映课题组是否具备完成科研项目的必要条件。

时间保证,即课题组能否保证有足够的时间和精力开展本项目的研究。在实际研究工作中,有相当多的研究者向资助者提出申请,要求项目延期完成,甚至有项目拖延好几年才完成,其中一个重要原因,就是课题组反映"太忙",没有足够的时间投入到项目研究工作中。正是如此,课题组的时间和精力状况往往成为项目评议的考察指标。在填报时间保证时,一般要做到实事求是,有客观事实依据为研究提供时间保证,比如高校的申请者,在填报时常常说自己有寒暑假,而且教学任务不重,学校还有学术休假制度等,能够保证有充分的时间投入项目研究;课题组成员年富力强,精力充沛,经验丰富,能够胜任研究工作,等等。

研究资料,这一指标重在考察课题组的前期资料准备情况以及在项目研究工作中是否拥有便捷的资料获得途径。填报这一指标时,既要立足自己已有的资料,又要开阔视野,说明资料获取的途径和方式等。一是要突出课题组积累的相关研究资料,包括学术文献、调查资料、数据资料、案例库等,尤其要强调课题组独有的特色研究资料。二是要说明所在单位的相关资源,如所在学院、科研机构的专业文献资源,图情信息资源等;所在单位图书馆的相关藏书、电子文献、网络资源、专题数据库等。三是要说明在研究工作中进一步获取研究资料的途径及便利程度,如某项目申请书描述,课题组与某省统计局达成了数据共享协议,可以很方便地获取到某省经济运行的适时数据等。

设备等科研条件,大多数科研项目的研究都需要一定的软硬条件。这里的科研条件,既包括课题组专有的科研条件(如个人计算机、自编的软件等),也包括课题组可以利用的科研条件(如单位的科研设备等),还包括调研基地、观察点等外围条件。填报科研条件,要实事求是,在分析项目研究必备条件的基础上,还要说明利用这些条件的保障机制。

经费预算。申请科研项目,都要求提出经费申请,并填报经费预算。项目经费预算一般要兼顾两大原则。一是符合管理办法,即按照项目经费管理办法填报经费预算,在准确理解预算项目的基础上,把经费预算控制在要求的额度之内。比如,国家社科基金项目的经费管理办法明确规定,劳务费一般项目的劳务费、咨询费的比例不得超过资助经费的10%,如果不了解这一规定,在经费预算时就容易违规。二是体现项目研究工作需要。经费是科研项目研究的重要条件,经费预算要体现研究工作的实际需要。比如,一个以实证研究为主的国家社科基金一般项目,其数据采集和调研工作往往所需经费往往较多,在经费预算时,"数据采集费""差旅费"等项目预算经费所占比重就应该大一些。

推荐人意见。不具有高级专业技术职务者申请国家社科基金青年项目,须由两名具有正高级专业技术职务的同行专家推荐。国家社科基金项目《申请书》,要求推荐人意见必须"认真负责地介绍项目负责人和参加者的专业水平、科研能力、科研态度和科研条件,并说明该项目取得预期成果的可能性"。可见,推荐人意见往往反映申请者的科研能力及其被同行专家的认同情况。推荐人意见当然应当由推荐人自己撰写,推荐人签名确认并承担相应信誉和学术责任。但推荐人是课题组自己选择的,在选择推荐人时,一是要选择熟悉自己科研工作情况的专家,因为只有熟悉了解申请者的专家才能够准确对申请者做出准确、中肯的评价,所以,很多青年研究者往往选择自己的导师做推荐人。二是要尽量选择在本领域有一定学术地位的专家推荐,这些专家了解本领域的研究动态,能够结合研究动态对申请者的研究能力做出合适的评价,同时,这些专家的评价也容易得到其他人的认同。

9.3.4　经济学科研项目申报注意事项——以国家社科基金为例

国家社科基金项目成功申报有着诸多原则要求,这里重点介绍需求性原则、供给侧原则、创新性原则、规范性原则。

①需求性原则。项目选题应符合党和国家、地方经济、社会重大发展战略需求,基础性研究和人类发展需求。注重选题的提出和把握,结合当前经济社会发展当中重大或比较重要的问题,特别是当年中央、国务院提出的紧迫问题进行探索和思考,站在国家的高度把握前沿,兼收并蓄,博采众长,聚焦国内普遍性、相关性问题。特别是对于国家重要政策与报告的最新动态进行分析,结合现实需求解决的重要问题,做到项目选题"顶天立地",即"把握大势、顺应趋势、跟踪趋势",所谓"立地"即选题应做到问题导向接地气,研究最终目的是为现实服务。

②供给侧原则。申请者前期研究基础,申请者和本学科个人需求,如职位职称、教研相长、学术地位、学术兴趣等。选题应是申请人熟悉和擅长的研究领域,前期成果形式应表现多元化,不能简单认为前期成果只有论文和专著,还包括工作论文、会议论文、学术报告、报刊短论、横向课题研究报告、特色数据库、案例集、教材、各级各类报奖、以书代刊的辑刊论文、互联网线上多元化成果等,前期成果支撑,体现对选题的驾驭和把控能力。

③创新性原则。将研究对象、研究区域、研究视角、学术思想、学术观点、理论方法、技术手段等创新思想体现到选题题目中,也反映申报者科研思路清晰和深刻性。题目要具有新意和创意,反映出该研究领域的前沿,起点应尽可能高一些,独具特色,独树一帜,出奇制胜,选取薄弱研究区域、新对象(特殊)、国家热点问题等,如连片特困区、省际交界区、沿边特殊区、留守老人、进城务工人员、长江经济带、精准扶贫等,采用"新理论+主题模式""新方法+主题模式""新区域+主题模式""新对象+主题模式""新战略+主题模式""新问题+主题模式""多学科+问题模式""老问题+新研究"搭配等。表 9.3.2 是 2017—2018 年国家社科基金项目成功申请范例。

表 9.3.2　2017—2018 年国家社科基金项目范例

项目名称	学科	模式
基于"中国积累社会结构理论"的中国特色社会主义政治经济学体系创新研究	理论经济	新理论+主题模式
基于共生理论的高端服务业与先进制造业动态匹配机制及路径研究	应用经济	新理论+主题模式
大数据驱动的审计监督与纪检监察协同反腐机制研究	政治学	新方法+主题模式
南疆参与"一带一路"建设的社会安全风险跨界治理研究	民族问题研究	新区域+主题模式

项目名称	学科	模式
流动老年人口家庭代际团结关系及支持政策研究	人口学	新对象+主题模式
"营改增"对企业的财务效应与应对策略研究	管理学	新问题+主题模式
区域服务贸易与生态环境协调发展机制研究	管理学	多学科+问题模式
资源衰退型城市贫困与贫困问题的社会学研究	社会学	老问题+新研究

④规范性原则。申报书内容语言表达一定要精练、准确、把握细节。切忌文字堆砌,切忌口水话;文献引用要注重时效和权威性,切忌低水平、二手资料;框架设计要注意层次清楚,详略得当,要有对应的重点难点,切忌简单罗列,切忌面面俱到和拖沓臃肿,每一句表述都要精心组织、"细磨慢研",从评审专家的角度,严格要求具体内容的写作和细节,使用规范的学术语言,准确和客观表达,选词用句仔细考究和细细斟酌,排版格式等必须认真、严谨和规避,细节决定成败,做到"用词精准无误、标点符号精确无误、文本精练不超过字数"。撰写申报书实际上就是雕刻一件艺术品,体现的是专业素养和文字功底。

爱因斯坦曾说过:"提出一个问题往往比解决一个问题更为重要。"提出问题需要开阔的视野、独到的角度,之后才能有所发现和超越。问题锁定之后,需要的则是打开这个问题的钥匙,长时间思考所带来的灵机一动、计上心来的偶然所得,都有可能帮助我们到达向往的彼岸。

附　件

附件 A　经济学学术论文撰写格式范例

《中国经济问题》论文标准格式及说明[①]

一、总体说明

1.全文请用 Microsoft Office Word 编排,页边距上下各 2.54 cm,左右各 3.17 cm。全文采用单倍行距。文章的一级标题前后采用 6 磅间距。其他段前、段后均采用 0 倍间距。除特别说明外,全文两端对齐。

2.全文(包括文章标题、作者姓名、作者单位、邮编、内容提要、关键词、文章各级标题、正文、图表及各级标题、参考文献、注释等)中所有英文文字及阿拉伯数字用 Times New Rome(TNR)字体。文章正文(不包括标题及图表名)中的中文文字用 5 号宋体。题目、作者姓名、作者单位、内容提要、关键词、各级标题、图表及图表名称的中文文字格式详见"文章标准格式"说明。

3.英文参考文献、英文题目、英文摘要和英文关键词中的标点符号用 TNR 格式。除段尾外,所有英文标点符号后面均空一个字符,但多个英文标点符号之间不用空格。表示编号的阿拉伯数字后用实心句点".",实心句点后空一个字符与内容隔开。文中其他各处的标点符号均用中文宋体格式。所有中英文标点符号必须符合中英文标点符号的标准。

4.中文题目、作者、单位及邮编、内容提要、关键词等放在文前,英文题目、作者、单位及邮编、内容提要、关键词等放在文末。

5.节、小节、目、子目的标题采用"一、""(一)""1.""(1)"编号制,可根据需要略过某些级次,如节"一、"标题下直接为目"1."。标题一般不超过四级。正文中要点可用"第一""第二"

[①]　本格式范例仅供参考,以各期刊具体要求为准。

等表示,不要用带圈的阿拉伯数字表示。

6.注释为释义性注释,即对论著中某一特定内容的进一步解释或补充说明,采用页下注(脚注)形式,每页重新编号,编号用带圈的阿拉伯数字表示。

7.在初次投稿时,文中不要出现作者信息以及基金信息,这些信息均在本刊系统中特定位置填写。若收到编辑部递交修改稿的要求时,再将作者必要的信息以及基金信息放在首页规定的位置。

8.所有计量与统计结果均用表格形式呈现。

9.其他要求详见"文章标准格式"说明,可参见《中国经济问题》编辑部网站,下载论文格式。

二、文章标准格式

开放经济下中国产业部门及其 CO_2 排放的关联度分析
——基于投入产出表的实证研究

（空一行）

刘剑波[1],周葵[2],安丹[1]

（空一行）

1.贵州财经大学 贵阳 550025;

2.西南财经大学 成都 611130

（空一行）

内容提要:不同地区的房价受地区特定因素和社会普遍因素影响具有异质性和非独立性。本文同时考虑各城市房价、收入的异质性和非独立性,对中国中东部地区25个主要城市进行房价与收入的面板时空模型的估计与检验,克服了传统方法在模型估计和单位根检验时没有考虑变量非独立性而产生的谬误。实证结果表明中国房价和居民可支配收入协整。通过因子载荷估计发现目前全国范围已出现泡沫迹象,杭州、宁波房价泡沫最严重。同时指出在衡量房地产市场是否存在泡沫时,房价收入比指标为非稳定序列,不是可靠的指标。

关键词:房价-收入关系;时空模型;协整

（空一行）

一、引言

房价、信贷与金融系统稳定一直是学术界和政策当局关注的课题,房价的波动直接影响信贷市场和货币市场,同时房屋价值影响居民的经济行为继而影响国民产出和就业,此次全球金融危机的爆发又一次验证了房地产市场泡沫与金融危机之间的强关联性。房价泡沫是指房价

收稿日期:2014-01-25。

基金项目:本文得到教育部人文社科研究青年基金项目(13YJC790045)、国家统计局全国统计科学研究计划项目(2013LY104)、中央高校基本科研业务费(JBK120403)、贵州省科技厅科学技术基金项目(黔科合J字[2013]2090号)、贵州省教育厅高校人文社科研究项目(12QN035)的资助,谨致谢忱。

作者简介:刘剑波,贵州财经大学国际经济学院,博士,副教授;周葵,西南财经大学中国西部经济研究中心,博士,副教授,博士生导师;安丹,贵州财经大学国际经济学院硕士研究生。

明显高于基本因素支撑(如收入等因素)。那么,判断房价是否存在泡沫的关键在于:房价与居民可支配收入是否具有长期稳定的关系?房价是否偏离了这种长期稳定的关系?

从经济学理论上看:房价与居民可支配收入具有长期稳定的关系。在实证研究方面,关于房价与收入是否具有协整关系的检验文献没有得出一致的结论(Fisher-Vanden et al.,2006;Cole et al.,2008;张友国,2010)。Gallin(2006)对美国数据进行分析没有发现协整关系;Malpezzi(1999)采用 LLC 检验方法对包含 133 个大城市的面板数据进行回归残差的面板单位根检验,发现具有协整关系,但是 LLC 方法没有考虑残差之间的非独立性,会导致结果偏误。原因是不同地区的房价表现不同主要由两类因素导致:一是地区因素影响,不同地区由于收入水平不同,房价也会不同,同时由于土地稀缺程度、人口结构等不同,也会影响房价,这些地区因素影响导致不同地区房价具有异质性;二是受社会普遍因素(common shocks)影响,诸如利率变动、一些不可观测因素如整个社会的技术进步、产业结构调整等对各地区都有影响,但对各地区影响又会不同。

Holly & Pesaran(2008)同时考虑地区因素和共同因素,采用 Pesaran(2006)的一般相关性影响估计(common correlated effects (CCE) estimator)方法对房价进行回归,并采用 Moon & Perron(2004)和 Pesaran(2007)的允许截面非独立的面板单位根检验方法进行协整关系检验,发现美国 49 个州在 29 年间房价与居民可支配收入存在协整关系。

那么中国的房地产市场是否具备理论上的这种关系?中国房地产市场地域差异大,受政策影响强,同样具有异质性(地域、人口等特性因素)、截面非独立性(宏观调控政策、土地政策等的影响)。基于此,同时考虑异质性、序列相关性,考察中国房价与居民可支配收入的关系。本文采用相关研究的最新技术 CCE 估计方法,这种估计方法在异质性和截面数据非独立情况下是具有统计上的一致性。对于协整检验中涉及的单位根检验,本文采用一种可以处理截面数据非独立性的方法。对于面板数据中每个个体的时间序列引入数据滞后值和差分的平均值来扩展标准的 ADF 回归。标准的面板单位根检验就是基于截面各序列的扩展的 ADF 统计值的简单平均(用 CADF 表示)①。

后续部分内容安排:第 2 部分讨论房价与收入的理论关系;第 3 部分介绍 CCE 估计方法和协整检验方法;第 4 部分对中国 25 个地区进行实证分析并得出相应结果;第 5 部分为结论部分。

(一)研究对象及相关概念的界定

本文研究中采用中国国家标准(GB/T 3730.12001)对"汽车"术语所给出的定义,并以在"乘用车"分类中的 6 类基本型乘用车(分类号为 2.1.1.1-2.1.1.6)作为"轿车"的产品范畴。本文研究的"中国轿车市场"是指:2008—2012 年全国以家庭或个人消费为目的而购买的基本型乘用车新整车市场。

1.轿车产品的购买价格和产品属性变量的选取

由于本文所用调查问卷中调查了家庭轿车产品的购买价格,因此在研究中所采用的反映购买成本的变量是购买价格变量。

(1)不同属性特征带给消费者的边际效用不同。汽车产品属性中,所有组别都关注的是

①Pesaran(2007)认为……(注释采用页下注的形式,每页重新编号。中文用小五宋字体。首行缩进两个汉字,编号与注释内容之间空一个字符。编号用带圈的阿拉伯数字表示。注释为释义性注释,即对论著中某一特定内容的进一步解释或补充说明,而非参考文献)。

价格和轴距;低级别组更关注油耗;而高级别组更关注驾驶性能。

二、房价公式

房价定价公式有很多,其中租金贴现定价公式思路是把房地产的租金作为未来现金流来作为房地产定价(张金清,2007),即利率和租金决定的房地产定价公式——租金贴现定价公式:

$$p = \frac{R_{k+1}}{1+r} + \frac{R_{k+2}}{(1+r)^2} + \cdots \frac{R_T}{(1+r)^{T-k}} \tag{1}$$

式中,P:房价,R_j:第 j 年的租金,r:租金贴现率,T:房屋可使用年限,k:表示房屋已经使用了 k 年。

租金是居民可支配收入的一部分,即 $R = \alpha Y$,Y:居民可支配收入。则:

$$P = \frac{R\left(1 - \left(\frac{1}{1+r}\right)^T\right)}{1 - \frac{1}{1+r}} = \beta \cdot Y \tag{2}$$

（空一行）

表 1　政府借债、产权性质与企业融资约束（单位:亿元）

变　量	全样本		政府借债水平	
			政府低负债	政府高负债
	（1）	（2）	（3）	（4）
截距项	0.490**	0.500***	0.587**	0.916***
	(2.864)	(2.934)	(2.395)	(3.343)
CF	1.518***	1.029***	0.955***	2.052***
	(20.979)	(9.388)	(11.111)	(18.047)
SOE	-0.045***	-0.045*	-0.037**	-0.053**
	(-2.990)	(-1.954)	(-2.163)	(-2.215)
TobinQ	0.007*	0.007*	0.011**	0.0021
	(1.751)	(1.728)	(2.213)	(0.312)
Size	-0.023***	-0.023***	-0.016*	-0.031***
	(-3.275)	(-3.327)	(-1.896)	(-2.860)
CapExpen	0.559***	0.556***	0.539***	0.614***
	(7.750)	(7.735)	(6.490)	(5.259)
	(6.017)	(5.811)	(3.060)	(5.043)
Risk	-0.132***	-0.125***	-0.089**	-0.157***
	(-3.617)	(-3.429)	(-1.996)	(-2.790)
Adj-R²	0.239	0.246	0.208 1	0.277 4
F 值	51.04***	47.15***	21.60***	32.03***
N	5 096	5 096	2 509	2 587

注:被解释变量:$\Delta Cash$;括号内为标准误;*、**、***分别表示在10%、5%、1%的水平下显著。

资料来源:国泰安数据库和中华人民共和国审计署2001年第35号公告。

（空一行）

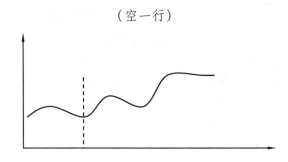

图 1　厦门市 GDP 增长率

注:厦门统计局网站。

资料来源:厦门统计局网站。

（空一行）

参考文献:

［1］Henderson R. M.,Clark K. B. Architectural innovation:the reconfiguration of existing product technologies and the failure of established firms［J］.*Administrative Science Quarterly*,1990,35(1):9-30.(1.参考文献序号置于方括号中,并与文献之间空一个字符。英文文献在前,中文文献在后,均按字母顺序排列。英文期刊名以及专著名用斜体,其他均不用斜体。2.英文文章名称第一个单词首字母大写,其他小写。当题目中出现":"时,其后第一个单词的首字母不大写;当题目中出现"?"时,其后第一个单词首字母大写。3.无论中英文期刊,必须有期号,英文文献的期号置于英文圆括号"( )"中,中文文献的期号置于中文圆括号"()"中。)

［2］Lancaster K. J.*Variety,Equity,and Efficiency*［M］.New York:Columbia University Press,1979.

［3］戴维·贝赞可,戴维·德雷诺夫,马克·尚利.公司战略经济学［M］.武亚军,译.北京:北京大学出版社,1999.

［4］高鸿业.西方经济学［M］.北京:中国人民大学出版社,2000.

［5］金煜,陈钊,陆铭.中国的地区工业聚集:经济地理、新经济地理与经济政策［J］.经济研究,2006(4):79-89.

［6］迈克尔·波特.竞争优势［M］.陈小悦,译.北京:华夏出版社,2005a.

［7］迈克尔·波特.竞争战略［M］.陈小悦,译.北京:华夏出版社,2005b.

［8］周黎安.晋升博弈中政府官员的激励与合作——兼论我国地方保护主义和重复建设问题长期存在的原因［J］.经济研究,2004(6):34-40.

（空一行）

A Spatio-Temporal Model on House Price and Disposable Income Cointegration

（第一个词首字母及所有实词首字母均大写,专有名词大写,所有其他字母均小写。居中排列。)

（空一行）

Hu Jianbo[1],Zhou Kui[2],An Dan[1]

1.Guizhou University of Finance and Economics,Guiyang,550025;

2. Southwestern University of Finance and Economics,Chengdu,611130

（空一行）

Abstract:Housing prices in different regions are heterogeneous and dependent due to regional factors and common shocks together. This paper taking into account the heterogeneity and dependence of various cities housing prices and disposable incomes, we build up a panel spatio-temporal model to prevent the traditional method in the model estimation and unit root tests making biased inference without allowing for the dependence of variables. We make empirical analysis on 25 major cities in China's central and eastern regions, the results showed that house prices and disposable income are cointegrated. The factor loading estimates indicated house price bubbles have emerged across the country and very serious in Hangzhou and Ningbo. Also pointed out the log prices to income ratio is nonstationary and is not an applicable indicator to assess whether there is a bubble in real estate market.

Key Words: house price and disposable income; spatio-temporal model; cointegration

附件B 国家社科基金项目申报数据代码表(经济学类)

编码类型	代 码	名 称
项目类别	A	重点项目
	B	一般项目
	C	青年项目
	D	一般自选项目
	E	青年自选项目
	F	后期资助项目
	X	西部项目
学科分类		
理论经济	JLA	政治经济学
	JLB	宏观经济学
	JLC	微观经济学
	JLD	比较经济学
	JLE	发展经济学
	JLF	生产力经济学
	JLG	经济地理学
	JLH	经济思想史
	JLI	经济史
	JLJ	世界经济学
	JLK	国民经济学
	JLL	区域经济学
	JLM	理论经济其他学科
应用经济	JYA	管理经济学
	JYB	数量经济学
	JYC	会计学
	JYD	审计学
	JYE	技术经济学

编码类型	代 码	名 称
	JYF	生态经济学
	JYG	劳动经济学
	JYH	城市经济学
	JYI	资源经济学
	JYJ	环境经济学
	JYK	物资经济学
	JYL	工业经济学
	JYM	农村经济学
	JYN	农业经济学
	JYO	交通经济学
	JYP	建筑经济学
	JYQ	商业经济学
	JYR	价格学
	JYS	旅游经济学
	JYT	信息经济学
	JYU	财政经济学
	JYV	货币银行学
	JYW	保险学
	JYX	应用经济其他学科
研究类型	A	基础研究
	B	应用研究
	C	综合研究
	D	其他研究
行政职务	A1	省长(部长)
	A2	副省长(副部长)
	B1	局长(厅长、司长)
	B2	副局长(副厅长、副司长)
	C1	县长(处长)
	C2	副县长(副处长)以下

续表

编码类型	代　码	名　称
专业职务	A	正高级（教授、研究员等）
	B	副高级（副教授、副研究员等）
	C	中级（讲师、助理研究员等）
	D	初级（助教等）以下
最后学历	A	研究生
	B	大学本科
	C	大学专科
	D	中专以下
研究专长		同学科分类
最后学位	A	博士
	B	硕士
	C	学士
担任导师	A	博士生导师
	B	硕士生导师
所在省市	！	在京高校
	#	中国社科院
	&	中央、国家机关
	*	中央党校
	0	军队系统
	1	北京市
	2	天津市
	3	河北省
	4	山西省
	5	内蒙古自治区
	6	辽宁省
	7	吉林省
	8	黑龙江省
	9	上海市
	A	江苏省

续表

编码类型	代 码	名 称
	B	浙江省
	C	安徽省
	D	福建省
	E	台湾省
	F	江西省
	G	山东省
	H	河南省
	I	湖北省
	J	湖南省
	K	广东省
	L	海南省
	M	广西壮族自治区
	N	重庆市
	O	四川省
	P	贵州省
	Q	云南省
	R	西藏自治区
	S	陕西省
	T	甘肃省
	U	青海省
	V	宁夏回族自治区
	W	新疆维吾尔自治区
	X	新疆生产建设兵团
所属系统	A	高等院校、其他学校
	B	中国社会科学院
	C	省、市社会科学院
	D	各级党校
	E	军队系统（包括地方军队院校）
	F	各级党政机关

续表

编码类型	代　码	名　　称
	G	其他
预期成果	A	专著
	B	译著
	C	论文集
	D	研究报告
	E	工具书
	F	电脑软件
	G	其他

附件 C　经济学学科分类与代码(国家标准)

学科是相对独立的知识体系,这里,"相对""独立"和"知识体系"3 个概念是本标准定义学科的基础。"相对"强调了学科分类具有不同的角度和侧面,"独立"则使某个具体学科不可被其他学科所替代,"知识体系"使"学科"区别于具体的"业务体系"或"产品"。《中华人民共和国学科分类与代码国家标准》中出现了一些学科与专业、行业、产品名称相同的情况,是出于使学科名称简明的目的,其内在涵义是不同的。由于应用目的的不同,会产生不同的学科分类体系,《中华人民共和国学科分类与代码国家标准》建立的学科分类体系是直接为科技政策和科技发展规划以及科研项目、科研成果统计和管理服务,主要收录已经形成的学科。

学科分类代码体系的说明。本标准所列学科应具备其理论体系和专门方法的形成;有关科学家群体的出现;有关研究机构和教学单位以及学术团体的建立并开展有效的活动;有关专著和出版物的问世等条件。本标准仅将学科分类定义到一、二、三级,共设 62 个一级学科或学科群、676 个二级学科或学科群、2 382 个三级学科。一级学科之上可归属到科技统计使用的门类,门类不在标准中出现。门类排列顺序是:A 自然科学,代码为 110~190;B 农业科学,代码为 210~240;C 医药科学,代码为 310~360;D 工程与技术科学,代码为 410~630;E 人文与社会科学,代码为 710~910。

编码方法。本标准的学科分类划分为一、二、三级学科 3 个层次,用阿拉伯数字表示。一级学科用三位数字表示,二、三级学科分别用两位数字表示。二、三级学科设"群体学科",用数字"99"表示。标准中所有代码,仅表示该学科在本分类体系中的级别和位置,不表示其他含义①。为方便研究者进行科研项目研究与学科查询,特转摘《学科分类与代码表》及有关使用说明:

附表　经济学学科分类代码与名称

790	经济学
790.11	政治经济学
790.1110	资本主义政治经济学
790.1120	社会主义政治经济学
790.1199	政治经济学其他学科
790.13	宏观经济学
790.15	微观经济学
790.17	比较经济学
790.19	经济地理学(包括工业地理学、农业地理学等)

---

①摘自《中华人民共和国学科分类与代码国家标准》。

续表

790.21	发展经济学
790.23	生产力经济学
790.25	经济思想史
790.2510	中国经济思想史
790.2520	外国经济思想史
790.2530	马克思主义经济思想史
790.2599	经济思想史其他学科
790.27	经济史
790.2710	世界经济史
790.2720	中国经济史
790.2799	经济史其他学科
790.29	世界经济学（亦称国际经济学）
790.2911	国际经济关系
790.2914	国际贸易学（包括国际市场营销学、国际商品学）
790.2917	国际货币经济学
790.2921	国际金融学
790.2924	国际投资学
790.2927	国际收支理论
790.2931	美国经济
790.2934	日本经济
790.2937	德国经济
790.2941	法国经济
790.2944	英国经济
790.2947	俄罗斯经济
790.2951	欧洲经济
790.2954	北美经济
790.2957	亚太经济
790.2961	拉美经济
790.2964	非洲经济

790.2967	中亚、西亚经济
790.2971	世界经济统计
790.2999	世界经济学其他学科
790.31	国民经济学
790.3110	国民经济计划学
790.3120	区域经济学
790.3130	消费经济学
790.3140	投资经济学
790.3199	国民经济学其他学科
790.33	管理经济学
790.35	数量经济学
790.3510	数理经济学
790.3520	经济计量学
790.3599	数量经济学其他学科
790.37	会计学
790.3710	工业会计学
790.3720	农业会计学
790.3730	商业会计学
790.3740	银行会计学
790.3750	交通运输会计学
790.3799	会计学其他学科
790.39	审计学
790.41	技术经济学
790.4110	工程经济学
790.4115	工业技术经济学
790.4120	农业技术经济学
790.4125	能源技术经济学
790.4130	交通运输技术经济学
790.4135	建筑技术经济学

续表

790.4140	商业与物流技术经济学
790.4145	技术进步经济学
790.4150	资源开发利用技术经济学
790.4155	环境保护技术经济学
790.4160	生产力布局技术经济学
790.4165	消费技术经济学
790.4199	技术经济学其他学科
790.43	生态经济学
790.4310	森林生态经济学
790.4320	草原生态经济学
790.4330	水域生态经济学
790.4340	城市生态经济学
790.4350	区域生态经济学
790.4399	生态经济学其他学科
790.45	劳动经济学
790.4510	就业经济学(包括劳动市场经济学)
790.4520	劳动管理学
790.4530	劳动统计学
790.4540	劳动社会学
790.4550	劳动心理学
790.4560	劳动经济史
790.4599	劳动经济学其他学科
790.47	城市经济学
790.4710	城市经济管理学
790.4720	城市土地经济学
790.4730	市政经济学
790.4740	住宅经济学
790.4750	城郊经济学
790.4799	城市经济学其他学科

790.49	资源经济学
790.4910	海洋资源经济学
790.4920	生物资源经济学
790.4930	矿产资源经济学
790.4940	能源经济学
790.4950	资源开发与利用
790.4999	资源经济学其他学科
790.51	环境经济学
790.53	物资经济学
790.5310	物资经济理论
790.5320	物资管理学
790.5399	物资经济学其他学科
790.55	工业经济学
790.5510	工业发展经济学
790.5520	工业企业经营管理学
790.5530	工业经济地理
790.5540	工业部门经济学
790.5550	工业经济史
790.5599	工业经济学其他学科
790.57	农村经济学
790.5710	农村宏观经济学
790.5720	农村产业经济学
790.5730	农村区域经济学
790.5799	农村经济学其他学科
790.59	农业经济学
790.5910	农业生态经济学
790.5920	农业生产经济学
790.5930	土地经济学（包括国土经济学、农业资源经济学等）
790.5940	农业经济史

续表

790.5950	农业企业经营管理
790.5960	合作经济
790.5970	世界农业经济
790.5980	种植业经济学
790.5999	农业经济学其他学科
790.61	交通运输经济学
790.6110	城市运输经济学
790.6120	铁路运输经济学
790.6130	航空运输经济学
790.6140	公路运输经济学
790.6150	水路运输经济学
790.6160	综合运输经济学
790.6199	交通运输经济学其他学科
790.63	商业经济学
790.6310	商业经济学原理
790.6315	商业企业管理学
790.6320	商品流通经济学
790.6325	市场学
790.6330	商业心理学
790.6335	商业社会学
790.6340	商品学(包括商品包装与技术)
790.6345	商业物流学
790.6350	商业经济史
790.6355	广告学
790.6360	服务经济学
790.6399	商业经济学其他学科
790.65	价格学
790.6510	价格学原理
790.6520	部门价格学

790.6530	广义价格学
790.6540	成本管理学
790.6550	价格史
790.6560	比较价格学
790.6599	价格学其他学科
790.67	旅游经济学
790.6710	旅游经济学理论
790.6720	旅游经济管理学
790.6730	旅游企业管理学
790.6740	旅游事业史
790.6799	旅游经济学其他学科
790.69	信息经济学
790.71	财政学
790.7110	理论财政学
790.7120	资本主义财政学
790.7130	社会主义财政学
790.7140	比较财政学
790.7150	财政思想史
790.7160	财政史
790.7170	财政管理学
790.7180	税务管理学
790.7199	财政学其他学科
790.73	货币银行学
790.7310	货币理论
790.7315	货币学说史
790.7320	银行学
790.7325	银行经营管理学
790.7330	信贷理论
790.7335	投资理论

续表

790.7340	金融市场
790.7345	农村金融学
790.7350	金融史、银行史
790.7399	货币银行学其他学科
790.75	保险学
790.7510	保险管理
790.7599	保险学其他学科
790.77	国防经济学
790.99	经济学其他学科

附件 D　经济学研究核心期刊说明

　　核心期刊是指某学科(或专业、专题)所涉及的期刊中,刊载论文较多的(信息量较大的)、论文学术水平较高的并能反映本学科最新研究成果及本学科前沿研究状况和发展趋势的较受该学科读者重视的期刊。核心期刊不仅可以作为期刊采购、图书馆导读和参考咨询的参考工具,而且能够作为文献数据库选择来源刊、作为评价学术研究成果、作为读者投稿的参考工具,对提高期刊质量、文献计量学研究有促进作用。

　　在经济学研究中,通常所说的核心期刊是指北大版的中文核心期刊,指被北大图书馆每三年出版一次的《中文核心期刊要目总览》中列出的期刊。广泛意义的核心期刊不仅包括北大核心,更重要的还有南京大学"中文社会科学引文索引来源期刊"(Chinese Social Sciences Citation Index,CSSCI),即南大核心。

　　对于核心期刊,一些学校对其进行了分类,各单位根据各自依托的文件,结合自己单位的研究特点,将刊物划归为 A、B、C 三个级别(有些单位被称作一、二、三类),其中 C 类刊物有时他们会给称作 C 刊。C 刊也有另外一个常用概念,即 CSSCI 期刊或南大核心。当然,一般而言,A、B、C 三个级别通常都是南大核心,但不是所有的南大核心都归属于除了 C 级外较高的 A、B 级别,只有权威、质量较高的 C 刊才能被划归到 A、B 级别之中,各个单位或学校划分的标准不一。下面,重点介绍下 CSSCI 与北大核心,以及被国际认可的社会科学引文索引(Social Sciences Citation Index,SSCI)。

　　CSSCI,是由南京大学中国社会科学研究评价中心,组织评定的,两年一评。通过对全国所有符合两月以下出版及非一刊号多版的人文社会科学各学科学术性期刊,进行他引影响因子分析,指某刊在统计当年被 CSSCI 来源期刊文献引用该刊前 2 年所登载的文章的篇次(不含该刊自引)与前 2 年该刊载文量之比;总被引频次指某刊被统计当年被 CSSCI 来源期刊文献所引用该刊创刊以来登载的文章的总篇次(含该刊自引)。结果最靠前的刊物,就是南大核心来源期刊。南大核心来源期刊受到了学术界的广泛认同,从影响力来讲,其等级属同类划分中国内最权威的一种,入选难度高于北大核心。

　　目前,教育部已将 CSSCI 数据作为全国高校机构与基地评估、成果评奖、项目立项、人才培养等方面的重要考核指标。CSSCI 数据库已被北京大学、清华大学、中国人民大学、武汉大学、吉林大学、山东大学、南京大学等 100 多个单位购买使用,并将 CSSCI 作为地区、机构、学术、学科、职称、项目、成果评价与评审的重要依据。

　　北大核心,是北京大学图书馆联合众多学术界权威专家鉴定,国内几所大学的图书馆根据期刊的引文率、转载率、文摘率等指标确定的。确认核心期刊的标准也是由某些大学图书馆制定的,而且各学校图书馆的评比、录入标准也不尽相同,受到了学术界的广泛认同。从影响力来讲,其等级是除南大核心、中国科学引文数据库((Chinese Science Citation Database,CSCD)以外学术影响力最权威的一种。

　　SSCI,由美国科学信息研究所创建,是目前世界上可以用来对不同国家和地区的社会科学论文的数量进行统计分析的大型检索工具。1999 年 SSCI 全文收录 1 809 种世界最重要的社会科学期刊,内容覆盖包括人类学、法律、经济、历史、地理、心理学等 55 个领域。收录文献类型包括:研究论文,书评,专题讨论,社论,人物自传,书信等。选择收录(Selectively Covered)期刊为 1 300 多种。

附件 E 推动"双一流"加快建设、特色建设、高质量建设 教育部召开"双一流"建设现场推进会

为深入学习贯彻全国教育大会精神,推进"双一流"加快建设、特色建设、高质量建设,9 月 28 日至 29 日,教育部在上海召开"双一流"建设现场推进会。教育部党组书记、部长陈宝生出席会议并讲话。上海市委副书记、市长应勇出席并致辞。

陈宝生指出,习近平总书记重要讲话和全国教育大会精神对"双一流"建设具有重大指导意义。"双一流"建设高校作为高等教育战线的排头兵,要在学习宣传中走在前列,在贯彻落实上作出表率。要深刻领会培养社会主义建设者和接班人的根本任务、提升教育服务经济社会发展能力的基本方向、特色发展争创一流的基本途径、加强党对教育工作全面领导的根本保证。要深刻认识到,当今世界正面临百年未遇的大变局,我们正处于"四个伟大"的历史进程,大国博弈形势复杂,我国高等教育正处于爬坡过坎迈向世界领先的发展阶段,这决定了我们必须加快推进"双一流"建设,只争朝夕时不我待。

陈宝生强调,统筹推进"双一流"建设开局良好。转入新的历史阶段,要按照可靠的、合格的、真实的、有特色、有竞争力、有产出、可持续的目标,坚持"特色一流、内涵发展、改革驱动、高校主体",以体制机制创新为着力点,在深化改革、服务需求、开放合作中加快建设。一是培养高素质人才。把一流本科教育建设作为基础任务,加快打造结构优化、满足需求、各方资源充分参与的卓越而有灵魂的研究生教育。重视科研育人、实践育人、创业育人。二是服务重大需求。分析把握人才培养的痛点、明确科学研究的重点、找到社会服务的难点、打造文化传承创新的支点,提供高水平的人才、高水平的成果、高水平的服务,在服务需求中实现创新发展。三是提升科研创新水平。进一步发挥好基础研究主力军、技术突破策源地作用,进一步巩固哲学社会科学研究重要阵地,加快推进高校科研管理和评价机制改革,产出引领性原创性成果,输出建设性社会影响。四是深化国际合作交流。要进一步聚焦学科建设,加强与国外高水平大学、顶尖科研机构的实质性交流合作,进一步完善国际学生的招收、培养、管理和服务制度体系。五是加强教师队伍建设。基础是建设高素质的教师队伍,重点是建设一支高水平的导师队伍,关键是建设一流的学科团队。六是坚持特色发展。核心是打造学科特色。要有"准头",在精准对接需求中明确目标;有"闯劲",勇于探索;有"定力",遵循学科发展和人才培养规律。

陈宝生要求,各地各建设高校要加强组织领导,推进工作落实,支持率先改革,形成建设合力。要坚决扭转不科学的教育评价导向,积极探索建立引导和鼓励建设高校分类发展、特色发展的评价机制和办法,探索构建多元多层多维的中国特色一流大学一流学科评价体系。

应勇指出,近年来,上海市委、市政府全面贯彻落实党的教育方针,坚持社会主义办学方向,全力推进"双一流"建设各项任务落地落实,上海高等教育发展水平和高校办学质量不断提升。去年,共有 14 所在沪高校进入"双一流"建设名单。上海市将以习近平新时代中国特色社会主义思想为指导,认真贯彻落实全国教育大会精神,按照教育部的工作要求和部署,扎实推进上海高等教育改革发展,始终坚持以立德树人为根本,以服务国家战略、服务经济社会发展为导向,以培育"高峰""高原"学科为基础,以深化教育综合改革为动力,以加大教育投入

为支撑,努力走出一条中国特色的"双一流"建设之路。

　　教育部党组成员、副部长杜占元主持会议。北京大学、中国人民大学、清华大学、哈尔滨工程大学、南京大学、浙江大学、云南大学、兰州大学、上海市、陕西省作了交流发言。财政部、发改委相关负责同志重点对两部委加快"双一流"建设的工作考虑做了说明。

　　137所"双一流"建设高校、各地教育行政部门和中央军委训练管理部职业教育局负责同志、部分"双一流"建设专家委员会委员参加会议。会前,参会同志分组到复旦大学、上海交通大学、同济大学、华东师范大学、上海大学、上海中医药大学进行现场观摩和交流研讨。

　　资料来源:教育部网站,2018-09-30.

附件 F　教育部关于进一步规范高校科研行为的意见
（教监〔2012〕6 号）

省、自治区、直辖市教育厅（教委）、新疆生产建设兵团教育局，有关部门（单位）教育司（局），部属各高等学校：

为全面落实科教兴国和人才强国战略，调动和保护高校和科研人员的积极性、创造性，维护高校科学研究秩序，营造良好科研氛围，增强高校科研能力，促进教育科技事业科学发展、健康发展，现就规范高校科研行为提出如下意见：

一、规范高校科研行为的总体要求

1.科学研究是高校的重要职能，科研人员是高校科学发展的重要资源。长期以来，高校科研人员牢记科教兴国和人才强国使命，立足岗位、敬业奉献，为创新型国家建设和高校人才培养、科学研究、社会服务、文化传承创新作出重要贡献。新的历史条件下，大力推动科技创新驱动发展、全面提高高等教育质量，对高校科学研究提出新的更高要求。当前，在高校科研活动中学术失范行为较为严重，贪污、挪用科研经费案件时有发生。进一步规范高校科研行为，维护科研秩序，是一项紧迫任务。

2.规范高校科研行为的总体工作要求是：坚持教育引导、制度规范、监督约束并重的原则，坚持标本兼治、综合治理、惩防并举、注重预防的方针，坚持管理与服务相结合、自律与他律相结合、严格规范科研行为与保护科研人员积极性创造性相结合，切实加强科研行为管理，促进科研人员廉洁从业。

3.高校科研人员开展科研活动的总体要求是：自觉践行社会主义核心价值观，严格遵守国家宪法和法律法规；模范遵循学术规范和科学伦理，坚决抵制学术失范和学术不端行为；大力弘扬科学研究精神，不断增强科技创新能力；严格遵守师德规范，牢固树立服务意识，主动服务经济社会发展。

二、高校科研行为规范的具体内容

4.科研人员申报项目，要坚持实事求是，充分考虑自身研究力量，加强可行性论证，对申报项目的工作基础、研究现状、人员组成等作真实陈述，保证申报项目材料的真实可信。不得隐瞒与项目协作单位以及参与人员的利益关系。不得以任何方式干扰影响项目评审工作。

5.科研人员要在学校指导协助下，按照目标相关性、政策相符性和经济合理性原则，科学、合理、真实地编制科研经费预算，增强预算的前瞻性和可操作性。不得以编造虚假合同、虚列支出项目等手段编报虚假预算。

6.科研人员要严格按照项目合同（任务书）的预期目标和要求，认真完成各项研究任务，严格执行国家保密法规。不得随意变更项目承担单位、项目负责人、研究目标、研究内容、研究进度和执行期、主要研究人员。不得违反规定将科研任务外包、转包他人，利用科研项目为特定关系人谋取私利。不得泄露国家秘密、商业秘密和个人隐私，确保科研项目安全。

7.科研人员要有高度的社会责任感，坚持实事求是的科学精神和严谨认真的治学态度。

不得从事危害国家安全、损害社会公共利益、危害人体健康、违反伦理道德等方面的研究。不得抄袭、剽窃、侵占他人研究成果,伪造、篡改科研数据文献。

8.科研人员要严格遵守财经法律法规,坚持科研经费统一管理原则,按照预算批复的支出范围和标准使用经费,提高科研经费使用效益。不得违反规定转拨、转移科研经费,购买与科研活动无关的设备、材料。不得虚构项目支出、使用虚假票据套取科研经费。不得虚列、虚报、冒领科研劳务费,用科研经费报销个人家庭消费支出。不得用科研经费从事投资、办企业等违规经营活动。不得隐匿、私自转让、非法占有学校用科研经费形成的固定资产和无形资产。不得借科研协作之名将科研经费挪作它用。

9.科研人员在学术评价和学术评审活动中,要坚持科学标准,遵循客观、公正原则,如实反映评价对象的质量和水平,若与被评对象存在利益关系,要及时主动说明并回避。不得在学术评价或学术评审活动中徇私舞弊,接受可能影响客观公正的礼金和各种有价证券、支付凭证。不得泄露评审信息,散布不实评审信息,利用评审工作或掌握的评审信息谋取利益,从事不正当交易。

10.项目负责人要模范遵守相关法律法规和规章制度,对项目申报、执行和科研经费使用的合规性、合理性、真实性、相关性负直接责任,在项目申报、实施和结项等环节,主动向管理部门说明与科研活动利益关联和利益冲突情况,自觉接受监督。要加强对所带领科研团队、所承担项目的成员特别是青年人才的教育和管理,做到身体力行、言传身教。

三、建立健全高校科研行为管理机制

11.坚持党管人才的原则,在高校党委的领导下,贯彻落实人才强国战略,把科研人才队伍建设纳入人才工作总体部署,不断完善科研行为管理制度和服务保障机制,激发科研人员的创新创造活力。

12.坚持高校党委对重大科研项目和重大科研经费的监管,强化责任意识,完善责任体系,健全科技资源配置机制、科研活动内控机制。校长要认真履行法人代表责任,指导督促分管科研、财务工作的校领导,加强对科研行为的管理。分管科研、财务工作的校领导要切实担负起对科研活动督促引导和对科研经费监督管理的职责。

13.高校科研、财务等职能部门,要增强管理和服务意识,认真履行监管职能,加强对科研人员的服务、指导、管理、监督,对科研人员申报的合作(外协)项目,要按项目管理规定严格审核把关。学院(系、所、中心、研究院等)作为科研活动基层管理单位,要认真履行对本单位科研行为的监管责任,对项目执行、经费使用等情况予以指导和监督。审计、纪检监察部门要加强对重大科研项目执行、科研经费使用、科研人员从业行为的监督检查。

14.高校学术委员会、学位评定委员会、学风建设委员会应充分发挥在学术评价、学术发展、学风建设中的重要作用,完善工作规程,积极开展学术规范和科研诚信宣传教育。学校科研机构和学术团队要加强团队管理,完善自我约束、自我管理机制。学校要为学术组织有序有效开展工作提供支持和保障。

15.高校要把教育引导作为规范科研行为、促进科研人员廉洁从业的基础,加强对科研人员职业素养和诚信教育,弘扬良好学风,不断提高科研人员思想政治素质和业务素质。加大违法违纪案件通报力度,加强警示教育、示范教育,增强科研人员廉洁从业意识。建立健全科研人员培训制度,将法律法规、廉洁从业培训纳入教师岗位培训和职业培训之中,完善培训内容,创新培训形式,建立培训档案,增强培训实效。

16.高校要加强科研文化建设,把科研文化建设作为大学文化传承创新的重要动力,大力培育崇尚科学、追求真理的思想理念,包容并蓄、宽松和谐的学术环境,诚实守信、风清气正的文化氛围。

17.高校要建立健全科研人员考核评价体系,建立科研诚信档案制度,及时准确记录科研人员从业行为,将廉洁从业情况纳入对科研人员考核的重要内容,考核结果作为对教学科研人员专业技术职务评聘、奖惩的重要依据。

四、依法惩处高校科研违法违纪行为

18.高校要完善学术不端行为的查处机制,严肃查处科研活动中的违规违纪违法行为。对于违反科研行为规范的,视情节轻重,给予约谈警示、通报批评、暂停项目执行和项目拨款、责令整改、终止项目执行和项目拨款直至限制项目申报资格等处理。构成违纪的,依据《事业单位工作人员处分暂行规定》《财政违法行为处罚处分条例》,视情节轻重给予警告、记过、降低岗位等级或撤职、开除等处分。涉嫌犯罪的,移送司法机关依法追究其刑事责任。

19.高校各级领导特别是主要负责人,要切实履行对科研人员的服务和科研活动的监管职责,加强服务保障、教育引导、监督管理,确保科研工作健康发展。因未能正确履行监管责任,发生科研人员重大违法违纪问题被依法判处刑罚的,参照《关于实行党政领导干部问责的暂行规定》,追究责任单位和有关领导、管理人员的责任。

教育部
2012 年 12 月 18 日

参考文献

［1］邓发云. 信息检索与利用[M]. 北京：科学出版社，2017.

［2］常亚青. 信息资源与包容性发展[M]. 上海：华东理工大学出版社，2018.

［3］刘允斌，等. 使用信息检索[M]. 北京：高等教育出版社，2018.

［4］王立珍，袁金英，马秀峰. 研究生学术素养的内涵及培育探析[J]. 教育导刊(教育技术)，2012(5)：51-52.

［5］刘允斌，吴瑾，王宇. 实用信息检索[M]. 北京：高等教育出版社，2018.

［6］徐岚. 信息检索实用教程[M]. 北京：化学工业出版社，2017.

［7］王琦，王冠韬. 文献信息检索教程[M].北京：电子工业出版社，2017.

［8］来玲，王宏波. 信息资源检索与利用[M]. 大连：东北财经大学出版社，2015.

［9］柯平. 信息素养与信息检索概论[M]. 天津：南开大学出版社，2005.

［10］布阿吉尔贝尔选集[M].北京：商务印书馆，1984.

［11］魁奈经济著作选集[M].北京：商务印书馆，1979.

［12］萨伊.政治经济学概论[M].北京：商务印书馆，1963.

［13］唐·埃思里奇.应用经济学研究方法论[M].北京：经济科学出版社，2003.

［14］李嘉图.政治经济学与赋税原理[M].北京：商务印书馆，1983.

［15］马歇尔.经济学原理[M].北京：商务印书馆，1981.

［16］配第经济著作选集[M].北京：商务印书馆，1981.

［17］斯密.国民财富的性质和原因的研究[M].北京：商务印书馆，1981.

［18］约翰·穆勒.政治经济学原理[M].北京：商务印书馆，1991.

［19］安佳，陆跃祥.经济学分析方法的变革和研究范围的拓展[J].江苏社会科学，2003(3)：10-14.

［20］布劳格.经济学方法论[M].北京：北京大学出版社，1990.

［21］陈华，高艳兰.西方主流经济学：演化、面临的危机及其革命[J].经济学家，2013(3)：100-104.

［22］陈太福.经济哲学的沉思[M].北京：中国社会科学出版社，2005.

［23］陈孝兵.经济学的方法论与经济学的发展[J].学术研究，2012(2)：73-79.

[24] 答百洋.波普尔证伪主义对经济学方法论的影响[J].陕西师范大学学报(哲学社会科学版),2009(7):63-64.

[26] 豪斯曼.经济学的哲学[M].上海:上海人民出版社,2007.

[26] 邓春玲.论经济学的哲学基础——兼谈我国政治经济学学科体系的建立和发展[J].2006(1):64-68.

[27] 杜金沛,邢祖礼.实证经济学与规范经济学:科学标准的辨析[J].财经研究,2005(12).

[28] 冯金华.关于经济学研究方法的几个问题[J].行政学院学报,2004(3):42-50.

[29] 傅耀,颜鹏飞.西方经济学方法论的演变和最新发展[J].国外社会科学,2003(2):24-31.

[30] 高鸿业,吴易风.现代西方经济理论与学派[M].北京:中国经济出版社,1989.

[31] 高鸿业.西方经济学(宏观部分)[M].5版.北京:中国人民大学出版社,2011.

[32] 高铁梅.计量经济分析与建模:Eviews应用及实例[M].2版.北京:清华大学出版社,2009.

[33] 耿红卫.研究生学术论文的撰写及发表策略[J].宁波大学学报(教育科学版),2013(1):55-57.

[34] 顾钰民.经济学研究方法创新与经济理论发展[J].同济大学学报(社会科学版),2003(6):29-33.

[35] 韩永进.西方经济学方法论——科学哲学方法论与经济学方法论变革研究[M].北京:中国经济出版社,2000.

[36] 洪涛,范瑛.现代经济学分析方法及其发展趋势[J].北京工商大学学报,2008(6):111-116.

[37] 胡怀国.对斯密研究方法的评价与新评价[J].学术研究,1999(5):19-25.

[38] 胡寄窗.西方经济学说史[M].上海:立信会计出版社,1991.

[39] 贾根良,等.西方异端经济学主要流派研究[M].北京:中国人民大学出版社,2010.

[40] 蒋南平.经济学研究方法之辨[J].经济理论与经济管理,2013(10):10-12.

[41] 景玉琴.经济学研究方法的创新[J].经济学家,2007(3):17-21.

[42] 黎诣远.西方经济学[M].北京:高等教育出版社,2002.

[43] 李澄君,罗学妹.社科信息检索与利用[M].北京:人民出版社,2011.

[44] 李达丽,谭桂林.试论研究生学位论文的撰写[J].湘南学院学报,2004(4):106-109,116.

[45] 李怀,邵慰.新制度经济学的研究方法解析[J].经济纵横,2009(3):14-17,29.

[46] 林伯强,牟敦国.能源价格对宏观经济的影响[J].经济研究,2008(11):88-101.

[47] 林毅夫.经济学研究方法与中国经济学科发展[J].经济研究,2001(4):74-81.

[48] 刘翠蒲,张超.基于google scholar的英文经济学文献检索技巧[J].图书馆建设,2007(5):78-79.

[49] 刘树强.研究生学术论文写作存在的问题及对策[J].中国林业教育,2011(4):57-59.

[50] 罗雪尔.历史方法的国民经济学讲义大纲[M].北京:商务印书馆,1981.

[51] 马克思恩格斯全集[M].中文版.第13、23、25、26、46卷.北京:人民出版社,2008.

[52] 马涛.演化经济学对主流经济学的挑战及影响[J].学术月刊,2009(11):67-74.

[53] 庞皓.计量经济学[M].北京:科学出版社,2007.

[54] 彭云飞,沈曦.经济管理中的常用数量方法[M].北京:经济管理出版社,2011.

[55] 钱颖一.理解现代经济学[J].经济社会体制比较,2002(2):1-12.

［56］强天雷,任保平.当代西方经济学主要研究方法述评[J].经济评论,2001(3):52-55.

［57］强天雷,任保平.当代西方经济学主要研究方法述评[J].经济评论,2001(3):52-55.

［58］申仲英,萧子健.自然辩证法新论[M].西安:陕西人民出版社,2000.

［59］沈玲.学术论文摘要和结论的写作方法[J].现代情报,2000(6):59-60.

［60］沈小波.经济学中的实证主义和规范主义——兼论中国经济学的建设和发展[J].东南学术,2000(6):32-36.

［61］谭崇台.发展经济学[M].太原:山西经济出版社,2001.

［62］陶大镛.外国近几个思想史新编[M].南京:江苏人民出版社,1990.

［63］田国强.现代经济学的基本分析框架与研究方法[J].经济研究,2005(2):113-125.

［64］王德忠.论经济学研究方法[J].四川师范学院学报(社会科学版),1999(3):33-36.

［65］王菲.经济学的研究范式:演化与思辨[J].中州大学学报,2013(2):25-27.

［66］王今朝,龙斧.经济学方法论中演绎与归纳之争的终结[J].国外社会科学,2012(1):123-130.

［67］王小卫,宋澄宇.经济学方法——十一位经济学家的观点[M].上海:复旦大学出版社,2005.

［68］王秀莲,李金丽.论学术论文发表原则[J].沈阳工业大学学报,2001(23):160-162.

［69］吴育华,刘喜华,郭均鹏.经济管理中的数量方法[M].北京:经济科学出版社,2008.

［70］武永花.经济学的分析方法——实证分析和规范分析[J].价值工程,2008(3):11-12.

［71］西斯蒙第.政治经济学新原理[M].北京:商务印书馆,1977.

［72］肖德武.从归纳法的兴衰看西方科学哲学的演变[J].山东师范大学学报(人文社会科学版),2007(3):28-32.

［73］严维石.经济学研究方法演变[J].中央财经大学学报,2013(3):39-44.

［74］杨虎涛.演化经济学的方法和主题特征及其演变——一种以"另类教规理论"为例的解释[J].财经研究,2010(1):44-53.

［75］杨小凯.经济学:新兴古典与新古典框架[M].北京:社会科学文献出版社,2003.

［76］杨中新.马尔萨斯人口原理方法论特征[J].南方人口,2000(3):9-12.

［77］姚开建.经济学说史[M].2版.北京:中国人民大学出版社,2011.

［78］叶焕庭,贾裕泉.关于经济学研究方法论的几点思考[J].清华大学学报,2000(5):22-28.

［79］殷克东.经济管理系统分析技术方法论[M].北京:经济科学出版社,2009.

［80］尹世杰.也谈经济学研究方法的多元化问题[J].经济评论,2005(4):10-14.

［81］尤飞,王传胜.生态经济学基础理论、研究方法和学科发展趋势探讨[J].中国软科学,2003(3):131-138.

［82］约瑟夫·熊彼特.经济分析史[M].2版.北京:商务印书馆,1992.

［83］张东辉.经济学研究方法的变革与现代经济学发展[J].东岳论丛,2004(1):44-49.

［84］张华荣.经济学方法论研究三十年[J].福建师范大学学报(哲学社会科学版),2008(6):9-16.

［85］张建斌,刘清华.发展经济学的学派划分及其研究方法[J].内蒙古财经大学学报,2013(6):1-5.

［86］张昆仑.马克思《资本论》研究方法新探[J].经济评论,2007(6):3-11.

[87] 郑秉文.20 世纪西方经济学发展历程回眸[J].中国社会科学,2001(3):82-92.

[88] 周文.经济学研究方法的嬗变与现代经济学的发展[J].云南财贸学院学报,2005(4):22-25.

[89] 周新年,沈嵘枫,周成军.学术论文写作流程与写作技巧[J].吉林农业科技学院学报,2012(2):67-70.

[90] 朱成全.对实证分析和规范分析争论的科学哲学的思考[J].江西财经大学学报,2005(3):5-8.

[91] 朱成全.经济学方法论[M].大连:东北财经大学出版社,2003.

[92] 朱全娥.编辑对学术论文价值的初审判断[J].中国科技期刊研究,2009(4):701-702.

[93] 祖强.经济学研究方法的重大突破——解读 2002 年诺贝尔经济学奖[J].世界经济与政治论坛,2003(2):87-91.

[94] Aigner D J, Chu S F. On Estimating the Industry Production Function[J]. American Economic Review, 1968(58):826-839.

[95] Aigner D J, Lovell C A K, Schmidt P. Formulation and Estimation of Stochastic Frontier Production Function Models[J]. Journal of Econometrics, 1977(6):21-37.

[96] Battese G E, Coelli T J. Frontier Production Functions, Technical Efficiency and Panel Data: With Application to Paddy Farmers in India [J]. Journal of Productivity Analysis, 1992(3):153-169.

[97] Charnes A, Cooper W W, Rhodes E. Measuring the Efficiency of Decision Making Units [J]. European Journal of Operational Research, 1978(2):429-444.

[95] Charnes A, Cooper W W, Rhodes E. Evaluating Program and Managerial Efficiency: An Application of Data Envelopment Analysis to Program Follow Through [J]. Management Science, 1981(27):668-697.

[99] Coelli T J. A Computer Program for Frontier Production Function Estimation: FRONTIER, Version 2.0[J]. Economics Letters, 1992(39):29-32.

[100] Coelli T J. Estimators and Hypothesis Tests for a Stochastic Frontier Function: A Monte Carlo Analysis[J]. Journal of Productivity Analysis, 1995(6):247-268.

[101] Coelli T J. A Guide to FRONTIER Version 4.1: A Computer Program for Frontier Production Function Estimation [R]. Armidale: Department of Econometrics, University of New England, 1996.

[102] Coelli T J, Rao D S P, Battese G E.An Introduction to Efficiency and Productivity Analysis [M]. 2nd ed. Berlin:Springer Science+Business Media, Inc., 2005.